Corpo e estilo

Conselho Acadêmico
Ataliba Teixeira de Castilho
Carlos Eduardo Lins da Silva
José Luiz Fiorin
Magda Soares
Pedro Paulo Funari
Rosângela Doin de Almeida
Tania Regina de Luca

Proibida a reprodução total ou parcial em qualquer mídia
sem a autorização escrita da editora.
Os infratores estão sujeitos às penas da lei.

A Editora e a Fapesp não são responsáveis pelo conteúdo da Obra, com o qual não
necessariamente concordam. A Autora conhece os fatos narrados,
pelos quais é responsável, assim como se responsabiliza pelos juízos emitidos.

Consulte nosso catálogo completo e últimos lançamentos em **www.editoracontexto.com.br**.

Corpo e estilo

Norma Discini

Copyright © 2015 da Autora

Todos os direitos desta edição reservados à
Editora Contexto (Editora Pinsky Ltda.)

Foto de capa
Jaime Pinsky

Montagem de capa e diagramação
Gustavo S. Vilas Boas

Preparação de textos
Lilian Aquino

Revisão
Ana Paula Luccisano

Dados Internacionais de Catalogação na Publicação (CIP)
(Câmara Brasileira do Livro, SP, Brasil)

Discini, Norma
   Corpo e estilo / Norma Discini. – São Paulo : Contexto, 2015.

   Bibliografia.
   ISBN 978-85-7244-870-3

   1. Análise do discurso 2. Comunicação 3. Crítica de texto 4. Linguística 5. Semiótica 6. Textos I. Título

14-10045   CDD-401.41

Índices para catálogo sistemático:
1. Comunucação nos textos : Semiótica : Linguística 401.41
2. Textos : Comunicação : Semiótica : Linguística 401.41
3. Textos : Leitura : Semiótica : Linguística 401.41
4. Textos : Produção : Semiótica : Linguística 401.41

2015

Editora Contexto
Diretor editorial: *Jaime Pinsky*

Rua Dr. José Elias, 520 – Alto da Lapa
05083-030 – São Paulo – SP
PABX: (11) 3832 5838
contexto@editoracontexto.com.br
www.editoracontexto.com.br

Por "*praesens*" entende-se não propriamente "o que está aí", mas o que está na minha frente [...]: o que está "*praesens*" [...] não se separa, por um intervalo, do momento em que se fala.

Émile Benveniste

Agradeço:
a meus interlocutores, pela cumplicidade na construção deste meu "álibi de existir";
à Fundação de Amparo à Pesquisa do Estado de São Paulo (Fapesp), pelo apoio a esta publicação.

SUMÁRIO

PREFÁCIO 11
Luiz Tatit

DE FUNDAMENTOS 15
    A *quase-presença* 15
    Aspecto: entre o linguístico e o discursivo 44
    Densidades de presença 47
    A cifra tensiva 52
    Unidade: interior e bordas 55
    Funções aspectuais 64

PARA UMA ESTILÍSTICA DISCURSIVA 87
    Identidade e campo de percepção 87
    Às voltas com Bakhtin 102
    Permanência e contingência 118
    Semiótica, fenomenologia, estilo 123
    Éthos, *lógos* e transcendência 141
    Direções do contínuo 155

***ÉTHOS* CONOTADO** 165
    Os papéis do sujeito 165
    A textualização 177
    Um filme 193
    Conotação e acento de sentido 202

MÍDIA E LITERATURA 231
    O sensível e o *lógos* 231
    Do desdém 245
    Da admiração 271
    Entre acontecimento e argumento 297

DO ESTILO "DE ÉPOCA" 319
    A honra e o mérito 319

CONCLUSÕES 371

BIBLIOGRAFIA 377

A AUTORA 383

LISTA DE FIGURAS

DE FUNDAMENTOS
    Figura 1 – Densidades de presença
    Figura 2 – Densidades e impacto da presença
    Figura 3 – Presença e totalidade
    Figura 4 – Tira de HQ e perfil do ator
    Figura 5 – Papéis aspectuais

PARA UMA ESTILÍSTICA DISCURSIVA
    Figura 6 – Níveis de totalidade e junção *sujeito/objeto*

***ÉTHOS* CONOTADO**
    Figura 7 – Conotação e acento do sentido
    Figura 8 – Direções tensivas
    Figura 9 – Da estrutura elementar
    Figura 10 – Para a continuidade entre termos
    Figura 11 – "Grandezas" do conotado

MÍDIA E LITERATURA
    Figura 12 – Valências e modalidades éticas
    Figura 13 – O *pervir* e a figura retórica

DO ESTILO "DE ÉPOCA"
    Figura 14 – *O juramento dos Horácios*

PREFÁCIO

Numa época em que a semiótica metodológica de Algirdas Julien Greimas, pacientemente construída ao longo das décadas de 1960, 1970 e 1980, se despedaça em pontos de vista particulares ou se reduz a meros sistemas aplicativos, é rara a aparição de pesquisas que retomem o gesto primeiro do autor lituano de elaborar ampla integração conceitual em nome de uma teoria orgânica sobre a construção do sentido. É o caso desta profunda reflexão desenvolvida por Norma Discini.

Nos tempos heroicos de Greimas, o desafio era construir uma teoria unificada sobre o sentido, fortemente categorial, que comportasse uma sintaxe sumária (negação de algo e afirmação de seu oposto), articulada nos termos do "popular" quadrado semiótico, uma sintaxe de natureza narrativa, disposta como encadeamento de programas de ação em permanente conflito com antiprogramas agindo em direção contrária, e uma sintaxe discursiva, concebida como instância de enunciação responsável pela transformação dos agentes narrativos (actantes) em atores discursivos concretos e pelas operações de espacialização e temporalização que situam e processualizam as funções narrativas criando uma realidade interna ao texto. Do ponto de vista semântico, essa teoria ainda propunha categorias universais (vida/morte e natureza/cultura) para o seu nível fundamental, categorias modais (veridictórias, volitivas, deônticas, epistêmicas etc.) para o nível narrativo e formação de domínios temáticos (conceituais) e figurativos (promotores de impressão referencial) para o nível discursivo. Como se vê, as noções semióticas desse período foram distribuídas em etapas de um percurso gerativo que simulava a construção do sentido tanto nos textos verbais como nos não verbais.

Consciente de que compartilhava o seu objeto de estudo (o sentido) com quase todas as áreas das ciências humanas, especialmente com a filosofia, Greimas temia a diluição de seu modelo teórico em questões quase irrespondíveis que pouco contribuiriam para a elaboração de uma "gramática" do texto. Propunha, então, que os semioticistas se ativessem a um *minimum* epistemológico considerado suficiente para sustentar a nova ciência. Ele próprio dera o exemplo ao formular seus conceitos a partir do projeto seminal do linguista dinamarquês Louis Hjelmslev e de algumas conquistas da fenomenologia e da antropologia obtidas na primeira metade do século XX, dispensando a investigação extensa do assunto.

O ápice desse empreendimento se deu com a publicação na França, em 1979, da obra *Sémiotique. Dictionnaire raisonné de la théorie du langage*, escrito por Greimas e Joseph Courtés (que tem uma edição brasileira publicada pela Editora Contexto em 2008 com o título *Dicionário de semiótica*). As entradas desse dicionário são relacionadas entre si e configuradas como peças de uma "máquina" geral de reflexão e descrição semiótica.

Mas o inevitável aconteceu. Não era possível reter indefinidamente uma temática de tamanha magnitude sob a égide de um modelo homogêneo e centralizador, por mais engenhosas que tivessem sido suas diretrizes de construção. A etapa pós-dicionário foi marcada por certa dissipação conceitual, seguida de novas propostas de revisão teórica do modelo, o que serviu para arrefecer o entusiasmo dos autores com o resultado do segundo volume da mesma obra lançado em 1986. Redigido por dezenas de colaboradores, à época membros do Grupo de Pesquisas Semiolinguísticas de Paris, o *Sémiotique* II expôs as dissidências teóricas já arraigadas na equipe e o renascimento em seu âmago daquilo que Greimas caracterizou como "gosto de filosofar". Mas nem o fundador da semiótica escapou à onda digressiva que atingiu a equipe no final dos anos 1980. Sua última obra exclusiva, *De l'imperfection*, foi uma reflexão livre sobre princípios estéticos e estésicos a partir de trechos literários.

Essa dispersão, porém, não impediu numerosos progressos em pesquisas individuais nem intervenções de grande alcance no cerne do modelo padrão. Foi o caso, entre outros, da criação de parâmetros tensivos para se entender a presença quase sempre determinante dos conteúdos emocionais e afetivos na construção do sentido. Claude Zilberberg foi o autor que mais se aplicou na organização dessa nova maneira de conceber a semiótica sem romper o elo com seus principais precursores (Saussure-Hjelmslev-Greimas). Para tanto, contudo, ultrapassou em muito os limites epistemológicos cultivados pelos autores do dicionário e deixou de lado alguns pilares teóricos que pareciam indispensáveis ao funcionamento do modelo geral, como o esquema narrativo e o percurso gerativo.

No decorrer das duas últimas décadas, juntamente com a semiótica desenvolvida na França, vimos assistindo ao crescimento de importantes polos de pesquisa na

Itália e em diversos países da América Latina, particularmente, no México, no Peru e no Brasil. Era de se esperar, portanto, que as ideias mais relevantes surgissem agora nesses novos endereços. O trabalho de Norma Discini confirma essa expectativa.

Os capítulos que serão lidos adiante referem-se ao projeto geral da semiótica e não apenas a uma ou outra de suas numerosas derivações produzidas após o célebre dicionário. A autora reincorpora o percurso gerativo greimasiano, só que com suas categorias reguladas por modulações tensivas, todas decorrentes de um ator da enunciação aspectualizado ora como sujeito sensível, marcado pela presença dos acontecimentos inesperados, ora como sujeito inteligível, moralizador, produzindo atos judicativos e, no mais das vezes, como sujeito que oscila entre ambos os polos. Segundo sua ótica, o modelo de análise semiótica não existe fora de um fluxo discursivo comandado pelo corpo do ator da enunciação que será sempre uma totalidade reconhecível em qualquer ponto do texto. É desse efeito de unidade presente em diversas manifestações da mesma origem enunciativa que se depreende a noção de estilo.

Nessa linha de reflexão, Norma Discini integra Claude Zilberberg e Maurice Merleau-Ponty na proposta de base de Greimas. Dentre os numerosos exemplos analíticos mencionados, merece destaque a comparação que faz a pesquisadora entre poemas de Cecília Meireles e crônicas jornalísticas escritas pelo filósofo Luiz Felipe Pondé. Apesar de abraçarem gêneros nitidamente distintos, ambos podem ser reconhecidos por seus estilos de desaceleração inteligível e explicativa dos conteúdos tratados. No entanto, a poeta deixa espaço para a fruição extática, algo epifânica, originária do acontecimento imprevisto no seu campo de presença, e só então a decompõe num discurso analítico sobre a experiência de existir. O filósofo, já imerso em modalidades éticas, deixa poucas brechas ao mundo sensível e constrói seu ator de enunciação mergulhado em argumentos que também analisam o mundo à sua volta, mas sempre levando em conta suas metas persuasivas, moralizantes, em relação ao outro ser social.

Corpo e estilo são, na verdade, conceitos que nos ajudam a enxergar toda a arquitetônica semiótica como produto do ato de enunciação, esse fazer que se renova em cada uma de nossas manifestações diárias em busca do sentido. Mais que pesquisa metodológica, temos nesta obra de Discini uma proposta coerente de reconhecimento detalhado dos processos de significação humana.

Luiz Tatit

DE FUNDAMENTOS

A *QUASE-PRESENÇA*

Na tradição dos estudos linguísticos, o aspecto é concebido como uma das seis categorias verbais. Por isso, perfila-se ao modo, à voz, à pessoa e ao número do verbo, sem que se considere exclusiva a ocorrência de uma categoria ou outra. O aspecto, juntamente com as outras categorias, é apresentado com a função de "atualizar o processo virtualmente considerado" (Castilho, 1968: 14). Mas é visto, segundo a perspectiva linguística levada em conta, com uma especificidade: é o que define a duração ou o desenvolvimento do processo verbal (Castilho, 1968: 14). Após lembrar que o tempo localiza o processo numa data ou perspectiva, que o modo esclarece a interferência do sujeito falante, que a voz atenta para o papel desempenhado pelo sujeito, que a pessoa remete ao falante (primeira), ao ouvinte (segunda) ou ao assunto (terceira) e que o número indica a quantidade das entidades envolvidas, afirma Castilho (1968: 14): "O aspecto é a visão objetiva da relação entre o processo e o estado expressos pelo verbo e a ideia de duração ou desenvolvimento. É, pois, a representação espacial do processo."

A partir dos estudos do discurso, queremos entender a aspectualização do sujeito, enquanto ela remete a um corpo que funda um estilo. Então, da definição trazida à luz por Castilho, interessa-nos a noção de "visão objetiva", bem como a referência feita à possibilidade de "relação entre processo e estado". Interessa ainda a alusão feita à conexão desses elementos com a duração, por sua vez vinculada à "representação espacial do processo".

Do lugar de uma estilística discursiva, buscamos a aspectualização do sujeito, tal como é depreendido dos discursos enunciados, o que equivale a interpelar a aspectualização do ator da enunciação como indício da constituição de um corpo posicionado no mundo, bem como afetado por esse mundo. Estamos no âmbito de mecanismos discursivos que fundam um estilo.

O corpo, considerado uma organização depreendida das marcas da enunciação enunciada ao longo de uma totalidade, ampara-se nos componentes sintáxicos e semânticos relativos ao percurso gerativo do sentido, instrumento metodológico eleito pela semiótica para descrever o conteúdo dos textos. Ampara-se também nas profundidades figurais, pressupostas ao percurso gerativo do sentido e encerradas no que se nomeia *nível tensivo*. Assim acontece para que se delineiem os dois perfis do ator no processo de aspectualização: o social, relativo à participação ativa e ética do sujeito-no-mundo, e o *pático* que, em equivalência ao que chamamos costumeiramente patêmico, é relativo aos desdobramentos do sentir, ou do "sofrer" (*pâtir*, em francês). Tais desdobramentos são decorrentes da receptividade afetiva de um sujeito diante das coisas do mundo – *pâtir*, no dicionário do idioma francês, apresenta-se em correspondência com a família etimológica de *passion* (paixão).

Fontanille e Rallo Ditche (2005: 5), ao apresentar a evolução histórica do termo *paixão*, alertam que, em grego, ele "aparece como um sentido específico da palavra *páthos*", e complementam: "'aquilo que chega bruscamente', em particular sofrimento e dor".[1] Lembram, ainda, para *páthos*, a acepção relativa àquilo que sobrevém ao sujeito, àquilo "que produz no sujeito uma modificação", para o que fazem alusão ao Aristóteles da *Metafísica* e, em seguida, ao Aristóteles de *Ética a Nicômaco*: aí, conforme comentário feito pelos semioticistas, fica ressaltada a paixão como "um movimento na maneira de ser" (Fontanille e Ditche, 2005: 5).

No viés sensível, o corpo respalda-se nos componentes tensivos concernentes a uma profundidade figural que, considerada pressuposta aos três níveis do percurso gerativo do sentido (discursivo, narrativo e fundamental), opera no favorecimento desse mesmo viés, nomeado também como *pático* (*pathétikos*). Esse viés é concebido na relação com o *páthos*, conceito aristotélico que se apresenta vinculado ao modo de apresentação da percepção sensível. Nos Livros I e II da *Retórica*, Aristóteles circunscreve o *páthos* a disposições afetivas do auditório, a serem levadas em conta pelo orador na "arte de persuadir". Mas um conceito alargado, aludido em outras obras do Estagirita e até nas entrelinhas da própria *Retórica*, remete o *páthos* a um lugar de compatibilidade com a noção de percepção, que diz respeito, nos estudos discursivos, ao sujeito da enunciação, enunciador e enunciatário, no encontro com o mundo percebido.[2]

O corpo diz respeito ao sujeito-no-mundo, na medida em que o objeto, coisa-do-mundo, é entendido no âmbito do discurso como o que atravessa necessariamente o sujeito. Logo, não supõe uma presença soberana, encerrada numa subjetividade autossuficiente ou plena em si mesma. Tal concepção de corpo, supomos convergir, do âmbito do discurso, para a "visão objetiva" referida por Castilho, a qual acaba por indicar uma intervenção subjetiva relativizada no processo verbal: menos consistente do que a que acontece com o modo verbal, definido como ponto de vista sobre a ação. Estudar o aspecto relativo ao sujeito, pessoa discursiva, supõe desconstruir a homogeneidade e o acabamento aparentes da presença enunciativa, aquela e este reconhecidos como elementos decomponíveis nas fases próprias ao processo de construção do ator.

Um corpo que se encerra numa consciência que transcende de si para o outro, seja este outro o mundo no qual o sujeito se instala ao tomar posição, ao julgar e fazer julgar, seja este outro o mundo no qual o sujeito se instala enquanto é afetado pelo que lhe sobrevém e o atinge sensivelmente, é precário e inacabado. Examinado no processo discursivo que o respalda, tal corpo favorece a decomposição de si no exame feito da enunciação segundo a hierarquia de lugares enunciativos que constitui a pessoa discursiva: não só quanto ao sistema de delegação de vozes entre enunciador, narrador, interlocutor, de um lado, e, de outro, enunciatário, narratário e interlocutário (Fiorin, 1996), mas também quanto ao papel do actante-observador na constituição do ator como aspecto. Aqui, a "marcha" da constituição do corpo é recomposta, enquanto toma lugar determinada orientação seguida pela aspectualização actorial.

O aspecto, entendido como processo da construção actorial, incita a desmontar o corpo daquele "que diz" a partir do que é dito, o que nos leva a procurar desvelar mecanismos discursivos vinculados a um sujeito necessariamente contingente: menos ou mais contingente, a depender da situação de comunicação. Seja como a conexão entre o sensível ("estado de alma") e o inteligível ("estado das coisas"), o que leva ao perfil *pático* (ou patêmico) do sujeito, seja como o encontro de um discurso com o interdiscurso, o que cobra decisão e posicionamento do sujeito na responsividade ao *outro*, histórico e social, o corpo é contemplado como um "subjetivo-relativo", isto é, um subjetivo objetivado. O axioma husserliano de que toda consciência é consciência de um objeto, enquanto todo objeto existe para a consciência, considerado, o objeto, nos seus múltiplos modos de apresentação (Husserl, 2006), problematiza, do lugar da fenomenologia, o conceito de "visão objetiva" na constituição da subjetividade que, transcendente de si, firma-se como uma *quase-presença*.

Examinar a pessoa como enunciação discursivizada e esta como estilo, enquanto se procura trazer à luz o processo de construção de um corpo no conjunto de enunciados de onde ele emerge, supõe uma prática analítica que busca apreender cada enunciado a partir de um conjunto, que é numérico (relativo a um, dois, três ou mais textos) e integral (regido por um princípio concernente a um todo subjacente). Cada enunciado é visto como parte de um todo, este constituinte de cada parte, como princípio organizador.

17

Essa orientação analítica procura apreender a "marcha" ou o desenvolvimento de experiências sensíveis e de julgamentos morais que fundam o ator segundo um esquema – um esquema corporal, que corrobora a possibilidade de contemplação das partes sem que se perca o todo. Do interior de uma totalidade, vem à tona o princípio unificador que respalda um estilo.

Partimos do pressuposto de que a enunciação, ao enunciar-se, institui-se *no ato*, *por meio dele* e *a partir dele*, concebido, o ato, como depreensível do seu produto, o enunciado. Em se tratando de estilo, as marcas da enunciação enunciada, imprimidas num conjunto de enunciados, constituem-se como marcas da identidade que toma corpo. O ator toma corpo no viés mais superficial da observação (nível discursivo) e no viés relativo às profundidades figurais (nível tensivo). Este último, que concerne às chamadas precondições da geração do sentido, prioriza mecanismos segundo os quais o que é da ordem do sensível, em correlação com o inteligível, afeta o sujeito.

Examinado enquanto toma corpo, ou seja, no processo de sua construção, o que prioriza o olhar de um actante-observador ao longo de determinada totalidade discursiva, o ator se aspectualiza e se firma como *quase-presença*, tanto no viés concernente ao juízo predicativo e ético, isto é, relativo à tomada de decisão do sujeito no ato e por meio dele, quanto no viés sensível da observação.

Os movimentos aspectuais esboçam a *quase-presença* do sujeito na intersecção com o *outro*, o que leva a depreender o ator nos dois perfis que o constituem como identidade, um correlato ao outro. Um perfil, relativo à dimensão das experiências sensíveis, concerne ao *páthos* como "estado de alma". É um *páthos* visto como disposição do sujeito, e uma disposição que, antes de concernir ao desencadeamento de uma ação voluntária, própria de um sujeito agente, tal como o orador que busca persuadir determinado auditório, apresenta-se vinculada a *simpatias* e *antipatias* em relação às coisas do mundo.

São, portanto, em princípio, disposições do auditório a serem levadas em conta pelo orador, como está posto no segundo livro de *Retórica*, de Aristóteles (2003). São "estados de alma" considerados no ato retórico, enquanto este é priorizado como fazer-crer, para fazer-fazer (fazer-julgar), tal qual aparece no capítulo I, intitulado "Do caráter do orador e das paixões do ouvinte":

> Mas, visto que a retórica tem como fim um julgamento (com efeito, julgam-se os conselhos, e o veredicto é um julgamento), é necessário não só atentar para o discurso, a fim de que ele seja demonstrativo e digno de fé, mas também pôr-se a si próprio e ao juiz em certas disposições. (Aristóteles, 2003: 3)

"Pôr-se a si próprio e ao juiz em certas disposições" implica pôr-se a si próprio (orador e auditório) em disposições que favoreçam os julgamentos pretendidos, reunidos numa *doxa* que compreende o assentimento relativo às opiniões invocadas. Prossegue o Estagirita salientando a importância de "que o orador se mostre sob certa aparência e faça supor que se acha em determinadas disposições a respeito dos ouvintes e, além disso, que estes se encontrem em semelhantes disposições a seu respeito" (Aristóteles, 2003: 3). Tais disposições encerram o amor e o ódio, a cólera e a tranquilidade, a esperança e a indiferença:

> com efeito, para as pessoas que amam, as coisas não parecem ser as mesmas que para aqueles que odeiam, nem, para os dominados pela cólera, as mesmas que para os tranquilos; mas elas são ou totalmente diferentes ou de importância diferente; aquele que ama tem por certo que a pessoa sob julgamento ou não pratica ato injusto ou comete delitos de pouca importância, e aquele que odeia tem por certo o contrário. (Aristóteles, 2003: 3)

Aristóteles (2003: 3) estende-se em demonstração sobre o que é a disposição do sujeito: "para o que tem aspirações e esperança, se o que vai acontecer é agradável, parece-lhe que isso acontecerá e será bom, mas para o indiferente e para o descontente parece o contrário". Ao estender-se em tais demonstrações, o filósofo dá guarida para a noção de disposição como "estado de alma", enquanto a mantém vinculada ao fim último da retórica, como a "arte de persuadir".

Heidegger (2009: 82), ao discutir conceitos básicos da filosofia aristotélica, sugere que, na *Retórica*, Aristóteles dá acesso à "possibilidade de ver"; especificamente, de ver em cada momento alguma coisa num de seus modos de apresentação, o que supõe distintas formas de dizer. O filósofo alemão realça que a retórica prové um conhecimento excepcional, peculiar, sobre como lidar com pessoas e situações ["*provides a particular knowing-the-way-around*"] (2009: 81).[3] Salienta, a partir disso, o fato de que, nesse livro, o *lógos*, o discurso, "deve ser sustentado de tal modo, 'que ele torna o falante alguém confiável [*truthworthy*]" (2009: 82). Destaca também o fato de que, por meio da maneira ou do modo de dizer, o *éthos* deve tornar-se visível.

O filósofo alemão discorre então sobre como, na *Retórica* de Aristóteles, apresentam-se as disposições do ouvinte em relação ao que é dito, para o que enfatiza sob que disposição "ele [o ouvinte] é colocado" [*what mood he is put in*] (2009: 83). Se traduzirmos *mood* por *state of mind* (Webster's Dictionary, 1988), confirma-se a disposição como "estado de alma".

A nosso ver, a disposição vincula-se a duas frentes, se pensada na composição do corpo do ator. Ora diz respeito ao perfil actorial que visa à *doxa,* enquanto apropriação ativa de valores feita por um sujeito com prontidão para julgar e fazer-julgar (convencer), caso em que, priorizada por Aristóteles (Livros I e II da *Retórica*), como disposição latente de um auditório a ser convencido, é desvelada no exercício retórico por ação do *éthos*. Ora diz respeito ao perfil concernente à receptividade do sujeito da enunciação, seja enunciador, seja enunciatário, orador ou auditório, diante das coisas do mundo. Nesta última acepção de disposição, a noção de *páthos*, alargada do modo como se apresenta nos Livros I e II da *Retórica*, firma-se na relevância de um "estado de alma" de um sujeito, ou agente e judicativo, ou paciente e "afetado" pelos acontecimentos do mundo. No perfil social ou propriamente ético, que faz vir à tona o caráter como autoridade do sujeito judicativo, vale a disposição instrumentalizada como meio para atingir-se a persuasão, meta discursiva privilegiada na *Retórica*, Livros I e II.

O perfil social convoca a vontade e a tomada de posição – a vontade que constitui o ato ético como *responsabilidade* e *responsividade* diante do *outro*, conceitos estes tomados de Bakhtin (1993). Partimos do princípio de que, para assumir a própria responsabilidade do ato e proceder à responsividade ao *outro*, é preciso querer fazer isso, querer posicionar-se, o que supõe um querer articulado a uma "ação voluntária". Aristóteles (2009: 88), em *Ética a Nicômaco*, Livro III, especifica o ato voluntário como o que "reside no agente" e cuja origem, como ação voluntária, "está no poder de alguém realizá-la ou não". Essa "ação voluntária" é entendida por nós, ao pensarmos num *éthos* discursivo, como vinculada à persuasão, meta implícita ao estudo feito das paixões, em especial no Livro II da *Retórica*. À "ação voluntária" relaciona-se, aí, um viés da disposição: uma disposição examinada como instrumento para que se possa atingir a aparência de quem é "digno de fé", a fim de que se possa convencer o *outro*. Entretanto, em *Ética a Nicômaco*, Aristóteles (2009: 102), depois de lembrar que as virtudes são disposições voluntárias, que "dependem de nós", acrescenta algo que remete a um sujeito paciente:

> Mas nossas disposições não são voluntárias do mesmo modo que o são nossas ações. Somos capazes de controlar nossas ações do começo ao fim e estamos delas conscientes em cada estágio. Todavia, no que toca às nossas disposições, embora possamos controlar seu começo, toda adição independente feita a elas é imperceptível, como é o caso do desenvolvimento de uma doença.

No que tange à semiótica, em termos de uma narratividade entendida como subjacente a todo texto, deduzimos que, no âmbito do esquema narrativo, a disposição sempre fundará o sujeito de estado, contemplado antes da própria ação. Se cotejada em relação ao ato judicativo, que tem um fim imanente, em si, que é fazer-crer, fazer-saber, para fazer-fazer, o que a confirma no nível discursivo como feixe de argumentos e apropriação ideológica dos valores que permeiam os níveis fundamental e narrativo, a disposição ficará circunscrita ao perfil social do ator, assim inclinado a uma aspectualização télica, tomando o *télos* como o próprio fim persuasivo. *Télos* é termo grego que nomeia o fim contido num processo, desde o início deste. A disposição esboça aí a inclinação à telicidade como propriedade aspectual do ator. O contrário disso acontece em relação ao ato contemplado como expressão da percepção sensível, em que é atenuada e minimizada a disposição do sujeito como preparação do ato voluntário, que supõe tomada de posição na valoração ética. Passa então a valer a disposição como um estado decorrente das afecções sofridas pelo sujeito diante dos objetos, coisas-do-mundo, enquanto o ator inclina-se aspectualmente para a atelicidade.[4]

Aristóteles (2009), em *Ética a Nicômaco*, ainda faz reflexões que remetem à coisa-do-mundo na intersecção com um sujeito menos afeito a persuadir e a sistematizar julgamentos: um sujeito menos preocupado em convergir retoricamente para as distintas disposições do auditório.[5] Dá a entender então um sujeito cotejado em suas disposições que, não voluntárias, vinculam-se à coisa-do-mundo, o objeto, na medida em que a "situação" afeta esse mesmo sujeito, ao inspirar nele sentimentos distintos: um sujeito-no-mundo, passível de suportar o que lhe sobrevém, conforme a visada que lança sobre os objetos. O Estagirita acaba por aludir a coisas que se apresentam temíveis em gradação de impacto e de intensidade sobre o sujeito:

> Ora, ainda que as mesmas coisas não sejam temíveis a todos, há alguns terrores que consideramos estarem além de toda resistência humana, pelo que claramente são temíveis a todos que estejam em estado de lucidez. E os terrores que o ser humano é capaz de suportar diferem em magnitude e intensidade, como também sucede com as situações que inspiram autoconfiança. (Aristóteles, 2009: 104)

Parece, assim, esboçar-se um corpo à mercê do mundo que o habita. A partir daí entendemos encontrar algum respaldo para a noção do sujeito "passivo", componente da percepção sensível, manifestada com prioridade em perfil próprio no processo de aspectualização actorial. Referimo-nos ao perfil *pático*, que, na esfera da experiência afetiva, diz respeito ao sujeito posto à mercê da incidência do sensível sobre o inteligível, o que o distingue do outro, relativo à esfera das decisões judicativas. Aquele está pressuposto a este, na continuidade estabelecida entre ambos, para que se processe a composição do corpo actorial.

Por sua vez, o *páthos*, concebido como sentimento, é também pressuposto à actorialização, enquanto decorrente da formulação actancial de temas ou de percursos temáticos, o que convoca as formações discursivas que organizam semanticamente o dito e o dizer. O *páthos* articula-se à latência sensível do próprio *lógos*. Essa latência manifesta-se num enunciado e em outro e no intervalo entre eles como conotação própria ao *lógos* de uma totalidade. Aí é levada em conta, em diferentes graus, certa "torção secreta" que as palavras sofrem nas mãos do autor, como diz Merleau-Ponty (2002: 34-5), em *A prosa do mundo*. Nessa obra, é feita a distinção entre *linguagem falada* ("massa das relações de signos estabelecidos com significação disponível" na língua e na cultura) e *linguagem falante* ("aquela operação pela qual um certo arranjo dos signos e das significações já disponíveis passa a alterar e depois transfigurar cada um deles, até finalmente secretar uma significação nova"). À distinção feita pelo filósofo, acreditamos equivalerem antecipações de um estilo oferecidas pelas diversas esferas de comunicação. Na esfera escolar, por exemplo, os gêneros *comunicado, requerimento, parecer*, entre outros, concretizam-se por meio de expectativas de uso de recursos próprios a uma linguagem direta, que parece tudo dizer, sem deixar coisa alguma em silêncio. Para essa linguagem institucionalizada, cria-se um efeito de tal controle do dizer sobre o dito, que ela corrobora-se como simplesmente *falada*. A latência sensível do *lógos* permanece, aí, recessiva ao máximo. Tal latência, correspondente à conotação necessária ao *lógos*, instala-se segundo uma força que aumenta, entre restabelecimentos e recrudescimentos, ou diminui, entre atenuações e minimizações, podendo atingir uma minimização recursiva, a depender do estilo autoral e dos condicionamentos oferecidos pelas esferas de comunicação e pelos gêneros discursivos.

A voz do autor, depreensível de uma análise estilística, se definirá segundo a incorporação daqueles recrudescimentos e atenuações, grandezas tensivas, que quantificam a conotação do *lógos* como afetividade. O sensível, na organização do corpo do ator, está no perfil social e está no perfil *pático* propriamente dito; oscila, em ambos os perfis, na incidência entre um grau pequeno, minúsculo, até ínfimo, segundo o qual recai sobre a conotação; ou, num processo de restabelecimento, oscila entre uma grande e até colossal incidência sobre a conotação.

Para a conotação, considerada necessária ao *lógos*, partimos do princípio hjelmsleviano de que a forma, que sustenta a substância em qualquer língua, é convencional. A forma, diferente em cada língua, imprimida no sentido "não formado" ("massa amorfa dos pensamentos"), traça, a partir dos "mesmos grãos de areia vindos da mesma mão, desenhos dessemelhantes", segundo metáfora ilustrativa usada pelo linguista dinamarquês (Hjelmslev, 2003: 57). A forma mantém com a "massa amorfa" ("os mesmos grãos de areia vindos da mesma mão") uma relação convencional, segundo o linguista. Na convencionalidade, entendemos haver um embrião da conotação.

Ao discorrer sobre o conteúdo linguístico que, em seu processo, se apresenta independentemente daquele *sentido* ("massa amorfa"), com o qual a forma mantém uma relação arbitrária, Hjelmslev oferece subsídios para, em outros níveis de análise, pensarmos na conotação necessária ao signo que, convocado por uma totalidade segundo "torção" própria, é aqui designado o *lógos* de uma totalidade. Entendido como signo posto sob um ponto de vista discursivo, o *lógos* é correlato ao processamento do corpo do ator da enunciação. "As nuvens no céu, aos olhos de Hamlet, mudam de forma de minuto a minuto" (Hjelmslev, 2003: 57). À arbitrariedade sígnica, considerada no âmbito da língua, equivale, no circuito dos estudos sobre o estilo, as visadas de um ator da enunciação, apresentado em seu processo de construção ao ser cotejado como aspecto. A partir daí, despontam dois perfis actoriais, vinculados a funções distintas exercidas por um actante-observador.

Por meio de ambos os perfis, interdependentes, já que correlacionados, dá-se a ver o *éthos* que, como imagem de "quem diz" dada por um modo sistematizado de dizer e depreensível de uma totalidade de enunciados, vincula-se à concretização discursiva de um estilo. Ao operarmos com a noção de duplo perfil, somos remetidos ao ator e a seus modos de apresentação: modos de aparecimento como *quase-presença*. Remontamos à *quase-presença*, que se instala em cada enunciado segundo os perfis constituintes do *éthos*. Instala-se também no intervalo entre um enunciado e outro, para que se confirme a totalidade como determinado conjunto de textos, ao qual subjaz um princípio unificador. Esse princípio apresenta-se em cada texto por meio de vetores estilísticos e orienta o todo que, de virtual, passa à atualização e, a partir daí, realiza-se. A consideração das relações entre o todo e as partes encontra base teórica no pensamento de Brøndal (1948; 1986).

O todo, que concerne a uma totalidade de discursos, é subjacente não só a cada texto componente de determinado conjunto, mas é também subjacente às distintas fases da *quase-presença*, por meio das quais se manifesta o princípio unificador de um estilo. Esse princípio desempenha um papel de sistematização do sentido no interior de cada um dos enunciados assim reunidos. Desempenha ainda o papel de orientação do que ocorre no intervalo entre um enunciado e outro. Tal intervalo, disposto segundo a orientação imprimida às relações estabelecidas entre as variadas fases da *quase-presença*, faz emergir as distintas densidades da própria presença.

Um observador, como actante que ampara a discursivização da pessoa ao longo da totalidade, garante o princípio unificador que respalda o estilo. Por meio desse actante, definido como "sujeito cognitivo" (Greimas e Courtés, 2008: 347), o ator mostra-se segundo a categoria de "aspecto" que, pensada discursivamente, diz respeito à pessoa, ao tempo e ao espaço, conforme o pensamento dos mesmos semioticistas (Greimas e Courtés, 2008). Entendemos que a aspectualização da pessoa supõe contemplá-la também nas conversões sofridas pela significação, na passagem de um nível para outro do percurso de geração do sentido (nível fundamental, narrativo e discursivo). Para isso, na dimensão interna ao texto, é priorizada a semântica que respalda o ator, tal como preenchido por papéis temáticos no nível discursivo. Os mecanismos de construção do sentido são pensados aí, enquanto sustentam a *quase-presença*, efetivamente realizada no plano do discurso.

A aspectualização da pessoa supõe ainda contemplá-la, no interior de cada texto, no nível tensivo, considerado aquém do nível fundamental e além dele. Está aquém, pois é pressuposto a todo o percurso gerativo, já que respalda as movimentações sintático-semânticas orientadas para a argumentação discursiva, e as respalda por trazer à luz a percepção, que subjaz ao juízo predicativo realizado em cada enunciado. Está além, pois potencializa a *quase-presença* como *campo de presença*, não só em todos os níveis do percurso gerativo e na passagem entre eles, mas também no intervalo entre um texto e outro, para o que contempla oscilações da própria percepção. A percepção oscila segundo um enfoque que concerne ao "acento do sentido" de um olhar quantificado como mais (ou menos) intenso e impactante no encontro com o mundo. Em correlação à intensidade desse olhar, o mundo é espacializado de modo mais (ou menos) concentrado e é temporalizado de modo mais (ou menos) breve.

Cada enunciado encerra em si o princípio unificador que rege a presença do todo nas partes, para que tenhamos a totalidade estilística. A totalidade correspondente a um estilo tem organização própria. No interior de cada enunciado e no intervalo entre eles, um princípio unificador vincula-se à *quase-presença*, a qual se dá a ver por meio de distintos estatutos da própria densidade. A densidade da presença é correlata à semântica discursiva, enquanto papéis temáticos canalizam julgamentos éticos; é correlata à percepção sensível, enquanto o *páthos* manifesta-se conforme disposições de um sujeito exposto às afecções que o atingem no encontro com o mundo. Aqui são levados em conta movimentos da percepção, tal como detectáveis nas profundidades figurais de um discurso (nível tensivo).

Assim a *quase-presença* apresenta-se: ora na *dêixis da ausência*, em que, ainda virtualizada e potencializada, é reconhecida como fraca e átona; ora na *dêixis da presença*, considerada de densidade forte e tônica, o que corresponde às etapas relativas a uma presença realizada e atualizada. Na *dêixis da presença*, mantêm-se a totalidade integral (presença atualizada) e a unidade integral (presença realizada), se pensarmos num conjunto de textos fundantes de um estilo.

A orientação imprimida à construção do sentido, sustento para o processamento do corpo actorial, é pensada em duas direções: a) na organização do sentido da totalidade, enquanto encadeamento sintagmático entre os textos; b) na organização do sentido no interior de cada texto, enquanto transformações no eixo paradigmático do percurso gerativo do sentido, instrumento que contempla o plano do conteúdo de cada texto. O percurso gerativo do sentido, tripartido em níveis, do mais abstrato ao mais concreto, organiza-se de tal modo que um nível faz surgir outro, já que todos eles têm algo em comum. A conversão de um nível a outro é garantida por mecanismos de aspectualização do ator da enunciação, processados no interior de cada texto.

Para a primeira orientação referida, valem as distintas densidades da presença no cotejo de um texto com outro, encadeados linearmente na totalidade; daí se depreende a emergência do corpo actorial que, como estilo, é confirmado nas distintas etapas da própria consistência (compacta, na *dêixis da presença*; difusa, na *dêixis da ausência*), o que corrobora o princípio unificador na sua alternância ao longo do todo, que radica as partes (cada parte vista como um dos enunciados que compõem a totalidade). A partir daí, o estilo visto num único texto corresponde a uma *presença* percebida sob o estatuto de *realizada*.

A segunda direção da construção do corpo actorial, de acordo com as distintas densidades da presença (de um lado, realização e atualização; de outro, virtualização e potencialização), diz respeito àquilo que sucede internamente a cada texto, num plano do conteúdo pensado na pressuposição recíproca com o plano da expressão. Trata-se dos mecanismos segundo os quais a enunciação se enuncia, ou segundo os quais a enunciação se instala no seu lugar de fato e de direito: o nível discursivo dos textos. Aí a enunciação, ao enunciar-se, instala-se sintaticamente como pessoa e realiza-se semanticamente como ator, de acordo com um efeito de identidade.

Greimas e Courtés (2008: 252) referem-se a uma identidade vinculada a permanências de papéis actanciais assumidos por um actante ao longo de seu percurso narrativo e à "permanência, também, de um ator discursivo no decorrer do discurso no qual ele está inscrito". Os semioticistas aludem a um "procedimento de anaforização que permite a identificação de um ator em todos os instantes de sua existência discursiva" (Greimas e Courtés, 2008: 252). Basta, para pensarmos no corpo actorial segundo densidades de presença no interior de cada texto, que aceitemos a possibilidade de configuração do ator "no decorrer do discurso no qual ele está inscrito". Ao cuidarmos no ator como relativo a uma totalidade, ou relativo a um "'Baudelaire', enquanto se define pela totalidade de seus discursos" (Greimas e Courtés, 2008: 45), inevitavelmente pensamos nele como semantização actorial, concernente ao plano do conteúdo de qualquer texto.

A enunciação se enuncia semanticamente por meio de papéis temáticos desempenhados pelo ator no nível discursivo. Ela passa então a ter o estatuto de presença realizada no interior do texto. Tais papéis estão fincados em componentes semânticos que se desdobram ao longo do percurso gerativo do sentido, a partir de uma foria fundamental, concebida como bipartição entre euforia (valor do bem) e disforia (valor do mal), até que a dinâmica interna do percurso proceda à "formulação actancial de temas ou de percursos temáticos", definição encontrada por Greimas e Courtés (2008: 357) para os papéis temáticos.

A formulação actancial de temas ou de percursos temáticos radica-se naquilo que é tematizado e tal como é tematizado, o que supõe a moralização promovida em relação ao que é enunciado. A moralização, como concretização discursiva dos valores axiologizados no nível fundamental (como do bem ou do mal), valores que, no nível narrativo, são transformados em objeto de valor por serem investidos como objetos de desejo e que, nesse mesmo nível, apresentam-se modalizados, eles próprios, por conterem em si certo *poder ser* ou certo poder de atratividade ou de rejeição (Greimas, 1983), a moralização, repetimos, induz a formulação actancial de temas ou de percursos temáticos.

Ela ancora a aspectualização no perfil social do ator, para o que se respalda na duração da construção actorial. Essa duração é promovida pela dinâmica interna do percurso gerativo do sentido. É uma duração compatível com as distintas densidades da presença traçadas em cada nível e com a conversão de um nível em outro. A moralização permite entrever, no nível discursivo de cada enunciado, o "tema da produção", segundo a relação estabelecida entre aquilo que é tematizado e o modo como a tematização se processa, o que confirma uma avaliação moral. Aqui fica esboçada a formulação actancial dos temas ou dos percursos temáticos, a qual, para subsidiar o "tema da produção" pressuposto ao modo de dizer, radica, para o ator da enunciação, o papel de avaliador. Greimas e Courtés (2008: 387) afirmam: "Em semiótica, produção é a atividade semiótica considerada como um todo e que, situada na instância da enunciação, resulta na formação do enunciado (frase ou discurso)."

Voltando-se para a narratividade enunciativa, Barros (1985; 2002), em dois trabalhos, fala em *tema da produção*, articulado à narratividade enunciativa. Consideramos que o tema da produção constitui-se implicitamente no próprio ato de enunciar (produzir o enunciado, este que, por sua vez, produz o sujeito). Para isso, a formulação actancial encerra temas e percursos temáticos que permeiam figuras na construção do ator do narrado, que se instala: segundo um actante do enunciado, como um *ele,* e, na hierarquia de delegação de vozes, debreado ora como um *tu,* ora como um *eu,* interlocutor e interlocutário; segundo um actante da enunciação enunciada, aquele que, *grosso modo,* refere-se a um narrador explícito, ou seja, aquele que participa da história narrada. Esses movimentos, que decorrem da instância da enunciação enunciada, o narrador, enquanto "é responsável pelo

26

conjunto de avaliações" (Fiorin, 1996: 65), supõem valoração moral, da parte da enunciação, do que se processa no enunciado. Por meio desses recursos, ao longo da totalidade, a enunciação se apresentará conforme um sistema judicativo que remete não a uma lista de temas próprios a um estilo, mas a um corpo ético que, como esquema discursivo, subjaz, na sua invariância, à diversidade dos atos particulares da enunciação, reunidos sob o princípio unificador que rege a totalidade.[6]

Para Barros (2002: 140-1), que estuda "a questão da enunciação produtora do discurso", cotejando-a segundo estruturas narrativas, o enunciador, como sujeito manipulado, agente e performativo, é visto como um destinatário-sujeito constituído em relação estabelecida com um destinador-manipulador; é também sujeito a ser julgado pelo destinador, na instância da sanção narrativa. O destinador-manipulador, segundo a semioticista, acaba por desempenhar "o papel temático do *produtor*" do discurso, enquanto é entendido como "destinador sócio-histórico". "O produtor do discurso é o destinador-manipulador responsável pela competência do sujeito da enunciação e origem de seus valores" (2002: 140). Na fase narrativa da sanção, esse destinador, segundo a autora, passa a sustentar o papel temático de "receptor interpretante" (2002: 140). Ao discorrer sobre "a competência do sujeito da enunciação assim como sua *performance*" e confirmar o destinador manipulador como um "destinador sócio-histórico", Barros (2002: 141) corrobora a função de um actante que, ao desempenhar actorialmente o papel temático de produtor, constitui a origem dos valores contextuais incorporados pelo texto. "Determinar os destinadores do sujeito da enunciação corresponde a inserir o texto no contexto de uma ou mais formações ideológicas, que lhe atribuem, no fim das contas, o sentido" (2002: 141).

Acolhemos esse princípio. Mas consideramos o papel temático de produtor para o ator da enunciação. Circunscrevemos, então, o exame feito do lugar do produtor à função actancial do sujeito *em ato*: o sujeito que, da *performance* enunciativa, visto como o operador do ato, se destacará da relação entre um "programa narrativo de base" e um "programa narrativo de uso", noções propostas por Greimas e Courtés (2008: 389). A partir do esquema narrativo sugerido por Barros, consideramos a *performance* enunciativa entendida como um programa narrativo (PN) de base. Greimas e Courtés (2008) ilustram as relações entre programa narrativo de base com programa narrativo de uso por meio do exemplo do macaco que, para alcançar a banana, deve primeiro procurar uma vara, para o que acrescentam: "O PN geral será, então, denominado PN de base, enquanto os PN pressupostos e necessários serão ditos PN de uso" (2008: 389). Para o enunciador cumprir-se na sua *performance*, tal como sujeito manipulado por um destinador sócio-histórico e tal qual "o macaco que pretende alcançar a banana", é mister que, no interior do texto, ele primeiro "procure uma vara".

No programa narrativo de uso, o destinador-manipulador aparece como o sujeito da enunciação e é confirmado também como o destinador-julgador. Quem é o destinatário-sujeito, instituído na manipulação, e que passa a ser sancionado? É o actante do enunciado, concretizado como ator do enunciado, na simulação sempre implícita de contratos de fidúcia entre criador e coisa criada. Por meio do julgamento efetuado na relação com o discurso enunciado, firmam-se papéis temáticos do enunciador (produtor), semantizado como ator no seu perfil social e histórico. Nesse circuito de intersecção narrativa concernente à relação *enunciado/ enunciação*, pode acontecer de corresponder, ao *éthos* do enunciador, um *antiéthos* do ator do enunciado. Simulacros.

No interior de cada enunciado, a enunciação projeta-se, como *quase-presença*, em todos os níveis do percurso gerativo do sentido. Considerada a partir do nível discursivo (presença realizada), a enunciação atualiza-se no nível narrativo, para virtualizar-se no nível fundamental. O movimento inverso é também legítimo no engendramento do sentido. A partir do nível fundamental, ainda como virtualidade, a enunciação atualiza-se no nível narrativo, para realizar-se no nível discursivo. A depender do ponto de vista da análise, partimos da virtualidade (do que está a montante da mediação enunciativa, própria ao nível discursivo) ou partimos da presença realizada *em ato* (nível discursivo), fases necessariamente permeadas pelo nível narrativo, que garante a atualização da presença.

No nível narrativo, como presença atualizada, e no nível fundamental, como presença virtualizada, fica radicada a *quase-presença* segundo o perfil do sujeito responsável pelo ato predicativo de julgamento. Para esse perfil, é levada em conta a semântica da construção actorial, o que supõe considerar o estoque de temas e figuras acumulados ao longo da totalidade. Porém, antes desse estoque, interessa a sedimentação de propriedades éticas impingidas aos temas e figuras, por um sujeito posicionado como avaliador do que é do bem e do que é do mal, do que é bom e do que é mau, no mundo. Assim se delineia o perfil social ou historicizado do ator. À sedimentação corresponde a potencialização da presença.

Na *dêixis da ausência*, contemplada da perspectiva da construção semântica do ator, a potencialização prepara a virtualização, termo que condiz com o esquema de valorações morais. Potencialização e virtualização confirmam a *quase-presença* segundo a *dêixis da ausência* no interior de qualquer texto. A presença potencializada, a partir dos movimentos que fundam a semantização actorial, corresponde à transição entre a realização (nível discursivo), a virtualização (nível fundamental) e a atualização (nível narrativo). Para isso torna "latente e inativo", como memória do corpo judicativo, o princípio unificador que concerne aos papéis temáticos e aos preenchimentos figurativos próprios a cada ato particular (presença realizada). Ao tornar "latente e inativo" o que era realizado no nível discursivo, a potencialização firma-se como átona. Para isso, recuperamos o conceito de potencialização que, formulado por Tatit (2010: 155) no âmbito dos estudos tensivos, tem a "primeira acepção" assim formalizada: "potencializar significa passar de um estado de realização para um estado 'potencial', latente, inativo, configurando uma amenização do impacto da experiência para que esta possa durar na mente do indivíduo". À potencialização átona, que leva em conta a perda de densidade da presença, emparelha-se, segundo Tatit (2010: 156), a "potencialização tônica", que diz respeito a "crenças essenciais, assumidas, e que, provavelmente, serão incentivos para novas atualizações". Prossegue Tatit (2010: 156): "Entretanto, um conteúdo que tenha tido presença marcante na experiência do sujeito sempre conservará uma espécie de saudade da comoção, cujo valor tônico incita as reatualizações e as futuras realizações em novas formas semióticas". Juntando as "crenças essenciais" com a "saudade da comoção", entendemos que a potencialização tônica, quanto à densidade da presença, concerne a uma "saudade da essência": passa-se da fase potencializada para a fase virtualizada, em que é acolhido o corpo como esquema: redução, abstração, essência. A potencialização tônica é, então, priorizada a partir de uma foria considerada como "força que leva adiante".

Imbrica-se a enunciação, como semantização actorial, com a enunciação que, como *quase-presença*, enuncia-se também por meio dos componentes tensivos, considerados num nível aquém do próprio percurso: num nível que procura trazer à luz relações primordiais entre o que afeta sensivelmente o sujeito e o modo como ele mostra-se afetado. Tatit, ao recuperar o pensamento zilberberguiano, fala em "nível tensivo ou fórico", que, como explica a partir da obra do semioticista francês (Zilberberg, 2006), concerne a um horizonte fluido, em que se recupera, para ser desfeita, a cisão *sujeito/objeto*, ao ser levado em conta "o elo de atratividade que permanece após a cisão, conduzindo o sujeito ao restabelecimento de sua identidade pela recuperação do objeto" (Tatit, 1998: 16).

Uma foria que se apresenta segundo um movimento contínuo ou um "fluxo fórico" é confirmada por Tatit (1998: 17), de modo a sugerir algo que dura na percepção, a qual contém sujeito que percebe e coisa percebida. Sob essa outra acepção da noção de foria, entendemos que se depreende a *quase-presença* segundo "oscilações tensivas" como realça o mesmo semioticista (1998: 16). A *quase-presença* passa então a ser considerada mediante sua instalação no nível tensivo, como presença potencializada. Enquanto isso, movimentos de potencialização da presença percorrem todos os níveis do percurso gerativo, para ambientar seja a semantização que prepara a formulação actancial dos temas, do que decorrem os papéis temáticos do ator, seja a protensividade do corpo.

A partir do conceito de potencialização tal como formalizado por Tatit, entendemos que as distintas densidades de presença no interior do enunciado articulam-se aos níveis do percurso gerativo do sentido e ao que está "aquém" dele da seguinte maneira:

Figura 1 – Densidades de presença

presença	presença	presença	presença
realizada	atualizada	potencializada	virtualizada
nível discursivo	nível narrativo	nível tensivo	nível fundamental
dêixis da presença		dêixis da ausência	

- - - ▶ potencialização átona

◀——— potencialização tônica

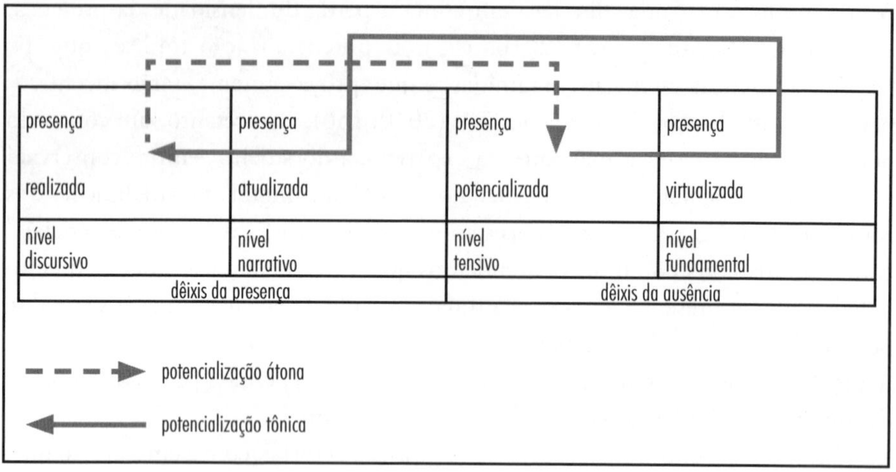

Fonte: Elaboração nossa a partir de Greimas e Courtés (2008); Fontanille e Zilberberg (2001); Tatit (2010).

Por conseguinte, do interior do enunciado visto sob as distintas densidades de presença, o nível tensivo destaca-se como território de instalação da *dêixis da ausência*, no polo relativo à presença potencializada. Por sua vez, a presença realizada, que concretiza a enunciação enquanto esta se assume na relação estabelecida com valores ideologizados, respondentes a crenças e aspirações historicamente sistematizadas, tem como território de instalação o nível discursivo.

A presença como percepção concerne a um sujeito passivo, que recolhe as impressões afetivas do mundo e as retém numa temporalidade que diz respeito à duração: ao modo como a afecção dos objetos dura na percepção. Assim considerada, a presença confirma seu território de instalação na *dêixis da ausência*, no polo da potencialidade.

A presença relativa à percepção subjaz ao sistema de avaliações morais e éticas que o sujeito faz do mundo. Logo, a *dêixis da ausência*, território de instalação da presença como percepção, enquanto concerne ao nível tensivo, sustenta, a partir daí, o pressuponente em termos de percurso gerativo: o sujeito realizado (nível discursivo); atualizado (nível narrativo); virtualizado (nível fundamental). Esses níveis, que trazem à luz o encaminhamento sintáxico-semântico da construção do sentido, pressuponentes no nível tensivo, logo com este pressuposto a eles, são regidos, de um modo ou de outro, pela tensividade.

A presença realizada (S1) e atualizada (não-S2), de um lado e, de outro, a presença virtualizada (S2) e potencializada (não-S1) podem ser vistas dispostas em conformidade com as relações elementares da significação tal como sistematizadas no quadrado semiótico, o que foi previsto por Fontanille e Zilberberg (2001: 134), a partir de Greimas e Fontanille (1993). Nesse circuito, a fase potencializada da presença (não-S1) pode ser considerada em relação de negação com a fase de realização discursiva (S1), para que, naquilo que se tornou "latente e inativo" na potencialização, pulse, segundo alternâncias regulares, o acento do sensível sobre o *lógos*, o que imbrica na sua conotação. Um texto relativo à esfera da arte, por meio de um *lógos* conotado esteticamente, distingue-se de outro, de outra esfera como a jornalística ou jurídica. Nos dois últimos casos, o perfil sensível do ator, inclinado a permanecer recessivo, se vinculará a um *lógos* de conotação que inclui vontade, decisão e arbítrio do falante, enquanto a presença afasta-se da *dêixis da ausência*.

Em relação a totalidades discursivas, a organização interna a elas, na constituição do ator, lança luz dominantemente num perfil em que o sujeito se realiza no papel de julgador e sancionador, ou no perfil do sujeito "passivo", que concerne à percepção que o ator tem do mundo. O primeiro caso encontra amparo na tradição dos estudos semióticos relativos a uma semiótica dita narrativa e discursiva; o segundo, na tendência que se costuma designar contemporaneamente como "semiótica tensiva". Entendemos que a semiótica só pode ser concebida como única, mediante as variações de ponto de vista que apresentam distintos vieses do objeto.

Para a orientação que considera as distintas densidades de presença na constituição da totalidade estilística, temos, numa unidade integral (S1, presença realizada), o texto que o leitor tem sob a vista no ato de leitura. É a parte do todo que é contemplada, enquanto chama para si, na realização única do ato, a sistematização do todo – este, que, antes de seu advento na dêixis da presença (atualização/realização), é mantido tanto potencializado quanto virtualizado no eixo relativo à dêixis da ausência. Para a orientação que considera as distintas densidades de presença como mecanismo de discursivização da pessoa no plano do conteúdo de cada texto, no nível fundamental do percurso gerativo a presença virtualiza-se, depois de ter sido potencializada; nas profundidades relativas às dimensões figurais ou tensivas, a enunciação instala-se segundo a dêixis da ausência no polo da presença potencializada.

Nas profundidades figurais, com força e tonicidade semânticas rarefeitas, a enunciação mantém-se não na atividade de agente do próprio ato, não na força de realização do sujeito responsável pelo próprio ato; não, enfim, como um sujeito que decide sobre um valor de juízo ou um juízo de valor, isso que confirma o

31

papel temático do *produtor*. Lá permanece, como princípio "latente e inativo", o resíduo do ato como atividade responsável, para que encontre seu lugar o sujeito *paciente*. Este, na medida em que "sofre" os "ataques" dos fenômenos do mundo, apresenta-se no encontro inevitável entre o olhar que visa o objeto e o objeto visado, ambos correlatos, ambos constituintes do ato e em constituição mútua, do que resulta um elemento contaminado pelo outro, sujeito e objeto. Lá também somos lançados a um sensível que, na regência do inteligível, chega a viabilizar o instante de máximo arrebatamento empreendido sobre o sujeito, sem que este acione decisões e vontades próprias. Estamos sob a regência de um elã sensível robustecido, o qual permite que recrudesça o impacto do que afeta o sujeito, a tal ponto que são favorecidas condições para a emergência de um "acontecimento extraordinário", que entendemos vinculado à plenitude do *lógos* estético. Se o sensível rege o inteligível, a estesia do *lógos* encontra-se num artigo jornalístico, dito "de opinião". Ler determinada coluna publicada pelo mesmo autor ao longo de várias edições do mesmo jornal deve permitir que reconheçamos uma estética da pejoração, para o que fazemos remissão ao discurso de Luiz Felipe Pondé, que publica sua coluna às segundas-feiras, no jornal *Folha de S.Paulo*. Toda estética é uma ética, e a recíproca é verdadeira, se se pensar na estética como um dos termos da gradação intervalar entre a estesia e a estética, e se não circunscrevermos a estética ao belo. A estesia contempla o perfil sensível, pressuposto ao perfil judicativo, na consideração feita do ator como aspecto e como estilo.

Nas profundidades figurais, pressupostas à dimensão figurativa do nível discursivo, confirma-se a enunciação que, como *quase-presença*, mostra-se na *dêixis da ausência*, tal como instalada no nível tensivo-fórico, correlato à potencialização da própria presença. Esse é o nível considerado aquém do plano do conteúdo de qualquer texto, na medida em que está pressuposto a relações semânticas fundadas no ato de moralizar o mundo, as quais se respaldam nos valores axiológicos (nível fundamental), convertidos em objeto de valor (nível narrativo), este concretizado em valor ideológico (nível discursivo). Na dimensão temático-figurativa do nível discursivo temos a densidade de presença realizada, a qual supõe a narratividade enunciativa numa hierarquia de programas: o enunciador é o actante performativo de um programa narrativo de base; o enunciador é também o destinador e o sancionador de um programa narrativo de uso.

Concernente a uma *quase-presença*, a presença incide no plano do conteúdo dos textos segundo distintas densidades e se confirma como: realizada no nível discursivo; atualizada no nível narrativo; virtualizada no nível profundo; potencializada no nível tensivo. Na dimensão paradigmática, em que se assentam as conversões empreendidas de um nível a outro do percurso gerativo do sentido, instala-se a actorialização no plano do conteúdo dos textos, a partir da formulação actancial dos temas e dos percursos temáticos do narrado, o que supõe escolha enunciativa, e o que confirma a *quase-presença* como elemento comum a todos os níveis. Os temas e os percursos temáticos não surgem aleatoriamente no nível discursivo.

A *quase-presença* confirma-se então como o que há de comum entre os níveis do percurso gerativo do sentido. Um nível evoca outro, na medida em que mecanismos engendrados num patamar associam-se aos mecanismos engendrados em outro, à moda de um paradigma de flexão, para o que lembramos Saussure (1970: 147). Ao longo do percurso gerativo do sentido, os conceitos de realização, atualização, potencialização e virtualização da presença, por isso dita *quase-presença*, desempenham função distinta daquela considerada na dimensão sintagmática, pensada segundo o encadeamento entre enunciados de uma totalidade. Tais noções subsidiam a aspectualização do ator como corpo.

Realização, atualização, virtualização e *potencialização*, conceitos formalizados por Greimas e Fontanille (1993), reorganizados por Fontanille e Zilberberg (2001), encontram desenvolvimento no pensamento de Tatit (2010), em especial quanto às duas acepções apresentadas por ele para a potencialidade. Emparelhado aos estudos semióticos que pensam a presença em termos de densidade e a instalam, de modo mais fraco e átono como presença potencializada e virtualizada (*dêixis da ausência*) e, de forma mais forte e tônica, como presença atualizada e realizada (*dêixis da presença*) (Fontanille e Zilberberg, 2001), Tatit (2010), ao conceber duas acepções para a noção de potencialização, ampara a investigação sobre a conversão entre os níveis do percurso gerativo, o que entendemos ser subsidiado pela aspectualização actorial.

Se pensar o estilo como presença decorrente de uma totalidade (conjunto que supõe uma unidade) supõe considerá-lo como presença instalada no todo e nas partes segundo distintas etapas ou fases de densidade, podemos examinar as diferentes etapas dessa densidade na relação estabelecida com as grandezas de quantificação (integral e numérica) que constituem essa totalidade, como o *totus* (totalidade integral), o *unus* (unidade integral), entre outras, conceitos trazidos do pensamento de Brøndal (1948; 1986).

Acontece que, a partir da primeira acepção da noção de potencialização formulada por Tatit (2010), levamos em conta a passagem de um *unus*, unidade realizada (enunciado que o leitor tem à mão) para um todo potencial, "latente e inativo". A presença, potencializada no todo, é considerada átona enquanto princípio unificador. A partir do texto firmado como unidade integral (presença realizada, *dêixis da presença*), diante do todo "latente e inativo", fraco e átono enquanto princípio unificador, somos lançados na *dêixis da ausência*. Esta última funda com a outra, a *dêixis da presença*, a *quase-presença,* pensada no cotejo entre as partes e o todo, princípio que remete à totalidade fundadora do "ator da enunciação", tal como concebido por Greimas e Courtés (2008: 45), na acepção que traz à luz um ator "enquanto se define pela totalidade de seus discursos". Entretanto, entendemos que, para o ator da enunciação definir-se pela totalidade de seus discursos, ele tem de ser instituído, como efeito de individuação, no engendramento do sentido promovido no interior de cada discurso. Os mesmos semioticistas, ao conectar a individuação com a problemática da noção de ator, afirmam a mesma individuação como "um efeito de sentido, que reflete uma estrutura discriminatória subjacente", e realçam que o ator "se define como a reunião, em um dado momento do percurso gerativo, de propriedades estruturais de ordem sintática e semântica, constituindo-se assim como 'indivíduo'" (2008: 262). Ora, se enunciado e enunciação não se excluem mutuamente, pelo contrário, um convoca o outro para a própria existência, o ator do enunciado convoca o ator da enunciação no interior de cada enunciado, para que o corpo se configure como estilo. Isso nos leva a ratificar que o que acontece no percurso gerativo do sentido é correlato à composição do corpo do ator da enunciação, o que pode ser operacionalizado por meio do exame feito dos mecanismos de aspectualização actorial.

No todo relativo a um conjunto de textos, vemos que, oposta à *dêixis da presença*, que reúne a *coisa* integral (totalidade e unidade integrais), confirma-se a presença difusa, compatível com a *dêixis da ausência*. Esta supõe, a partir do todo "latente e inativo" (polo da potencialização), a atividade cognitiva de um actante observador que respalda a aspectualização do ator entre as partes que, relacionadas entre si (um enunciado e outro) supõem a relação necessária com o todo que as compõe. Isso acontece na constituição seja do perfil social, seja do perfil sensível do ator. No primeiro caso, o observador viabiliza um ator instalado, em cada enunciado, na relevância da responsabilidade pelo ato de enunciar (nível discursivo/densidade realizada/*dêixis da presença*). Ao segundo caso corresponde o ator instalado segundo graus mais baixos, ínfimos até, dessa responsabilidade (nível tensivo/densidade potencializada/*dêixis da ausência*).

O sujeito, quando se deixa fisgar pelo exame feito dos processos de tematização e figurativização que convertem em ator a pessoa, instalada em cada enunciado por meio de debreagens e embreagens, é, como estilo, presença em transição (*quase-presença*) entre o todo integral e a unidade integral. No todo integral, é presença atualizada entre os enunciados, na medida em que sustenta o movimento pelo qual o efeito de identidade se atualiza e se efetiva, enquanto se prepara para adquirir a conformação de unidade, depois de ter sido potencializado e virtualizado; na unidade integral, é presença realizada em determinado ato particular. Aqui, no enunciado vindo à tona pela leitura, está o momento de culminância da enunciação que, ao enunciar-se, discursiviza-se como realizada *no* e *por meio do* ato responsável. Isso acontece tanto do lado do enunciador como do lado do enunciatário, narrador e narratário instituídos pelo próprio texto, enquanto este último é catapultado ao estatuto de coprodutor. Ao discorrer sobre o fato de que o leitor, sempre implícito no texto, é sujeito que dialoga com o autor, também sempre implícito no texto, Fiorin (1996: 63-4) afirma: "O texto constrói um tipo de leitor chamado a participar de seus valores. Assim, ele intervém indiretamente como filtro e produtor do texto."

Na enunciação da totalidade, um filtro de memória de atos judicativos remete o dado ao não dado. Os temas e as figuras que, naquele enunciado posto à luz, fundam o perfil ético do ator da enunciação, como elementos da semântica daquele discurso em particular, remetem ao não dado: aos temas e figuras que virão nos enunciados subsequentes à leitura (antecipação do teor judicativo) ou aos que já vieram nos enunciados anteriores a ela (retenção do teor judicativo), reunidos todos pelo princípio unificador da totalidade. Esse princípio concerne ao tratamento ético imprimido aos componentes da semantização actorial em cada um dos enunciados copresentes numa totalidade e, por meio da relação que liga o todo com as diversas partes, firma a "solidariedade" entre eles. Sobre esta última noção, afirma Hjelmslev (2003: 29-30): "Denominaremos solidariedade a interdependência entre termos num processo" – para o que o dinamarquês esclarece: "As dependências recíprocas, em que os dois termos se pressupõem mutuamente, serão, para nós, interdependências" (2003: 29). A partir da interdependência entre os enunciados de uma totalidade funda-se o corpo como esquema. Sob a diversidade de cada enunciado, concernente a cada ato particular, opera o tratamento ético, que permanece invariante.

O princípio unificador, quando reduz a força e a concentração relativas à *dêixis da presença*, abstrai temas e figuras, bem como os julgamentos que os compõem em cada enunciado, para que, na dimensão ética da totalidade, seja preparado o corpo como esquema. Por meio dessa redução, dá-se a passagem, na totalidade, entre a presença realizada (*dêixis da presença*) e a presença virtualizada (*dêixis da ausência*). Por sua vez, no interior de cada enunciado opera, entre uma dêixis e outra, o processamento da semântica actorial, que conta com a aspectualização da pessoa entre os níveis do percurso gerativo. Para o ator aspectualizado no interior de cada enunciado, conta a passagem da *quase-presença* entre a realização (nível discursivo) e a virtualização (nível fundamental), por meio do nível narrativo, que cuida da atualização do sentido mediante a antropomorfização actancial promovida. Em cada enunciado ainda opera, como engendramento dos três níveis, a potencialização da semântica actorial, como passagem entre os níveis, o que supõe uma duração interna das funções do ator no intervalo entre as distintas densidades da presença. Além disso, no interior de cada enunciado, o polo da potencialização, como lugar de instalação da *quase-presença* da dimensão tensiva, radica a percepção sensível.

Assim o princípio unificador subsidia, junto ao perfil social do ator, o processo de aspectualização que convoca, no nível discursivo de cada texto e no intervalo entre os textos, um actante observador com função própria. O observador, "sujeito cognitivo delegado pelo enunciador e por ele instalado no enunciado" (Greimas e Courtés, 2008: 347), subsidia, em cada enunciado, os papéis do narrador. Tais papéis estão vinculados ao próprio conceito de enunciação.

Uma vez entendida somente como enunciação enunciada, logo depreensível dos próprios enunciados por meio do exame feito do "conjunto de índices que remetem à instância enunciativa" (Fiorin, 1996: 104), a enunciação nos faz deparar com a importância dos papéis desempenhados pelo narrador na constituição do ator. Afinal, quem oferece as marcas da enunciação no enunciado é o narrador. Os papéis do narrador correspondem ao lugar ocupado por esse actante na hierarquia enunciativa, a qual supõe três níveis. O primeiro, aquele que contempla os actantes da enunciação pressuposta, concerne ao enunciador e ao enunciatário; o segundo, aquele que contempla os actantes da enunciação enunciada, diz respeito ao narrador e ao narratário. O terceiro, aquele que instala no enunciado os actantes delegados pelo narrador, diz respeito ao interlocutor e ao interlocutário, atores discursivizados por meio da apropriação feita, por eles mesmos, de seus turnos de fala, encadeados e marcados por meio de recursos do discurso direto (Fiorin, 1996).

Fiorin (1996: 105-6) sintetiza estudos desenvolvidos a respeito dos papéis do narrador e destaca, para esse actante, as funções de: a) relatar a história (função narrativa propriamente dita); b) indicar a direção do narrado (função metanarrativa, em que o narrador marca explicitamente conexões que organizam o narrado); c) desenvolver a comunicação com o narratário (função de orientação para o narratário, em que é simulada uma conversa com este); d) atestar a relação afetiva, moral ou intelectual do narrador com a história (função de atestação, que pode apresentar-se como um testemunho a respeito do que é narrado); e) comentar a ação e avaliá-la do ponto de vista de uma visão de mundo (função ideológica, em que se deixam entrever sentimentos a respeito de concepções de mundo veiculadas no narrado).

Os papéis do narrador também se ligam às funções desempenhadas pelo actante observador. A partir do emparelhamento necessário entre esses dois actantes, distintos e afins, interessam, para a composição do corpo do ator, os papéis do narrador vinculados à função narrativa propriamente dita (fazer o relato) e à função ideológica (avaliar o relatado). Em sincretismo com o narrador em cada enunciado, o observador, "sujeito cognitivo delegado pelo enunciador" (Greimas e Courtés, 2008: 347-8), é, segundo estes últimos semioticistas, "encarregado de exercer o fazer receptivo e, eventualmente, o fazer interpretativo (isto é, que recai sobre outros actantes e programas narrativos, e não sobre ele mesmo ou sobre seu próprio programa)".

Por meio das funções desempenhadas pelo narrador em cada enunciado, o observador respalda, aí, o ator como presença realizada. No intervalo entre um enunciado e outro da totalidade, o observador ampara o ator como presença atualizada (*dêixis da presença* na totalidade). Por emparelhar-se ao narrador na definição da presença realizada (julgamento em ato), o observador ampara o vínculo entre um narrador e outro, entre um enunciado e outro. Assim se garante a presença atualizada, enquanto prioriza os intervalos entre enunciados (memória dos julgamentos emitidos e antecipação dos julgamentos do porvir). O observador também se constitui, ao longo da totalidade, como sustento para a presença potencializada, consoante o princípio unificador. Ainda apoiados em Tatit (2010), destacamos que a potencialização tem uma função de atonização e de tonificação: retém na memória o conteúdo que se realizou (função de atonizar o tônico), bem como torna potente algum conteúdo retido (função de tonificação do átono). Desse modo, latente e inativo, o princípio unificador se subsidia na duração entrevista no intervalo entre os enunciados; como recuperação do potencial individualizador, esse princípio unificador permite-se captar nos vetores estilísticos expressos em cada texto.

Junto ao narrador em cada enunciado e retendo, segundo um "fazer receptivo", o "fazer interpretativo" aí promovido, *fazer* este entendido como moralização (nível discursivo) e como investimento de valor nos objetos ou modalização dos mesmos objetos postos em junção com o sujeito (nível narrativo) e, ainda, um *fazer* entendido como julgamento axiológico dos valores (nível fundamental), o observador desempenha a função, no interior de cada enunciado e na totalidade deles, de assegurar o corpo do ator como aspecto, e tal aspecto segundo determinada duração. Essa duração orienta o sistema de remissão dos dados aos não dados na semântica retomada ao longo dos enunciados como "interpretação", durativo-descontínua, feita em relação ao mundo e aos objetos do mundo.

Tema é conceito, figura é concretização do conceito. Na dimensão da racionalidade operante como decisão e vontade de um sujeito, realizada num enunciado a cada vez, deparamo-nos com um narrador, único a cada vez. Por isso, ao longo do processo da aspectualização actorial, no plano da totalidade, a duração que orienta a configuração do corpo é descontínua. Mediante tal duração configura-se o ator no seu perfil social. Na semântica retomada ao longo dos enunciados como "interpretação" durativo-descontínua, feita em relação ao mundo e aos objetos do mundo, enquanto estes são discursivamente postos, firmam-se os papéis temáticos do ator da enunciação como iterativos.

O tratamento ético, exercido sobre temas e figuras e consolidado nas formulações actanciais dos temas (papéis temáticos, como o ator que se posiciona a favor de x, ou contra y, como o que acolhe a, ou rejeita b – coisas do mundo narrado), permanece como invariante subjacente a cada ato particular. Cada enunciado apresenta temas, figuras e papéis temáticos que, únicos no enunciado em que ocorrem, subsidiam as funções do narrador, também únicas a cada vez que ocorrem. A partir da solidariedade entre tais papéis desempenhados ao longo da totalidade, a enunciação se enuncia semanticamente, enquanto o ator se aspectualiza por meio do perfil social trazido à luz. A semântica actorial corrobora a aspectualização do ator e a recíproca é verdadeira. Para isso o observador, como um "aspectualizador", se estabelece como mediador entre a unidade e o todo e, a fim de assegurar a *quase-presença* na *dêixis da ausência*, age por redução do todo nas partes.

A dêixis da ausência encerra em si dois termos: a presença virtualizada e a presença potencializada. Aquela, a virtualizada, na projeção semântica do ator no interior de cada enunciado, diz respeito aos movimentos do princípio unificador, correspondentes àquilo que, tornado latente e inativo na potencialização, faz assentar, na virtualização, a timia profunda, isto é, a valorização positiva (euforia) ou negativa (disforia) dos valores axiologizados.

São os movimentos relativos ao nível fundamental, aos quais correspondem a atonia máxima da *quase-presença*. À outra, à presença potencializada, corresponde uma atonia média e mínima da presença, pois a potencialização é ambígua (tônica e átona), conforme Tatit (2010: 154-8). Temos então esta correspondência: potencialização tônica, atonia mínima da presença; potencialização átona, atonia média da presença. A alusão feita à atonia média e mínima está em relação de comparação com a atonia máxima da presença, própria ao nível profundo.

A potencialização, para a *quase-presença*, diz respeito ao princípio unificador, como resíduo latente e inativo do que se realizou, o que viabiliza a passagem do realizado (nível discursivo), para o atualizado (nível narrativo) e, daí, para o virtualizado (nível fundamental). Nessa direção é privilegiada a projeção semântica do ator no interior do enunciado, o que se alonga do mais denso e concentrado semanticamente (nível discursivo) ao mais rarefeito e difuso (nível fundamental). Mas, concomitantemente, a potencialização também diz respeito ao movimento de tornar potencial, de tornar ativo o que se fez latente e inativo, para que, de acordo com o que diz Tatit (2010: 155), o "conteúdo da memória", "cedo ou tarde, seja sentido como falta e se reatualize em novo processo discursivo". Entendemos que, a partir daí, pode ser pensado o movimento inverso de passagem actorial do menos (nível fundamental) ao mais concentrado semanticamente (nível discursivo). Na potencialização, o nível tensivo, ao cuidar da *quase-presença* como percepção, reforça o que há de duradouro entre os níveis do percurso gerativo e respalda o processamento do corpo actorial como aspecto.

Greimas e Courtés (2008: 89) destacam, para o plano do discurso, configurações discursivas que, como sistematização dos temas e das figuras, constituem-se segundo micronarrativas. Para isso, os semioticistas realçam a intervenção que pressupõe "um sujeito da enunciação dotado não somente da competência narrativa, mas também de um estoque de configurações discursivas acompanhado, por assim dizer, de seu 'modo de usar'" (2008: 89). Entendemos que a homogeneidade da configuração temático-figurativa fincada na totalidade funda a heterogeneidade constitutiva de cada evento discursivo. A homogeneidade vai ao encontro do corpo temporalizado segundo determinada duração, que é descontínua na aspectualização do ator no seu perfil social, ao longo da totalidade. A descontinuidade concerne ao fato de que a cada vez se apresenta um único e novo enunciado, o que supõe uma única e nova enunciação. Além disso, o ato enunciativo, ao firmar um posicionamento discursivo, a favor de ou contra alguma coisa, apresenta-se, a cada vez, de uma vez por todas. Isso acontece com o ato visto como a *performance* que cria o objeto enquanto visada sobre o mundo e enquanto sanção sobre o objeto criado, esteja embora esse objeto condensado no ator debreado até como o *eu* "participante da história própria".

Ao recuperar a tradição linguística sobre o estudo do aspecto, temos, para o ato enunciativo, conforme apresentado em cada enunciado, a propriedade aspectual do que é *semelfactivo*. A sequência dos atos funda a duração descontínua para o viés de um corpo cotejado na continuidade pressuposta à totalidade de enunciados. Um ato continuado, porém interrompido a cada vez que se enuncia, confirma a aspectualização do ator nesse viés, o que é mediado pelo observador.

Jacques Fontanille (1986b: 19), ao discorrer sobre questões relativas ao observador, atribui a esse actante "o papel de aspectualizador" e complementa: "O aspectualizador é o sujeito discursivo operador da homogeneização das figuras discursivizadas." (1986b: 19). Por sua vez, Françoise Bastide, na mesma fonte, também procura formalizar a noção de aspectualização e afirma: "O actante observador desempenha o papel de uma escala de medida antropomorfa que, aplicada à ação realizada por um sujeito operador instalado no discurso, transforma-a num processo que pode ser inscrito no tempo, no espaço e na 'qualidade' da realização." (1986b: 19)

Se *escala* sugere sequência contínua e progressiva, bem como ideia de gradação, entendemos que uma *escala antromorfa* subsidia a possibilidade de pensarmos num corpo mensurável em termos de densidade da presença, seja no perfil judicativo, seja no perfil afetivo. Se, ainda, nos emparelharmos à formulação de que "a inscrição, num tempo em escala humana permite a discursivização em termos de duração" (Bastide, 1986: 19), confirmamos o princípio de que o ator visto como corpo construído no decurso de uma totalidade, enquanto se aspectualiza, se temporaliza como duração. A duração é descontínua para o viés social do corpo actorial, dado ao longo da totalidade.

O ator, em cada um dos seus perfis, permite ser contemplado segundo propriedades aspectuais, cujas noções remontam aos estudos linguísticos, concernentes ao aspecto na língua. O interesse teórico sobre o aspecto, linguisticamente considerado no âmbito da gramática da frase, volta-se para além da categoria verbal. O aspecto é então pensado na medida em que cuida da "composicionalidade" de uma sentença, isto é, da organização sintático-semântica, que preserva o todo da sentença nos termos nela contidos. Esses termos, cotejados segundo um sistema de restrições recíprocas no interior da sentença, fazem emergir a forma como princípio invariante. Daí decorre a "composicionalidade": o exame feito da relação das partes com o todo permite depreender propriedades aspectuais da própria sentença. Tanto em função da "composicionalidade" da sentença, como em função dos elementos semânticos dos verbos, para o exame do aspecto na língua são levadas em consideração propriedades aspectuais, entre as quais destacamos: a perfectividade; a duração; a telicidade; a dinamicidade.

Sobre a duração, Castilho (1968: 34), após recuperar discussões que a destacam como um "'tempo durativo' que transcorre e cuja medida é puramente interna e subjetiva", faz alusão a noções que a contemplam na bipolaridade entre uma ação vista enquanto dura (inacabada) e uma ação apresentada como o que concerne ao que é completo; lá, o imperfectivo; cá, o perfectivo (1968: 41). Prossegue Castilho e retoma a tradição linguística que pensa o aspecto a partir do semantema do verbo e a partir da combinação do verbo com elementos morfossintáticos da sentença. Para isso remete a fundamentos, seja do imperfectivo como "duração pura e simples" (1968: 52), seja do perfectivo como "ação completamente decursa" (1968: 53). Em seguida, o linguista realça "o iterativo como um aspecto intermediário" entre aqueles dois, já que este último aspecto indica "a repetição da ação, quer imperfeita, quer perfeita" (1968: 54).

Incorporamos tais bases linguísticas e propomos, para o ator pensado no nível da totalidade, o aspecto segundo: a) uma durativadade descontínua, para o perfil relativo ao ato no viés do julgamento predicativo; b) uma durativadade contínua, para o perfil relativo ao ato no viés da percepção sensível. Lá, os papéis temáticos que, semelfactivos em cada enunciado, configuram-se como iterativos na totalidade, já que se mantém o todo formado por partes dependentes entre si. Cá, os papéis patêmicos, fundados na continuidade durativa que lembra a consciência que temos do som de uma melodia, fato que é fenomenologicamente descrito como percepção temporalizada de um mundo temporalizado por Husserl (2007).

O filósofo alemão refere-se à experiência originária do tempo, a qual está naquilo que ele chama de *campo de presença* ou de *presente vivo*. Este, segundo Husserl, não é um instante ou um ponto, o que viabilizaria uma sucessão de "agoras" descontínuos, mas um fluxo vinculado a uma unidade contínua da consciência do tempo, que tem como correlato o som da melodia, como o mesmo e único objeto temporal, percebido na mudança contínua de seus modos temporais de doação. Daí decorre a extensão temporal. Essa extensão temporal inclui não só um presente, um agora, mas também um passado imediato e a expectativa de um futuro próximo, explica Moura, historiador da filosofia, em aula sobre o cenário husserliano e sobre o lugar de instalação do pensamento de Merleau-Ponty em tal cenário, na medida em que o filósofo francês reconhece que "o tempo é a medida do ser" (Moura, 2011: 9, nota 1).[7] Ao recuperar "os contínuos dos fenômenos do decurso" e o "diagrama do tempo", Husserl (s.d. (a): 60-71), do § 10 ao § 16 de *Lições para uma fenomenologia da consciência interna do tempo*, discorre sobre o que é o som que dura, ao longo da percepção, o que é assim explicado por Moura (2011: 9, nota 20):[8]

> A cada momento do som da melodia que se torna presente, o momento anterior cai no passado. Mas eu não deixo de ter consciência desse momento sonoro recente. Esse momento passado ainda está presente à minha consciência – ou quase presente. Quase presente, quer dizer, ele está presente, mas com essa modificação de passado, não presente como o agora atual. Meu presente no sentido amplo da palavra, meu presente vivo, comporta o momento do agora e outros momentos do passado imediato, dos quais eu tenho consciência como momentos recém-sidos.

Esclarece ainda o professor que, para o recém-sido, não existe um ato de rememoração: "Uma rememoração é um ato expresso do eu que procura recuperar um passado distante, um momento do qual eu não tenho mais consciência no presente" (2011: 9, nota 21). Alerta, então:

> No caso de minha consciência do som que dura, tenho consciência do passado recente sem nenhum ato expresso de rememoração. Esse passado imediato está quase presente à minha consciência sem que eu precise evocá-lo, sem qualquer atividade expressa que eu opere. É diante de um eu passivo que a consciência do passado imediato se instala, sem qualquer evocação.

Husserl distingue a recordação primária da recordação secundária. Refere-se à primeira ao formular princípios relativos à consciência interna do tempo, como a vinculada às retenções (do recém-sido, que ainda é) que, juntamente com antecipações (expectativa do porvir, que já é), constituem a extensão temporal do presente vivo, para o que é demonstrado o som que dura na melodia. Ao proceder à "análise da consciência íntima do tempo", diz Husserl (2007: 50-1)[9] no § 14: "Caracterizamos a recordação primária ou retenção como uma cauda de cometa, que se agrega à respectiva percepção. Disso

41

deve ser inteiramente distinguida a recordação secundária, a recordação iterativa." Para a recordação primária, entendemos haver aquela instalação da consciência do passado imediato, sem a atividade de uma evocação voluntária, de modo a provocar mutações no presente vivo, assim posto sob o horizonte do passado imediato.

Outra duratividade, a descontínua, consideramos subsídio aspectual do perfil relativo ao ato no viés do julgamento predicativo (sujeito em atividade). A duratividade contínua, instituidora do perfil relativo ao ato no viés sensível (sujeito passivo), a nosso ver, equivale à duração do som da melodia, apreendido de tal modo que o presente vivo traz consigo não só o horizonte do passado imediato, mas também o horizonte de antecipações. Moura (2011) esclarece, a partir do pensamento husserliano, as noções de *retenção* (a consciência que temos do passado imediato) e de *protensão* (a consciência que temos do futuro próximo), através das quais dura a consciência do agora. E dura, enquanto supõe perspectivizações relativas ao passado imediato e ao futuro próximo, para que se estabeleça o *campo de presença* ou o *presente vivo* como um todo formado pelo presente, passado e futuro. O historiador da filosofia assim explicita o pensamento husserliano:

> Enquanto transcorre a melodia, eu também antecipo, de alguma maneira, o som que está por vir. Minha consciência também se dirige a um futuro próximo, do qual ela antecipa pelo menos o estilo do que virá. Como se os sons já transcorridos me oferecessem a regra dos sons que estão por vir. Por isso, meu presente vivo também comporta um horizonte de futuro próximo. Meu presente vivo não é um instante: ele é uma extensão temporal. Minha consciência do presente não é a consciência de um instante. Ela é a consciência de um agora, acompanhada da consciência do passado imediato e do futuro próximo. (Moura, 2011: 9, nota 22)

Por sua vez, Merleau-Ponty (1999: 558), ao recuperar o pensamento husserliano, realça que essas dilacerações do agora "me ancoram em uma circunvizinhança. Elas não partem de um Eu central, mas de alguma maneira de meu próprio campo perceptivo, que arrasta atrás de si seu horizonte de retenções e por suas protensões morde o porvir". Não é a uma duração linear, portanto, que a fenomenologia se refere. Também não é segundo uma duração linear que se aspectualiza o corpo actorial.

Do lado de uma estilística discursiva, vemos que no caso, tanto da duração descontínua, como da duração contínua, fica respaldada a aspectualização actorial, já que interessa o corpo que decorre da duração de fatos e operações, à qual subjaz a unidade que, como princípio unificador, faz emergir uma alternância (de modos de julgar, de modos de perceber), reproduzida com determinada regularidade. Isso é compatível com certo algoritmo da percepção e com certa homogeneização de papéis temáticos, a qual faz pensar em certa "isotopia actorial" que, tal como prevista por Greimas e Courtés (2008: 276), seria manifestada "graças à anaforização". A duração constitui o corpo que, como processo, concerne ao desenvolvimento daquilo que é construído, enquanto é construído: o corpo actorial que, no plano da totalidade, confirma-se, portanto, como durativo, seja ele descontínuo, seja ele contínuo.

Acontece que, na dominância do perfil sensível, se eu tenho à mão um poema de Cecília Meireles, por exemplo, o presente vivo da enunciação, como estrutura de retenções e protensões, torna o poema um objeto temporal análogo ao som que dura tal como descrito pela fenomenologia, isto é, naquele presente "dilacerado entre um passado que ele [o presente vivo] retoma e um porvir que [ele, o presente vivo] projeta", como diz Merleau-Ponty (1999: 447) nas reflexões sobre o mundo percebido. O estilo de Cecília Meireles, diferentemente do estilo de um articulista que publica sua coluna semanal ao longo de várias edições do mesmo jornal, "arrebata" ou "sequestra" o leitor logo nas primeiras linhas de um poema, tomando aqui termos caros aos estudos tensivos sobre o "acontecimento extraordinário". Um campo de presença, firmado na percepção sensível, dá conta da relação peculiar *enunciador/enunciatário*, na medida em que cada poema torna os outros, já lidos, presentes por meio de uma retenção que não é memória voluntária, e torna os poemas por ler também presentes, mediante uma antecipação que não é expectativa provocada, fantasia criada. Se o leitor desconhece Cecília Meireles, a leitura do primeiro poema, como uma fase A (o presente da leitura), passa inevitavelmente, como "impressão", para a fase B (retenção do percebido sensivelmente); mas a fase A permanece dada a esse leitor, como um dos modos de apresentação do poema. A fase A lhe será dada então do ponto de vista da fase B. Por sua vez, quando o mesmo leitor passar a uma fase C (a leitura do segundo e do terceiro poemas de Cecília Meireles), ele ainda terá consciência da fase A (a primeira leitura feita de um poema da autora), mas agora sob novo ponto de vista, segundo outro modo de doação daquele primeiro poema, que permanece no fluxo contínuo da incorporação feita do estilo da autora.

Cada uma das fases temporais do enunciado-poema é constituída como uma unidade formada e regrada no progresso do fluxo. O agora do ato de leitura não pode ser consciente sem um recém-sido, que se liga "de maneira imediata" a essa consciência do agora. A "maneira imediata" do recém-sido (retenção), para a fenomenologia, significa "por uma relação de fundação, e não por um 3º termo que, do exterior, operaria a ligação" – conforme esclarecimento feito por Moura (2011). Ou, como deduz Moura (2001: 263-4) no ensaio "A cera e o abelhudo", que desenvolve as questões relativas à temporalidade e campo de presença, tal como propostas por Husserl e Merleau-Ponty:

> Por isso, não é necessária uma síntese que reúna, do exterior, os momentos do tempo em um único tempo, porque cada momento já compreende em si mesmo a série de outros momentos e se comunica interiormente com eles. Por isso, o tempo está 'quase-presente' em cada uma de suas manifestações.

Entendemos que a totalidade estilística que radica a dominância do perfil sensível para o ator aproxima-se desses princípios concernentes ao método fenomenológico do pensamento. De modo avizinhado com a descrição fenomenológica do som que dura se processa a totalidade estilística que radica a dominância do perfil sensível para o ator, este, cujo corpo conjunge enunciador e enunciatário como coenunciadores discursivizados por meio de um presente que dura na experiência sensível, vinculada ao *lógos* estético.

ASPECTO: ENTRE O LINGUÍSTICO E O DISCURSIVO

Quanto à aspectualização do ator, para o perfil social desponta a tomada de posição, em que é exigida a atividade do sujeito, uma atividade judicativa, que põe e dispõe o mundo como objeto de moralização, único a cada vez. Aí é relevante o papel do narrador que, no exercício de sua função interpretativa, é único a cada enunciado. Em cada enunciado, funda-se o ator por meio de um gesto enunciativo aspectualizado como semelfactivo, este concernente a cada uma das realizações do iterativo, tal como apontam estudos sobre o aspecto como processo linguístico.

Do trabalho de Scher (2004: 15), que versa sobre "propriedades sintáticas e semânticas das construções com verbos leves (CVLSs) do português do Brasil", em especial construções "formadas com o verbo *dar* e uma nominalização em –ada", como *dar uma passeada* que, segundo a linguista, é aspectualmente diferente de *passear*, extraímos esta nota: "O termo *semelfactivo* vem do latim *semel* (uma vez) e é usado na linguística das línguas eslavas para remeter a um sufixo que indica um evento singular" (2004: 71). Para discutir essas questões, Scher (2004: 71) traz o exemplo "Bruno tossiu muito ontem", realçando, para *tossir*, os estágios sucessivos que, contidos no ato, ocorrem em momentos diferentes, cada qual na ordem do instantâneo e não durativo. Deduzimos, a partir daí, uma ilustração possível para o que é o aspecto semelfactivo.[10] Considerado o verbo *tossir*, cada ocorrência da tosse se manifestará como pontual, mas a *tosse*, devido à duração que lhe é inerente, não pode ser vista como coisa pontual. Várias ocorrências do *tossir* constituem a *tosse*.

O evento *tosse* precisa, portanto, de vários "tossires", para configurar-se como uma *tosse*. Cada tossida é um evento semelfactivo. A aspectualização do ator encontra-se nessas cercanias do estudo do aspecto como processo linguístico, na medida em que a duração descontínua, própria à totalidade que radica a dominância do perfil social do ator, remete a uma recorrência de atos equivalentes, cada qual, a tais eventos ditos semelfactivos.

Uma propriedade aspectual básica do ator firma-se então como duratividade, descontínua para o perfil social, contínua para o perfil sensível. Greimas e Courtés (2008: 154), ao reconhecer a duratividade como um "sema aspectual" fazem referência a essa oposição contida na própria duratividade. Entretanto, como falamos de dois distintos vieses de observação e como tais vieses se processam na ordem da dominância de um sobre outro, no lugar da oposição binária reconhecemos uma escala que percorre as gradações do mais e do menos: o durativo, quanto mais contínuo, menos será propenso a fazer emergir o pontual ou instantâneo. Lembrando a estética barroca, como faz Zilberberg (1992), entendemos que o durativo contínuo está para o barroco, enquanto o durativo descontínuo está para o clássico; lá, a passagem, a abertura (*passance*), os contornos borrados; cá, os contornos mantidos, os limites preservados (*saillance*), a distinção assegurada; lá, um princípio de participação e de indivisibilidade; cá, um princípio de exclusão e de multiplicidade, como lembra Zilberberg (1992). Entretanto, como princípios relativos à constituição do corpo como estilo, o termo de lá e o termo de cá são considerados extremos de uma escala de gradação de acento do sentido.

Mattoso Câmara (1970: 148), ao estudar o aspecto na língua, realça-o como "duração do processo em si mesmo" para o que destaca, quanto à propriedade da duração propriamente dita, "uma linha apreciável de duração, contínua ou repetida". O linguista, ao estudar o aspecto como categoria verbal, lembra que, diferentemente do tempo, que marca "a ocorrência do processo verbal em relação ao momento em que se fala" (1970: 140), o aspecto remete àquilo que "os linguistas alemães denominaram AKTIONSART, isto é, *maneira de ser da ação*" (1970: 141), ao que acrescenta: "Em português, a exemplo da nomenclatura francesa e inglesa, traduz-se o termo alemão por ASPECTO. Trata-se, com efeito, do aspecto porque se apresenta o processo verbal do ponto de vista de sua duração" (1970: 141). Mattoso Câmara (1970: 142), em nota, confirma deixar de lado "a distinção entre 'aspecto' propriamente dito, e 'duração' do processo", o que, segundo o linguista, "dá em alemão os dois termos *Aspekt* e *Aktionsart*".

Mattoso Câmara (1970) ainda ilustra, por meio da citação de um caso relatado por um etnógrafo polonês, B. Malinowski, a concepção aspectual e a concepção temporal como linhas diretrizes distintas e com funções próprias para a expressão

45

verbal em diferentes línguas. Trata-se do relato de uma experiência do etnógrafo entre os melanésios, apresentada pelo mesmo etnógrafo como um equívoco seu diante da frase "*boge lay mase*". A frase teria sido entendida pelo pesquisador como "eles já vieram". Segundo a citação feita por Mattoso Câmara, o etnógrafo conta que fazia observações sobre uma cerimônia que costuma realizar-se numa aldeia lacustre da Trobriândia entre os pescadores litorâneos e os lavradores do interior. O etnógrafo não queria perder o espetáculo da chegada das canoas à praia, embora estivesse "atarefado em tomar notas e tirar fotografias do que se passava entre as choças, quando começou a correr de boca em boca a frase 'eles já vieram' – '*boge lay mase*'" (1970: 147). O etnógrafo interrompeu seu trabalho na aldeia, correu para a praia, mas para seu desapontamento de lá avistou as canoas "muito ao largo, avançando morosamente em direção à praia" (1970: 147).

O relato do etnógrafo completa-se, ao evidenciar as sutilezas daquela língua para expressar a sequência temporal:

> A raiz *ma*, que significa *vir, mover-se para cá*, não coincide com a área significativa que o nosso verbo *chegar* (ing. *to arrive*) abrange. Nem há qualquer determinante mórfico que lhe empreste a peculiar definição temporal das nossas frases – *eles vieram, eles chegaram*. A locução *boge lay mase*, que eu ouvi nessa memorável manhã na aldeia lacustre, significa, para os nativos – eles já estão em movimento para cá, e não – *eles já vieram*. (Mattoso Câmara, 1970: 147)[11]

Mattoso Câmara (1970: 147) então explica: "O preverbo *boge*, traduzido por *já* (ing. *already*), e o prefixo *lay*, equiparado a uma desinência de pretérito, emprestam à tradução um sentido inexistente no original". Realça que, no original, "impera a ideia de uma ação começada (aspecto inceptivo) e que está em desenvolvimento (aspecto resultativo)" (1970: 147-8) e complementa:

> Se a raiz verbal *ma* corresponde à noção de mover-se, a partícula *boge* indica que *eles se moveram*, ou melhor, *executaram um movimento*, e o prefixo *lay* acentua a ação que daí se desdobrou. Em *boge* e *lay* não há ideia de passado, em referência ao momento em que se fala, mas de um impulso realizado e de cujo bojo saiu uma consequência – *a vinda deles*. O sentido mais aproximado da frase trobriândica é assim: "eles puseram-se em movimento e estão em movimento para cá". (1970: 147-8)

O aspecto sobrepõe-se ao tempo para expressar a sequência temporal naquela língua, é o que se deduz. Mattoso Câmara, ao demonstrar a estruturação aspectual que pode reger a conjugação do verbo em determinada língua, também remete à ideia de movimento ou dinamicidade. Essa é outra propriedade a ser considerada na aspectualização do ator, juntamente com a telicidade.

Em consonância com os estudos da aspectualização no plano da sentença, os quais contemplam o aspecto relativo a "eventualidades", conforme lembra Scher (2004) ao citar outros pesquisadores, enfatizamos o princípio de que os papéis temáticos confirmam-se segundo o aspecto semelfactivo em cada enunciado, já que o "evento" aí tematizado configura-se como único a cada vez, único em cada ocorrência. Além disso, por subsidiar o perfil social, apoiado no viés judicativo do ato, o papel temático configura-se a cada vez e de uma vez por todas. Esse é o teor do ato enquanto julgamento predicativo. Disso resulta, no decurso da totalidade, a configuração aspectual dos papéis temáticos como iterativos. O ator como estilo assim se aspectualiza segundo uma duratividade descontínua, a qual subsidia o *éthos* como corporalidade moral. Essa duração concilia-se com certo esquema moral, segundo o qual fica legitimado o corpo conforme determinada ética.

Por conseguinte, não é o estoque de temas e figuras que funda um *éthos* concebido como caráter, e um caráter concebido como um dos componentes do ator como estilo. É o princípio ético unificador, que opera entre um enunciado e outro da totalidade. No intervalo entre um enunciado e outro, lugar de fronteira discursiva, instala-se o actante observador no desempenho de sua função social, a qual supõe a duratividade descontínua para o corpo actorial.

DENSIDADES DE PRESENÇA

Indicações da actorialização contidas nos papéis temáticos detectáveis em cada enunciado fundam a recorrência de moralizações ao longo da totalidade. Isso é garantido pelo viés de um observador que aspectualiza o ator no perfil social ou judicativo. Por meio desse perfil emerge o ator fincado em graus elevados de sua "atividade" discursiva em cada enunciado. Esse perfil, como o que diz respeito ao que é mais superficial em termos de geração de sentido (nível discursivo, mais concreto, superficial e complexo), ampara-se na abstração feita da presença encarnada nos outros níveis do percurso generativo. Da abstração, resultam as densidades mais baixas em relação à presença realizada (nível discursivo). As densidades mais baixas são apresentadas no interior de cada texto como atualização (nível narrativo) e virtualização (nível fundamental). Elas articulam-se, portanto, aos níveis mais abstratos da geração do sentido. Se, no nível narrativo, dá-se a instalação da presença atualizada e, no nível fundamental, a instalação da presença virtualizada, na presença atualizada a densidade corresponde a uma fase de tonicidade diminuída, em relação à tonicidade máxima, própria ao nível discursivo. Em termos de tonicidade, o nível narrativo, com tonicidade média, firma-se como condição de emergência do nível discursivo; com tonicidade mínima, firma-se como retenção e transformação dos movimentos sintáticos e semânticos do nível fundamental, por isso aí a tonicidade é considerada abrandada. Em ambos os casos, o nível narrativo está disposto como *dêixis da presença*, o que decorre do fato de que aí se leva em conta a instituição dos actantes, tanto no que concerne à transformação operada por "um sujeito que age no e sobre o mundo em busca de certos valores investidos nos objetos", como no que concerne "aos contratos entre um destinador e um destinatário" (Barros, 2002: 28). São movimentos que remetem a um sujeito, agente ou preparado para agir, que vai aí tomando corpo, a partir das relações gerais e abstratas das estruturas fundamentais. Na presença virtualizada, a atonia é dominante; aí "os dados *realizados*" gozam da "condição de norma ou sistema em nosso universo cognitivo", conforme afirma Tatit (2010: 154) nas postulações já referidas.

Tais relações podem ser consideradas num contínuo, em que cada fase da presença é correlata à outra, do que decorre o "acento de sentido" que, como condição de diferenciação entre as fases, é apresentado como valência. Isso pode ser visualizado neste quadro, em que se inserem indicações da categoria *tonicidade* (*tônico vs. átono*):

Figura 2 – Densidades e impacto da presença

VALÊNCIA PLENA DE PRESENÇA	VALÊNCIAS DE PRESENÇA MITIGADA		VALÊNCIA NULA DE PRESENÇA
realização nível discursivo tonicidade máxima	atualização nível narrativo tonicidade abrandada	potencialização nível tensivo atonia abrandada	virtualização nível fundamental atonia máxima
dêixis da presença		dêixis da ausência	

Fonte: Elaboração nossa a partir de Greimas e Courtés (2008); Fontanille e Zilberberg (2001); Zilberberg (2011); Tatit (2010).

Para a síntese apresentada nesse quadro, partimos de estudo feito por Zilberberg (2011: 200-1) a respeito de termos que remetem à "grandeza do espaço percebido" como o que é colossal, grande, pequeno, minúsculo (ou o contrário). Zilberberg examina a orientação intervalar entre esses termos (S1, S2, S3, S4) que, considerados em série, progressiva ou degressiva, são vistos segundo dois pares em mútua relação. No par dos sobrecontrários, S1 (o colossal)/ S4 (o minúsculo) operam, aquele, com a valência plena; este, com a valência mínima. No par dos subcontrários, S2 (o grande)/

S3 (o pequeno) operam com valências médias, mitigadas. Zilberberg (2011: 201) deduz, a partir daí, que todos os termos assim correlacionados são complexos, mas cada par tem, nos termos correspondentes, um "estilo" de ser complexo: "para o 'colossal', caro à arte barroca, uma valência plena de grandeza e uma valência nula de pequenez; para o 'minúsculo', essas valências são permutadas", o que leva a entender o minúsculo como uma valência plena de pequenez e nula de grandeza.

Além disso, tomamos a noção de valência em acepção que a aproxima do *valor*, de cuja família etimológica ela se destaca. Como o *valor* está marcado pelo engendramento sintático-semântico próprio ao percurso gerativo do sentido, em que funda escolhas enunciativas, escolhas estas remetidas a qualidades estimadas pelo julgamento, entendemos a valência como um "estado de valor", a partir do que sugere Husserl (2006: 219). O estado daquilo que tem feitio de valor concerne a determinada valência ou àquilo que tem *propensão a*. A valência não está, pois, como o valor, determinada pelas posições de vontade do sujeito, as quais implicam assunção de posições valorativas. Valência não remete ao ato de valorar, ação esta que se vincula ao *valor* tratado, seja como objeto-valor (nível narrativo), seja como valor ideológico (nível discursivo), ou, ainda, como valor axiologizado (nível fundamental).

Tal como dispostos no último quadro, cada um dos patamares do percurso gerativo do sentido apresenta-se análogo àqueles termos apresentados em correlação por Zilberberg, e apresentam-se segundo um *quantum* de grandeza e um *quantum* de pequenez, o que, no quadro, aparece como um *quantum* de tonicidade e um *quantum* de atonia. À tonicidade máxima (o colossal) corresponde outro extremo, a atonia máxima (o minúsculo) – valência plena e valência nula, respectivamente. À tonicidade abrandada (o grande, diante do colossal) e à atonia abrandada (o pequeno, diante do minúsculo) correspondem as valências mitigadas da presença.

Entre os três níveis do percurso gerativo, instala-se, portanto, uma duração como um *quantum* da *quase-presença*. Essa duração é garantida pelo nível que não está em lugar algum do percurso, mas que, concomitantemente, percorre todos os patamares dele: o nível tensivo. Esse nível, como o que faz avançar a aspectualização actorial, sustenta a potencialização como redução do impacto da concretude discursiva, para o que radica, num primeiro movimento, a atonização da presença. Em outro movimento coexistente ao primeiro, o nível tensivo impulsiona a potencialização como força de conversão entre um nível e outro, o que corresponde à função de tornar algo potente, em acepção própria ao termo *potencialização*. Desse modo, o ator aspectualiza-se como durativo também no interior de cada enunciado. Devido à ambiguidade de funções (atonização do que é realizado e tonificação do que se torna átono), a potencialização apresenta-se, lá, como atonia média, cá, como atonia mínima, já que em coexistência com a tonificação potencial. Essa tonificação é da ordem da reversibilidade entre os níveis do percurso gerativo, do mais geral e abstrato (nível fundamental) ao mais concreto e particularizado (nível discursivo).

Par a par com a presença instalada, seja conforme um grau maximamente tônico (nível discursivo), seja conforme um grau de tonicidade atenuada (nível narrativo), ou, ainda, de acordo com uma atonia máxima (nível profundo), há a *quase-presença*, cujo teor é de garantia de transição ou de passagem entre os níveis: é a presença potencializada. A potencialização, com valência inclinada à atonia, corresponde à abstração feita da encarnação semântica promovida pelos temas e figuras no nível discursivo de cada enunciado. Sob o ângulo da discursivização semântica da enunciação no interior de cada texto, a potencialização viabiliza a duração como respaldo do princípio unificador interno ao percurso gerativo do sentido. Tal princípio, como requisito para a organização da semântica actorial, transita entre a presença realizada (nível discursivo), atualizada (nível narrativo) e virtualizada (nível fundamental). Conforme esse ângulo, a potencialização diz respeito à amenização da força da presença, própria ao nível discursivo. A potencialização confina-se com a presença átona, enquanto torna latente e inativa a dinâmica da concretização semântica da presença.

Mas a potencialização, confinada com a presença átona, também se apresenta segundo o que se encontra *em potência*, o que significa oferecer requisito para o que ainda não se desenvolveu plenamente, para o que ainda não atingiu a plenitude de realização. Nesse sentido, a potencialização, concernente ao potencial de presença preservado na *dêixis da ausência*, ampara a passagem do potencial ao virtual, deste para o atual e, deste, ao realizado, o que significa dar sustento ao *quantum* de densidade, que dura na *quase-presença*. À *dêixis da ausência* corresponde, portanto, na virtualidade da presença, o nível mais abstrato do percurso gerativo do sentido, o profundo e, vinculado a este, como pressuposto a ele e a todo o percurso, o nível tensivo.

O nível tensivo, considerado aquém do percurso gerativo do sentido, permeia todos os níveis desse percurso, enquanto radica a aspectualização do ator, por meio de uma potencialização que aloja a memória do que se processou na semântica do nível discursivo; uma memória com capacidade de mover algo, com força de transformação, o que remete à própria noção de potência.[12]

O ator, que se semantiza no nível discursivo, tem a constituição do seu corpo preparada aspectualmente ao longo dos níveis do percurso gerativo do sentido. Para isso, é pensada a presença como uma *quase-presença*, e esta como "escala de medida antropomorfa" inscrita num tempo que é duração. Uma densidade sêmica, mais concentrada no nível discursivo, é pressuponente de outra, mais rarefeita e difusa, estendida pelos níveis narrativo e profundo, tanto para os valores próprios a cada nível, como para a projeção actancial, virtualizada no nível fundamental e atualizada no nível narrativo. Falamos de densidade sêmica, em consonância com o que dizem Greimas e Courtés (2008: 123), que a entendem como "critério semântico quantitativo que permite medir o grau de abstração de um 'conceito'". Os autores complementam: "A densidade sêmica pode ser determinada pelo número, mais ou menos elevado, de semas que entram na composição de um semema".

Uma "duratividade contínua", conforme sugerem os mesmos autores para a noção de duratividade (2008: 154), garante as transformações sofridas pela *quase-presença* no interior de qualquer texto, portanto ao longo dos três níveis do percurso gerativo do sentido. Isso permite a apresentação de uma presença em processo de construção. Se, como lembram Greimas e Courtés (2008: 127), "toda grandeza é considerada contínua anteriormente à sua articulação", a duratividade contínua, concernente ao ator da enunciação no interior de cada enunciado, preserva e recupera a continuidade que subjaz ao descontínuo da articulação em níveis, própria ao percurso gerativo do sentido.

Sob essa perspectiva, a potencialização é mantida como lugar de passagem tanto do tônico para o átono ("série degressiva"), como do átono para o tônico ("série progressiva"). O princípio unificador garante a conversão de valores mais difusos (nível fundamental) em valores mais concentrados (nível narrativo e discursivo). Assim se ratifica a acepção de *potencializar* também como tornar algo mais ativo, intensificar. Como meio de aspectualização actorial, é processado o perfil judicativo ou ético do ator, realizado no nível discursivo de qualquer texto. Usamos como termos análogos, *perfil judicativo*, ético ou *social* do ator, vinculado sempre a um *lógos* de conotação judicativa, distinta da conotação estésica e propriamente sensível, mas não separada desta. Firmados no princípio de que a argumentação, inerente ao nível discursivo dos textos, diz respeito a "acordos entre enunciador e enunciatário sobre os valores" (Barros, 2002: 112), confirmamos que o perfil ora assinalado está contido em qualquer texto, pois todo texto é considerado argumentativo.

Em qualquer enunciado, o ator projeta-se desde a *dêixis da ausência* (nível tensivo e fundamental) até a *dêixis da presença* (nível discursivo e narrativo). O nível tensivo, que não está encerrado no percurso gerativo, é pressuposto a ele, por isso o atravessa, modulando a significação aspectualmente. No nível tensivo, fica assentada a aspectualização actorial que, também pensada como "qualidade da ação", firma-se vinculada a um corpo processado segundo determinada duração.

A duração do corpo actorial assegura-se nas distintas densidades sêmicas do mesmo corpo. No nível discursivo, pesam, para a densidade sêmica, as peculiares seleções de temas e figuras e o tratamento ético aí imprimido. Barros (2002: 123), ao tratar da tematização e da figurativização do discurso, refere-se à enunciação "como uma espécie de *depósito de figuras*", enquanto ela, a enunciação, "reveste semanticamente a narrativa". Greimas e Courtés (2008), ao problematizar o conceito de ator, atentando principalmente ao ator do enunciado, lembram que, "sendo o discurso o desenvolvimento de valores semânticos, o ator pode receber um ou vários papéis temáticos diferentes" (apud Barros, 2002: 45). Por sua vez, ao lembrarem configurações discursivas, que preservam a permanência nuclear de temas e figuras, desenvolvendo "significações funcionais correspondentes ao dispositivo do conjunto" (2002: 87), alertam para a possibilidade de distribuição, nos enunciados, de papéis configurativos, que favorecem "isotopias locais ou generalizadas" (2002: 87).

Se a relação entre enunciado e enunciação não supõe exclusão mútua entre os termos, mas a interdependência entre eles, ao processamento do ator do enunciado é correlato o processamento do ator da enunciação. Desse limiar, desponta a aspectualização do ator nos perfis constituintes de um corpo que permanece na constância de um esquema, este não entendido como abstração em si, mas como imanência transcendente, logo incorporadora do que está *para si, diante de si* – mundo percebido.

Isso se dá já que, concomitantemente à significação como conceito, respaldo para os temas e figuras, há a significação como percepção. No que tange ao perfil sensível do ator, a percepção, esboçada segundo uma duração tensiva, está na correspondência com aquela duração contínua, análoga ao som da melodia. Aí ela se processa segundo o que está disposto entre o rápido e o lento, num tempo mensurável na conexão com o espaço perceptivo. Tais movimentos perpassam o olhar de um observador. Françoise Bastide (1986: 19), ao discorrer sobre a aspectualização temporal, refere-se à mediação promovida por um observador, que a torna rápida ou lenta.

A CIFRA TENSIVA

O nível tensivo, como todo nível assim designado por ser um lugar de passagem, corresponde à atonia média e mínima da *quase-presença* e, não restrito a lugar algum do percurso gerativo, firma-se como um elemento regulador, que garante a continuidade entre os níveis, o que fundamenta o ator conforme o aspecto durativo-contínuo no interior de cada enunciado. Por meio de uma cifra tensiva, modulam-se relações estabelecidas nos níveis do percurso gerativo do sentido. A cifra tensiva, que costuma ser depreendida desse nível, equivale a uma chave que, nos enunciados, representa as oscilações tensivas entre o sensível e o inteligível, tal como processados na percepção.

A cifra tensiva corresponde ao modo como o "acento de sentido" (Zilberberg, 2011: 258) incide sobre a temporalidade e a espacialidade do que é percebido. A intensidade do sentir, mensurada em graus do que é *mais* (ou *menos*) impactante e tônico e do que é *mais* (ou *menos*) célere, apresenta-se em relação de correspondência mútua com o par *concentrado vs. difuso,* que constitui o espaço percebido e com o par *breve vs. longo,* que constitui a temporalidade, enquanto duração do que é percebido. De acordo com a posição que ocupam os acontecimentos discursivos nas dimensões da intensidade e na dimensão da extensidade, na verdade subdimensões da tensividade, deparamo-nos com uma cifra tensiva.

Entendemos que, na cifra tensiva, é representado o que potencializa, no nível narrativo, a junção entre sujeito (S) e objeto (O), conforme o distanciamento relativo entre sujeito que percebe e mundo percebido. Esse distanciamento se processa por meio de graus de intensidade: maior proximidade (espaço mais concentrado) ou maior distância (espaço mais difuso) entre sujeito (S) e objeto (O). Jacquemet (1986: 235) discute a noção de tensão a partir da consideração feita sobre a relação do sujeito com o objeto, isto é, "sobre a distância que os separa".

O semioticista distingue dois tipos de espera do sujeito em relação à conjunção a ser alcançada com o objeto de valor desejado: uma espera tensa e uma espera não tensa, relaxada. Para a espera tensa, é lembrado o percurso do herói que, a partir de um programa narrativo de busca da conjunção com o objeto-valor, acaba por definir o sujeito segundo um querer-estar-conjunto com esse objeto. Jacquemet (1986: 235) então compreende "um investimento da categoria aspectual da imperfectividade sobre a incoatividade do programa narrativo", o que o semioticista relaciona com a instalação, aí, de um obstáculo que comporta uma tensão crescente ao longo das provas qualificantes. O alívio, como distensão ou negação da tensão, viria no momento da conjunção definitiva com o objeto. Para a espera relaxada, o autor lembra a apartação (*détachement*) do objeto de valor diante do sujeito. Essa apartação é confirmada como distância instalada entre sujeito e objeto. Tais reflexões feitas pelo semioticista avizinham-se da relação *sujeito/objeto,* cotejada no âmbito da percepção, se essa relação for repensada em termos dos movimentos do olhar que percebe e da multiplicidade dos modos de apresentação das coisas percebidas.

Na fenomenologia, encontramos algumas ponderações feitas por Merleau-Ponty (2009), que são limítrofes, tanto da reflexão anteriormente destacada, como dos desdobramentos tensivos da semiótica anunciados por Zilberberg. Merleau-Ponty, ao discorrer sobre a percepção do espaço, relacionada aos deslocamentos do olhar que percebe o mundo e das coisas percebidas desse mundo, comenta que a mobilidade do sujeito está na relação com a mobilidade das coisas, para confirmar que toda percepção é movimento. Afirma então: "A minha mobilidade é o meio de compensar a mobilidade das coisas e, portanto, de compreendê-la e sobrevoá-la" (2009: 212). O movimento do ser-no-mundo, entendido fenomenologicamente conforme os deslocamentos do olhar que percebe e das coisas percebidas, vai ao encontro das noções tensivas que comportam um andamento (mais célere ou menos), relacionado a uma espacialização (mais concentrada ou menos). Atentos às subdimensões da tensividade, entendemos que tais noções apresentam, no andamento (intensidade), o olhar do observador e, na espacialização (extensidade), o modo como as coisas se apresentam àquele olhar, para que um e outro possam ser estabelecidos como correlatos.

Diz Merleau-Ponty (2009: 211) ainda nesse estudo: "Na verdade, movimentos, repouso, distâncias, grandezas aparentes, etc., são apenas índices de refração do meio transparente que me separa das *próprias coisas*, diferentes expressões deste intumescimento coerente através do qual se mostra e se oculta o Ser." Para uma estilística discursiva, entendemos que a noção de "intumescimento coerente" confina com a noção de corpo discursivo, enquanto a alma, "plantada no corpo como a estaca no solo, sem correspondência pontual entre solo e estaca", diz respeito ao esquema que, como estrutura de moralizações e de percepções, é "o vazio do corpo", já que "o corpo é o preenchimento da alma" (2009: 213), como está registrado nessas notas merleaupontyanas.

Se a cifra tensiva potencializa a junção entre sujeito e objeto no nível narrativo, trazendo à luz a escala de distanciamento entre eles, entendemos que quanto mais curta a distância, quanto maior a proximidade entre sujeito e objeto, maior será a concentração espacial das coisas percebidas e mais célere torna-se o objeto percebido, em proporção direta à celeridade recrudescida do olhar. Se, ainda, o objeto mostrar-se modalizado narrativamente como *desejável*, enquanto um querer-ser, ou um "ser querido", inerente a ele, como sugere Greimas (1983: 99) ao tratar das modalizações do próprio objeto, ou ainda como *nocivo, nefasto* (*nuisible*), como está sugerido pelo mesmo estudo, a potencialização representada pela cifra tensiva resulta em modulações sensíveis, tanto da percepção, como dos juízos emitidos, do que resulta uma variação quantitativa do impacto das paixões. Como hipótese, podemos tomar o desdém e o desapreço: aquela, a nosso ver, é paixão desenvolvida nas colunas jornalísticas de Luiz Felipe Pondé, em relação ao ator do enunciado, que, ao que parece, sofre críticas do colunista; esta, supomos ser paixão desenvolvida no âmbito de editoriais do jornal *O Estado de S.Paulo*, num tom de crítica, em particular desenvolvida em relação ao ator político que, trazido para a pauta do debate e para a formação de opinião, costuma aí sofrer sanções. Com Pondé, a proximidade entre sujeito e objeto, na configuração do desdém, torna o mundo mais concentrado e a paixão firma-se como mais intensa, se cotejada com o desapreço. Por sua vez, o editorial cria expectativas próprias à cena genérica. Nos enunciados constituintes desse gênero, próprio para veicular a opinião do jornal, impõe-se maior distanciamento entre sujeito e objeto, bem como menor movimento do olhar que percebe e do mundo percebido, se comparado a um artigo de opinião. Examinando o estilo do gênero como um fato diferencial, vemos que, com menor celeridade do olhar do observador, a paixão sobressaída do enunciado tende a declinar para uma atenuação de impacto, o que decorre das coerções genéricas: de um desdém passível de manifestar-se numa coluna assinada, deslizamos para a atenuação própria a um desapreço, compatível com o estilo do editorial.

Também é significativa a distância entre sujeito e objeto para que se componha o tom do estilo do gênero *crônica*, que estabelece, no seu limiar, o tom da voz autoral. Que o digam crônicas como as de Luis Fernando Verissimo, do *Estadão*. Verissimo, na crônica intitulada "Momentos 'aaah'" (domingo, 13 de janeiro de 2013, p. D12), relata uma sequência de momentos de "prazeres passageiros, os chamados 'momentos aaah' da vida", para o que elenca situações em que o corpo se satisfaz na simplicidade de suas vontades, como poder coçar as costas em lugar público com um cassetete tomado emprestado de um policial, depois de tentativas para encontrar outros recursos: caneta, galho de árvore, régua, entre outros. O cronista, que enceta o diálogo com o leitor ao narrar tais situações, faz esta dedução: "Claro que o policial pode entender mal seu pedido e baixar o cassetete nas suas costas. O que também ajuda." A voz do cronista, modulada pela ironia, não se apresenta com ímpeto para o sarcasmo, o que supomos acontecer com Pondé. Entre a ironia de Verissimo e o presumido sarcasmo de Pondé, entendemos haver distintos graus de impacto imprimidos à presença, enquanto, no âmbito da voz autoral, um tom mais baixo alia-se a um corpo mais leve para a configuração actorial de Verissimo, o que é compatível com a distinção entre o estilo dos gêneros: crônica e artigo de opinião. Acreditamos que Pondé sai favorecido pelas expectativas da cena genérica: um artigo de opinião, não uma crônica. De modo geral, mantém-se dominante o perfil judicativo nos gêneros da esfera jornalística, mas, entre crônica e artigo de opinião, emerge da crônica a possibilidade de uma espera mais relaxada, diferentemente do que se sobressai do artigo de opinião, como espera mais tensa. As modulações do tom da voz são desdobramentos da cifra tensiva, que indica, na crônica, condições para que se atenue e se minimize o impacto.

UNIDADE: INTERIOR E BORDAS

Editorial, artigo de opinião, crônica: os gêneros jornalísticos favorecem a manifestação do perfil judicativo do ator. Mas o perfil judicativo e o sensível não se excluem, um convoca o outro. O perfil judicativo ou ético, enquanto diz respeito à *quase-presença* em suas densidades tônicas e concentradas, supõe a presença, atualizada e realizada, relativa à *dêixis da presença*, também a ser considerada no interior do percurso gerativo do sentido. Sob tais densidades é viabilizada a discursivização, intencionalidade *em presença*. A intencionalidade, tal como formulada por Greimas e Courtés (2008: 167), é aquilo que "faz vibrar o ato"; "aquilo que faz com que a enunciação seja um ato entre outros". Após afirmarem a própria recusa em relação ao conceito de intenção (a designação "intenção de comunicar" é rejeitada por eles), os semioticistas definem a intencionalidade como uma "'visada de mundo', como uma relação orientada, transitiva, graças à qual o sujeito constrói o mundo enquanto objeto ao mesmo tempo que constrói a si próprio" (2008: 168).

Um sujeito em "atividade" constrói o objeto, enquanto se constrói a si próprio – eis a consumação do simulacro discursivo. Esse simulacro, preenchido semanticamente no nível discursivo e projetado actancialmente no nível narrativo, "desencarnado", aí, e reduzido a esquema em fase compatível com o nível fundamental, é regido pela propriedade aspectual da duração que, condizente com uma memória discursiva, é tributária (enquanto afluente) de um nível que acolhe as precondições da construção do sentido: o nível tensivo que, aquém do percurso gerativo, permeia todos os níveis, enquanto delineamento do corpo como aspecto. A enunciação, como discursivização semântica da "pessoa", confirma-se como instância de mediação entre as estruturas semionarrativas do percurso gerativo do sentido e o nível discursivo, no qual tais estruturas se realizam, por meio da presença que, aspectualizada, mostra-se como uma *quase-presença*.

A *quase-presença*, maximamente concentrada no nível discursivo, este que é o lugar de realização da intencionalidade discursiva, comporta o princípio unificador também na sua incidência ao longo da totalidade. Nesta fica radicado o ator da enunciação, "enquanto se define pela totalidade de seus discursos", segundo postulado de Greimas e Courtés (2008: 45): um ator que toma corpo segundo os componentes semânticos do discurso, retidos ao longo da mesma totalidade. Esse ator, aspectualizado pela duração intervalar entre os enunciados, é uno e múltiplo, na medida em que se configura distintamente em cada enunciado, a partir da formulação actancial dos temas e dos percursos temáticos promovida em cada enunciado. Mas, no próprio plano da totalidade, esse ator somente é uno em função do *outro*. O estilo é um fato diferencial (Discini, 2009b: 31).

Pensado como totalidade, o estilo, visto sob a perspectiva que contempla a relação entre determinada unidade e o conjunto de textos que subjaz a ela, também acolhe a noção de distintas densidades de presença, o que remete à *quase-presença*, na dêixis, seja da presença, seja da ausência.[13] Ao falar na relação entre o uno (*unus*) e o mais-de-um, visto como uno (*totus*), tangenciamos entidades numéricas (*unus, totus, nemo, omnis*): as duas primeiras, ditas integrais; as duas últimas, ditas partitivas, tal como tratadas por Brøndal (1948; 1986), bem como reapresentadas e revistas por Greimas e Landowski (1981), em estudo levado a efeito pelos semioticistas, para discutir a constituição do ator coletivo. O pensamento contido nesses trabalhos ampara estas nossas reflexões.

A nosso ver, o todo unificador da totalidade estilística respalda-se em relações estabelecidas entre distintas densidades da presença, atreladas àquelas grandezas de quantificação, de modo a serem deduzidos estes termos: *unus* – a unidade que, sob a presença realizada, é grandeza integral; *totus* – o todo que, sob a presença atualizada, também é grandeza integral; *omnis* – o todo que, sob a presença potencializada, é grandeza partitiva; *nemo* – a unidade que, sob a presença virtualizada, é unidade partitiva. Esses termos podem ser articulados conforme a orientação projetada pelas relações elementares do sentido estabelecidas pelo quadrado semiótico, o que pode trazer à luz o próprio princípio unificador, considerado como movimento que percorre ambas as dêixis da *quase-presença*:

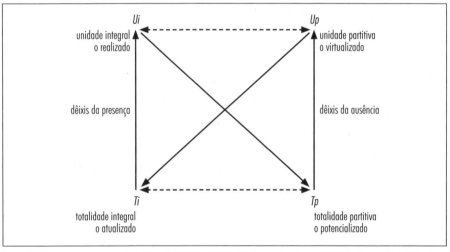

Figura 3 – Presença e totalidade

Fonte: Elaboração nossa a partir de Brøndal (1948; 1986); Greimas e Landowski (1981); Fontanille e Zilberberg (2001); Tatit (2010).

Se partirmos da oposição entre as duas unidades, a integral (S1) e a partitiva (S2), e considerarmos que cada um dos dois termos dessa oposição é suscetível de contrair uma relação de negação do tipo S1/não-S1, bem como S2/não-S2, temos esse movimento: nega-se a unidade integral para obter-se a totalidade partitiva; nega-se a unidade partitiva para obter-se a totalidade integral. Cada termo resultante dessa negação (totalidade integral e totalidade partitiva), dito contraditório em relação àquele primitivo, do qual ele decorreu como negação, passa a admitir uma relação de implicação, agora com o termo oposto àquele do qual ele decorreu, de modo a obtermos uma relação de complementaridade entre o todo e a unidade: não-S2 (*totus*)/

S1 (*unus*); não-S1 (*omnis*)/S2 (*nemo*). Na base do quadrado, os termos estabelecem uma relação de subcontrariedade.

Brøndal (1986: 12-5), ao atentar para pronomes indefinidos que sublinham o caráter quantitativo dos objetos, começa por chamar a atenção para *unus* e *totus*, ditos de uma série integral, que opera com grandezas inteiras, consideradas à parte (*unus*) ou em bloco (*totus*), para depois falar em *omnis* e em *nemo*, ditos de uma série numérica, que opera por subtração ou adição, para o que faz alusão a *nemo* como termo emparelhado ao neutro *nihil* – "*nemo/nihil* (cf. *no*)", enquanto é lembrada a relação entre *omnis* e o inglês *all* – "*omnis/omne* (cf. *all*)" (1986: 13). Diz Brøndal (1986: 15):

> *Totus*, termo integral, correlativo de *unus* [...] exprime uma totalidade como negação da unidade independente. Ele destaca a absorção dos indivíduos isolados numa massa indivisível. Um todo nesse sentido é concebido como um bloco inteiro onde as partes são indistintas ou dominadas. *Omnis*, termo numérico, correlativo de *nemo* [...] designa, ao contrário, uma totalidade mais cambiante ou diferenciada. Ele exprime a reunião de indivíduos num grupo ou numa comunidade. As partes componentes são reconhecíveis, de um lado, como reais [...], de outro, como constituintes de um conjunto.

Transpostas tais grandezas de quantificação para o quadrado semiótico, com vista a depreender fases de densidade da presença, constituintes da totalidade estilística, entendemos que, no que concerne ao encadeamento entre um enunciado e outro, a atonia da presença instala-se, conforme um todo potencial, por meio da negação da máxima compactação da presença, tal como efetuada na unidade realizada (S1, no quadrado). A relação entre a unidade realizada e o todo potencial é, pois, de negação: a unidade é negada como fato particular; também é negada como densidade compactada no ato particular. Desse modo, temos não-S1, o todo potencial que, na base do quadrado, acaba por relacionar-se contrariamente ao todo integral.

Entre o todo potencial e o todo integral é então estabelecida uma relação de contrariedade; ou de subcontrariedade, se considerarmos que cada um desses termos supõe, a partir de si, em relação de complementaridade, a unidade vista como implicada pelo todo. Complementar ao todo integral (*totus*), presença atualizada, está o único (*unus*), presença realizada; complementar ao todo potencial (*omnis*), está a unidade virtualizada (*nemo*). Se, convindo com Greimas e Courtés (2008), mantivermos a proposição de que o ator da enunciação é unidade (actancial e actorial) pressuposta à totalidade de enunciados que ele enuncia, e a proposição de que o ator, como *éthos*, é seu próprio estilo (Discini, 2009b); se, ainda, mantivermos a proposição de que o estilo, como corpo contemplado em processo de definição, remete a um ator aspectualizado, deduzimos que a aspectualização do ator confirma-o segundo a presença que, ao longo da totalidade de enunciados e ao longo do percurso gerativo, aparece como *quase-presença*.

Para a totalidade, em termos de relações estabelecidas entre grandezas de quantificação e a dêixis, da presença e da ausência, firmamos a proposição relativa à passagem da unidade integral (presença realizada) para o todo potencial, "latente e inativo" como movimento próprio ao princípio unificador. É validado, desse modo, o efeito de identidade estilística engendrado no enunciado que temos à mão (*Ui*), enquanto estamos expostos às pregnâncias de um estilo. Isso se dá ao ser levado em conta o deslocamento da presença realizada para a presença potencializada, esta instalada na dêixis da própria ausência. A noção de um todo potencial, correspondente à grandeza numérica designada *omnis* por Brøndal, pode ser ilustrada por meio deste exemplo: uma porção de mesas (*omnes mensae*), das quais se sobrelevam as diferenças entre elas, diferentemente da totalidade integral, *totae mensae*, um conjunto de mesas, das quais se sobrelevam as semelhanças entre elas, ou aquilo que é igual entre elas.

A partir das relações demonstradas no *quadrado*, fica sugerido que: a) aquilo que é integral, como enunciação realizada em determinado texto no ato de leitura (*Ui, unus*, unidade integral, *dêixis da presença*, termo tônico), é tornado átono, como um todo, ao potencializar-se como *omnis*, totalidade partitiva (*Tp*), *dêixis da ausência*; b) a potencialização apresenta-se, conforme sugere Tatit (2010), em duas direções. Numa delas, a potencialização dá-se como redução e abstração da *carne* discursiva, enquanto enunciação encerrada no ato de enunciar, que supõe a copresença do narrador e do narratário, únicos a cada vez, únicos a cada enunciado, o que, por sua vez, convoca a tematização e a formulação actancial dos temas, também únicos a cada enunciado. A partir daí, dá-se a ver o todo potencial que, ancorado na totalidade numérica e na *dêixis da ausência*, apresenta-se na função de abrandar o tônico, enquanto se destaca o princípio unificador do estilo tão só como latência e inação da própria intencionalidade discursiva. Em outra direção, a potencialidade apresenta-se segundo o que impele à luz aquilo que se manteve como memória do ato: a estrutura dele ou o esquema do corpo. Depois de ter sido abstraída, a *carne* enunciativa é potencializada, para ser virtualizada no esquema corporal. O esquema é o corpo como forma ou, conforme sugere Merleau-Ponty (2009), é o vazio do corpo, ou seja, a própria alma. No circuito das distintas densidades, o corpo, como esquema, é unidade virtual, passível de atualizar-se e de realizar-se.

A partir do todo potencializado, a unidade virtual projeta-se, em princípio, como "parte reconhecível" e "constituinte do conjunto", como sugeriu Brøndal, mas extrapola essa função, para ser, ela própria, a síntese das constâncias subjacentes à rede de interdependências estabelecidas pelo princípio unificador de um estilo. Conforme "um conteúdo da memória" firmado como abstração feita da integralidade ou como abstração feita da *carne* discursiva, compatível com a atualização e com a realização da *quase-presença*, dá-se a ver a unidade virtual. Temos então o fato de estilo, como síntese das tematizações, da formulação actancial dos temas, que funda os papéis temáticos e o ator da enunciação, a partir da recorrência das moralizações e de um modo recorrente de julgar. Do lugar da virtualização, a presença aguarda a própria reatualização, concebida como totalidade integral (presença atualizada), antessala da unidade integral (presença realizada). O fato de estilo é um enunciado que, para reduzir à condição de unidade virtual o que se apresenta como realizado, supõe a atenuação do princípio integrador, num todo "latente e inativo" que se processa como um todo partitivo, correspondente à atonia da presença. Essa atonia torna-se máxima quando, concernente ao *nihil*, ao *no*, ao *nemo*, radica a unidade virtual, que fixa a totalidade na *dêixis da ausência*. O fato de estilo expressa, como enunciado formal, o que é recorrente nas moralizações relativas ao perfil social do ator. Expressa também o paradigma das oscilações tensivas, a cifra tensiva concernente à totalidade. O fato de estilo, como esquema corporal, é forma, que é estilo. Por sua vez, a unidade realizada manifesta, no ato de leitura, esse esquema corporal.

 O fato de estilo, segundo a redução que o constitui, mantém na virtualidade a *carne* discursiva, para o que se apresenta também como um algoritmo da percepção, esta que, quantificável em termos de intensidade da própria experiência do pensamento, mostra-se por meio da cifra tensiva colhida da totalidade. O fato de estilo apresenta-se também vinculado ao que se mantém como único na multiplicidade das valorações morais, para o que abstrai as interdependências que, como constantes, radicam mecanismos de semantização do ator. A semantização actorial, vinculada à sintaxe nos mecanismos de geração do sentido, constitui-se ao longo de todos os níveis desse percurso, no interior de cada texto. Assim, como esquema de moralizações, sustenta-se o corpo na aspectualidade durativo-descontínua da totalidade. Na durativamente contínua, sustenta-se o corpo que, representado por meio da cifra tensiva, também remete ao esquema. O esquema corporal é essência que transcende *de si*, já que extrapola *de si* no encontro com o que está *para si*: o mundo, nas suas multiplicidades de apresentação.

 O princípio unificador de um estilo perpassa as partes que constituem o todo tanto na *dêixis da ausência* como na *dêixis da presença*. Desse modo, as partes ficam corroboradas como partes de um todo, o que significa que o todo está em cada uma delas como princípio de regência do que acontece no interior de cada uma delas e do que acontece no intervalo entre elas. A partir daí confirma-se o estilo conforme o ator pressuposto a uma totalidade discursiva, que é numérica (reunião de textos sob a atonia da presença), e é também integral ("massa indivisível", sob a presença tonificada); é também unidade realizada, enquanto se manifesta num único texto, este que necessariamente contém o todo; é ainda atualizada, enquanto considerada no intervalo entre os textos, o que também convoca o todo.

Fundado por meio de um processo próprio de configuração do corpo na relação entre o todo e as partes, o ator, segundo seu *éthos*, é ratificado como *quase-presença*, na medida em que se dá a ver por meio de dois perfis. Ambos os perfis apresentam o processo de presentificação da presença, esta legitimada como uma presença em construção. Examinar a aspectualização do ator supõe, portanto, decompô-lo no processo de sua construção, de onde se destacam, como fases, os dois perfis que o sustentam.

Tanto no perfil *pático* como no social, um *agora* que dura ao longo da totalidade de enunciados recortada pelo analista permite que possam vir à tona de cada enunciado vetores estilísticos que remetem ao corpo actorial, necessariamente aspectualizado. Com a atenção voltada para a totalidade (o conjunto de textos, ao qual subjaz o efeito de coisas não atomizadas ou dadas aleatoriamente) e indo em direção da unidade (o texto que, recortado pelo analista, contém vetores da organização sistemática do todo), encontramos, pressuposta a cada enunciado da totalidade, a duração vista na inter-relação entre o sensível e o inteligível. Enquanto isso, na ordem da semantização actorial, constitui-se o corpo, único a cada vez que se enuncia. Os vetores estilísticos são trazidos à luz por meio do exame feito da enunciação em ato – enunciador/enunciatário, *grosso modo*, autor e leitor implícitos ao enunciado. Assim, a enunciação é vista enquanto se torna plena, como presença realizada. Uma crônica de Verissimo apresenta, entre os vetores de um estilo, um lugar ocupado pelo sujeito num mundo tecido de perspectivizações peculiares, seja quanto a um posicionamento assumido pelo enunciador e proposto ao enunciatário, de subversão, pelo humor, da seriedade e da ordem das coisas, seja quanto ao tom baixo da voz, resultante da desaceleração do olhar e convergente para o menor impacto possível da presença. Na mesma crônica, correlato àquele olhar desacelerado depreendido do episódio da coceira nas costas, está o gesto da textualização que, na preservação da progressão linear do texto, traz outras cenas, todas compartimentadas entre si, o que garante a clareza para a inteligibilidade do narrado; estão também, em correlação com aquele olhar, as coisas do mundo, apresentadas a uma distância suficiente, para que o sujeito possa ironizá-las.

61

Então, com o Verissimo cronista, longe de sequestrar o sujeito por meio de emoções intensas, o discurso relaxa o leitor, enquanto oferece vetores que mantêm correlata à desaceleração do olhar, a pouca movimentação das coisas, mantidas, ainda, suficientemente distantes do sujeito, para que o agora da percepção pouco se dilacere com retenções e antecipações. *Chuveiro na temperatura certa, outro momento "aah" (em contraste com chuveiro inesperadamente frio, um momento "ui")*: na crônica, o chuveiro, encadeado à "ambrosia diet, a maior invenção do homem depois da escada rolante", monta a sequência figurativa e temática, a partir da qual fica formulado o papel actancial do ator e seu perfil afeito a atenuar impactos de moralizações ou julgamentos morais. Mediante a tematização da vida cotidiana, ao papel temático do ator fica jungida a dimensão sensível da percepção, segundo a cifra que acusa atenuação e minimização do que é colossal em termos de afeto. Daí decorre um lugar de sossego ou de parada nas atribulações, se levarmos em conta que a coluna desse autor é publicada no Caderno 2 (amenidades), aos domingos, como consta na indicação feita na mesma página citada do jornal (*O Estado de S. Paulo*, Caderno 2, domingo, 13 jan. 2013, p. D12). O *lógos* é judicativo, correspondente à *fala falada* (institucionalizada) merleaupontyana. O ator é aspectualizado como télico, na medida em que o fim a ser atingido pela ironia cumpre-se desde a abertura do texto. No primeiro parágrafo, em que se esboçam os momentos prazerosos da vida, ao ilustrar o que é um "momento aaah", Verissimo assim se dirige ao leitor:

> Exemplo: você está com uma sede de perdido no deserto. É um Lawrence da Arábia sem o cantil. Sua boca é uma caverna poeirenta. Sua língua é uma bola de aniagem, percorrida por lagartixas secas e ressentidas. Nada abaterá sua sede, salvo uma... E lá vem ela. Uma Coca-Cola com gelo num copo longo (rodela de limão opcional) que você toma em dois goles, e depois do primeiro gole invariavelmente faz "aaah!". (*O Estado de S. Paulo*, 2013, p. D12)

Mediante a inteligibilidade dominante do *lógos*, a estética da ironia e do humor subsidia a percepção que temporaliza as coisas do mundo na ordem daquilo que é mais lento. A mesma percepção espacializa o mundo na ordem do que é difuso o suficiente para que se enxerguem minúcias, como a enumeração dos estados de penúria relativos à sede. Por meio da enumeração precisa, a conotação promovida pelo *lógos* faz o corpo e o mundo descenderem em impacto de emoção e alongarem-se no relaxamento. Desse modo, enquanto as figuras discursivas ensaiam um percurso temático de suspense, próprio à tensão da sede sentida por um perdido no deserto, o símile (*boca/caverna; língua/bola de aniagem*) que, sem ascender em impacto, resulta em hipérbole parceira do humor impele o narratário, no papel de um perdido no deserto, de um Lawrence da Arábia sem o cantil, a corroborar o distanciamento emocional necessário para que se mantenha a apartação do corpo em relação a qualquer dor iminente. A enumeração precisa dos detalhes trágicos acaba por viabilizar o efeito hiperbólico que, nesse ambiente, é aliado do *nonsense*. Não se conciliaria, aí, com os "pequenos prazeres passageiros", um corpo que ascendesse à intensidade de uma espera tensa. Por isso o enunciado mantém a cifra tensiva no registro de inclinação a uma baixa tonicidade, a um baixo nível de aceleração para a percepção. Assim, as coisas validam-se espacializadas no modo da difusão e da lentidão. Os momentos confirmam-se como de "aaah", não como de "ui!". Curiosamente, a pontuação valida as oscilações tensivas: somente para "ui!" é usada a exclamação. Tais gestos favorecem a emergência de paixões distensas. Como "estaca no corpo", está plantado o esquema do estilo, o modo *Verissimo* de fazer crônica. Uma única crônica do autor convoca a totalidade delas. Os vetores estilísticos garantem o todo na unidade, e o momento da leitura torna plena a totalidade na unidade integral.

A presença realiza-se: no âmbito da totalidade, como unidade integral; no interior de cada enunciado, no nível discursivo. Nesse nível, configura-se o ator que funda o *éthos* como estilo. O ator da enunciação, definido pela totalidade de seus discursos, compõe-se concomitantemente em cada enunciado, segundo a formulação actancial e actorial de temas e de percursos temáticos que é promovida, e segundo concretizações figurativas, o que confirma o mesmo ator de acordo com um *estoque de figuras*, tal qual sugestão encontrada no pensamento de Barros (2002). O *estoque de figuras* dá-se a ver como pressuponente da cifra tensiva, e ambos aparecem conforme vetores estilísticos que, em cada enunciado, remetem ao esquema corporal.

Para o corpo como estrutura da percepção, é pensada a duração das coisas do mundo. Isso acontece na medida em que, de um tempo-espaço cravado na *extensidade* que as constitui, elas se oferecem à visada do sujeito, segundo oscilações de um acento (tônico ou átono) do olhar que incide sobre elas. Tais movimentos da percepção, discursivizados como gestos, são passíveis de descrição, ao tentarmos obter a cifra tensiva concernente a um estilo. Assim temos acesso aos modos de incidência do sensível (ou da intensidade do próprio sentir) sobre os objetos temporalizados e espacializados pela percepção. Descrever semioticamente a percepção supõe o exame feito de mecanismos da construção do sentido, dos quais se sobreleva a correlação entre a intensidade do perceber e a extensidade do que se doa à percepção, como constituintes do fato de estilo. Apropriamo-nos, para isso, de princípios relativos a uma gramática tensiva, ou de um ponto de vista tensivo da semiótica, de paternidade de Zilberberg, bem como do patrimônio relativo à construção da teoria da significação, que concerne ao discurso de fundação, de paternidade de Greimas.

FUNÇÕES ASPECTUAIS

Enquanto modula o corpo, a aspectualização, entendida como processo discursivo, sobredetermina as condições de discursivização da pessoa, concebida como categoria da enunciação. A aspectualização do ator não poderia restringir-se a um processo linguístico, já que, na própria definição de ator, Greimas e Courtés (2008: 45) assim se posicionam: "o ator ultrapassa os limites da frase e se perpetua, com o auxílio de anáforas, ao longo do discurso (ou, pelo menos, de uma sequência discursiva), conforme o princípio de identidade". Os semioticistas, ao lembrar que um tapete voador pode apresentar-se como ator, bem como uma sociedade comercial, fazem uma remissão à transformação do significado do termo e lembram: "Historicamente, o termo *ator* foi substituindo progressivamente personagem (ou *dramatis persona*) devido a uma maior preocupação com a precisão e a generalização" (2008: 44). Ao atentar para o fato de que o ator, como unidade discursiva, "pode receber, no momento de sua manifestação, investimentos de sintaxe narrativa de superfície" (2008: 44), remetem ainda aos papéis actanciais (sujeito e objeto) e, na sequência da definição, ao destacar o investimento semântico que o ator é suscetível de receber, remetem aos papéis temáticos. Os semioticistas prosseguem e afirmam que "o ator pode ser individual (Pedro) ou coletivo (a multidão), figurativo (antropomorfo ou zoomorfo) ou não figurativo (o destino)" (2008: 44-65). Ao ser pensado, seja enquanto se define pela totalidade de seus discursos, seja do ponto de vista da produção de determinado enunciado, o ator é visto como *quase-presença* processada aspectualmente: ele necessita ser constituído aspectualmente em cada um dos enunciados da totalidade, para que chegue a processar-se como corpo relativo a uma totalidade, entendido o próprio aspecto como um processo, isto é, um evento durativo. Como corpo, o ator, figurativizado, afirma-se como individualidade: uma individualidade não onomástica, mas organizada ao longo do percurso gerativo do sentido em cada enunciado e organizada também no intervalo entre os enunciados da totalidade. Como unidade actorial, temos um corpo que, moralizador, dura, e sensibilizado, também dura.

A correlação entre o sensível e o inteligível na constituição do corpo actorial supõe não a soma de ocorrências relativas à reunião dos enunciados componentes de uma totalidade, mas a relação de dependência mútua entre um enunciado e outro, que, segundo o princípio unificador, respaldo da identidade estilística, remete ao devir ou ao *vir-a-ser* desse corpo. Uma cifra tensiva, colhida num enunciado e outro e no intervalo entre eles, é indicação de um modo de aspectualização do ator. A cifra tensiva, entendida como o registro da síntese dos movimentos entre o sensível (intensidade dos afetos) e o inteligível (extensidade das coisas do mundo), apresenta a organização da *quase-presença*, cotejada desde as profundidades figurais. Estas, por sua vez, são assim denominadas por radicar-se no que está pressuposto a todo o percurso gerativo do sentido, instrumento metodológico de uma descrição não estática, dos mecanismos da construção de sentido dos textos.

O olhar analítico que contempla o estilo nas profundidades figurais é dito tensivo, já que examina o mesmo estilo segundo a tensividade, grandeza que o faz aparecer na relação entre a intensidade e a extensidade: lá (na dimensão da intensidade), a força ou tonicidade que, emparelhada com o andamento ou o ritmo da própria percepção, lança-se sobre o tempo-espaço das coisas que "estão aí"; cá (na dimensão da extensidade), as próprias coisas postas segundo o princípio de inteligibilidade e racionalidade que as constitui como um entendimento primordial, isto é, ainda não definido segundo o juízo predicativo do sujeito que as contempla, ainda não flexionado por uma tendência para julgar ou moralizar o mundo. Conforme o Husserl dito "tardio", porque apresentado nas suas últimas obras, deduzimos que, junto ao que temos designado *perfil sensível do ator*, apresenta-se uma "*doxa* passiva", tal como referida no § 66 de *Experiência e juízo* (Husserl, 1997: 272). Husserl, aí, após referir-se a "modalidades de julgamento predicativo" que, segundo ele, "devem ser entendidas como modos de decisão", alerta para o fato de que, "mesmo no domínio da experiência receptiva pode-se já falar, de algum modo, em decisão" (1997: 272); ou de um "tipo de decisão". Ressalta então as "variantes modais da *doxa* passiva", para completar: "decisão no sentido próprio, isto é, tomada de posição responsiva do ego como atividade do ego no ato predicativo de julgamento é alguma coisa completamente diferente" (1997: 271-2). À "*doxa* passiva", entendemos que se vincula um entendimento ainda não deflagrado como o que supõe tomada de posição do sujeito a *favor de x, contra y*. Moura (2000: 227), historiador da filosofia, ao expor o pensamento do filósofo alemão, refere-se a "um entendimento secreto que age na constituição do mundo intuitivo da experiência".

A partir das bases teóricas relativas aos estudos feitos da gramática tensiva, entendemos que um inteligível "escondido" na percepção apresenta alguma vizinhança com os princípios da fenomenologia. Zilberberg (2011: 271) propõe algo que se confina com a noção fenomenológica de "entendimento secreto", ao formular o conceito de *parvenir*, traduzido por *pervir*, com detalhamento feito pelos tradutores a respeito do motivo do uso desse termo em nosso idioma. O *pervir* faz par com o *sobrevir* (o que sobrevém inesperadamente no campo de presença), segundo o mesmo semioticista. Em relação à temporalidade, vista como duração, logo aspectualmente compreendida, o *sobrevir* está para a instantaneidade e indivisibilidade; o *pervir*, para a duratividade e a progressividade, conforme Zilberberg (2011).

Em relação ao andamento, o *sobrevir* está para a celeridade; o *pervir*, para a lentidão. Prossegue Zilberberg (2011: 277) e confirma o *sobrevir* associado ao *pervir*, e ambos como "duas maneiras pelas quais uma grandeza ingressa no campo de presença e aí se estabelece". A partir daí, o *sobrevir* é confirmado na vinculação com "a aceleração delirante e a saturação tônica vivenciada a contragosto pelo sujeito" (2011: 277).

Zilberberg (2011: 277) faz também referência a um "objeto-acontecimento". O "objeto-acontecimento" é visto como impregnado pelo vivo e súbito, ao ingressar no campo de presença, este entendido por nós como presença que vai de x a y, para o que se ratifica a presença segundo deslocamentos e perspectivizações próprios a uma *quase-presença*. Conforme o semioticista, no campo de presença o "objeto-acontecimento" mantém-se como fato singular e estranho, afetado pela força do êxtase e do impacto afetivo, à moda da força de uma exclamação. Que o diga o "ui!" expresso ao entrarmos debaixo de um chuveiro frio, como lembrou Verissimo, numa percepção que recupera um corpo exposto à dominância do clima frio. No ponto de exclamação da interjeição, diferentemente do que sucede nos "momentos 'aaah'", desponta um traço do *sobrevir*. Ao *sobrevir*, ligado ao que é vivo e súbito, Zilberberg acrescenta a correspondência com a dimensão tensiva da intensidade.

Se a fisionomia do *pervir* decorre de sua relação com o *sobrevir*, e se, ao *sobrevir*, equivale a intensidade do sentir, resta ao *pervir* a equivalência ao que se move para um fim, ou em função de determinada finalidade. Logo o *pervir* confirma-se como o que tem uma finalidade inerente: "chegar de um ponto para outro, chegar ao fim", conforme nota dos tradutores (Zilberberg, 2011: 271). Essas expressões usadas para a elucidação do termo trazem à luz vizinhanças com aquele conceito de entendimento ainda "escondido" na percepção, reconhecido por Husserl na *doxa* passiva. Esse entendimento distingue-se do outro, aquele que subsidia a tomada de posição, a vontade ativa e a responsabilidade próprias ao ato judicativo.

Como racionalidade operante, entendimento escondido na percepção, o *pervir* (*parvenir*, ir para..., chegar a..., agir na direção de...) confirma o inteligível regido pelo sensível. Este último termo concerne àquilo que, como olhar que percebe correlato ao mundo percebido, pode "sequestrar" emocionalmente o sujeito, o que provoca o "acontecimento extraordinário". O sensível, apresentado como o que invade e afeta o sujeito segundo a "veemência afetiva" e segundo o "ardor das subvalências de andamento e tonicidade", homologa-se ao *sobrevir* (*survenir*), que reúne o que sobrevém ao sujeito como "afecção" em ritmo de "aceleração delirante" (Zilberberg, 2011: 277).

A noção de inteligibilidade, homologada à extensidade das coisas do mundo segundo a perspectivização do olhar, relaciona-se com a noção de sensibilidade (intensidade dos afetos), para validar as grandezas que penetram no campo de presença, conforme um *pervir* e um *sobrevir*.

Mediante o sobrevoo na direção das bases do método fenomenológico do pensamento, não nos apartamos da tentativa de entender por que, de acordo com o ponto de vista tensivo da semiótica, o sensível rege o inteligível, o que nos leva a interrogar se, a partir daí, teríamos, os semioticistas, ficado reféns do conceito de *sensível* como um retrocesso a certo "sensualismo", na medida em que este termo supõe o atomismo de sensações, ou supõe impressões soltas que afetariam caoticamente o sujeito-no-mundo. Moura (2000: 226), ao comentar que, para o Husserl de *Experiência e juízo*, "o conjunto lógico supõe geneticamente o conjunto 'sensível', a 'apreensão ativa' exige que a 'unidade sensível' seja pré-dada na sensibilidade", e complementa:

> Isso significa que, no final de sua carreira, Husserl flerta com o "sensualismo" que antes sempre combatera? Não se trata disso. Afinal, ele não cessará de enfatizar a especificidade da região do entendimento, no sentido estrito da palavra, frente à sensibilidade. A "experiência receptiva" será apresentada em *Experiência e Juízo* como o "grau prévio" do conhecimento propriamente dito, que no seu sentido estrito exige a fixação "de uma vez por todas" do resultado da contemplação perceptiva.

A nosso ver, a noção de "experiência receptiva" acerca-se da noção de *sobrevir*, guardadas as especificidades dos distintos quadros de pensamento de onde se originam, e mantida a ideia de uma gradação escalar para o *sobrevir*, que é instalado na subdimensão da intensidade. Por sua vez, entendemos que a expressão trazida do pensamento de Husserl, "de uma vez por todas", ao remeter ao "conhecimento propriamente dito, que no seu sentido estrito exige a fixação 'de uma vez por todas' do resultado da contemplação perceptiva" (Moura, 2000: 226), aloja-se no ato predicativo de julgamento, na moralização discursiva, segundo a acepção que a semiótica confere à *moralização*. De "uma vez por todas" não equivale à noção de indivisibilidade que, vista por Zilberberg (2011: 271) como regida por uma celeridade maximizada, traz consigo a ideia de um mundo percebido "em uma só vez". Lá, Zilberberg faz valer o *sobrevir* que, como veemência dos afetos e saturação da tonicidade, define a maneira pela qual uma grandeza tem acesso ao campo de presença, este compatível com um campo de percepção. Nessa acepção, ao *pervir* corresponde o que entra na percepção como o que acontece "em tantas vezes" (2011: 271). Não à toa Zilberberg demonstra corresponder, ao *pervir*, o trabalho, a inteligibilidade, a sabedoria, a certeza e, conforme entendemos, o empenho e a vontade ativa cobrados nessa dimensão. Seguindo sugestão de Zilberberg, vemos que é diferente o que acontece com o jogo, lembrado pelo semioticista como atraído pelo charme, não pela sabedoria e, quanto à fidúcia, firmado na ordem da incerteza. O jogo valida-se, nesse estudo, como o que está para o *sobrevir*.

Seguindo a metáfora zilberberguiana e ainda próximos da última citação feita de Moura (2000), a nosso ver o jogo, com o que ele representa para a configuração da presença, está para a "experiência receptiva"; o trabalho, para a "apreensão ativa", o entendimento em "sentido estrito". Acercado do que se apresentou como "apreensão ativa" e como "trabalho", entendemos encontrar-se o que acontece na esfera do juízo predicativo. Esse juízo, como julgamento, radica, na aspectualização actorial, o perfil social do *éthos*, na fase relacionada a "um modo da ação", para que tenhamos o *éthos* como posicionamento ético.

Por meio do perfil *pático*, o *éthos* se expressa segundo o *sobrevir*. Esse perfil aponta para a relevância do entendimento "escondido" no sensível ou regido por ele; indica a "experiência receptiva", na medida em que vincula aquilo que sobrevém, como "afecção", ao sujeito, juntamente com os objetos que "estão aí", temporalizados e espacializados "de acordo com o 'acento de sentido' que o enfoque tensivo lhes atribui", como diz Zilberberg (2011: 258). É então levado em conta o conhecimento num "grau prévio", ainda não no "sentido estrito", este que "exige a fixação 'de uma vez por todas' do resultado da contemplação perceptiva". O conhecimento que, num grau prévio, parece respaldar o princípio de que o inteligível é regido pelo sensível, é distinto do outro, que supõe uma "tomada de posição específica", a qual comporta "uma decisão a favor de, ou contra alguma coisa" (Husserl, 1997: 273).

O perfil social, que privilegia o olhar judicativo do sujeito, enquanto se afasta dos "eventos de uma *doxa* passiva" (Husserl, 1997: 273), corrobora o julgamento feito sobre as coisas do mundo, conforme uma "percepção ativa" que se fixa "de uma vez por todas" em determinado juízo. Quanto mais é privilegiada a moralização do que "está aí", mais somos levados pelo perfil social do *éthos*, mais vem à tona o entendimento que supõe responsabilidade e tomada de posição. Desse modo se sobressai o viés judicativo do olhar e, com ele, um sujeito mais agente no ato de enunciar.

Tiras de histórias em quadrinhos (HQs), como esta que segue, de Angeli, apresentam o perfil judicativo do ator da enunciação, em valência mitigada, o que confirma a noção de um sujeito mais agente ou menos no próprio ato predicativo de julgamento:

Figura 4 – Tira de HQ e perfil do ator

Fonte: Angeli, A. *Folha de S.Paulo*. Ilustrada, São Paulo, 14 jan. 2013, p. E9.

Enquanto o encadeamento dos atores João, Bosco, Coronel e Rui, no *close* frontal dos rostos, oferece indicações de alguma mesmice de perspectiva visual, a organização sintática de cada frase confirma a linearidade estereotipada (sujeito, verbo, objeto direto, este que apresenta, como último termo, um elemento especificador introduzido por uma preposição): *João defende pena de morte para gays. Bosco quer prisão perpétua para viciados. Coronel propõe extermínio de favelados. Rui quer reciclar menores abandonados em fábrica de sabão.* Neste último termo concentra-se o que deve ser excluído da sociedade. Se, no segmento verbal, os atores apresentam seus papéis actanciais formulados como sancionadores dos "sujos" e dos "errados", a partir do tema da higienização desejada do mundo, os traços de suas feições apontam para outro lado. Hiperbolizados para a representação do nariz de João, das sobrancelhas de Bosco e dos maxilares de Rui, esses traços, juntamente com as linhas que desenham expressões de rostos estranhos, acabam por figurativizar os mesmos atores em corpos de sociopatas. Para isso contribui *Coronel*, de cujo boné de pala entortada projeta-se uma sombra que parece máscara: de sujeito dissimulado ou de bandido. O ator da enunciação denuncia, desse modo, a banalização da repressão, como aliada da ânsia delirante de extirpar o mal, e faz isso justamente por meio do tema que veicula: a higienização necessária do mundo a partir do ponto de vista dos "higienizadores".

O ator da enunciação lança na tira vetores para que se depreenda o estilo do gênero e o estilo autoral: há dominância do perfil judicativo, pois a denúncia social é confirmada contra os sancionadores. No entanto, devido ao gênero HQs, assentado na ambiguidade e na dupla isotopia, o que recrudesce a imperfectividade actorial, a valência que aspectualiza o perfil judicativo é mitigada. Temos, para o corpo enunciativo, pouco impacto emocional, pouca tonicidade de presença. As coisas espacializam-se não compactadas o suficiente, para que possam favorecer a expressão precisa de detalhes. As coisas também estão não temporalizadas segundo uma brevidade que manifestasse alguma veemência afetiva. Desacelerada, a enunciação pôde caprichar no contraste.

Para julgar e fazer julgar pejorativamente os sancionadores convictos, a enunciação apresenta-se então em lugar de contraste com eles; por isso pode debochar deles, enquanto os critica, como o faz no segmento visual da tira. Então, o perfil do ator da enunciação é judicativo, mas não de uma valência plena, como acreditamos ter indicações em artigo de Luiz Felipe Pondé, "Lágrimas por um panda" (*Folha de S.Paulo*, Ilustrada, 14 dez. 2013, p. E10). O título é retomado na frase *Chore por um panda*, que consta do último parágrafo do texto, em que o articulista ironiza o "sentimentalismo barato" de nossa cultura: "Somos uma cultura de frouxos viciados em conforto, que se lambem o tempo todo." Tem mira concentradamente certeira para seus argumentos, esse ator. A telicidade fica então esboçada aumentativamente, enquanto a rigidez do gesto judicativo projeta-se como vetor do estilo.

Julga-se "de uma vez por todas" o que está submetido à avaliação ética. O perfil social do ator da enunciação remete àquela "decisão em sentido próprio", àquela "tomada de posição responsiva do ego", como disse Husserl (1997: 272). Um posicionamento, como "atividade do ego no ato de julgamento predicativo" (1997: 272-3), responde a uma *doxa* ativa e a comprova. Se for próprio ao julgamento ser feito "de uma vez por todas", é próprio ao juízo "não durar" nos moldes da percepção. Esta última dura tal qual o som de uma melodia que, uma vez ouvido, é mantido como retenção do que foi, naquilo que é ainda, e é previsto como antecipação daquilo que já é, sem ainda ter sido. É o caso do *lógos* conotado esteticamente, na constituição do estilo no âmbito da arte. A duração, aí, afasta-se da temporalidade relativa ao juízo. De outro lado, o objeto do julgamento predicativo é temporal, na medida em que é coisa criada, logo não mítica; se criada, é posta no tempo da história, das formações sociais.

Julga-se "de uma vez por todas" também em cada enunciado constituinte de uma totalidade. Por isso o narrador, instância delegada pelo enunciador para que a enunciação possa enunciar-se, é único e novo a cada enunciado. O narrador firma o ator como responsável pelas avaliações promovidas em determinado enunciado. Ao fazer isso, ele viabiliza, em cada enunciado, vetores estilísticos que contribuem para a definição do ator segundo a totalidade de seus discursos. A recorrência do modo de avaliar o mundo, ao longo da totalidade, robustece o entendimento judicativo que se tem do mundo, o que se vincula a uma *doxa ativa*.

Para o perfil afetivo ou *pático*, temos a força e o andamento relativos à intensidade do sentir, que se lançam sobre a extensidade do que vem à luz na visada sensível, esta que tende a abreviar ou a estender a duração dos objetos temporais, enquanto promove a concentração ou a difusão da espacialização deles como objetos-no-mundo. Tais movimentos confirmam o perfil *pático* na condição de um viés, que pode ser proeminente em relação ao perfil social, para que um deles resulte em elemento definidor do estilo como corpo.

Para o viés sensível, temos o sujeito passivo e afetado pelo mundo, enquanto, na dominância do viés judicativo, destaca-se o sujeito ativo. No que diz respeito ao perfil social do ator, o olhar analítico contempla o estilo como resposta ao interdiscurso, para o que se confirma um corpo delineado pela função de tomar decisão diante do *outro*, que, feito sistemas de crenças e aspirações, atravessa o *eu*. O corpo então se apresenta ao ocupar um lugar preenchido por julgamentos morais, entendida a moralização como interpretação que, concretizada na semântica discursiva, está fincada na avaliação axiológica de valores, a qual é esboçada na práxis enunciativa, ainda virtualizada nas movimentações sintático-semânticas do nível fundamental e atualizada nas movimentações do nível narrativo do percurso gerativo.

Pensando num actante-sujeito sustentado por uma narratividade pressuposta no nível discursivo, deparamo-nos, na narratividade enunciativa, com um sujeito do fazer, logo performativo, ao qual está pressuposto um sujeito de estado. Este, que antecede a *performance*, realizada como "prova decisiva", volta-se para a construção do próprio poder e do próprio saber agir, isto é, volta-se para a construção de sua competência (para agir). Esse sujeito tem a competência atualizada no nível narrativo, mediador entre os níveis profundo e discursivo. Mas há o outro lado: o sujeito de estado também é considerado um sujeito passivo, que recolhe as sensações do mundo que o afetam.

O olhar tensivo privilegia este último ângulo do sujeito de estado. Não interessa aqui a preparação para determinada *performance*, como prevê o chamado *esquema narrativo canônico*. O olhar tensivo contempla a tendência passiva do sujeito de estado. Assim, acaba por privilegiar o exame da aspectualização actorial e, com esse exame, a "relação entre processo e estado", noção esta tributária do estudo feito por Castilho (1968) sobre a aspectualização como processo linguístico. No âmbito analítico beneficiado pelo ponto de vista tensivo da semiótica, o corpo configura-se instalado por meio dos graus de uma suposta escala de mensuração da força e da velocidade dos afetos, a qual convoca *o mais do mais, o menos do mais, o mais do menos, o menos do menos* do impacto emocional, que faz o sujeito "sofrer", de uma forma ou de outra, as coisas do mundo, no modo como estas doam-se às perspectivizações subjetivas. Um sujeito não priorizado como agente responsável pelo ato de enunciar torna-se precário, enquanto instalado no domínio da experiência sensível.

As coisas, como objeto da visada sensível e como constituintes dela, duram continuamente, e duram mais breve ou mais longamente, no modo como se oferecem ao sujeito, o que as confirma na relação com a própria visada: átona ou tônica; célere ou lenta. Enquanto objetos espaciais, elas se tornam mais compactas (olhar recrudescido em tonicidade e celeridade) ou difusas (olhar atenuado por tais subdimensões da intensidade). Desse modo, o mundo, objeto percebido, apresenta-se com contornos borrados para o espaço mais compacto, ou com contornos mantidos em precisão para o espaço mais difuso. No tempo-espaço dos objetos temporais ou das coisas que duram, o corpo também se configura como *o que dura*, em cada enunciado e no intervalo entre eles.

Durar, para o viés sensível do corpo, supõe, portanto, durar no tempo-espaço da percepção. Supõe a aspectualização do ator da enunciação, sujeito pressuposto à totalidade de enunciados e visto menos no seu exercício de arbítrio e no seu posicionamento social; visto menos na *performance* de um ato enunciativo enfeixado num sistema de argumentos comprometidos com um fazer-saber, com um fazer-fazer, tudo sobremodalizado pelo fazer-crer. Durar, para o viés sensível do corpo, supõe desempenho de funções compatíveis a um modo passivo da *quase-presença*. A percepção não é afeita ao exercício da persuasão, o qual é realizado no nível discursivo. A duração como percepção supõe a apresentação de um corpo exposto a perpectivizações da experiência sensível, que constituem o presente por meio de retenções e antecipações, as quais fundam o presente que dura continuamente. Enquanto registra impressões, como o que é retido sensivelmente, esse presente pode ser entendido como um "agora impressional". Cada retenção do agora (deslocamento do presente para o passado) costuma ser pensada fenomenologicamente como uma "impressão". Noção colhida da fenomenologia husserliana (Husserl, s.d.(a); 2007), esse "agora", que dura de modo equivalente ao som de uma melodia, funda a duração como uma das balizas da aspectualização do ator e oferece indicações para pensarmos no estilo conforme possibilidades de apresentação do perfil *pático* do *éthos*.

Estéticas literárias podem ser pensadas segundo o modo próprio de recriar tal duração. No caso da estética neoclássica, por exemplo, supomos um "agora" que contraria o presente móvel e dilacerado por retenções e protensões. Entendemos que essa estética compõe-se a partir de um agora fixado por meio de duração longa o suficiente, e articulado a uma difusão espacial extensa a tal ponto, que sujeito que percebe e mundo percebido são salvaguardados dos deslocamentos promovidos por retenções e protensões. Aí supomos encontrar, juntamente com um corpo durativo-contínuo, a propriedade aspectual da estaticidade.

No aspecto entendido como processo linguístico, Scher (2004: 71) reúne as categorias aspectuais previstas por Smith, entre as quais se destacam: *duratividade/ estaticidade*; *telicidade/atelicidade*; *dinamicidade/estaticidade*.[14] Essas categorias, privilegiadas ao contemplarmos a aspectualização do ator, remetem aos papéis aspectuais, tais como projetados no quadro que segue:

Figura 5 – Papéis aspectuais

Quanto à duração
• No plano do encadeamento entre enunciados da totalidade, em função coesiva:
durativo-descontínuo   durativo-contínuo
perfil judicativo   perfil sensível
Quanto à dinamicidade
• No plano "individual", em função de transformacionalidade e movimentação (*kinésis*):
cinético --- estático
Quanto à telicidade
• No plano "individual", em função de persuasão argumentativa:
télico --- atélico
Obs.: ---- = distribuição escalar das funções

Fonte: Elaboração nossa a partir de Castilho (1968; 2002); Comrie (1998).

Confirmadas possíveis conexões entre o aspecto visto como processo discursivo e como processo linguístico, destacamos que, avizinhado com as postulações feitas por Castilho (1968), anteriormente referidas, o conceito de aspectualização do ator define-se a partir dos princípios da "duração ou desenvolvimento" e da "representação espacial do processo".

O perfil moral ou ético, respaldo do sujeito performativo e responsável pelo ato de enunciar, supõe responsividade e tomada de decisão, bem como convicção e desejo de convencer. Esse perfil, desdobramento do conceito aristotélico de *éthos* (Aristóteles, s.d.(a); 2003), marca a identidade estilística, ao supor a aspectualização actorial segundo um observador social, o que favorece a depreensão de papéis temáticos que semantizam o ator no nível discursivo. Os papéis temáticos concretizam relações estabelecidas na foria fundamental, vista como bipartida em euforia (valor do bem) e disforia (valor do mal), no preenchimento semântico das relações elementares da significação (nível fundamental do percurso gerativo). É uma foria não concebida, ainda, como *força que leva adiante* os movimentos de constituição do corpo no traçado que o define a partir das profundezas figurais. É uma foria ainda não concebida como força de regência sintáxica entre as grandezas próprias a tais profundidades, no ritmo peculiar à intersecção *percepção/mundo percebido*. Dessa intersecção vem à luz o corpo como sistematização de "vividos", emersos da correlação entre o que é visado e o olhar que visa. Se todo objeto existe para a consciência, enquanto a consciência define-se pela relação estabelecida

73

com o objeto, conforme o axioma da fenomenologia husserliana (Husserl, 2006), deduzimos que na base do perfil *pático* e do perfil social do *éthos*, alavancados de maneira distinta pela "cena enunciativa", está um princípio afim com o proposto por Husserl e que remete à correlação entre mundo e consciência do mundo. Acontece que, para os estudos discursivos sobre o estilo, mundo e consciência do mundo apresenta-se, cada qual, segundo duas frentes distintas, a depender dos movimentos que respaldam a consciência na sua transcendência: uma frente concerne ao perfil *pático*; outra, ao perfil judicativo; lá, um entendimento antepredicativo, de receptividade; cá, um entendimento de juízo, de "atividade". Um entendimento distinto daquele da esfera do juízo dá-se na dimensão da experiência afetiva. A constituição do entendimento vincula-se: à *doxa* passiva, na experiência sensível; à *doxa* ativa, no posicionamento judicativo, o que resulta em aspectualização distinta para o ator da enunciação.

O perfil social do *éthos* contempla a aspectualização do ator com alguma equivalência àquela "visão objetiva" lembrada por Castilho, ou uma visão objetivada, que transcende de si para o *outro*. Essa visão descarta a possibilidade de consideração de uma racionalidade soberana, que não transcenderia para fora de si a fim de acolher o *outro*. A alteridade, à qual a identidade necessariamente se relaciona na constituição do sujeito, dialógico por excelência (Bakhtin, 1997b), é vista, no perfil social, menos como "afecção" do *outro* sobre o sujeito, menos como aquilo que se sobressai de um fundo homogêneo e afeta o sujeito no viés sensível de seu corpo. Ela se confirma como um tecido de discursos, ou seja, o interdiscurso, que viabiliza a emergência de uma identidade actorial como tomada de posição. O interdiscurso leva à definição do ator como identidade ética e como lugar de responsabilidades assumidas. É um lugar ocupado nas narrativas que compõem o mundo, junto às distintas esferas de comunicação.

Como discurso jornalístico, tais narrativas remetem à *doxa ativa*, enquanto incitam o sujeito à tomada de posição. Por isso, o perfil social do ator tende a sobrelevar-se nessa esfera. Denis Lerrer Rosenfield,[15] em coluna de jornal, afirma:

> Um fato é frequentemente sua narrativa, ou melhor, suas diferentes narrativas, em suas sintonias, dissonâncias e mesmo contradições. Nosso olhar do mundo é moldado por visões perpassadas por versões que suscitam adesões e posições, simpatias e antipatias, conceitos e preconceitos. Eis por que em situações de conflito a disputa pela opinião pública é de tanto valor, pois nela se tecem e se articulam alianças e oposições que são da maior relevância não somente para a compreensão dos fatos, mas também para a orientação das ações. (*O Estado de S. Paulo,* 3 dez. 2012, p. A2)

A ideia de "orientações das ações" converge para o que temos pensado da relação de uma *doxa* ativa, bem como ativada, na aspectualização do ator no perfil social. Ao enunciar o mundo, o sujeito procede à criação discursiva desse mesmo mundo, concebido como ativação da *doxa* ou de determinada sistematização de opiniões. Nessa direção, o ator, aspectualizado no perfil social, dá-se a ver por meio de um observador que contempla um mundo, do qual se destacam julgamentos e moralizações, interpretações avaliativas que partem de um sujeito, ao "enxergar" o *outro*, seja este a coisa julgada. O observador social subsidia a tomada de posição do narrador. Sempre implícito nos enunciados e instância necessária à hierarquia sintática de delegação enunciativa de vozes, o narrador define semanticamente, em cada um dos enunciados, a pessoa discursiva. Ao fazê-lo, subsidia, em cada enunciado, o perfil social do *éthos*, confirmado por meio de um procedimento sistemático desenvolvido ao longo de uma totalidade. O ator, no perfil social, é corroborado segundo um esquema de moralizações. Para isso, o narrador encontra guarida, ao longo da totalidade, no actante-observador, no desempenho da função de um sujeito cognitivo vinculado à *doxa ativa*.

O narrador também subsidia o perfil *pático* do *éthos*, na medida em que apresenta a *pessoa* como um ator com corpo próprio, esboçado na dimensão da experiência sensível, caso em que se sobreleva a função desempenhada por um actante-observador instalado no âmbito da percepção. O actante-observador, que viabiliza a aspectualização do ator, cumpre-se como sujeito cognitivo que, delegado pelo enunciador e por ele instalado no discurso enunciado conforme uma debreagem enunciativa, encarrega-se de um "fazer receptivo" e de um "fazer interpretativo", como salientam Greimas e Courtés (2008: 347-8): no primeiro caso, está o viés sensível da observação ou o observador sensível; no segundo, o viés judicativo da observação ou o observador social.

Pensar no observador como sujeito cognitivo, sujeito do entendimento e da consciência, instalado pelo enunciador no discurso enunciado graças a procedimentos de debreagem, emparelha-o ao narrador na dimensão sintática do nível discursivo. Na dimensão semântica, vinculado à aspectualização actorial relativa a uma totalidade, o observador desempenha a função de subsidiar os papéis temáticos que preenchem, como "carne" discursiva, o esquema do corpo actorial. Aí se destaca o "fazer interpretativo" que, ao compor o ato de enunciar, permite que ele seja decomposto em suas fases. Isso se dá em cada unidade constituinte da totalidade, enquanto o todo, latente e inativo, subjaz à presença realizada. Esse é o todo potencial, incrustado na *dêixis da ausência*. Do todo potencial, é catapultada a unidade virtual, que reduz as "interpretações" àquilo que é comum a elas, para que se confirme o corpo também como esquema de atos judicativos: esquema, enquanto forma que se manifesta em cada enunciado particular ou, para lembrar

Hjelmslev (2003: 83), em cada "uso linguístico". É do linguista dinamarquês a formulação de que "o uso linguístico *manifesta* o esquema linguístico", para o que complementa: "chamaremos de *manifestação* a função contraída pelo esquema e pelo uso" (2003: 83).[16] O esquema é remetido ao corpo em processo, logo apresentado por meio de fases de "duração ou desenvolvimento" no interior de sua realização.

O perfil judicativo do *éthos*, projetado por meio da função social do observador, distingue-se do perfil *pático*, do qual se depreende um observador "encarregado de exercer o fazer receptivo". Em ambos os casos, o observador permanece implícito e em sincretismo com o narrador, sendo reconhecível nas distintas funções desempenhadas na aspectualização actorial. No desempenho de tais funções, o observador desvela a precariedade na constituição do corpo, seja semântica, seja tensiva, mas no segundo caso a precariedade é pensada como devida à experiência do pensamento. Tal precariedade acontece por estes motivos: a) em cada enunciado o corpo é *quase-presença*, tanto quanto o é no plano da totalidade; b) o esquema corporal é uma estrutura aberta, que transcende de si, na medida em que é resultado da intersecção do *eu* com o *outro*; c) o ator apresenta-se decomponível em fases, o que o desvela com dois perfis. O "modo de presença do observador no discurso" (Greimas e Courtés, 2008: 348), pensado segundo a função desempenhada na aspectualização do ator, permite que se interpele o papel do narrador na semantização do corpo (no viés social) e na tensivização do corpo (no viés sensível).

Para cada caso, o *éthos* garante-se segundo um perfil que remete a uma organização estrutural, seja a relativa à sedimentação das tomadas de posição, seja a relativa às "afecções" que sofre o sujeito.[17] A sistematização é ratificada como subjacente à definição do perfil social e do perfil *pático* do *éthos*. No último, temos um algoritmo da percepção, expresso por meio de oscilações regulares que, em alternância sintetizada numa cifra tensiva, modulam o enunciado e a enunciação. No perfil social, temos uma formação discursiva como ambiente semântico de valorações morais, o que oferece subsídios para o ator exercer a função de fazer crer, fazer saber, para fazer-fazer, e o que supõe, como ponto de partida, a avaliação axiológica do que é visto. O ambiente semântico, assentado em organização que acaba por fundar o *valor dos valores* esboçados na timia fundamental, é antropologizado, ainda que abstratamente, por meio das funções actanciais (sujeito/objeto; destinador/destinatário), relativas à narratividade, pressuposta a todo e qualquer enunciado. O ambiente semântico subsidia os papéis temáticos que concretizam o sujeito no discurso e é pressuponente das oscilações relativas à experiência sensível.

Em se tratando de mais de um texto ou de um conjunto deles, ao qual se subentende o princípio unificador do sentido, apoio para o efeito de unidade que remete ao corpo do ator como estilo enquanto síntese de julgamentos morais, comprova-se a *quase-presença* concernente ao todo, projetada num único texto por meio de vetores estilísticos. Assim a parte funciona no todo e o todo na parte, para que, entre a totalidade e a unidade, o ator se garanta aspectualizado segundo seu perfil social. Aqui, deparamo-nos com uma aspectualização que, de acordo com distintas éticas, remete à clássica mensuração idealizadora do justo, visto como justa medida, avaliada conforme o valor do bem. Para essa ética, excesso e falta restam disfóricos. Aí está uma das apresentações possíveis da aspectualização do ator, conforme estudo feito por Fiorin (1997). Entendemos essa aspectualização vinculada ao observador social, como o que prioriza o perfil agente e responsável, performativo e judicativo do *éthos*. Esse perfil prende-se à temporalidade e à espacialidade discursivas, semantizadas por meio de figuras tratadas eticamente pela enunciação. Tais movimentos partem de um acolhimento ou de uma rejeição moral.

Fiorin (1997: 23), ao demonstrar que, no domínio do gosto, operam a falta, a justa medida e o excesso, comenta a aspectualização do ator segundo as "diferenciações das normas do gosto", como o que concerne ao nível discursivo. Lembra que, de acordo com determinada norma, o bom gosto situa-se no domínio da justa medida. O semioticista assegura, ao longo do estudo, as noções de aspectualização pela falta e pelo excesso como rejeitadas por determinados grupos sociais. Destaca então a força reguladora de um ideal de bom gosto, ligado ao que se apresenta como neutro:

> Nessa norma que estamos estudando, a aspectualização do ator de bom gosto é neutra: nem falta nem excesso. Por exemplo, num dado grupo social, é preciso perfumar-se. Por isso, estão excluídos tanto a falta total do perfume que poderia permitir apresentar o odor natural do corpo, como o recender muito a perfume. Ao contrário, o odor do perfume deve ser imperceptível, como se fosse um cheiro negativo, neutro. (Fiorin, 1997: 24)

A aspectualização do ator, tanto no perfil social como no perfil *pático*, mostra-se naquilo que é narrado. O narrador, guiado pelo viés oferecido pelo observador, desempenha a função de discursivizar a moralização ou a sensibilização do corpo, o que permite examinarmos o corpo em processo, ou em suas fases de duração, no interior de cada texto e no intervalo entre eles. A duração, no perfil social, contém o ato de enunciar, enquanto este se dá a ver nas transformações por que passam os atores, ao longo do processo de moralização. Transformação concerne à *performance*. Logo, corrobora-se aí um sujeito agente, mais senhor do objeto, do aquele da percepção sensível. Se Husserl (1997) alude à experiência sensível como antepredicativa ou pré-predicativa – o que remete àquilo que nos é dado, ofertado pelo mundo e que nos afeta, segundo Merleau-Ponty (1999), que, por sua vez, retoma o pensamento de Husserl –, temos uma consciência do tempo que opera *como nosso coração bate*, isto é, sem a intervenção de um sujeito agente. Cremos verdadeiramente tangenciar aí a noção semiótica de um algoritmo da percepção, como fundamento do perfil *pático* do *éthos*.

Se, ainda, no domínio da experiência perceptiva, a subjetividade trabalha passivamente, como sugere Husserl (1997), tocamos, a partir daí, na noção semiótica de uma *quase-presença* potencializada no nível tensivo, conforme a qual fica validado um sujeito passivo. Esses movimentos, vindos do cotejo de densidades da presença ao longo do percurso gerativo, validam o nível tensivo na ordem da atonia da presença, bem como na *dêixis da ausência*. No caso do ator contemplado no processo de sua geração ao longo do enunciado, a experiência perceptiva garante-lhe o lugar de sujeito passivo. A partir desse lugar examinamos como o sensível rege o inteligível, enquanto a *quase-presença* é modulada por *quase-valores,* por estados de valor ou, ainda por perspectivizações do valor, *as valências tensivas.*

O perfil social, diferentemente, tanto supõe o sujeito ativo e responsável, que determinada norma de gosto pode radicar papéis aspectuais como o do elegante, relacionado com um "alcance deôntico" da própria norma (dever ser elegante; dever agir elegantemente), como sugere Fiorin no estudo referido (1997: 28). A norma de gosto, segundo o semioticista, torna-se "o próprio gosto"; por isso, transforma-se num dever-ser e num dever-fazer. O perfil social diz respeito ao sujeito cravado no ato de predicar ou de julgar. Assim pensado, o ato enunciativo cria o objeto de entendimento, enquanto valoração social empreendida em relação às coisas do mundo, ao próprio mundo no qual está instalado o sujeito, este dito sujeito-no-mundo.[18] O sujeito emerge então do mundo por ele enunciado e avaliado: mundo tecido de narrativas, responsivas àquelas constituintes do interdiscurso, as quais remetem a "visões perpassadas por versões que suscitam adesões e posições, simpatias e antipatias, conceitos e preconceitos" (Rosenfield, 2012: A2).

A atividade predicativa (ou judicativa), segundo Husserl (1997), supõe decisão, vontade "livre". Da perspectiva discursiva da estilística, entendemos que o sujeito, mais senhor dos objetos do que aquele ainda instalado no domínio da experiência perceptiva, atesta sua existência semiótica em correspondência com o exercício da decisão e da vontade "livre", o que o mantém ligado ao perfil social e propriamente ético do *éthos*. Enquanto isso, remonta à semantização do ator. Semantizam-se tempo e espaço em concomitância à semantização do ator, para que este se desenvolva aspectualmente no viés social. A enunciação faz ser o próprio corpo no enunciado. Fiorin (1996: 31) lembra que "fazer ser é a própria definição de ato". Ato supõe programa de ação ou de *performance,* o que valida o sujeito enunciador instalado conforme o processo da própria narratividade. No perfil social é priorizado o ato como fazer ser *alguma coisa*, por isso a enunciação se aspectualiza mediante um fim inerente a si, que é a finalidade argumentativa preponderante: fazer-crer, fazer-saber, para fazer-fazer.

Para as considerações a respeito do enunciador como sujeito de estado e como sujeito da *performance*, temos levado em conta o pressuposto teórico relativo à "narrativização da enunciação", referida também por Fiorin (1996: 31), ao tratar do sujeito como "entidade semiótica": o mesmo sujeito que, "por um ato, gera o sentido, é criado pelo enunciado".

Na sequência dessas problematizações, voltamos ao pensamento de Barros (1985: 278), que, ao pensar na coerência textual, evidencia "as estruturas narrativas da enunciação" ou "a organização narrativa da enunciação". A semioticista salienta que "podemos examinar a enunciação como atividade humana por excelência", para o que a confirma "como produção e comunicação" (1985: 278). Seguindo o princípio da comunicação, a autora enfatiza os movimentos argumentativos e persuasivos próprios à enunciação: "A argumentação se deixa então caracterizar-se como um recurso, entre outros, por meio do qual o enunciador exerce a persuasão, enquanto a determinação de isotopias possibilita a delimitação dos valores" (1985: 279). Firmando a narratividade enunciativa na dimensão da comunicação, a autora corrobora a instalação do enunciador segundo a função do destinador manipulador e o enunciatário como o destinatário-sujeito, o que leva a semioticista a confirmar "a sanção, quando ela acontece", como o que "concerne também ao enunciador" (1985: 279): o manipulador torna-se destinador julgador.

De nossa parte, reafirmamos que, segundo o perfil que aspectualiza o ator como corpo judicativo, entre a manipulação e a sanção, reconhecidas na comunicação por Barros, está a moralização desenvolvida pelo enunciador em relação a um ator, actante do enunciado. Neste último actante, transformado em ator moralizado (acolhido ou rejeitado), recai uma sanção, em princípio implícita, na medida em que são discriminadas, como melhoração ou pejoração, aspirações, crenças e ideais tematizados. A partir daí é processada a formulação actancial de temas para fundar os papéis temáticos do ator da enunciação. Isso pode ocorrer em textos dominantemente temáticos, bem como em textos dominantemente figurativos, como foi o caso da tira de HQs de Angeli.

Greimas e Courtés (2008: 209), após definir a relação entre um fazer persuasivo do destinador e a presumida adesão do destinatário, postulam o contrato fiduciário enunciativo, estabelecido entre enunciador e enunciatário. Na sequência (2008: 209), fazem alusão a uma variação desse procedimento: "se o contrato fiduciário sanciona um programa narrativo no interior do discurso, falar-se-á de contrato enuncivo". Entendemos que um contrato escora o outro. Entre um e outro, a moralização desencadeada sobre o mundo narrado escora o contrato enunciativo, ao oferecer subsídios para a manipulação enunciativa e, com isso, a moralização robustece procedimentos de argumentação.

Para isso, papéis temáticos dos atores, sejam os debreados por meio de turnos de fala, sejam os instituídos conforme um ator que, no enunciado, não diz *eu* nem *tu*, como aconteceu com a tira de Angeli, passam por um crivo ético. Pelo lugar ocupado no mundo, quanto à aceitação de algumas crenças sociais e rejeição de outras, definem-se papéis temáticos na semantização do ator da enunciação. Ao acolher ou ao rejeitar valores conjuntos e valores disjuntos, assim dispostos na relação com o sujeito do enunciado, a enunciação permite entrever o julgamento que se processa na sua instância. Examinar esses mecanismos relativos à construção do sentido no enunciado leva a verificar como o próprio enunciado faz ser o *éthos* enunciativo no seu perfil moral. Firma-se, no discurso, o papel temático do ator da enunciação, como aquele que se posiciona contra ou a favor do que se processa no mundo narrado, no qual se instala o ator do enunciado, que pode ser sancionado por sua *performance*. A moralização certamente acaba por constituir mecanismos de argumentação. Na enunciação relativa a cada enunciado, o papel temático concerne à "disseminação do tema" (Greimas e Fontanille, 1993: 161) ao longo do enunciado. Na enunciação relativa à totalidade de enunciados, um todo "latente e inativo" radica os papéis temáticos do ator como iterativos.

O papel temático encerra-se nos limites de cada texto, assim como as figuras discursivas. Por essa razão, os papéis temáticos aspectualizam-se como semelfactivos em cada enunciado. No encadeamento entre os enunciados considerados em sucessão ao longo da totalidade, uma duração intermitente respalda esses papéis que, em relação ao todo, comprovam-se como iterativos. Um princípio semântico unificador, garantia da "individualidade", instala-se conforme o modo que tem o sujeito de situar-se eticamente diante dos percursos temáticos desenvolvidos. Assim se mantém a moralização que, segundo Greimas e Fontanille (1993: 155), "recai no comportamento observável" e "aciona uma avaliação externa".

O "comportamento observável", relativo ao ator do enunciado, pode decorrer de gêneros jornalísticos como a reportagem, que recria, no seu interior, o mundo refratado segundo determinado julgamento ético, feito ali de modo sub-reptício, o que procura salvaguardar o efeito de objetividade jornalística. A reportagem, que exclui das suas coerções o uso do narrador explícito, isto é, aquele que narraria uma história de que fosse participante, oferece relevância à função de avaliação, própria a essa instância da enunciação enunciada (o narrador). Mas, para isso, faz oscilar o impacto do julgamento entre valências mitigadas de acento do sentido, o que pode ascender em alguns graus de tonicidade, a depender do estilo do veículo no qual toma corpo: revista, jornal, entre outros.

A revista *Veja* (16 jan. 2013, p. 52) apresenta, na temática *Brasil*, sob o título "Favorito e enrolado", pequena reportagem acerca de um político, então candidato à presidência da Câmara dos Deputados. Esse político teria ficado sem saída na tentativa de explicar "por que gasta, todo mês, 8.000 reais da verba de gabinete com uma empresa-fantasma registrada em nome de uma ex-vendedora de tapetes". Antes do detalhamento das notícias relativas à empresa registrada em nome de uma *laranja* – ligada a um "conhecido ex-assessor [do deputado]" – a qual teria emitido notas fiscais apresentadas pelo deputado para comprovação de despesas, o repórter, como narrador, adianta:

> Favorito para vencer a disputa pela presidência da Câmara dos Deputados, o líder do PMDB, Henrique Eduardo Alves, deputado federal há 42 anos, se apresenta como um profundo conhecedor dos meandros do Parlamento. Trata-se da mais pura verdade, como se verá a seguir.

Ao ironizar o deputado e a instituição, a própria Câmara, por meio do atributo inserido na expressão "profundo conhecedor", de um lado, e, de outro, por meio do uso de *meandros* na mesma expressão, "profundo conhecedor dos meandros do Parlamento", o narrador lança o julgamento moral sobre o "comportamento observável" da classe política, daquele líder político e do próprio parlamento. Faz isso, como compete ao gênero, reportagem de revista semanal. Nos jornais que circundam essa data e essa mesma notícia, como a *Folha*, atenua-se o impacto da moralização para uma valência nula, enquanto se tornam mais detalhadas e precisas as informações. Para isso, na reportagem da revista torna-se mais célere e mais tônica a percepção, enquanto o mundo noticiado se apresenta mais compacto e com duração mais breve, se comparado com a reportagem de jornal. Isso se comprova no final do texto da *Veja*, em que, ao ascender a energia do julgamento, fica validada a cena compatível com o jornalismo opinativo. A valência da moralização é suscetível de atingir altos graus de impacto nesse gênero jornalístico, assim concretizado. No texto da *Veja*, o repórter (Adriano Ceolin), para encerrar o narrado, aprofunda os limites entre seu *éthos* e o *antiéthos*, o ator do narrado, o político corrupto: "Na campanha pela presidência da Câmara, Alves tem dito que trabalhará para limpar a imagem da Casa, manchada por escândalos. Pelo visto, terá de começar pelo próprio gabinete."

O enunciado, do qual se depreende a relevância do ato enunciativo como *performance* vinculada a uma sanção, acaba por atestar a aspectualização do ator no seu corpo judicativo. No caso de reportagens publicadas em revistas semanais, como a *Veja*, firmam-se, para o gênero, vetores estilísticos que preparam um corpo de perfil judicativo sobressalente em relação às informações veiculadas. Esse corpo, mensurável segundo uma cifra tensiva mantida em valência mitigada ou média de impacto emocional, com abertura para ascender em tonicidade, define-se na reportagem citada, enquanto firma uma posição de enfrentamento moral em relação aos desmandos cometidos pela classe política em nosso país.

Ler uma reportagem hoje, outra amanhã, de certo jornal, a respeito de um tema que está na sintagmática da mídia, ou uma semana após outra, de determinada revista, sobre o mesmo tema, viabiliza o exame que pode ser feito da recorrência dos papéis temáticos em cada uma das totalidades. Tal recorrência constitui um princípio de aspectualização. Greimas e Fontanille (1993: 103) referem-se a uma "aspectualização do processo, sob forma de recorrência". A recorrência do papel temático está no contínuo da arbitragem. É a recorrência de um árbitro, que julga melhorativa ou pejorativamente o mundo feito enunciado. Por isso radica o *éthos* como caráter do ator. O caráter, na *Semiótica das paixões,* está apresentado como o que "reagrupa as maneiras habituais de sentir e de reagir, suscetíveis de distinguir um indivíduo de seus semelhantes" (Greimas e Fontanille, 1993: 85). Aí está a moralização, prenunciada naquilo que Fiorin (1996: 65) apresenta como "elementos apreciativos", contidos na enunciação enunciada, para o que o semioticista pondera: "mesmo que não haja um *eu* explicitamente instalado por uma debreagem actancial enunciativa, há uma instância do enunciado que é responsável pelo conjunto de avaliações e, portanto, um *eu*". Fiorin refere-se aí ao segundo nível da hierarquia enunciativa, destinador e destinatário instalados no enunciado como narrador e narratário.

Se Greimas e Courtés (2008: 39), ao aludir à aspectualização como procedimento relativo à actorialização, à espacialização e à temporalização, propõem, para a aspectualização, a presença implícita de um actante observador, nomeando esse actante como *sujeito cognitivo* que observa o fazer do enunciador delegado no discurso, isto é, um actante que transforma o fazer enunciativo num processo caracterizado "pelos semas durativividade ou pontualidade, perfectividade ou imperfectividade (acabado/inacabado), incoatividade ou terminatividade" (2008: 40); se insistem eles que tais semas aspectuais, inscritos no enunciado-discurso, permitem que se perceba "o enunciado de estado ou do fazer" como um processo (2008: 40); se, ainda, confirmam que a configuração aspectual, como dispositivo organizador daqueles semas, pode manifestar-se "no interior de uma frase, de uma sequência ou de um discurso" (2008: 40); se, rambém, para expor o que é o ator da enunciação, realçam o "'Baudelaire, enquanto se define pela totalidade de seus discursos" (2008: 45), entendemos que o actante observador, na aspectualização do ator da enunciação:

a) cuida da intersecção entre um enunciado e outro da totalidade, promovendo o vínculo entre um narrador e outro e, nessa dimensão, cuida da configuração aspectual como organização sintagmática da totalidade;
b) traz à luz o ator como forma ou esquema corporal;

c) radica o ator num enunciado de estado, como sujeito competente para agir e, no enunciado do fazer, como o sujeito que age, concernente ao ato enunciativo priorizado no viés social;
d) traz à luz o ator radicado num enunciado de estado, como sujeito que se mantém passivo, já que, apresentado segundo a própria percepção, recolhe o que o afeta sensivelmente, tal como se dá a ver no viés *pático*;
e) assegura a aspectualização do ator segundo distintas durações, nas quais se encerram, no perfil social, o gesto judicativo e a coisa julgada, no perfil *pático*, o gesto que percebe o mundo e o mundo percebido.

O actante observador, para as questões de estilo, desempenha suas funções enquanto se instala em sincretismo com o narrador em cada enunciado e, desse lugar, respalda a aspectualização do ator da enunciação, este que, durativamente, vai tomando corpo ao longo de uma totalidade. Assim se garante a *quase-presença* no plano da totalidade, seja na *dêixis da presença*, seja na *dêixis da ausência*. Ao assegurar um corpo que, sustentado num esquema, apresenta-se por meio de dois perfis em interdependência, o social e o *pático*, o observador realça um ator pautado pela duração, que o torna aspectualizado nas partes e no todo. As distintas manifestações dessa duração validam distintos papéis aspectuais do ator: a duração pautada pela semântica e pela moralização correspondente, atrelada ao perfil judicativo, prende-se ao papel do que é durativo-descontínuo. A duração encadeada entre retenções e protensões, ligada a um "agora impressional", análogo àquele da percepção da continuidade do som de uma melodia, remete ao perfil sensível e, ao fazer isso, comprova para o ator um papel durativo-contínuo. Aqui, importa menos a semântica discursiva, calcada numa foria bipartida em euforia e disforia para fundamentar julgamentos morais. Para esse durativo-contínuo, torna-se relevante a sintaxe, enquanto interligação entre oscilações tensivas constituintes da percepção.

Por sua vez, no nível discursivo, mais propriamente na sintaxe discursiva, enquanto a enunciação se enuncia por meio das categorias de pessoa, tempo e espaço, fundadas nas referências dêiticas do *eu, aqui, agora,* na semântica discursiva também ela se enuncia por meio: da actorialização, radicada em papéis temáticos; da espacialização, processada no preenchimento figurativo do *aqui* e de seus desdobramentos tópicos; na temporalização, manifestada no modo como faz ser o contexto histórico no interior de um dado texto. Em todos esses casos está embutida uma apreciação ética ou um julgamento moral do ator que, amparado pelo observador social, decompõe-se em fases da *quase-presença* em cada enunciado e na totalidade deles, o que compõe a aspectualização do ator. Para essa *quase-presença* vinculada à totalidade dos enunciados, lembramos Ilari (2004: 19), que, ao resumir didaticamente a noção de aspecto como "uma questão de fases", acrescenta: "o verbo do português exprime aspecto porque ele nos dá a possibilidade de representar o mesmo fato, ora como um todo indivisível, ora como composto por diferentes 'fases', uma das quais é posta em foco".

Ao enunciar-se como ato predicativo de julgamento, a enunciação se semantiza, enquanto é debreada no interior do enunciado, e, por meio de uma duração descontínua, que cessa e recomeça a cada novo texto, compõe-se o corpo do ator na intermitência dos papéis temáticos, semelfactivos em cada enunciado, iterativos na totalidade. É diferente o que ocorre na duração que se orienta durativa e continuamente na percepção. Entre as distintas características de apresentação de um fato, conforme o que acrescenta Ilari (2004) ao estudar o aspecto como processo linguístico, estão as de apresentar o mesmo fato ora como um todo indivisível (aspecto perfectivo), ora reconhecidas suas fases de organização interna (aspecto imperfectivo). Ao aceitar o princípio de uma *quase-presença* alongada nas distintas fases que compõem a relação do uno com o todo, de um único enunciado com a totalidade que subjaz a ele, consideramos o aspecto imperfectivo condição necessária para a descrição do aspecto actorial.

Essa imperfectividade se processa ainda, no interior de cada enunciado, na própria semantização do tempo. O tempo semantizado, ao remeter ao modo como a enunciação faz ser o contexto histórico no interior de um dado texto, afirma e confirma a polêmica constitutiva do discurso, o que torna inacabado o próprio discurso. Essa é condição de organização do corpo no perfil social do *éthos*. O corpo, como aspecto, parte de um aspecto imperfectivo, inacabado, portanto, e isso se dá na sua própria constituição dialógica. Fiorin (1996: 141), ao propor a formalização da categoria do tempo no plano discursivo, refere-se a uma peculiar temporalidade: "uma teoria do discurso deve distinguir o discurso fundador mítico, que não se constitui em oposição a outro, do discurso posterior, que, submetido à temporalidade, forja-se em relação polêmica com outro". Por conseguinte, o que o ato de julgamento produz não é temporal no sentido dos objetos temporais da percepção. Nesta, a temporalização das coisas do mundo, afecção "sofrida" pelo sujeito, apresenta-se por meio de perspectivizações relativas a retenções e protensões que dilaceram "o agora" das impressões.

Diferentemente desses modos de "afundamento" da experiência perceptiva do "agora", os quais encontram algum método de descrição nos recursos oferecidos pelos estudos tensivos, a temporalização, relativa à polêmica constitutiva do discurso, contempla o corpo no viés judicativo, garantindo-se conforme as bases discursivas da teoria semiótica. Essas bases trazem à luz valores axiológicos, convertidos em valores narrativos; estes, por sua vez, ao ser convertidos em valores ideológicos, fundamentam a própria polêmica constitutiva do discurso. Os valores ideológicos temporalizam-se enquanto se forjam na polêmica que constitui o sujeito e seu discurso.

Aí a moralização é projetada conforme a *quase-presença*, nos níveis mais abstratos e profundos da geração do sentido, o que viabiliza a conversão de um nível para outro: no nível fundamental, em atonia máxima; no nível narrativo, em tonicidade média, para recrudescer na valência plena, de tonicidade máxima, no nível discursivo. A moralização tanto diz respeito à enunciação enunciada, como ao enunciado-enunciado, isto é, ao enunciado sem as marcas explícitas da enunciação. Ela concerne ao julgamento desenvolvido pelo ator da enunciação em relação ao comportamento dos atores do enunciado e concerne ao julgamento desenvolvido pelo ator do enunciado em relação aos outros atores de mesmo estatuto sintático. No segundo caso, temos a "cena enunciativa" inteiramente debreada no interior do enunciado, interligando interlocutores. Aí, ela é montada pelo narrador, com "personagens" concernentes a actantes constituintes do terceiro nível de delegação de vozes na hierarquia enunciativa (cf. Fiorin, 1996). Do olhar do observador, exercido internamente em cada enunciado, depreendemos a moralização processada nos diferentes níveis enunciativos, por meio dos quais a enunciação se debreia para discursivizar-se. Esse olhar, em outra dimensão, isto é, nas bordas entre um texto e outro, garante a moralização subjacente à totalidade.

Assim, ao passo que a ação do sujeito se permite ser descrita enquanto é transformada em processo segundo a atividade de um actante observador dentro da totalidade discursiva, apresenta-se um dos princípios da aspectualização actorial. Esse actante permite que se veja o ato de enunciar como uma "marcha", um "desenrolar" de determinado sistema judicativo, reafirmando aqui expressões usadas por Greimas e Courtés (2008: 39) para definir o conceito de aspectualização. Por sua vez, em orientação diversa, o observador sensível, para o perfil *pático* do *éthos*, também favorece que se depreenda uma "marcha" ou um "desenrolar" de determinado sistema, mas aquele da percepção. Resta que, como "visão objetiva", "relação entre processo e estado", "duração ou desenvolvimento" relacionados à "representação espacial do processo", como foi destacado do pensamento de Castilho (1968), fica encetada, como processo discursivo, uma *quase-presença* vinculada à aspectualização do ator.

Notas

[1] Citações feitas de obras escritas em idioma estrangeiro tiveram nesta publicação (processo n.2013/21732-0, Fapesp) tradução livre, fato que não será destacado a cada nova ocorrência.
[2] Para o Livro I da *Retórica*, tomamos a edição em língua portuguesa, em tradução cedida às Edições de Ouro pela Difusão Europeia do Livro, pertencente à coleção "Clássicos Garnier", como consta da apresentação (Edições de Ouro, s.d.); para o Livro II da *Retórica*, tomamos a versão intitulada *Retórica das paixões* (2003), por conta das notas de Meyer aí inseridas.
[3] A tradução da expressão idiomática desse segmento textual foi feita pela profa. Elisabeth Harkot de La Taille (USP, FFLCH, Departamento de Letras Modernas), que gentilmente acedeu a nosso pedido para isso.

4   Ressaltamos que o conceito de *coisa do mundo*, tributário da fenomenologia no âmbito do pensamento do filósofo alemão Edmund Husserl, que delineia o conhecimento a partir de uma consciência, imanente e transcendente, acerca-se do conceito linguístico de substância *enformada*, isto é, gerada por uma forma do conteúdo. Depreendemos essa vizinhança a partir daquilo que se interpõe ao longo de formulações feitas por Hjelmslev (2003: 61). "Parece justo que um signo seja signo de alguma coisa e que essa alguma coisa resida de algum modo fora do próprio signo", diz o dinamarquês, que completa: "é assim que a palavra *bois* (madeira, lenha, bosque) é signo de um tal objeto determinado na paisagem e, no sentido tradicional, esse objeto não faz parte do signo. Ora, esse objeto da paisagem é uma grandeza relevante da substância do conteúdo, por exemplo a matéria de que é feita uma porta. O fato de que um signo é signo de alguma coisa significa, portanto, que a forma do conteúdo de um signo pode compreender essa alguma coisa como substância do conteúdo (2003: 61-2). Parece que, junto a Hjelmslev, não temos uma consciência de que, à moda de Descartes, pomos o mundo e dispomos dele no triunfo da racionalidade absoluta.

5   As expressões *coisa-do-mundo* e *sujeito-no-mundo* ao serem grafadas com hífen aludem ao que, nas cercanias com o método fenomenológico do pensamento, entendemos indicar a necessária correlação entre *coisa*, *sujeito*, de um lado, e *mundo*, do outro, como dois polos pensados na relação de reciprocidade que os constitui. Disse o prof. Carlos Alberto Ribeiro de Moura (USP/ FFLCH), em atendimento dispensado a uma consulta *on-line*, feita por mim, para que eu pudesse esclarecer esse uso do hífen: "Quando Heidegger grafa com hífen o seu *in-der-Welt-Sein*, é para indicar que este ser-no-mundo designa um fenômeno unitário, com termos que se exigem e não existem separadamente."

6   Tomamos, para a noção de esquema, uma acepção que se aproxima daquela formulada por Hjelmslev (1991), que, antes de propor a distinção entre *esquema* e *uso* como possível substituta da distinção saussuriana entre *língua* e *fala* (1991: 93), define o esquema como o que, sendo pressuposto às variáveis, que são o uso, o ato e a norma, termos mutuamente interdependentes, "constitui a constante" (1991: 90).

7   Referimo-nos ao roteiro (elencado por meio de notas) da sétima aula, intitulada "Temporalidade e Expressão", pertencente ao curso "Arte e filosofia: Merleau-Ponty em três atos", ministrado pelo professor Carlos Alberto Ribeiro de Moura, do Departamento de Filosofia, da Faculdade de Filosofia, Letras e Ciências Humanas da Universidade de São Paulo, no primeiro semestre de 2011. O roteiro foi gentilmente cedido pelo professor ministrante, que também nos atendeu para troca de ideias sobre a fenomenologia.

8   Essa citação corresponde a anotações do curso referido anteriormente, ministrado pelo professor Carlos Alberto Ribeiro de Moura.

9   Foi reproduzida a tradução feita por Pedro M. S. Alves, em edição sem data da obra correspondente de Husserl, anteriormente citada (s.d.(a): 67).

10 Ana Paula Scher, nossa colega do Departamento de Linguística, gentilmente nos atendeu para esclarecimentos sobre a noção de aspecto, tal como pensado do ponto de vista do quadro teórico em que se inserem seus trabalhos de pesquisa.

11 Os grifos ou destaques que aparecem na citação do pensamento de Mattoso Câmara foram reproduzidos da fonte consultada. Ao longo deste livro, citações que apresentem destaque ou grifo no seu interior serão sempre reproduções feitas da fonte, o que não será mais ressaltado a cada ocorrência.

12 Essas formulações mantêm-se atreladas à conceituação desenvolvida por Tatit (2010) sobre a potencialização.

13 A presença sempre diz respeito à *quase-presença*, seja ao longo do percurso gerativo do sentido no interior dos textos, seja entre um enunciado e outro da totalidade.

14 Scher (2004: 71) refere-se à obra de autoria de C. S. Smith, *The Parameter of Aspect*, 2. ed., Dordrecht: Kluwer Academic Publishers, 1997.

15 Denis Lerrer Rosenfield, segundo nota que acompanha o texto citado, é professor de Filosofia na UFRGS.

16 Na acepção hjelmsleviana do termo, temos empregado *manifestação* nestas nossas reflexões.

17 A noção de *sedimentação*, pensada para atos relativos a tomadas de posição, foi pinçada do pensamento de Husserl (1997).

18 Ratificamos que o uso do hífen para *sujeito-no-mundo* expressa a inseparabilidade entre os componentes da palavra, que se mantêm distintos.

PARA UMA ESTILÍSTICA DISCURSIVA

IDENTIDADE E CAMPO DE PERCEPÇÃO

O estilo, como modo de presença de um sujeito dado no ato de enunciar pressuposto a uma totalidade de enunciados, remete a um sujeito discursivo, que deixa rastros de sua identidade naquilo que diz, por meio de um modo próprio de dizer, o que supõe peculiaridades éticas e afetivas na relação com o mundo. Entre o modo como o mundo se apresenta para o sujeito e a construção que o sujeito faz de si como presença no mundo, fica balizado o sujeito do estilo, que se reporta à noção aristotélica de *éthos*, tal como apresentada no Primeiro Livro da *Retórica* (Aristóteles, s.d.). Pensado como *éthos*, esse sujeito traz à luz a categoria discursiva de pessoa sintaticamente pressuposta a uma totalidade, bem como semântica e tensivamente "encarnada". Para o lado semântico, que remete à axiologização dos valores, ampara-nos a tradição narrativa e discursiva da semiótica; para o lado tensivo, que se volta para o sensível, amparam-nos os desdobramentos contemporâneos da teoria da significação, principalmente aqueles relativos a uma gramática tensiva. O *éthos* confirma-se segundo a multiplicidade de seus perfis trazidos à luz na aspectualização do ator, por meio do viés judicativo e do viés relativo à percepção.

O *éthos* está radicado na articulação com um *páthos*, por meio de um *lógos*, como propõe a retórica clássica. Aí, concebido como um sujeito que tem a meta de persuadir determinado "auditório", para o que deve favorecer o despertar de paixões favoráveis à pluralidade de expectativas desses ouvintes, aninha-se nas paixões (*páthos*), segundo a responsabilidade de suscitá-las para determinado fim. É preciso fazer o "auditório" crer em alguma coisa, para levá-lo a agir segundo determinados propósitos – eis o movimento retórico clássico, considerado na mediação desencadeada pelo *lógos*, a palavra exercida prioritariamente como persuasão. Esse *lógos*, que se compõe segundo um fim, ao orientar-se conforme metas argumentativas calculadas no exercício retórico é posto a serviço de um sujeito que se mantém responsável pelo bom cumprimento da comunicação. Um sujeito que orienta o que tem a dizer para cumprir-se no exercício de argumentação, na direção de *fazer-crer* para *fazer-fazer*, implica a instalação de si num *lógos* conotado de acordo com a "tomada de posição responsiva", correspondente ao "ato predicativo de julgamento", nas cercanias, aqui, das noções vindas do pensamento de Husserl (1997: 272-3).

A estilística discursiva incorpora os princípios formulados pela retórica clássica, segundo os quais se considera "o que, em cada caso, pode ser capaz de gerar a persuasão" (Aristóteles, s.d.: 34). Ao realçar que a retórica "parece ser capaz de [...], no concernente a uma dada questão, descobrir o que é próprio para persuadir" (s.d.: 34), o Estagirita destaca três provas como três meios de legitimação do ato retórico: "as que residem no caráter moral do orador [*éthos*]; as que estão nas disposições que se criaram no ouvinte [*páthos*]; as que se articulam no próprio discurso, pelo que ele demonstra ou parece demonstrar [*lógos*]" (s.d.: 34). Segundo Aristóteles, essas são provas dependentes da arte retórica, na medida em que não preexistem ao discurso.

A estilística discursiva procura avançar a partir daí, ao trazer para exame o sujeito na imbricação entre as dimensões do inteligível, em que se aloja o exercício necessário de convencimento do *outro*, e do sensível, no qual se alojam experiências de um colhimento afetivo que o sujeito faz dos dados do mundo, o que remete a determinado *campo de percepção*. No que diz respeito a esse campo, longe de um agregado fortuito de objetos que o comporiam, entendemos que, mundo e objetos do mundo, postos na correlação com a visada sensível, são orientados por meio de horizontes ou perspectivas que constituem organizadamente o sujeito-no-mundo.

Na busca de elucidação do conceito de *campo de percepção*, bem como de *horizonte*, tal como apresentados no pensamento de Husserl (1976: § 47), vemos que, numa das obras consideradas de sua maturidade, para lembrar que o objeto de nossa percepção atual tem um horizonte externo, isto é, reenvia a um "mundo" de objetos, Husserl (1976: 183) discorre sobre a "consciência de horizonte". Para isso, parte da afirmação de um "fundo intencional de toda certeza simples quanto ao ser de uma coisa apresentada a nós" (1976: 183), o que se daria segundo certa coerência de antecipações da própria percepção. Para comprovar tal coerência, o filósofo dá um exemplo do rompimento dela. É o caso de alguém que vê um homem e, ao tocá-lo, "se vê obrigado a trocar o sentido 'homem' para o sentido 'manequim' (apresentado visualmente como homem)" (1976: 184). Husserl aí destaca uma modificação de certo "horizonte de expectativas" [*expectation-horizon*] (1970a: 162), ou de certo "horizonte protensional" [*horizon protentionnel*] (1976: 184).[1] A noção de horizonte também está presente em *Meditações cartesianas,* outra obra do filósofo, como "potencialidades pré-traçadas" (Husserl, s.d.

(b): 63), e é aí explicada como uma *estrutura de determinação*, para o que é lembrado o caso da percepção de um cubo que, visto de um lado, nada "diz" sobre a determinação concreta dos seus lados não visíveis: "todavia é primeiramente 'captado' como cubo, em seguida como colorido, rugoso, etc., deixando cada uma destas determinações sempre outras particularidades na indeterminação" (s.d. (b): 63). A isso, o filósofo acrescenta: "Este 'deixar na indeterminação' das particularidades – anteriormente às determinações efetivas mais precisas do que, talvez, alguma vez possam acontecer – é um momento contido na própria consciência perceptiva; é precisamente aquilo que constitui o 'horizonte'" (s.d. (b): 63). Assim se expressa o filósofo, para afirmar mais adiante: "Tudo o que é conhecido remete a uma tomada de conhecimento original; e até aquilo a que chamamos desconhecido tem a forma estrutural do conhecido" (s.d. (b): 105). Esse conhecimento prévio, que entendemos como originário e sensível, ecoa no chamado "presente vivo" de uma percepção que se temporaliza. Na medida em que se dá como fluxo ou passagem de um tempo constituinte, a percepção promove diferentes perspectivas para o tempo constituído dos objetos temporais, que duram. Entre as diferentes perspectivas temporais imprimidas por essa percepção, como *consciência interna do tempo*, estão as retenções e as protensões. Entre retenções do passado e protensões antecipatórias, todas constitutivas do chamado "agora impressional", temos a percepção sensível como *campo de percepção*.

Lembramos que a protensão, vinculada ao futuro, articula-se à retenção, vinculada ao passado, no entrecruzamento de ambas nesse chamado "presente vivo", o *agora* da percepção sensível, dito "agora impressional". O sistema de reenvios do "dado" ao "visado" está fundado aí, segundo Husserl, na temporalização da experiência sensível, que apresenta a percepção como da ordem do contínuo, como fluxo ou passagem. O tempo, no cotejo com o sensível, confirma-se, portanto, como duração dos objetos temporais e fluxo da consciência. Aquele *agora* da percepção relativa ao manequim, como todo "agora impressional", constituir-se-ia segundo um sistema de reenvios ao recém-sido (retenção) e ao que está por vir (protensão), numa síntese temporal, que é a síntese perceptiva.

Ao discorrer sobre questões relativas à percepção na fenomenologia husserliana, Moura (2000: 242) demonstra que, segundo Husserl, o tempo não é uma sucessão de presentes, o que faria desse tempo um agregado formado por partes independentes entre si. Pelo contrário, no lugar de um instante presente que sucede outro, temos, para a "sensibilidade", o "presente vivo", que encerra a percepção como síntese passiva, isto é, "uma síntese que não se reporta a nenhuma atividade expressa de um eu" (2000: 242). Esse eu, que seria o responsável pela sintetização, seria um terceiro termo que, diante de objetos originariamente separados, num segundo momento procederia à ligação entre eles.

Na tentativa de entender o que é a percepção, deparamos com a noção de "horizonte" que não só instala "o objeto de minha percepção atual" no reenvio a um "mundo" de objetos, mas também considera cada "aspecto" de um objeto singular no reenvio a um "horizonte interno de outros aspectos possíveis do mesmo objeto", como elucida Moura (2000: 240). Quanto ao problema concernente ao sensível incorporado à noção de estilo, interessa sobremaneira a noção de um "'todo' formado por partes rigorosamente dependentes entre si" (2000: 240), que constituem o "horizonte externo" da percepção. Também interessa o horizonte interno da percepção, segundo o qual o objeto "só me é dado através do seu 'aspecto' que atualmente vem à presença" (2000: 241) como um "todo" perceptivo. Eis a elucidação feita por Moura (2000: 240-1) acerca do "horizonte externo":

> o objeto enquanto percebido é figura sobre um fundo, ele é impensável sem esta referência necessária a um fundo sobre o qual se destaca. Ele não é independente dos objetos de sua circunvizinhança, não pode ser representado separadamente deles, e assim reenvia a estes e finalmente ao "mundo" como horizonte último da experiência.

Husserl (1976: 184), em sequência à ilustração sobre o imprevisto relativo ao manequim, alonga-se na reflexão sobre a percepção simples de um objeto singular na relação necessária com determinado *campo de percepção*. Para isso realça que o "singular não é – na medida da consciência que eu tenho dele – coisa alguma em si mesmo" e a percepção de uma coisa é a "percepção num *campo de percepção*" (1976: 184). A coisa, validada num *campo de coisas* percebidas simultaneamente, "reenvia finalmente à totalidade do 'mundo, enquanto mundo da percepção'" (1976: 184). Mas o filósofo salienta que esse conjunto, na medida em que temos consciência dele, não é *o* mundo, mas um "*fragmento do mundo*". Como universo de coisas que podem ser percebidas, está o mundo, com seu modo próprio de apresentação e com a "mostrabilidade [*ostension*]" que é própria a ele: *le monde simplement a son ostension en lui* – diz o autor (1976: 185).

Husserl (1976: 185) aí também fala de uma "presença original", lembrando que essa noção designa "o aspecto continuamente subjetivo do atualmente percebido enquanto tal", para o que fica confirmado o *campo de percepção* como um fragmento do "mundo presente" dado a cada vez para mim, por meio do núcleo dessa presença, formado através dos "valores de horizonte internos e externos".

Compatível com a noção de percepção como *campo*, temos corroborada a noção da *quase-presença*, enquanto deparamos com o inacabamento do sujeito da percepção e do mundo percebido: esse mundo, cuja percepção é sempre suscetível de correções, flui naquilo "que forma a unidade de minha vida de consciência perceptiva" (1976:

185). Esse inacabamento concerne a uma "certeza do ser", jamais perene, embora se mantenha uma "*coerência na percepção do conjunto do mundo*", e isso "graças a uma correção que não cessa jamais de funcionar" (1976: 185). Sobre essa correção, Husserl exemplifica com o caso de alguma coisa que, vista de longe, mostra-se uniformemente vermelha e, de perto, aparece como algo manchado, para o que afirma: "Devemos, por exemplo, entender esta correção como aquela que, a cada vez que vemos alguma coisa mais de perto, determina mais de perto o que tínhamos visto de longe, e ao mesmo tempo também o corrige" (1976: 185). Ou seja, o ato de ver mais de perto os borrões do vermelho é responsivo ao ato de ter visto o vermelho uniforme, de longe; ainda: a visão à distância da uniformidade do vermelho determina a correção a ser feita do vermelho próximo, percebido como borrões de vermelho. Pensando em temporalidade da percepção, confirmam-se presente e passado não como momentos discretos. O presente do olhar que constitui o vermelho homogêneo, primeiro olhar, não é senão antecipação do segundo olhar, o do presente que constitui os borrões da mesma cor. Este último, por sua vez, promove perspectivas novas para aquele primeiro.

Na progressão desse estudo, e mantendo a inquietação relativa ao princípio que confirma um horizonte de experiências possíveis para cada coisa, Husserl (1976: 186) fala de "um mundo enquanto horizonte universal comum", para o que remete à intersubjetividade, como o que dá guarida às relações estabelecidas na "esfera de nossas próprias intuições" (1976: 185). Destacando o fato de que o mundo em geral não é constituído somente por homens tomados em sua singularidade e que não somos sujeitos isolados no fluxo contínuo de nossa percepção desse mundo, refere-se não só à "comunidade humana", mas também a uma "comunização" daquilo que diz respeito à percepção, o que envolve "uma troca na validação que se faz por correção recíproca" (1976: 186).

O filósofo refere-se, então, a uma "coerência intersubjetiva da validação" das experiências, ao afirmar que "cada um 'sabe' que vive no horizonte de seus companheiros de humanidade, com os quais ele pode entrar em conexão tão atual quanto potencial", enquanto o mesmo estar-em-conjunto atual ou potencial dá-se também para o outro, de modo que "cada um possui diferentes aspectos das mesmas coisas, diferentes lados, diferentes perspectivas etc., mas, a cada vez, a partir de um mesmo sistema de diversidades conjuntas" (1976: 187). A noção de horizonte de percepção, remetendo a cossujeitos, confirma que "a" coisa, ela mesma, é propriamente "aquilo que ninguém possui como tendo sido efetivamente visto, porque ela está continuamente em movimento" e, para cada um, de acordo com sua consciência, ela é "a unidade de uma diversidade abertamente infinita de experiências e de coisas da experiência, do próprio sujeito e dos outros" (1976: 187).

Do lugar da semiótica, temos pensado, para o conceito de estilo, na relação da unidade com um estar-em-conjunto. Assim temos definido o estilo como a recorrência de

91

traços de conteúdo e de expressão, que produz um efeito de sentido de individualidade, o que implica o fato de o estilo ser necessariamente apreensível de uma totalidade. Mas acreditamos ser possível dar algum passo à frente, a partir das relações que costumamos contemplar entre grandezas de quantificação (integrais e numéricas), que compõem a totalidade estilística, e mesmo a partir das relações entre *éthos*, *lógos* e *páthos*. Para isso, passamos a investigar como se dá a incorporação de uma percepção correlacionada ao fazer judicativo do sujeito pressuposto à totalidade, a fim de que tenhamos o ator da enunciação manifestado por meio de um *éthos* nos seus múltiplos vieses.

Fundamentos relativos ao estilo como corpo, voz, tom de voz e caráter de um sujeito discursivo resumem-se nesta topicalização:[2]

1. Um aspecto do presente (durativo-contínuo), como fluxo de uma consciência correlacionada à duração do "estado das coisas", dá-se como presente "figural" instalado na dimensão tensiva da totalidade e, com alguma proximidade com o "presente vivo" e com o "agora impressional" da fenomenologia, orienta a constituição sensível do ator da enunciação.
2. Um aspecto do presente, como o "agora", em contraposição ao qual se cria o então, sendo a cada vez um novo agora instaurado pelo discurso como momento da enunciação, ao subsidiar a discursivização da pessoa em cada enunciado, assegura o perfil responsável e ético de um sujeito, o ator que toma recorrentemente a palavra e assim favorece, ao próprio olhar, o transcurso de um devir social, conforme uma continuidade descontínua.
3. Um protoactante-observador aspectualiza o ator da enunciação ao longo da totalidade, enquanto o ator apresenta os dois perfis correspondentes à multiplicidade de visadas do sujeito sobre o mundo – o perfil social e o sensível; aquele, como o que, num ato intelectual ou de consciência reflexiva, reúne os momentos da enunciação em um único momento; este que, instalado na correlação com os objetos temporais da percepção, mantém-se na passagem de cada momento para outro, sendo que cada um dos momentos compreende em si a série de outros.
4. O valor axiológico, transformado em objeto de valor narrativo, concretiza-se no nível discursivo como valor ideológico, sem desconectar-se de valências afetivas, estas que são território de fundação do que se processa no nível discursivo e, homologáveis às valências tensivas, correspondem aos valores de horizonte da percepção.
5. O corpo do sujeito, organizado por meio de um esquema, supõe sistematização de posicionamentos sociais e algoritmo de percepção, mas a estrutura assim fundada é aberta, por levar em conta contingências éticas e de afeto,

estas primordiais em relação àquelas; as contingências de afeto, da ordem do sensível, estão em correlação com aquelas, que são da ordem do inteligível.
6. A presença constitui-se por meio de uma *quase-presença*, instalada desde o nível fundamental, para o perfil judicativo; desde o nível tensivo, para o sensível; lá, a *quase-presença* remete à identidade, socialmente dialógica; cá, concerne ao inacabamento inerente à percepção, que é temporalizada.
7. O *lógos* a serviço da persuasão cria, para o perfil judicativo, o efeito de conhecimento da verdade que, como modalidade veridictória, é aliada da intelecção; por sua vez, o *lógos sensível*, que se apresenta sob o efeito daquilo que sobrevém ao *éthos*, encarrega-se de promover a reunião de cada ponto presente dos objetos temporais, de modo a obtermos a continuidade do "agora impressional", para que o ator se aspectualize na ordem do durativo-contínuo.
8. O perfil judicativo do ator, favorecido pelos estudos feitos da narratividade e do nível discursivo nos textos (semiótica dita discursiva), emparelha-se ao perfil sensível, favorecido pelos desdobramentos tensivos da semiótica, sendo o sensível concebido como fundação do inteligível.
9. O ator da enunciação configura-se na relação com coatores, de modo a obtermos, por meio de contínuas "correções" recíprocas, tanto o sujeito ético, no âmbito cultural relativo ao interdiscurso, quanto o sujeito passional, no encontro deste último com fenômenos que o afetam.
10. A totalidade do estilo, homogênea e heterogênea, encerra, na heterogeneidade, o fato de abrigar o *outro* na constituição do núcleo da identidade estilística, o que supõe o fato de abrigar em si "diferentes modos de doação" das coisas do mundo, os quais podem manifestar-se discursivamente como diferentes gêneros e distintas esferas de comunicação.
11. O sensível, como um "estar-em-conjunto" sistematizado, rege o inteligível, não só no âmbito das tensões emocionais vividas pelo sujeito, mas também no processo de valoração social, tudo submetido a validações próprias à intersubjetividade.

Temos aí indicações para algum desenvolvimento da estilística discursiva. Reforçamos que o atributo de *discursiva* deve-se ao fato de que, ao beneficiar-se dos estudos relativos à enunciação, a estilística compreende o sujeito enunciador como um ator depreensível do próprio enunciado ou de determinada totalidade de enunciados: uma *totalidade* relacionada a uma *unidade,* respaldo, ambas, para o efeito de identidade, o homem, sujeito discursivo, que é o estilo. O estilo como totalidade, enquanto supõe relação entre grandezas de quantificação (integrais e numéricas), o que não deixa de confirmar, pressuposta à totalidade, a *quase-presença*, confirma a presença examinada como o que remete necessariamente à ausência e vice-versa. Presença e ausência, na linha da pressuposição recíproca, são pensadas enquanto levamos em conta níveis de totalidade.

A noção de totalidade tem viabilizado a operacionalização da noção de estilo, pois orienta o leitor a delimitar o nível de totalidade discursiva a ser contemplado, como estilo de autor, de gênero, "de época", entre outros. Mas, ao procurar depreender um estilo como determinado corpo concernente ao ator da enunciação, enquanto este se define "pela totalidade de seus discursos", ficamos radicados na noção de totalidade, tal como hierarquizada pelo pensamento brøndaliano. Diante disso, temos proposto, para pensar a totalidade estilística, uma escansão de grandezas de quantificação, que se reporta a relações como a que inclui a *totalidade integral, Ti, totus,* seguida da *unidade integral, Ui,* a unidade que corresponde à realização em ato daquele *todo.* A unidade integral, não como o único enunciado que está à mão do analista, mas como termo dado na intersecção com outros níveis de totalidade, funda, como cena enunciativa, única, porém interseccionada com o todo, um corpo tanto fechado em si quanto aberto para a eventicidade e para *o outro,* o que faz o estilo confirmar-se como um fato diferencial.

Greimas e Landowski (1981: 86), ao analisar a constituição do actante coletivo de certo microuniverso de significação, comprovando, para o actante, a abstração narrativa do ator individualizado e figurativizado no discurso, fazem uma projeção da estrutura lógica desse actante, ou seja, do actante que é *mais de um* e confirmam tal actante como aquele que "não é uma simples soma de cardinais, mas constitui uma totalidade intermediária entre uma coleção de unidades e a totalidade que a transcende". Pensar em totalidade intermediária que transcende uma coleção de unidades certamente vai ao encontro do que temos visto como princípio unificador de uma totalidade. A integralidade da relação *totus/unus,* mais do que reiterações do dizer e do dito, confirma-se segundo um todo homogeneamente estruturado, respaldo do esquema corporal que subjaz a todos os polos de quantificação: no eixo *totus/unus,* como presença atualizada (*totus*) e realizada (*unus*); no eixo *omnis/ nemo,* como presença potencializada (*omnis*) e virtualizada (*nemo*). É uma "rede de funções", cujos termos, homologados aos estados de junção do sujeito em relação à totalidade enunciada, ficam assim organizados: *unus* (conjunção); *totus* (não disjunção); *omnis* (não conjunção); *nemo* (disjunção).

Na representação a ser feita visualmente dessa "rede de funções", destaca-se que: a unidade integral (*Ui*) negada como unidade (*U*) faz emergir uma totalidade (*T*); negada como integralidade (*i*), faz emergir a relevância do traço partitivo dessa totalidade (*p*). Assim temos *Tp,* totalidade partitiva, *omnis,* que acolhe a potencialização da presença. *Omnis,* grandeza numérica, ao negar seu termo contraditório, *unus*, unidade integral realizada, mantendo para si a presença potencializada, pode ser observada como "memória esquemática" da identidade realizada (*unus*). Tais grandezas relacionadas ao estado de junção da enunciação com o próprio enunciado assim se definem:

Figura 6 – Níveis de totalidade e junção *sujeito/objeto*

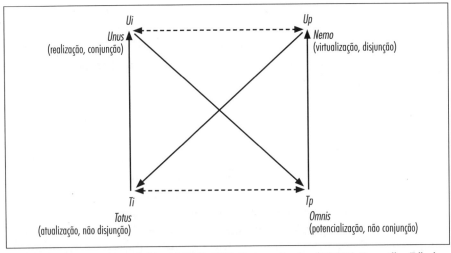

Fonte: Elaboração nossa a partir de Brøndal (1948; 1986); Greimas e Landowski (1981); Fontanille e Zilberberg (2001); Tatit (2010).

As grandezas de quantificação integral e numérica, postas no quadrado, tão somente interessam como pontos de intersecção da relação sintáxica estabelecida entre os termos: *unus* (S1); *nemo* (S2); *totus* (ñ-S2); *omnis* (ñ-S1), para que tenhamos a totalidade estilística como uma "rede de funções". Lembrando Hjelmslev (1991: 158), para quem a língua é uma "rede de dependências" ou "rede de funções", entendemos que esses níveis de totalidade, assim relacionados, forjam as bases de um método de análise estilística, na medida em que contribuem para que não fechemos os olhos à forma, à estrutura de um estilo. A propósito de um fechar de olhos para a forma, Hjelmslev (1991: 160), ao cotejar duas linguísticas, denuncia esse gesto como procedimento próprio a uma "linguística clássica", comparada à "linguística estrutural": "fecham-se os olhos à forma, definida pela função, para ater-se de maneira bastante exclusiva ao estudo da substância destinada a preencher a forma". Como aceitamos que o quadrado das relações fundamentais pode organizar as grandezas de quantificação numa estrutura que subjaz à totalidade estilística, acreditamos poder confirmar, a partir daí, a hierarquia em que cada uma dessas grandezas (na série integral ou na série numérica) é validada segundo um nível da totalidade. Lembramos que a complementaridade entre os termos supõe uma implicação, tal como sugerem Greimas e Courtés (2008: 401): se *não-S2*, então *S1*; se *não-S1*, então *S2*, ou: se *totus*, então *unus* (*dêixis da presença*); se *omnis*, então *nemo* (*dêixis da ausência*).

A partir da contrariedade entre *unus* e *nemo* e da subcontrariedade entre *totus* e *omnis*, atesta-se a complementaridade entre *totus* e *unus*, na dêixis positiva, e entre *omnis* e *nemo*, na dêixis negativa. A articulação desses universais quantitativos à noção de totalidade estilística, pensada conforme um percurso sintático definido segundo os níveis da totalidade e representada por meio do modelo lógico do quadrado semiótico, preserva, à dêixis positiva, o estatuto de presença; à dêixis oposta, negativa, o estatuto de ausência – para as distintas densidades da *quase-presença*.[3]

Dizem Fontanille e Zilberberg (2001: 58): "A potencialização, principalmente pelo efeito da práxis enunciativa, conduz a um retorno das formas do uso para o sistema ou, pelo menos, a uma memória esquemática, que fica em seu lugar." Entendemos que *omnis*, como não conjunção, prepara o estado de disjunção da presença em relação à totalidade enunciada, disjunção patenteada como virtualização: do interior da potencialização (*omnis*) desponta o estado de disjunção do sujeito, num esquema corporal já "desencarnado" da eventicidade discursiva, por isso mais abstrato (*nemo*) e, conforme já dito, em valência nula de presença, o que corresponde a uma atonia máxima do corpo.

Nemo, correspondente à virtualidade da presença e à redução, enquanto abstração da "carne" discursiva, mas não "purificada" desta, fundamenta o *enunciado de estilo* que, como generalidade, acolhe a presença disjunta do "eu, aqui, agora", concernentes à instância enunciativa de cada enunciado. Mas isso não supõe separação absoluta da presença realizada. *Omnis*, por sua vez, com a presença não conjunta e potencializada, supõe alguma memória mais próxima, do que aquela do *nemo*, em relação à concretização discursiva. Afinal, ao negar *unus*, obtemos *omnis*; em seguida, assevera-se *omnis*, para atingirmos *nemo*.

Se observado como acolhimento da diversidade de gêneros que podem compor determinada totalidade, o termo *omnis* apresenta-se também como um conjunto numérico cujas partes "mostram" a relevância dos distintos estilos do gênero ou as especificidades de diferentes "cenas genéricas" envolvidas numa cena enunciativa autoral, tomando para nós o pensamento de Maingueneau (2005a: 75) quanto ao conceito de "cena genérica" e de "cena enunciativa".[4] O "estar em conjunto", mantido pressuposto a todos os níveis, sem o que a totalidade se perderia, apresenta, na dêixis negativa, considerada a da ausência (potencialização, virtualização), um sujeito não encarnado segundo a tonicidade de presença. O sujeito com essa inclinação está na dêixis positiva (atualização, realização).

Todos os níveis ficam respaldados no devir ou no vir-a-ser enunciativo. A relação complementar entre *totus* e *unus*, em especial, disponibiliza o preenchimento discursivo do sujeito num peculiar estar-no-mundo; peculiar no modo de responder ao *outro,* seja o *outro* um sujeito enunciador concernente ao interdiscurso, seja ele a configuração de um fenômeno em que se ancoram coisas do mundo, tal como se doam às visadas do mesmo sujeito. Esse preenchimento, que também é concebido como corpo, apresenta uma previsibilidade fundada no enunciado de estilo, enunciado homogêneo enquanto invariante virtual. Mas não há entre a virtualidade de um enunciado de estilo e a realização de cada enunciado da totalidade qualquer indício de separação absoluta.

Cada enunciado concernente à totalidade é homogêneo e heterogêneo. A heterogeneidade, que é discursiva, está para a homogeneidade do que é virtual, ou, dito de outro modo, a unidade virtual transcende para seu contrário, a unidade realizada: negado, o *nemo* passa a *totus*; este, asseverado, encontra-se por implicação com o *unus*, a unidade realizada, que prioriza o estilo como fato diferencial e como acontecimento discursivo. Este, entendido a partir da noção de *enunciação enunciada*, ratifica o conceito de estilo como estrutura encarnada, ou como imanência que transcende de si para o *outro*.

A *dêixis da presença* depreensível, então, da relação *totus/unus*, em *totus* assiste o sujeito do estilo ainda como atualização do efeito de individualidade; a realização dada em *unus* ancora a presença na ordem da *plenitude*, complementar a essa presença ainda em *falta,* da ordem da atualização (*totus*). Mantemos o amparo dessas nossas reflexões junto ao pensamento de Fontanille e Zilberberg (2001: 134), para quem "a atualização está a um passo da realização".

O ator, único a cada ato, é também múltiplo; é centro, somente na medida em que é descentrado; é imanente, somente enquanto imanência transcendente. Os quatro níveis de totalidade sustentam esse ator, que será, como presença realizada, o *unus*, termo, por sua vez, articulado a um *campo de presença* que remete à dêixis da própria ausência. Assim, o ator pode ser apreendido como sujeito aspectualizado, isto é, contemplado no processo de sua construção. O processo, condizente ao encadeamento entre enunciados, logo à recorrência de um modo de dizer, articula-se ao paradigma fundado como determinado sistema de envios do dado ao não dado. Desse modo a unidade estilística (*Ui*), vista num primeiro contato como o texto que se tem à mão para a análise de um estilo, concentra vetores que remetem a um paradigma de estilo.

Entender a instância realizada sob tais relações é conceber, em cada texto, a presença em plenitude somente como uma *quase-presença*, e é entender a "plenitude", homologada à "realização" como sugerem Fontanille e Zilberberg (2001: 134), como o que remete a um paradoxo: o pleno está para o contingente, enquanto dimensão das lacunas e das imprevisibilidades discursivas.

A presença realizada – que, no âmbito do discurso, faz aparecerem os inacabamentos do sujeito – favorece o estilo como fato diferencial. No social e no sensível, o acento do todo permanece na parte, nesse enunciado que o leitor tem à mão: o único enunciado, que permanece na impregnação sensível sobre o leitor e permanece como formação social que radica uma tomada de posição. O fato de o leitor não ter à mão a totalidade numérica não o impede de ter o *dado* remetido ao *não dado*. Por conseguinte, se apenas um texto de uma totalidade for analisado, o *éthos*, o *lógos* e o *páthos* aí depreendidos ficam como possibilidade de remissão do *dado* ao *não dado*, o que acontece na descrição de mecanismos: a) de semantização da pessoa discursiva desse único enunciado, na medida em que eles reenviam a formações discursivas incorporadas pela totalidade; b) de tensividade da percepção, na medida em que eles projetam, a partir das profundidades figurais, a cifra tensiva relativa ao sujeito como corpo.

Como horizonte de perspectivizações, tanto da ordem das protensões como da ordem das retenções, temos o corpo sensível que encontra seu lugar de emergência no enunciado único que o analista tem à mão. Aí esse mesmo enunciado, como percepção cravada num momento do fluxo temporal, remete aos modos de correlação entre o sensível e o inteligível. Mas, tanto no âmbito do social como do afetivo, prevalece a opacidade discursiva. O *lógos* é considerado lacunar nas duas dimensões. Do lado afetivo, movimentações regulares em direção ascendente ou descendente da intensidade da visada, correlatas à inteligibilidade que os fenômenos, como estado das coisas, oferecem à mesma visada, seja em relação inversa, seja em relação conversa de aumento, constituirão a cifra tensiva em que se aloja o estilo.

A semantização discursiva, que constitui a voz do sujeito, será flexionada pelo olhar sensível que, mais intenso ou menos, lançado sobre o "estado das coisas", modulará os tons da mesma voz. Um tom hiperbólico, tão mais revoltado, quanto mais denunciante for uma voz posicionada criticamente, como a de um Castro Alves, de "O navio negreiro", radicará, na continuidade durativa da percepção, o modo como os papéis temáticos relativos à questão abolicionista vem à luz, iterativamente, ao longo da totalidade pressuposta a cada poema. Afinal, cada poema do circuito "negreiro" terá figuras e temas próprios. Aí, o sujeito entregue a imprecações acelera as retenções da memória, que se apresentam como voluntárias, isto é, não fora do controle exercido pela vontade no ato de rememoração. O poeta perspectiviza o passado, como o relato feito da lembrança de sua entrada num navio negreiro: "Era um sonho dantesco.../ o tombadilho/ Que das luzernas avermelha o brilho,/ Em sangue a se banhar. / Tinir de ferros... estalar de açoite.../ Legiões de homens negros como a noite,/ Horrendos a dançar..." (Alves, 1960: 529). A perspectivização feita do passado a partir do presente deixa-se impregnar por intensificações da emoção, o que fica realçado no uso da figura retórica da deprecação, que incrementa as súplicas: "Senhor Deus dos desgraçados!/ Dize-me vós, senhor Deus!/ Se é loucura... se é verdade/ Tanto horror perante os céus?!" (1960: 530). Mas a memória está sob controle da vontade, o que se comprova por meio do olhar, segundo o qual o andamento da percepção dirige o número das coisas: uma, depois outra, na especificação expandida do que é visto: "Presa nos elos de uma só cadeia,/ A multidão faminta cambaleia,/ E chora e dança ali!/ Um de raiva delira, outro enlouquece,/ Outro, que de martírios embrutece,/ Cantando, geme e ri!" (1960: 529).

Os contornos mantidos na figurativização das cenas do navio negreiro estão fundamentados, nas profundidades figurais, num mundo visto na ordem da divisibilidade. Correlato à lentidão da visada do observador, o mundo do porão negreiro permite que avance "às claras" a progressão das sensações: tanto mais "às claras", quanto mais contundentes. "No entanto o capitão manda a manobra,/ E após fitando o céu que se desdobra,/ Tão puro sobre o mar,/ Diz do fumo entre os densos nevoeiros:/ Vibrai rijo o chicote, marinheiros!/ Fazei-os mais dançar!..." (1960: 530). O poeta, de corpo altaneiro, não à toa conhecido sob o epíteto de poeta condoreiro, no exercício argumentativo que remete ao *pervir* do olhar, ou a um olhar orientado firmemente para determinado fim, instala-se num mundo cujas coisas se dispõem conforme significativa longevidade do tempo e expansão do espaço. Enquanto isso, no nível discursivo, o espaço é semantizado por meio de figuras de alcance topológico vinculado a imensidões: "Desce do espaço imenso, ó águia do oceano!/ Desce mais... inda mais... não pode o olhar humano/ Como o teu mergulhar no brigue voador!/ Mas que vejo eu aí... Que quadro d' amarguras!/ É canto funeral!... Que tétricas figuras!.../ Que cena infame e vil... Meu Deus! meu Deus! Que horror!" (1960: 528). Às exclamações junta-se a proliferação da apóstrofe, para ascenderem em impacto as emoções. Assim, deparamo-nos com um sistema de convergência entre intensidade e extensidade que, relacionado aos recursos do discurso, funda o corpo como esquema de valoração social de um *éthos* beligerante. Como algoritmo da percepção, dão-se a ver movimentos sintetizados na cifra tensiva, que representa a relação conversa, para a ascendência: de um lado, da intensidade dos afetos; de outro, da extensidade – seja na duração longa, seja na espacialização difusa das coisas do mundo. Assim é criado o simulacro discursivo de um "espaço imenso", que atravessa o navio negreiro e rapta enunciador e enunciatário, para, num único poema, firmarem-se vetores do estilo.

Cremos estar aí o sujeito-de-estilo considerado apenso aos fenômenos. Sobre isso, tornamos o olhar ao conceito de corpo, tal como perfilado entre o pensamento de Husserl e de Merleau-Ponty, este que, conforme as peculiaridades de um ponto de vista, dá continuidade ao pensamento daquele. Merleau-Ponty (1999: 8), ao criticar a tradição filosófica para a qual o *eu* e o *outro* "não estão presos no tecido dos fenômenos", isto é, na teia de situações que se vinculam a um, e ao outro, de modo opaco, contingente e inacabado, lembra que, conforme o pensamento de Husserl interessa o que há de contrário em relação ao princípio de que nada de escondido haveria atrás dos rostos e dos gestos. Colocando-se emparelhado ao alemão, complementa:

> se nós somos um para o outro e não um e outro para Deus, é preciso que apareçamos um ao outro, é preciso que ele tenha e que eu tenha um exterior, e que exista, além da perspectiva do Para si – minha visão sobre mim e a visão do outro sobre ele mesmo –, uma perspectiva do Outro sobre mim. (Merleau-Ponty, 1999: 8)

O filósofo francês critica o *Cogito* que desvaloriza a percepção que temos do outro, o *Cogito* que reduz "minha existência à consciência que tenho de existir" e, ao discorrer sobre o "ser-no-mundo", afirma: "O verdadeiro *Cogito* não define a existência do sujeito pelo pensamento de existir que ele tem, não converte a certeza do mundo em certeza do pensamento do mundo e, enfim, não substitui o próprio mundo pela significação do mundo" (1999: 9). A breve remissão fenomenológica ajuda a entender a identidade estilística, o *eu*-sujeito-do-estilo, tal como encerrado no texto que o leitor tem diante de si. Enunciador e enunciatário, postados um diante do outro na reversibilidade possível a papéis próprios à comunicação (*eu/tu* são lugares permutáveis), e investidos ambos de uma presença realizada e plena, não gozam, entretanto, de densidade absoluta, para o que se firmam, cada qual, como uma *quase-presença*. Diz Merleau-Ponty (1999: 9): "descubro em mim um tipo de fraqueza interna que me impede de ser absolutamente indivíduo e me expõe ao olhar dos outros como um homem entre os homens, ou pelo menos uma consciência entre consciências". A noção de "fraqueza interna" acerca-se da aspectualização relativa ao ator, necessariamente inacabado ou imperfectivo. A partir do grito tonitruante de Castro Alves, temos meios de procurar reconhecer em que medida, como e por que o poeta se expõe, ao dialogar, em uníssono (ou não) de tons, em afinidades (ou não) de corpos, com outros enunciadores pressupostos a outras totalidades discursivas, não necessariamente as consideradas românticas. Assim descrito, o estilo autoral não será contemplado como previamente inserido em determinado momento da história da literatura, vista conforme uma linha de sucessões, que encerra compartimentos prontos e acabados.

Por sua vez, no interior da totalidade *Castro Alves*, entendemos que ler um poema do poeta condoreiro funda um sistema de remissão, de modo que uma memória involuntária ou do próprio corpo traz os poemas todos do mesmo poeta, na ordem do que foi e é ainda, e na ordem do que já é, sem ter sido ainda (realizado no ato de leitura). Guardamos, na memória do nosso corpo, a experiência desencadeada pelo *lógos* estético sob a "torção" sofrida "nas mãos de Castro Alves", o que supõe um algoritmo da percepção, que radica os papéis temáticos do poeta inconformado com o que o circunda. Enquanto se entrega à dor sentida pelas injustiças da escravidão, o poeta instrumentaliza-se conceitualmente para denunciá-las. Esses gestos do corpo acontecem na valência plena da estesia do próprio *lógos*: tanto para o ato de julgamento predicativo sobre os responsáveis pela escravidão, postos em pejoração extrema, quanto para o modo como a própria escravidão, objeto-acontecimento, ingressa no campo da percepção e aí se mantém. Como memória do corpo, assim se processa o sistema de retenções e de protensões, compatível com o estilo de Castro Alves.

O investimento semântico e a tensividade figural criam, num único texto, vetores estilísticos que fundam um sistema de remissão do dado ao não dado, o que remete a um *cogito* apenso ao fenômeno, na medida em que se revela em situação. Esse princípio garante-se, no discurso, por meio de uma pessoa concebida no processo de actorialização, "um dos componentes da discursivização", como propõe Fiorin (1996: 59), e que se constitui "por operações combinadas que se dão tanto no componente sintáxico quanto no semântico do discurso" (1996: 59).

Fiorin (1996: 59) completa: "Os mecanismos da sintaxe discursiva, debreagem e embreagem, instalam no enunciado a pessoa. Tematizada e figurativizada, esta converte-se em ator do discurso". Entendemos que, permeando a tematização e os papéis temáticos do ator da enunciação, está sua aspectualização, que acaba por configurá-lo como corpo encarnado, o que significa corpo *figurado*. Falamos aí de figuração, como estágio precedente à figurativização, isto é, não falamos ainda do investimento exaustivo de traços semânticos, que se consuma na ilusão referencial e que aproximaria o corpo de algo representado iconicamente, por isso transformado em figura como imagem do mundo. O ator da enunciação toma corpo a partir da *figuração*, um patamar que, antecedente à figurativização discursiva, mantém-se como manifestação da cifra tensiva.

Greimas e Courtés (2008: 212), ao estudar a figurativização, alertam para a consideração feita de um texto, visto como "resultado da produção progressiva do sentido" e lembram que assim podemos reconhecer "as estruturas e as figuras semióticas", na medida em que "vão tomando lugar, traço a traço, por toques sucessivos" (2008: 212). Destacam que, assim considerado, "o discurso pode, a qualquer momento, desviar-se da manifestação, quer sob uma forma abstrata, quer em uma formulação figurativa" (2008: 212). Portanto, ao propor o corpo concretizado do ator da enunciação, com uma concretude própria à *carne*, falamos de uma carne figurada, que facultativamente pode ser figurativa; figurada, pois vista ainda como não manifestada, tal qual se dá com as figuras do enunciado-enunciado. Continuam os semioticistas:

> É necessário igualmente distinguir, desde agora, ao menos dois patamares nos procedimentos da figurativização: o primeiro é o da figuração, ou seja, instalação das figuras semióticas (uma espécie de nível fonológico); o segundo seria o da *iconização*, que visa revestir exaustivamente as figuras, de forma a produzir a ilusão referencial que as transformaria em imagem do mundo. (2008: 212)

O investimento semântico e a tensividade figural garantem, num único texto, vetores estilísticos fundados num sistema de remissão do dado ao não dado. Isso se dá a partir de um enunciador sintaticamente pressuposto e de um narrador sintaticamente debreado em cada enunciado. Entre eles instala-se um observador, que remete à aspectualização do ator. O actante-observador sustenta o perfil judicativo do ator, como observador social, e sustenta o perfil *pático* do mesmo ator, como observador sensível. Em ambos os casos, remetemos ao *eu*-sujeito-do-estilo como um "ser-no-mundo": lá, como posicionamento do discurso no interdiscurso, enquanto o mundo é contemplado segundo horizontes de formações sociais e discursivas; cá, o sujeito sensível, enredado no seu território de fundação, os "estados de alma", somente concebidos na correlação com os "estados de coisas". *Meu lado* sensível radica-me como um *eu*-sujeito-de-um-estilo, conforme descubro o mundo "'em mim' enquanto horizonte permanente de todas as minhas *cogitationes* e como uma dimensão em relação à qual eu não deixo de me situar" (Merleau-Ponty, 1999: 9).

ÀS VOLTAS COM BAKHTIN

Se, para a semiótica, o lado sensível ou os "estados de alma" estão no eixo da intensidade, na medida em que esta se relaciona com o inteligível ou com os "estados das coisas", que estão no eixo da extensidade, a tensividade confirma-se naquele horizonte sensível de minhas *cogitationes*. Com estas fica encerrado, no âmbito de uma programação ou de um *pervir*, o empenho da "arte de persuadir" como a que tem um *fim para...* Um fim ou finalidade inerente a um ato marcado pelo compromisso com um fazer persuasivo e com um fazer interpretativo, radicados numa manipulação, em que o destinador (narrador) prioriza "o lugar de exercício da factividade" (Greimas e Courtés, 2008: 201), isto é, um fazer-fazer, como fazer o narratário (leitor) tomar posição em relação ao que é defendido no discurso – esse fim, plantado no ato retórico, ampara o perfil judicativo do ator. Mediante o perfil judicativo potencializado para uma tonicidade ascendente, o ator poderá instalar-se entre valências plenas da telicidade aspectual.[5] Assim instalado, perderá em *exotopia*, conceito este formulado por Bakhtin (1997b), ao tratar das relações entre "autor e herói".

Subsidiados pelo pensamento bakhtiniano, em especial quanto à noção de exotopia, a qual coloca o autor como um correlato do herói (Bakhtin, 1997b: 25-220) somos levados a atentar para a relação, que pode ser exotópica, entre um actante enunciativo (enunciador) e um actante do enunciado (herói). Então, para entender a noção de exotopia, podemos pensar num gênero que minimiza a relação exotópica entre autor e herói: a hagiografia, vida dos santos.[6] Os enunciados que se encerram nesse gênero apresentam marcas composicionais que diluem o autor (na voz do narrador implícito) e o herói (na função de protagonista, o santo biografado) diante da presença de um terceiro. Esse terceiro, como mira discursiva estabelecida pelo todo do gênero, é o Deus que subsume autor e herói por inteiro. As reflexões de Bakhtin sobre as relações entre o autor e o herói trazem à luz a constituição da hagiografia como uma vida de santo que "parece desde o início transcorrer na eternidade" (1997b: 199).

Os procedimentos da composição do gênero, que privilegiam como pessoa o *ele* biografado, como lugar, o *algures*, lançando pessoa e espaço à articulação com um tempo de *então*, vinculados todos à temática religiosa, acabam por delinear um tom átono para a voz autoral, o que se coaduna com certa "renúncia a uma posição exotópica" (1997b: 199): uma renúncia a uma posição *fora de*, seja fora de si mesmo, seja fora do herói biografado, posição que viabiliza o inacabamento do sujeito e o estado de limiar do acabamento estético. O querer-dizer da hagiografia volta-se para um tom de seriedade aliada a uma verdade inabalável, enquanto o sujeito se afirma num corpo fixamente fechado e por meio de um acontecimento também fixamente fechado. Nessa direção ecoa a temática e ressoam as ocorrências da organização composicional. A partir da observação de como se processam tais recursos no todo do gênero, obtemos o estilo inclinado a diluir tensões entre autor e herói, na prevalência de um terceiro sobre ambos. São as tensões peculiares a uma exotopia, esta que, para Bakhtin, se instaura no evento estético, o que não é o caso da hagiografia. A exotopia diz respeito ao inacabamento necessário tanto do autor como do herói no ato estético romanesco, em que se alavanca o *homem inacabado* justamente na busca do acabamento estético: "Se eu mesmo sou um ser acabado e se o acontecimento é algo acabado, não posso nem viver nem agir: para viver devo estar inacabado, aberto para mim mesmo" (1997b: 33). Acreditamos estar, no trato dado à exotopia pela arquitetônica do gênero, um dos vetores do estilo do gênero *hagiografia*: a minimização exotópica. Não se encontra, nos enunciados concernentes a esse gênero, o acabamento estético relativo a um autor que se lança para *fora* do herói ou para *fora* de si mesmo. Não temos, nesse acontecimento religioso, um autor (narrador) que deixa o "campo livre para o herói e para sua vida" (1997b: 35). Assim se confirma o acontecimento "acabado por dentro" (1997b: 34). Estar fora do herói para compô-lo, enquanto se sai também de si, é posição exotópica, para que, do inacabamento, se entreveja a consciência de outra consciência; é gesto de leveza voltado para um lugar de limiar, incompatível com o peso da convencionalidade hagiográfica.

Na medida em que o autor, componente da obra, permite-se assumir a si próprio como exterior a si mesmo, saindo de si, no âmbito exotópico percebe o mundo de um lugar fora de si e vai ao encontro do seu duplo. No "discurso da arte", comparado ao "da vida", pode então ocorrer uma gradação máxima da exotopia. Nesse caso, o autor, ao manter certo distanciamento de si, irá ao encontro do herói, não se fundindo a este, que é tornado um vidente visível. O objeto da percepção do autor, o herói, a criatura, sai do lugar passivo de coisa percebida para tornar-se, ele próprio, um sujeito que percebe. Esse duplo do autor, o herói, terá então um acabamento estético, o qual não remete a conceito de fechamento ou aprisionamento algum. Como vidente visível, agente e paciente da percepção, o herói é sujeito percebido pelo autor e percipiente deste. O acabamento exotópico jamais aprisiona o autor, que, já saído de si, já habitando o exterior a si, participa do próprio ato de generosidade, a doação de si, ao trazer à luz o outro que, por meio do excedente de visão do mesmo autor, é dado num de seus perfis, ou em mais de um concomitantemente, a depender do estilo que emerge. Nesse lugar exterior a cada presença, instala-se, portanto, a exotopia, marcada pelo grau de estranhamento entre autor e herói, para que se definam estilos de gêneros. Tal estranhamento entre dois sujeitos, mensurável em graus de distanciamento entre eles, apoia-se na equação: quanto maior a distância entre autor e herói, mais se firma o espaço em que estou fora de mim, em que o herói está fora dele, em que a tensão da relação que contém o duplo aumenta. Quanto menor for o distanciamento, mais estou instalado dentro de meu herói, ou dentro de mim mesmo; ou, ainda, juntos podemos acabar fundidos num terceiro, que pode ser o Deus cartesiano, solução de todos os limiares, fim último, síntese da autoridade inconteste. A abertura a graus menores ou maiores de exotopia na relação entre autor e herói compõe vetores de estilo.

A noção bakhtiniana de exotopia é também suscetível de ser ilustrada por meio da remissão feita a um conto. Para concretizar algumas afirmações sumarizadas, que pretendem recuperar, como exemplo, fundamentos dessa noção, lembramos o conto "Atrás da catedral de Ruão", de Mário de Andrade (1996). Nesse conto, Mademoiselle, a preceptora quarentona, francesa, radicada no Brasil, diante de suas pupilas, as jovens Lucia e Alba, dispõe-se num lugar de limiar: entre dois idiomas (francês e português), segundo os quais o conto se textualiza; entre dois espaços – Ruão, na França, catedral de Ruão, e cidade de São Paulo, igreja de Santa Cecília. A catedral de Ruão é deslocada de lá para cá, enquanto ambas as igrejas são movidas pelo olhar que as retém e as antecipa segundo o "derrière" delas, que está nos "baixos corporais" de Mademoiselle, maltratados, dominados pela autocensura e concomitantemente robustecidos, reflorescidos no corpo erótico da quarentona. "Nos seus quarenta e três anos de idade, Mademoiselle estava tomada por um vendaval de mal de sexo" (1996: 47):

> O vendaval. Ela sentia masculinos "ces personnages" que a frolavam no escuro do quarto, na fala das meninas, na desvirginação escandalosa das ruas. Agora Mademoiselle anda de a-pé e procura no jornal onde é o lugar de encontro das multidões. Mas não vai lá, tem medo. Não é feliz, mas também não pode-se dizer que ficasse infeliz, Mademoiselle estava gostosa. E nessa paciência compensadora dos tímidos, ela ia saborear todos os dias nas conversas com as meninas, um naco elástico dos gozos que em pouco elas irão viver. (1996: 47)

Mademoiselle compõe-se no lugar de limiar também: na relação com o narrador, já que as vozes de ambos se imiscuem por meio do uso do recurso do discurso indireto livre, conforme o qual é relatado o que diz e pensa "o herói"; nos mecanismos sintáticos de debreagem, que evoluem para embreagens de pessoa, de tempo e de espaço, prolíferos ao longo de todo o conto; na ambiguidade dos papéis temáticos desdobrados a partir daquela que orientava como preceptora, e daquela que pouco asseverava e muito reticenciava ao discorrer sobre fatos e coisas. São papéis desempenhados por um ator, de um lado, meio bufo, atrapalhado no dever de ensinar alguma coisa às meninas, enquanto é ridicularizado por elas, e visto por elas como motivo de chacota; de outro, um ator que existe verdadeiramente como herói, talhado segundo uma profundidade ímpar para existir segundo o que lhe sobrévém, ainda que isso lhe custe o descolamento do fenômeno "real". Não importa. Nem ao *herói*, nem ao *autor*, que acolhe "amorosamente" sua criação, Mademoiselle, enquanto entre ambos se firma o distanciamento exotópico, importa qualquer acabamento vindo de um terceiro termo, exterior a ambos. Aí acreditamos estar a síntese da experiência estética do conceito bakhtiniano de exotopia. Desse modo, o narrador não domina Mademoiselle, na explosão da polifonia de vozes que a constitui:

> Afinal um dos homens agarra-a pelo pescoço. Mas segurara mal. Mademoiselle deu um galeio pra frente com o pescocinho, mais uma corridinha e conseguiu se distanciar do monstro. Mas o outro monstro agora alargava muito o passo e ela percebeu, a intenção dele era estirar a perna de repente, trançar na dela bem trançado e com a rasteira ela caía de costas pronta e ele tombava sobre ela na ação imensa. Porém ela fez um esforço ainda, um derradeiro esforço, deu um pulinho, passou

por cima da perna e aqui ela chorava. Quis correr, não podia, porque o outro monstro veio feito uma fúria, ergueu os braços políticos e espedaçou-lhe os seios que sangravam. Mademoiselle deu um último gritinho e virou a esquina. (Andrade, 1996: 55).

Na sequência imediata da progressão textual, Mademoiselle vira a esquina de sua rua, enxerga "tão oferecidamente próxima a porta da pensão, e ela não teve mais esperança nenhuma" (1996: 55). Mademoiselle vive com intensidade o "agora impressional" discutido pela fenomenologia; dilacera-se nesse agora, já que os seios que sangravam no ataque eram antecipações que a possuíam na ordem da esperança ou do desejo esperançoso, e eram retenções do que *acontecia* "atrás da catedral de Ruão" e *acontecia* nas imediações da igreja de Santa Cecília, perto de onde Mademoiselle morava. Quanto mais aberta ao fenômeno, na intensidade dos afetos que a sequestram, mais vulnerável e heroica se constitui Mademoiselle nesse corpo paradoxal: mais o distanciamento exotópico se estabelece entre ela e o narrador, que presumidamente seria aquele que lhe delegaria corpo e voz.

Com isso, assim se dá a relação exotópica *autor/herói*, que constitui, nesse conto, vetores estilísticos que forjam um estilo autoral a ser comprovado pela análise de outros textos do mesmo autor, sejam de outros gêneros, como as cartas dirigidas a Manuel Bandeira, sejam ainda romances e poemas, o que poderá problematizar a força das coerções do gênero na fímbria do estilo autoral. Segue o segmento à moda de um sumário, com pretensões esclarecedoras sobre possíveis gestos concernentes à experiência da exotopia, na relação *autor/herói*, a partir do que é formulado por Bakhtin (1997b) e do que parece ser ativado pelo conto "Atrás da catedral de Ruão".

Eu, autor, fora do meu próprio lugar actorial, desencontro-me com o personagem, ator do enunciado, criado por mim. Esse ator, enquanto vem à luz no meu ato de criação, também vai para fora de si. Torno-me então espectador de mim e estrangeiro a mim, na medida em que o personagem, ator do enunciado, afasta-se de mim e, simultaneamente, desloca-se de si e me afasta dele, tamanho o impacto das muitas vozes que o compõem (polifonia). Eu me confirmo segundo uma consciência inacabada, na minha *quase-presença*, enquanto vou perdendo o controle diante do ator do enunciado, minha criação. O personagem criado por mim (o *herói*) explode na polifonia de vozes que o move no diálogo interior (são sempre muitas, as vozes que se misturam dentro dele), na medida em que, ele mesmo, tenta em vão responder à convocação do *outro*. Confirmamo-nos ambos na precariedade de um corpo contingente, e isso acontece quanto mais procuro o acabamento estético nele, *no* outro, e *do* outro.

Na pretensa demonstração ilustrativa da experiência da exotopia, vemos que, se, de um lado, a relação entre autor e herói ascende exotopicamente, de outro, o ator da enunciação torna-se aspectualizado de modo tanto mais cinético, quanto mais atélico, o que o radica no corpo traçado segundo um esquema de valoração ética que se processa no acolhimento moral em relação à Mademoiselle, a inacabada, e de rejeição a outros, compostos segundo um acabamento que não deixa brechas abertas em seus corpos. Entre estes está a mãe das meninas, D. Lucia, que decidiu ser infeliz e assim se completou ao longo do conto. Enquanto isso, se um algoritmo da percepção do criador em relação à criatura é registrado na ascendência da intensidade do sentir, o que decorre da própria polifonia de vozes que habita o corpo de Mademoiselle, um afeto recrudescido em relação a ela toma conta também do leitor, que se torna cúmplice na procura do acabamento estético imprimido na figura do herói. A intensidade concentrada no corpo do herói acaba por sugar para si o elã de existir no mundo. Resta ao autor e ao leitor seguir, mais de longe do que de perto, a personagem polifônica, para registrar os labirintos por onde se movimenta, com força sempre inusitada, o corpo do herói. Ao abdicar de si para fazer vir à luz corpo tão contraditório, o estilo autoral finca seus vetores na relação exotópica, viabilizada pela polifonia do herói.

Ao final do conto, já perto da pensãozinha em que morava e diante de outros perseguidores que "lá vinham chegando atrás dela", Mademoiselle vê-se irremediavelmente salva pelo lado real do fenômeno, ou por aquilo que, de realidade, há no fenômeno ao doar-se à apresentação diante da visada do sujeito. Esse encontro provocará um sexto espirro em Mademoiselle.

Após ter dado um "passinho lúcido", uma "brisa irônica" trazida por meio do "renard falso" que circundava seu pescoço provoca nela um "tiroteio de espirros". "E foram atchim, atchim, atchim e atchim. 'J'ai manqué un atchim, n'est pas?'" A partir daí, dá-se o encontro que devolve ao corpo de Mademoiselle alguma finalização mundana, mais estética que mundana, porém, quanto mais oferecido à relação exotópica está o corpo, do autor e do herói:

> Só que agora Mademoiselle estava mesmo salva pra todo o sempre e pôde reagir. Os homens vinham chegando em suas conversas distraídas. Se plantou no meio da calçada, fungou um sexto espirro inteiramente fora de propósito, tirou mais que depressa dois níqueis da bolsa. Os homens tiveram que parar, espantados, ante aquela velhota luzente de espirro e lágrima, que lhes impedia a passagem, ar de desafio. E Mademoiselle soluçava as sílabas, na coragem raivosa de todas as ilusões ecruladas:
> – Merci pour votre bo-nne com-pa-gnie!
> E lhes enfiou na mão um níquel pra cada um, pagou! Pagou a "bonne compagnie". Subiu as escadas correndo, foi chorar.
> (Andrade, 1996: 56)

107

A *exotopia*, noção cara a Bakhtin (1997b), enquanto remete a um autor e a um herói que, na relação de intersubjetividade, são postos segundo o inacabamento de seus corpos, avizinha-se com o que afirma Merleau-Ponty sobre o *Cogito* que *me revela em situação,* como o verdadeiro *Cogito.* Citando o Husserl da *Crise das ciências europeias,* diz Merleau-Ponty (1999: 9): "O *Cogito* deve revelar-se em situação, e é apenas sob essa condição que a subjetividade transcendental poderá, como diz Husserl, *ser uma intersubjetividade.*" Sem nos preocuparmos aqui em trazer à luz diferenças de posturas do pensamento do filósofo francês e do alemão, nem querendo supor um retorno de Merleau-Ponty à filosofia transcendental husserliana, para a qual interessa primordialmente como opera nossa consciência na relação com as coisas, não como são as coisas, cotejamos um e outro na manutenção da tentativa de elucidar o que é o mundo sensível, agora trazido à luz pela noção bakhtiniana de exotopia.

Merleau-Ponty e Husserl dão indicações de que se encontram na desconfiança em relação às dicotomias: *natureza* vs. *psique; corpo* vs. *espírito; físico* vs. *psíquico; inteligível* vs. *sensível.* A *crise* do pensamento científico europeu para Husserl (1976) está justamente na manutenção dessas dicotomias. Nesse sentido, ambos os filósofos chegam a confrontar a herança cartesiana baseada naquelas oposições, enquanto o sensível, para Husserl, confirma-se como um "mundo pré-dado", "pré-científico", o "mundo-da-vida". Certamente o sensível, concebido como um *pré-dado* ao ato predicativo de julgamento, aproxima-se do que compõe, no conto, o corpo actorial, na sua aspectualização cinética e atélica, tanto para o ator da enunciação como para Mademoiselle.

Querendo saber de onde fala aquele que fala como um sujeito-do-estilo e procurando entender esse lugar como campo de percepção, deparamo-nos com a afirmação husserliana acerca do sensível como o "mundo-da-vida", última fundação de todo conhecimento objetivo e científico. No § 66 da *Crise* (1976: 254), quando se refere ao fato de que "a ciência objetiva se situa no terreno do mundo pré-dado – aquele da vida", Husserl reafirma, como pressuposto a esse conhecimento científico, um "conhecimento pré-científico", para esclarecer:

> A experiência nua, na qual o mundo da vida é dado, é o fundamento último de todo conhecimento objetivo. Correlativamente: é o mundo mesmo, enquanto está aí para nós pré-cientificamente [*en tant qu'étant pour nous préscientifiquement*], e isso originariamente, a partir da experiência singular de cada um [*de la seule expérience*], que, na sua típica invariante essencial, abastece, provisiona com antecedência [*fournit d'avance*] todos os temas científicos possíveis. (1976: 255)

O conceito de sensível, tal como incorporado pela semiótica nas proposições relativas a uma gramática tensiva, faz limite com esse mundo de "experiência nua", pré-científico, fundação de "todos os temas científicos possíveis". Também é um mundo de "experiência nua", aquele que compõe Mademoiselle e a relação dela com a enunciação do conto de Mário de Andrade. O conceito de mundo "pré-científico", fundação dos temas científicos, faz pensar nos papéis patêmicos que, fincados numa cifra tensiva, constituem uma das fundações dos papéis temáticos do ator. Certamente, dos modos de operar a regência do inteligível pelo sensível decorre a cifra tensiva que, ao registrar o tempo-espaço das coisas percebidas no eixo da extensidade delas, correlacionado à tonicidade e ao andamento da percepção, operacionaliza a própria noção de *sensível*.

Eis o estilo encarnado como presença dada em graus de densidade de uma *quase-presença*, já que, a uma densidade absoluta corresponderia a atemporalidade, do mundo e do sujeito-no-mundo, e isso não interessa ao estudo do estilo. A depender da situação, o corpo poderá então apresentar-se como presença tanto mais vulnerável ao que lhe sobrevém, quanto menos alongar-se o tempo e menos difundir-se o espaço dos objetos do mundo. À brevidade ou longevidade temporal (duração), à concentração ou difusão espacial das coisas do mundo, corresponde o andamento (velocidade) e a tonicidade (força e impacto) da percepção. No conto, quando Mademoiselle está prestes a recuperar a lucidez, contam-se os espirros, apesar de ela manter-se confusa quanto à soma ("J'ai manqué un atchim, n'est-ce pas?"). Tangenciar o mundo segundo seus contornos favorece ver o número das coisas. Mademoiselle, aí, depois de ter-se devolvido à extensão necessária das próprias coisas, inteligivelmente compostas, subiu as escadas e "foi chorar". Nesse momento, o viés judicativo passou a sobrepor-se ao viés sensível no corpo do ato do "herói", o ator do enunciado. Fim do conto, já que Mademoiselle parou de flanar no seu inacabamento, abandonou o lugar de limiar ou de fronteira, que é o próprio estar-no-mundo do corpo sensível. A exotopia remete a um estético como modo peculiar de inter-relação, no corpo do ator da enunciação (enunciador e enunciatário), entre o viés criador e o viés contemplador. No conto, ambos, autor e leitor, saem dilacerados pelos atravessamentos feitos pelas retenções do passado e pelas antecipações do *porvir*, tal como dados no agora da percepção, segundo o qual Mademoiselle constrói o mundo. Temporalizam-se sensivelmente na enunciação, enunciador e enunciatário, segundo uma cifra que desvela oscilações tensivas no corpo do herói. O corpo, no seu viés sensível, quanto mais entregue ao objeto que lhe sobrevém, objeto este temporalizado e espacializado em função do acento de sentido imprimido pelo olhar, mais se configura entregue a determinado *páthos*: um *páthos* que foge do controle do *éthos*, o que modula de modo próprio determinadas paixões.

De um lado, no circuito do próprio *éthos*, teremos paixões de *éthos*, que se apresentam mediante o perfil judicativo dominante (o *páthos* do *éthos*); de outro,

109

paixões dadas mediante o perfil *pático* dominante, vinculadas ao *páthos* como paixão ou sentimento que se afasta do controle do *éthos*. Para aquelas, temos, como exemplo, um desdém judicativo, suscetível de ser discursivizado no gênero jornalístico *artigo de opinião*. Junto à outra paixão, pode emergir uma admiração extática diante do outro, o que, de certa forma, faz limite com a relação exotópica entre autor e herói, estabelecida no conto de Mário de Andrade.

A definição do *páthos*, assim considerado, vincula-se à conotação do *lógos*. O objeto que sobrevém à percepção pode também ser entendido como a própria língua, em suas possibilidades conotativas, realizadas de modo compatível com a situação, o que supõe a língua na relação com a fala. A noção de *situação de comunicação* faz vir à tona um *ponto de vista*, o que confirma a relação entre língua e fala, tal como apresentada na teoria da enunciação, sob a perspectiva de Benveniste (1995) e antecedida, segundo distinção dicotômica entre os termos, por Saussure (1970).

Língua, fala, estilo – corpo, gesto: Merleau-Ponty (1999: 241) defende que é estéril o pensamento "em si", isto é, sem a fala, a qual supõe a retomada do pensamento do outro; defende que o pensamento "tende para expressão como para seu acabamento", que "pensar é com efeito uma experiência". Então Merleau-Ponty (1999: 243) faz menção ao conceito de estilo como tom e sotaque, oferecendo acepção própria ao conceito de tom, ao afirmar que "existe uma retomada do pensamento do outro através da fala, uma reflexão no outro, um poder de pensar *segundo o outro* que enriquece nossos pensamentos próprios". Prossegue:

> Aqui é preciso que o sentido das palavras finalmente seja induzido pelas próprias palavras ou, mais exatamente, que sua significação conceitual se forme por antecipação a partir de uma *significação gestual* que, ela, é imanente à fala. E, assim como em um país estrangeiro começo a compreender o sentido das palavras por seu lugar em um contexto de ação e participando à vida comum, da mesma maneira um texto filosófico ainda mal compreendido me revela pelo menos um certo "estilo" – seja em estilo spinozista, criticista ou fenomenológico – que é o primeiro esboço do seu sentido, começo a compreender uma filosofia introduzindo-me na maneira de existir desse pensamento, reproduzindo seu tom, o sotaque do filósofo. (1999: 243-44)

Segundo o filósofo, a maneira de existir de um pensamento filosófico remete a um tom e a um sotaque, ou seja, ao estilo do filósofo, e isso vou aprendendo como primeiro esboço do sentido, embora o texto filosófico possa estar ainda mal compreendido por mim; a par disso, "a fala ou as palavras trazem uma primeira camada de significação que lhes é aderente e que oferece o pensamento enquanto estilo, enquanto valor afetivo, enquanto mímica existencial antes que como enunciado conceitual" (1999: 248). Essas reflexões feitas pelo filósofo levam-no a conceituar a *fala* como *gesto*, o que acaba por confirmar subsídios para, do lugar da semiótica, pensarmos o estilo como corpo:

> A fala é um verdadeiro gesto e contém seu sentido, assim como o gesto contém o seu. É isso que torna possível a comunicação. Para que eu compreenda as falas do outro, evidentemente é preciso que seu vocabulário e sua sintaxe "já sejam conhecidos" por mim. Mas isso não significa que as falas agem suscitando em mim "representações" que lhes seriam associadas e cuja reunião terminaria por reproduzir em mim a "representação" original daquele que fala. Não é com "representações" ou com um pensamento que em primeiro lugar eu comunico, mas com um sujeito falante, com um certo estilo de ser e com o "mundo" que ele visa. (Merleau-Ponty, 1999: 249)

Diante do exposto, confirma-se o estilo alojado no sensível, o que nos mantém vizinhos do pensamento de um Bakhtin da juventude, nos escritos em que lança o conceito de *exotopia* na relação entre "autor e herói". Se a retomada do pensamento do outro é constituinte de nossos próprios pensamentos, o *eu*-sujeito-do-estilo firma-se, na sua contingência e inacabamento, como não fixo ou não mantido em suposto centro. Concebido como não fixo, não é eterno: é temporal, e de uma temporalidade que é duração, o que, aspectualmente, o define como durativo. O sujeito temporalizado, não fixado e não eterno também se define segundo modos de instalação na linha de intersecção com o *outro* que lhe sobrevém, desde aquelas "precondições do sentido", homologadas no nível tensivo. Mantemo-nos nas circunvizinhanças com o pensamento do filósofo da linguagem, Mikhail Bakhtin, entre cujas obras, *Marxismo e filosofia da linguagem* (1988a), *Questões de literatura e de estética* (1988b) e *Estética da criação verbal* (1997b), apresenta-se a proposição relativa ao dialogismo constitutivo da linguagem, o que remete a uma enunciação e a um enunciado necessariamente dialógicos, na medida em que, sujeito que enuncia, e o próprio enunciado, deslocados de suposto centro, firmam-se na concretude das situações de comunicação como responsivos ao *outro*.[7]

O Bakhtin dos escritos da juventude, com o estudo sobre o princípio estético que fundamenta a relação entre o autor e o herói,[8] faz vir à luz a "arquitetônica estável" e a "dinâmica viva" (1997b: 25), em que o russo mostra inscrever-se aquela relação. Esses estudos confirmam, para cada um dos termos (*autor/herói*) que salta dessa relação, a busca pelo acabamento de um, no outro, da consciência de um, na consciência do

111

outro. Daí decorre "uma relação impregnada da tensão peculiar a uma exotopia – no espaço, no tempo, nos valores" (1997b: 34). *Exotopia* é então confirmada como um lugar *fora de*. "É [il...] a exotopia do autor, seu próprio apagamento amoroso fora do campo existencial do herói e o afastamento de todas as coisas no intuito de deixar esse campo livre para o herói e para sua vida" (1997b: 35). Prossegue Bakhtin (1997b: 35) e, até para um presumido "herói autobiográfico", sugere a possibilidade de um desenvolvimento da exotopia na direção do acabamento estético:

> O autor deve situar-se fora de si mesmo, viver a si mesmo num plano diferente daquele em que vivemos efetivamente nossa vida; essa é a condição expressa para que ele possa completar-se até formar um todo, graças a valores que são transcendentes à sua vida, vivida internamente, e que lhe asseguram o acabamento.

Transcender de si e ir para uma direção que impele para um lugar fora de si é noção que se mantém limitada com a fenomenologia merleaupontyana. O método fenomenológico do pensamento aponta para uma transcendência que não vai ao encontro de um terceiro termo, como o Deus do racionalismo cartesiano; pelo contrário, busca a transcendência mundana, o que viabiliza o sujeito como campo de presença e o que supõe que o sujeito *não é* apenas *aquilo que ele* é, como sugere Merleau-Ponty (2009). O filósofo, ao lembrar a carne do mundo como *pregnância de possíveis*, afirma: "A noção essencial para tal filosofia é a da carne, que não é o corpo objetivo, que não é tampouco o corpo pensado pela alma (Descartes) como seu, que é o sensível no duplo sentido daquilo que sentimos e daquilo que sente" (2009: 234).

Certamente, a noção bakhtiniana relativa à transcendência do autor em relação ao herói não *diverge de*, mas *converge para* o pensamento da fenomenologia, tanto no que diz respeito à noção fenomenológica de *fala autêntica*, *fala falante*, limítrofe da noção bakhtiniana de acabamento estético, quanto à noção fenomenológica de *campo de percepção* fincado num presente que transcende para o futuro e para o passado. Bakhtin, ao falar em exotopia na relação *autor/herói*, alude ao ato de *transcender-se*, o que, para Merleau-Ponty, apresenta-se como o *ek-stase*, conforme lembra Moura (2001: 320), ao apresentar o *ek-stase* identificado com a própria subjetividade no pensamento merleaupontyano. Como *ek-stase*, o ato de transcender-se é definido, por Merleau-Ponty, conforme um movimento de "fuga generalizada para fora do Si", como enfatiza Moura (2001: 320).

Pregnância, exotopia, noções que convocam movimentações peculiares do sentido, abeiram-se da conotação, vista em especial nas figuras de retórica, metáfora e metonímia. Entretanto, para o estilo, ao pensarmos que o signo sofre uma torção ao ser contemplado no âmbito de uma totalidade, confirmamos um *lógos* que nasce conotado, pois atravessado pelo que se passa nas suas bordas. Desde Saussure, encontramos um ponto de vista a subsidiar as relações sígnicas. O signo, convencional na relação estabelecida entre imagem acústica e conceito que o compõe (Saussure, 1970), acaba por validar, em si, a presença de um sujeito, seja por meio da memória do som (imagem acústica/significante), seja por meio da interpretação conceitual (significado). Juntamente com o princípio relativo a essa bipartição saussuriana, entendemos que o *lógos*, na transcendência de si e na direção da configuração promovida por determinada totalidade, confirma-se como necessariamente conotado. Daí decorre que, conotado de modo próprio à totalidade, emerge o próprio *éthos*. *Lógos* conotado, *éthos* conotado: esse princípio, básico para a totalidade estilística, relaciona-se à opacidade do sujeito e do seu discurso e a uma mensuração escalar da conotação. O enunciado e o ator da enunciação serão tão mais opacos, quanto mais exotópica for a relação *autor/herói*, ou quanto mais em ascendência apresentar-se a linha de incidência da própria exotopia. De outro lado, enunciado e enunciação serão tão menos opacos, quanto mais atenuada for a tensão gerada pelo lugar *fora de*, o que depende da interface com as esferas de comunicação e com os gêneros.

Mário de Andrade, no conto "Atrás da catedral de Ruão", escrito entre os anos de 1927 e 1944, conforme registro feito ao final do texto (Andrade, 1996: 56), faz um conto que clama por muitas leituras, novas a cada vez que ocorrerem, dentro das possibilidades oferecidas pelo texto, tornadas assim *pregnâncias de possíveis*. Esse conto, que se acerca de uma prosa poética, confirma o que disse Bakhtin em *Problemas da poética de Dostoiévski* (1981), ao ressaltar a mutabilidade inerente ao gênero, o que se daria a ver, segundo o teórico russo, seja no desenvolvimento da história da literatura, seja na configuração das obras autorais, para o que afirma: "O gênero sempre é e não é o mesmo, sempre é novo e velho ao mesmo tempo" (Bakhtin, 1981: 91). Temos um conto apresentado sob a poética do inacabamento exotópico dos corpos.

No estudo feito sobre a relação *autor/herói*, segundo determinada exotopia, Bakhtin (1997b) fala também em quatro tipos de acontecimentos, entendidos por nós como acontecimentos discursivos: o estético; o ético, o cognitivo; o religioso. Sugere que necessariamente o acontecimento estético pressupõe duas consciências não coincidentes, seja cada qual consigo mesma, seja uma em relação à outra. No caso do acontecimento ético, lembrado pelo russo no âmbito do panfleto, do panegírico ou mesmo da confissão e do protesto, autor e herói coincidem lado a lado, em posição de supostos amigos, ou lado a lado como inimigos. O estudo bakhtiniano prossegue e acrescenta que, se não houver herói, temos o acontecimento cognitivo, para o que são lembrados gêneros como o tratado, o ensaio, a tese. Por fim, o russo faz referência ao acontecimento religioso, para o qual a outra consciência

113

seria Deus. A nosso ver, quanto mais afastados do acontecimento estético, os gêneros serão suscetíveis de apresentar uma queda significativa da incidência de impacto da exotopia, até ocorrer um grau zero do deslocamento do ser para fora de si, a depender das concretizações de tais movimentos nas variadas situações discursivas. Por meio das reflexões levadas a cabo nesse estudo, o próprio Bakhtin autoriza a pensarmos em graus de acabamento estético.

Para o desenvolvimento da noção de estilo como corpo, acreditamos que pensar na exotopia dada na relação *autor/herói* pode elucidar a noção de aspectualização do ator, mediante a qual podemos discutir distintos estilos no interior do próprio acontecimento estético. Em princípio, quanto mais o autor apresentar-se afeito à relação exotópica com seu herói, mais se firmará segundo a atelicidade aspectual. O contrário pode ser verdadeiro para a telicidade, a depender da concretização discursiva. Castro Alves e Mário de Andrade, segundo os vetores estilísticos que deram a ver, ilustram o acontecimento estético por meio de um *lógos* convocado segundo a dominância da função poética da linguagem. Entretanto, o contista, no texto comentado, faz prevalecer o perfil sensível a tal ponto que, no enunciado, à pessoa de Mademoiselle vincula-se o espaço da cidade de São Paulo, apresentados, ator e espaço, ambos na ordem da excepcionalidade. O bairro de Santa Cecília, onde está a Igreja e a pensãozinha de Mademoiselle, e o bairro de Higienópolis, onde moram as meninas, favorecem a contemplação do corpo de Mademoiselle nas suas fendas e aberturas, enquanto a paisagem urbana é contemplada nas mesmas fendas e aberturas. À ambivalência das visadas do sujeito sobre o mundo topicalizado figurativamente corresponde a ambiguidade de uma consciência não coincidente consigo mesma: São Paulo não é São Paulo, é Paris, e a capital francesa está na capital paulista; o idioma francês é o português e vice-versa, enquanto a voz do narrador mistura-se àquela do actante do enunciado no uso do discurso indireto livre. A paisagem fundada no limiar articula-se a um tempo que fica posto segundo um rastro de experimentação sensível. Assim Mademoiselle corrobora-se como polifônica: uma heroína constituída conforme o avesso do que é biografável, no sentido do que é vivido pela consciência reflexiva e pela memória voluntária. Não à toa a paisagem mantém-se como espaço incerto, ela também não coincidente consigo mesma. Diluem-se os limites entre os pares *externo/interno, sujeito pensante/mundo pensado*, pois, enquanto o agora das impressões deixa-se dilacerar por retenções e protensões, o espaço movimenta-se entre fronteiras do aqui, do algures, do alhures.

Tais vetores não se dão a ver no poema "O navio negreiro", de Castro Alves, em que a finalidade da denúncia social aspectualiza o ator para a telicidade, e enquanto sua poética incorpora com força do sentido o acontecimento ético, suscitando a presença do perfil judicativo. Esses movimentos partem de uma exotopia que oscila sob valência mitigada e nula do sensível, o que ampara a emergência de um corpo actorial menos dilacerado por retenções e protensões. São aí estáveis as relações entre sujeito que percebe e mundo percebido. Os vetores oferecidos pelo poema "O navio negreiro" remetem a uma voz única e firme para o narrador, de modo a sermos levados, no ato da leitura, para a possibilidade de entrarmos na corrente de sucessão de um tempo preservado segundo um antes, um durante, um depois. Ainda a partir de Bakhtin, dizemos que forças centrípetas orientam a aspectualização do ator para a telicidade, a fim de definir o ímpeto para o grito, que define o estilo do poeta condoreiro.

O gênero *romance*, tal como Bakhtin faz ver em *Problemas da poética de Dostoiévski* e em *Estética da criação verbal*, favorece o corpo confirmado segundo a exotopia maximizada na relação *autor/herói*. Num romance ou num conto, o corpo torna-se suscetível de discursivizar-se nos mecanismos discursivos que contemplam a troca de turnos entre falas dos interlocutores. Nessa circunstância, torna-se suscetível de ocorrer o caso de réplicas antecipáveis que um ator pode fazer da fala do outro. Isso acontece frequentemente com Mademoiselle. As vozes reais das meninas, Alba e Lúcia, e até da mãe delas, D. Lúcia, costumam entrelaçar-se, ao longo do conto, com as vozes do diálogo interior de Mademoiselle.

No estilo, o ato de transcender-se respalda, assim, o sistema de reenvios do dado ao não dado, enquanto o conceito ou o significado de cada enunciado (o plano do conteúdo) articulado ao significante (o plano da expressão), tanto mais se impregna de materialidade, quanto mais diluídos ficarem os limites entre cada um desses planos, o que pode acarretar em textos semissimbólicos. Mas, para além das relações semissimbólicas consideradas em cada enunciado, as quais não deixam de contar com uma pregnância sensível entre os planos, o que remete à possibilidade de motivação do signo em situação, temos a pregnância sensível entre um enunciado e outro da totalidade. Considerado, cada ato enunciativo, como realização (em situação) de um *Cogito*, entendemos que o sujeito do estilo transcende de cada ato particular, ao ficar entregue à conotação do *lógos*, desenvolvida segundo o *devir* próprio à totalidade. A palavra chama a palavra.

Tomando para nós o pensamento de Merleau-Ponty (2009: 214), temos: "É preciso habituarmo-nos a compreender que o 'pensamento' (*cogitatio*) não é contato invisível de si consigo, vive fora dessa intimidade consigo, *perante* nós, não em nós, sempre excêntrico [fora do centro]". Um sujeito que se transcende e que é dado segundo a *quase-presença* vai ao encontro do que Bakhtin pensa de um autor que só encontra acabamento num lugar *fora de si*, exotópico, o que se alia àquele princípio de *ek-stase*. O próprio prefixo grego *ek-* equivale, *grosso modo*, ao nosso *ex-* e indica *estar fora de*. Graus de exotopia, relacionados a um ator mais exotópico ou menos, remeterão a distintos lugares de instalação do enunciador na linha de intersecção com o herói.

115

Para a semiótica, o "autor" e o "herói" bakhtinianos dizem respeito, aquele, ao actante da enunciação enunciada, cuja delegação sintática de vozes supõe a sucessão hierárquica *enunciador/narrador*, enquanto este, o "herói", diz respeito ao actante do enunciado, fincado, seja em algum papel temático desempenhado pelo personagem de quem se conta a história, seja no papel temático de quem narra a própria história, o *herói* autobiográfico. Notamos então que, na formulação bakhtiniana relativa ao "acabamento estético", cuja condição é o inacabamento do sujeito que contempla a si e ao outro *de fora*, enquanto o outro, o contemplado, tanto mais incita à contemplação, quanto mais o inacabamento o sequestrar para longe de seu criador, deparamo-nos com um Bakhtin cujas reflexões demonstram certa proximidade com o método fenomenológico do pensamento.

Abrir a investigação sobre o estilo aos desafios lançados pelo teórico russo acaba por contribuir para a fundamentação da noção de estilo como uma *quase-presença*. A partir de um posicionamento crítico, Bakhtin escancara o confronto entre "uma estilística tradicional (baseada nos estudos dos tropos)" (1988b: 72) e uma estilística contemporânea.

O pensador russo, ao tratar de "problemas estilísticos do romance" (1988b: 72) e apresentá-los numa orientação oferecida por uma estilística presa aos estudos dos tropos, realça essa estilística como a que se limita a "apreciações de pouca monta que caracterizam a língua: a sua expressividade, sua imagética, sua 'força', sua 'clareza', etc." (1988b: 72). Ao confrontar-se com tal estilística, em que, segundo ele, predominam observações valorativas e ocasionais sobre a língua e em que "análises estilísticas concretas da prosa romanesca ou se extraviaram nas descrições linguísticas da linguagem do romancista ou então limitavam-se a destacar elementos estilísticos isolados" (1988b: 73), o pensador russo estabelece sua meta, que é tratar o romance como um conjunto, um "sistema de línguas" (1988b: 74), o que supõe considerá-lo um fenômeno plurilíngue e plurivocal.

Segundo o autor, para firmar-se no seu plurilinguismo, o gênero romanesco acolhe desde a individuação estilística dos discursos dos personagens, até "estilizações de diversas formas da narrativa (escrita) semiliterária tradicional (cartas, diários, etc.)" (1988b: 74). Ainda, segundo o russo, no romance também se encerram as "variedades multiformes" da narrativa "direta e literária do autor", bem como outras estilizações, relativas a formas orais de narrativa, designadas por ele como *skaz* (1988b: 74). Cada elemento da linguagem do gênero é definido em função da "unidade superior do 'todo'" e "carrega o acento desse todo, toma parte na estrutura e na revelação do sentido único desse todo" (1988b: 74). As relações entre os elementos constituintes do romance introduzem aí o plurilinguismo. Assim se expressa Bakhtin (1988b: 75):

Estas ligações e correlações especiais entre enunciações e as línguas (*paroles* – *langues*), este movimento do tema que passa através de línguas e discursos, a sua segmentação em filetes e gotas de plurilinguismo social, sua dialogização, enfim, eis a singularidade fundamental da estilística romanesca.

Na progressão das ideias, Bakhtin (1988b: 75), ao enfatizar que o plurilinguismo do romance é introduzido por meio do discurso do autor, dos discursos dos narradores, dos gêneros intercalados, explicita sua afinidade com a noção de gradação, ao sugerir que a variedade de vozes sociais, constitutivas do romance, estarão "sempre dialogizadas em maior ou menor grau".

O teórico russo arremata que a "estilística tradicional desconhece este tipo de combinação de linguagens e estilos que formam uma unidade superior" (1988b: 75). Reafirma então o gênero romanesco assentado na premissa da "estratificação interna da linguagem, na sua diversidade social de linguagens e na divergência de vozes individuais que ela encerra" (1988b: 76). Nesse ínterim, esclarece a dialética entre as *forças centrípetas* e as *forças centrífugas*: aquelas, voltadas a um movimento centralizador, foram vinculadas por Bakhtin (1988b: 81) à "poética de Aristóteles" e à "poética cartesiana do neoclassicismo", para o que o teórico russo não deixa de salientar, mantido o tom crítico de sua voz, o desejado "esclarecimento graças à palavra verdadeira" (1988b: 81), como uma espécie de fetichização vinda de tais poéticas. Contra esse centro que entendemos amparar o absoluto, o acabado e o transparente, estão as *forças centrífugas* da estética romanesca:

> Cada enunciação concreta do sujeito do discurso constitui o ponto de aplicação seja das forças centrípetas, como das centrífugas. Os processos de centralização e descentralização, de unificação e desunificação cruzam-se nesta enunciação, e ela basta não apenas à língua, como sua encarnação discursiva individualizada, mas também ao plurilinguismo, tornando-se seu participante ativo. (1988b: 82)

Carregar para si o acento do todo e tomar parte na estrutura desse todo – eis um ponto que tem tido especial interesse para a concepção do estilo. Oscilar entre forças centrípetas e forças centrífugas correlacionadas – eis outro ponto que interessa para entender a subjetividade como campo de presença. Transpondo as questões bakhtinianas para o ambiente dos níveis de totalidade, cremos que, na *dêixis da ausência* (*omnis/nemo*) não contam como dominantes *movimentos centrípetos* de subjetividade, próprios à relação *totus/unus*. A atualização e a realização de um centro estilístico, compatíveis com movimentos centrípetos da arquitetura do sentido, somente se ancoram na relação entre a totalidade integral e a unidade integral. Como em *omnis* as partes se mantêm na especificidade de partes, respeitados e não diluídos seus contornos, acreditamos esgarçar-se aí a subjetividade como *movimentos centrífugos*, enquanto são mantidos como primordiais os contornos do estilo de gênero. As cenas genéricas, cada qual com potencialização estilística própria, aguardam a passagem para a integralidade do estilo via *nemo* e, deste, para *totus*. Mas a grandeza numérica *omnis*, mantendo como resíduo de memória o estilo realizado em *unus*, estabelece com *nemo* uma implicação: se *omnis*, então *nemo*. Este, visto como unidade de abstração, é virtualidade que sustenta o corpo como esquema.

Desse modo, a *dêixis da ausência*, correspondente à negação, porém não à anulação da presença, ao acolher, entre *omnis* e *nemo*, a *potencialidade* (*omnis*) e a virtualidade (*nemo*) da própria presença, faz permanecer a presença, embora residual e átona, no conjunto numérico partitivo: o *omnis* e seu pressuposto, o *nemo*. Se a presença permanece, embora negada, a homogeneidade estrutural da identidade estilística também permanece. A função que a parte desempenha no todo garante a coesão entre as partes, enquanto ratifica o acento do todo nas mesmas partes. A operacionalização analítica do conceito discursivo de estilo fica viabilizada, diante desse todo assim articulado. O leitor não precisa ter à mão a totalidade numérica, como um grande número de textos, sejam eles relativos a um gênero, a um estilo "de época", a um estilo autoral.

Certamente contribui, para dirimir mecanismos de construção de um estilo autoral, o exame a ser feito de um centro estilístico, visto como unidade ordenada de valoração social e como estrutura da percepção, o que pode firmar-se não à revelia da diversidade de cenas genéricas convocadas, mas justamente por meio dela. Entre os estilos dos gêneros constituintes de uma totalidade autoral paira a *quase-presença* de um corpo ainda não pinçado pelas forças centrípetas de uma subjetividade realizada.

PERMANÊNCIA E CONTINGÊNCIA

Se insistirmos no quadrado semiótico das relações fundamentais, esboçado para a organização lógica das grandezas quantitativas, rememoramos que, como termos contrários, despontam a unidade integral e unidade partitiva; como termos subcontrários, na base do quadrado, estão as totalidades, integral e partitiva. Ratificamos que a pressuposição recíproca entre os termos contrários não abandona os subcontrários, como está sugerido no *Dicionário de semiótica* (Greimas e Courtés, 2008: 403). Partindo da constatação de que a totalidade integral pressupõe reciprocamente a totalidade partitiva, cremos poder manter a hipótese de que, não à revelia de uma pluralidade de gêneros, mas por meio dela, a integralidade do estilo mantém-se, embora residual, entre diferentes unidades genéricas. A diferença está na densidade da presença.

Níveis de totalidade supõem níveis de presença. Em *omnis*, como resíduo, será átona a presença, o que significa que, desse termo, não está excluída a presença realizada na tonicidade do *unus*. O efeito de unidade estilística (*unus*), ao comprovar-se como correspondente ao sujeito do estilo em sua "plenitude", o que diz respeito ao corpo nos seus perfis judicativo e sensível, corrobora uma presença estruturada, suporte do esquema do próprio corpo, simultaneamente contingente. Como *quase-presença*, o estilo é estrutura aberta para o acontecimento. Permanência e contingência não são termos que podem ser considerados exclusivos, mas dominantes um em relação a outro. Em se tratando das grandezas quantitativas, para a unidade virtual temos, junto ao *nemo,* mais permanência; para a unidade integral, junto ao *unus,* mais contingência. Para a totalidade partitiva, como grandeza potencial, temos a permanência do que, como *unus*, "já foi", e a contingência do que, como *nemo*, "está por vir". Então, a totalidade partitiva é átona como resíduo e é tônica como possibilidade.

Ao discorrer sobre a densidade da presença, Fontanille e Zilberberg (2001) ainda propõem, como dêixis da indivisão, o sujeito *realizado, uno, compacto,* o que confirmamos corresponder a nosso *unus* brøndaliano; aí, a "presença viva: a intensidade está no auge, e a morfologia associada é a do uno, do singular" (2001: 137). Contradizendo esse *uno*, negando-o, portanto, está, segundo os autores, o sujeito *potencializado, distribuído, dividido,* ou, como temos apresentado, o *omnis* brøndaliano. Na base do quadrado, entre *totus* e *omnis*, instala-se a totalidade como o "mais de um", ou como o "estar em conjunto", conforme temos visto; no primeiro desses termos, uma densidade de presença em preparo para a realização, ainda atualizada, acolhe a dominância de *forças centrípetas* da presença; no segundo desses termos, a totalidade partitiva, uma rarefação da tendência centralizadora permite emergirem as cenas genéricas, enquanto a presença se espraia sob o efeito de *forças centrífugas*. Mas aquela não existe sem esta, e a recíproca é verdadeira.

Vimos que, ao desenvolver perspectivas sobre a semiótica da presença, Tatit (2010) expande a noção de potencialização, relacionando-a à memorização, para o que afirma ser o *potencial* tanto da ordem do átono como do tônico. O semioticista tem um posicionamento próprio, diante do pensamento de Fontanille e Zilberberg (2001), estes que propõem para a *dêixis da ausência* um *foco átono*, o que inclui a potencialização e a virtualização: para o virtual, certa *vacuidade* e, para o potencial, certa *inanidade* (2001: 131). Comparado ao ponto de vista dos franceses, que concebem a potencialização como "memória esquemática", como "um retorno das formas do uso para o sistema" (2001: 58), o ponto de vista de Tatit (2010: 155) refina essa noção ao dar tratamento próprio ao conceito de memorização, tal como posto nas relações da presença: "Dizemos que memorização em si corresponde à *potencialização*, combinando os aspectos átonos e tônicos da acepção do termo". Como

119

desdobramentos dessa afirmação, Tatit traz à luz as duas acepções, já referidas, para "potencializar": uma, "passar de um estado de realização para um estado 'potencial', latente e inativo, configurando uma amenização do impacto da experiência para que esta possa durar na mente do indivíduo" (2010: 155); outra, "tornar mais potente, intensificar, reforçar um conteúdo na memória para que, cedo ou tarde, seja sentido como falta e se reatualize em novo processo discursivo" (2010: 155).

Trazendo tais ideias para o exame da relação entre estilo autoral e estilo de gênero, dizemos que, na potencialização, entendida como um estado latente e inativo da presença e "configurando uma amenização do impacto", está a experiência autoral ainda na fímbria do estilo dos gêneros. Mediante o raciocínio do semioticista brasileiro, podemos então afirmar que o termo *omnis*, equivalente à potencialização, supõe uma presença átona, na medida em que, ao acolher por negação a presença realizada (*unus*), mantém, como latência e inatividade, a subjetividade distribuída, ou o que ficou retido do estilo como individualidade realizada. Nesse ponto convergem os semioticistas franceses e o brasileiro. A diferença entre eles está na potencialização entendida também como força tônica e propulsora. A partir dessa acepção, confirmamos o potencial da totalidade partitiva como viabilização de um movimento propulsor, do qual se desprenderá a unidade partitiva, o *nemo*. Dizemos então que, em estilo, a presença virtualizada carrega consigo tanto a memória esquemática do corpo autoral, como a força da integralidade que, potencializada para ser virtualizada, reatualizar-se-á na *dêixis da presença*. O corpo como esquema corporal, em aguardo da própria atualização, está acolhido, como *fato de estilo*, nesse termo que diz respeito à virtualidade da presença. Aí está o enunciado de estilo relativo a uma totalidade discursiva, que pode, por sua vez, ser dividida em distintas totalidades.

A noção de organização estrutural permeia todos os níveis de totalidade. Algo mais do que a soma de elementos justapostos funda, portanto, a homogeneidade de um dizer. Corrobora-se a interdependência das partes, ou a relação de cada parte com o todo, bem como do todo com cada uma das partes. Assim, no trato com cada enunciado, levamos em conta determinado *devir* da presença, ou certa orientação que respalda as transformações sofridas pelo sujeito, seja no interior de cada enunciado, seja na totalidade deles. Em homologia ao que disse Hjelmslev (1991: 31) sobre a natureza da linguagem, afirmamos que o efeito de individualidade não é obtido a partir da observação de "grandezas fortuitamente encontradas e arbitrariamente isoladas, que depois se adicionassem" para que obtivéssemos a totalidade. O exame concernente ao estilo se voltará a um todo organizado, não a "um conglomerado ou conjunto fortuito de elementos heterogêneos, obtido através de uma simples adição", (1991: 31) tomando para nossos fins outras proposições hjelmslevianas.

Não só quanto aos níveis de totalidade, mas também na base dos perfis do ator da enunciação, o sensível e o judicativo, o estilo comprova-se como da ordem da estrutura e do acontecimento; naquela, as previsibilidades de invariantes; neste, a contingência das variáveis. No âmbito dos níveis de totalidade, vimos que, à pluralidade de gêneros constituintes de uma totalidade, subjaz o "estar em conjunto" de um sujeito, ora atualizado e realizado, ora potencializado e virtualizado. No âmbito da encarnação de um corpo, temos um sujeito discursivo que, como enunciação enunciada, é considerado constitutivamente responsivo ao outro e, como tal, é concebido como identidade habitada pela alteridade, esta considerada tanto investida de valores culturais, como fundada em valências da percepção.

Ao procurar descrever mecanismos de construção de determinado estilo, podemos promover o cotejo entre dois estilos, vistos, cada qual: no lado do inteligível, como sistema organizado de moralizações ou julgamentos morais; no lado do sensível, segundo um sistema organizado de valências da tensividade, esta bifurcada na intensidade regente e na extensidade regida. Zilberberg (2011: 67), ao ratificar a "autoridade do sensível sobre o inteligível", afirma: "a tensividade é o lugar imaginário em que a intensidade – ou seja, os estados de alma, o sensível – e a extensidade – isto é, os estados de coisas, o inteligível – unem-se uma à outra" (2011: 66).

O modo de transitar entre o sensível e o inteligível e o modo de valorar eticamente o mundo poderão ser obtidos por meio da comparação entre estilos, para que o sujeito, sustentado na permanência da sua forma, seja visto através de uma análise que o relaciona ao *outro*. Assim, dois estilos postos em cotejo firmar-se-ão como termos que sobressaem da relação trazida à luz. Essa relação determina o nível de totalidade a ser contemplado. Como analista, posso analisar, por exemplo, um texto de artigo de opinião, comparado a outro do mesmo gênero, mas de assinaturas autorais distintas, para depreender o estilo do gênero; ou posso analisar um conjunto de artigos de opinião sob a mesma assinatura autoral, em cotejo com uma única crônica, ocasião em que esse único texto valerá, para o estilo, segundo os vetores estilísticos nele instalados. E assim por diante.

O sujeito do estilo não escapa às duas visadas que lhe são inerentes: a primeira diz respeito à consciência sensível ou à relação *percepção/mundo percebido*; a segunda diz respeito à responsabilidade do ato de enunciar ou ao mundo valorado moralmente. Temos um "ser-no-mundo", expressão não designativa de qualquer inclusão espacial de um conteúdo (o ser) em outro (no mundo), como seria "a água no copo"; também não designativa de qualquer conjunto entre "o homem e o mundo". "Ser-no-mundo" designa a "transcendência originária de um ser", afastando a cisão entre um sujeito que percebe e um mundo-objeto percebido. Se aceito o princípio de que o *outro* me habita, verdadeiramente não posso pensar num sujeito que, de sua interioridade, construiria representações do exterior, mantendo-se como "ilhado no interior de suas representações".[9]

Mas continua a intrigar como a noção zilberberguiana de "autoridade do sensível sobre o inteligível" permeia a relação entre permanência e contingência na fundação do corpo como estilo. Por isso voltamos a interrogar o próprio sensível, supostamente relacionado com o que é da ordem da sensação. Merleau-Ponty (1999: 281), ao esclarecer o que é *mundo percebido*, avança no esclarecimento do ser-no-mundo, ao falar do sujeito da sensação, tendo antes postulado que "a sensação não é nem um estado ou uma qualidade, nem a consciência de um estado ou de uma qualidade". Para isso mostra a comunicação entre o "lado perceptivo" e o "lado motor" do comportamento, trazendo casos sobre a percepção de cores e sons. Ao citar pacientes de Goldstein (1999: 639), afirma: "De uma maneira geral, temos, de um lado, com o vermelho e o amarelo, 'a experiência de um arrancamento, de um movimento que se distancia do centro', e de um outro lado, com o azul e o verde, temos a experiência do 'repouso e da concentração'" (1999: 284).

Para fundamentar a afirmação de que é, não é preciso perguntar como e por que o vermelho significa o esforço, e o verde, o repouso, mas, pelo contrário, "é preciso reaprender a viver essas cores como nosso corpo as vive" (1999: 285), o filósofo lembra que a qualidade, no caso, a cor, não é um espetáculo objetivo, mas se deixa reconhecer "por um tipo de comportamento que a visa em sua essência, e é por isso que, a partir do momento em que meu corpo adota a atitude do azul, eu obtenho uma quase-presença do azul" (1999: 285).

Entendemos que, segundo o filósofo, o sensível, relacionado ao ser-no-mundo, a um sujeito de sensações, não decorre da atividade reflexiva de um pensador que nota uma qualidade em algo, nem tampouco decorre de um sujeito que, como campo inerte, seria afetado pela qualidade da coisa. O sujeito da percepção, ser-no-mundo, que pode ser designado como sujeito da sensação, é "uma potência que conasce em um certo meio de existência ou se sincroniza com ele" (Merleau-Ponty, 1999: 285). O filósofo exemplifica, lembrando que, quanto ao som, o sensível está ligado a "uma certa tensão sentida em primeiro lugar em todo o corpo" (1999: 284).

Se, para o estilo, procuramos considerar o ator em duas visadas distintas e interpenetradas, a sensível e a concernente à responsabilidade do ato de enunciar, acercamo-nos daquela concepção de potências coexistentes para o sujeito visto como sujeito-no-mundo, em que corpo e mundo se sincronizam na percepção. No julgamento ético, está o viés da observação que mantém os vividos sob o olhar reflexivo, conforme nota Husserl (2006: 168), que distingue o vivido "notado", aquele que supõe uma reflexão que se dirige a ele e assim se torna objeto para o eu, do vivido irrefletido. Daqui sobressai o que consideramos o viés sensível. Ao cotejarmos o estilo do poeta Castro Alves com o de Mário de Andrade, contista, constatamos que o poeta romântico mantém o vivido "sob o olhar reflexivo". Para o modernista, ator do enunciado e ator da enunciação são discursivizados, na medida em que vivem, mas sem que tenham os vividos "sob o olhar reflexivo". É no ambiente do conto modernista que o vivido parece mais experimentado e menos notado, o que permite ao recém-sido invadir impetuosamente o que está sendo, e o que repercute na aspectualização do ator da enunciação, enquanto se semantiza, no modo da ambiguidade, o espaço urbano em que se movem os atores no enunciado.

Tanto no âmbito da dominância do juízo predicativo, isto é, na ordem do inteligível preponderante, na ordem da reflexão que torna o vivido notado, como no âmbito da dominância da experiência sensível, esta antecedente daquele, confirma-se o estilo como forma invariante e como contingência discursiva. Uma estrutura encarnada respalda a subjetividade estilística, cuja imanência, longe de remeter a um "eu" concebido na dicotomia entre um interior e um exterior, firma-se como imanência discursiva, confirmada como transcendental, em acepção compatível com as noções de práxis enunciativa e campo de presença.

SEMIÓTICA, FENOMENOLOGIA, ESTILO

Em seus desdobramentos contemporâneos, a semiótica tem problematizado o conceito relativo ao sensível e, entre os estudos com vista a incorporar tal conceito, estão aqueles sobre as paixões, como o desenvolvido por Greimas e Fontanille (1993), e aqueles voltados para a articulação do sensível com a noção de tensividade, cuja fonte é o pensamento de Zilberberg (2011).[10] Logo na abertura da obra dos primeiros, encontramos esta definição: "O discurso semiótico é [...] a descrição das estruturas imanentes e a construção de simulacros que devem dar conta das condições e das precondições da manifestação do sentido e, de certa maneira, do seu 'ser'" (Greimas e Fontanille, 1993: 12). Quanto à noção de simulacro, não vemos antagonismo entre a semiótica e a fenomenologia, pois, para ambas, o ser tecido na linguagem e por meio dela permanece na pauta de observação: um sujeito que é depreendido a partir de sua "fala" e jamais supostamente dado por inteiro é o que interessa a ambas.

Mas a noção de "precondições da manifestação do sentido" oferece progressão para o debate sobre a relação entre o inteligível e o sensível e nos permite manter investigações sobre o que seriam tais precondições, se não um conceito que goza de alguma vizinhança com aquilo de que se ocupa a fenomenologia, tantas vezes designado, no âmbito do pensamento husserliano, como o "o território de fundação do sensível" (Husserl, 1970b). O sensível pode ser reconhecido também na relação com as noções linguísticas de *língua* e *fala*, enquanto esta última, não perdida dos princípios saussurianos, também pode ser pensada com alguma vinculação com as ditas "precondições", na medida em que, entendida como correlata ao ato enunciativo, passa, nas questões de estilo, a corresponder ao gesto e ao corpo. Além disso, o sensível pode ser pensado enquanto não só confronta com a própria língua, mas também está no interior dela como conotação sígnica.

Quanto aos princípios saussurianos, o sensível, cotejado a partir de uma língua considerada como "um sistema de signos que exprimem ideias" (Saussure, 1970: 24), uma língua que também se articula por meio de signos contemplados "no seio da vida social", como diz Saussure (1970: 24) na remissão feita à "Semiologia", confirma-se na confrontação com o que está em relação de implicação mútua com a mesma língua – a fala, "parte individual da linguagem" (1970: 24): "a língua é necessária para que a fala seja inteligível e produza todos os seus efeitos; mas esta é necessária para que a língua se estabeleça" (1970: 27). Também será confrontado, o sensível, com uma fala concebida como "o germe de todas as modificações [da língua]": "*tudo quanto seja diacrônico na língua, não o é senão pela fala*" (1970: 27). A função de "germe de todas as modificações [da língua]", ao corroborar a fala como agente incorporador da diacronia, pode ser levada em conta no exame que se faz da organização de uma totalidade estilística, mediante: a) a equivalência estabelecida pós-Saussure do conceito saussuriano de fala com aquele de discurso; b) o conceito de diacronia, enquanto esta não se circunscreve ao âmbito de fatos evolutivos contemplados numa transformação que dispõe, em sequência, estágios passados e presentes da língua, aqueles como antecedentes e causa destes.

Para o estudo do sensível na composição do estilo, um distinto viés da noção de diacronia é convocado, a fim de que a fala seja remetida àquelas "precondições". Na medida em que se depreendem uma anterioridade e uma posterioridade entrecruzadas no presente da percepção, assim temporalizada, obtemos, relativo àquelas "precondições de manifestação do sentido", um tempo que *dura* ao longo dos muitos "agoras" encerrados pela totalidade. Lembrando a metáfora cara à fenomenologia, usada para discutir a temporalidade, temos um tempo que não é análogo ao rio, cuja nascente estaria para o passado e cuja foz estaria para o futuro, do que se poderia depreender, como presente, o lugar em que eu me encontrasse diante do escoamento sequencial entre passado, presente e futuro dessas águas: um tempo de sucessões espacializadas. A respeito da "metáfora do rio, não enquanto o rio que escoa, mas enquanto ele permanece um e o mesmo", como diz Merleau-Ponty (1999: 550), Chauí (1997: 243) faz um resumo didático, sinalizando o fato de que "a água que está na nascente é aquela que ainda não passou pelo lugar onde estou e, portanto, ela é, para mim, o futuro, não o passado; a água que está na foz é aquela que já passou pelo lugar onde estou e, portanto, para mim, é o passado não o futuro". Temos deste modo desenvolvido, pelo filósofo francês, o destaque ao fato de que "no âmago do tempo existe um olhar" (Merleau-Ponty, 1999: 565):

Há um estilo temporal do mundo, e o tempo permanece o mesmo porque o passado é um antigo porvir e um presente recente, o porvir enfim é um presente e até mesmo um passado por vir, quer dizer, porque cada dimensão do tempo é tratada ou visada *como* outra coisa que não ela mesma.

Pensar que "no âmago do tempo existe um olhar" vai ao encontro dos fundamentos semióticos relativos a uma sintaxe discursiva, tal como formulados por Fiorin (1996), que, por sua vez, dá indicações de afinidades entre a concepção de tempo como categoria discursiva e a concepção filosófica do tempo. A partir do pensamento de Santo Agostinho, o semioticista afirma:

> Agostinho, ao abandonar o suporte cosmológico do tempo e ao radicar a experiência do tempo no espírito por meio de signos (imagens-vestígio e imagens antecipantes), deixa de interessar-se pelo tempo físico e caminha na direção da reflexão sobre o tempo linguístico. (1996: 139)

Do outro lado, Merleau-Ponty (1999: 551) diz que "o tempo não é um processo real, uma sucessão efetiva que eu me limitaria a registrar. Ele nasce de *minha relação com as coisas*". Acrescenta o filósofo que, nas próprias coisas está, em uma espécie de preexistência, o *porvir*; em uma espécie de sobrevivência, o passado. Fiorin (1996) destaca a partir dos sistemas sintáticos relativos à categoria de tempo, o presente do presente (sistema enunciativo), o presente do passado (sistema enuncivo pretérito) e o presente do futuro (sistema enuncivo futuro), todas essas relações consideradas a partir de um *nunc*, o agora da enunciação. Merleau-Ponty (1999: 552) lembra que "Santo Agostinho exigia, além da presença do presente, uma presença do passado e uma presença do porvir", O *nunc* verdadeiramente se confirma como o solo da fala, esta que é pensada como ato enunciativo depreendido de um texto e da totalidade deles, segundo uma estilística discursiva.

A noção fenomenológica de que a água que está na nascente é aquela vista como a que ainda não passou pelo lugar onde estou, do que decorre que ela é, para mim, o futuro, não o passado, noção aliada à outra, de que a água que está na foz é vista por mim como aquela que já passou pelo lugar onde estou, sendo, por isso, para meu olhar, o passado, não o futuro, também circunvizinha outro conceito semiótico, aquele relativo ao tempo figural, visto como duração, tal como trazido à luz pelos estudos feitos da tensividade. Aí se ancoram as "precondições do sentido". Por sua vez, a noção da não coincidência consigo mesmo, relativa ao passado, ou ao presente, ou ao futuro, confirma-se nas cercanias da noção semiótica de um sujeito não coincidente consigo mesmo, na medida em que está necessariamente exposto à "intensidade repentina e superior daquilo que sobrevém" (Zilberberg, 2011: 165). A fala, como ato enunciativo, suscetível de ser reconhecida como um dizer que se dá a ver no exame que se faz do dito, do enunciado, acaba por respaldar o próprio conceito de corpo discursivo e, quanto ao estilo, um corpo que se apresenta com certa *disposição* para..., o que supõe gestos que se compõem conforme deslocamentos temporais.

A partir do pensamento de Zilberberg, entendemos que, mediante a intensidade repentina do que pode *sobrevir* e mediante a *disposição* do próprio sujeito, noção esta recuperada do pensamento de Greimas e Fontanille (1993), o sujeito articulará a duração das coisas do mundo: conforme o longo que se abrevia, se a intensidade se mantiver numa linha ascendente de recrudescimento; conforme o breve que se alonga, se a intensidade declinar e, na descendência e na atenuação, seguida de uma minimização do impacto, garantir a "atitude do sujeito", mais vinculada ao *agir* e menos vinculada ao "sofrer". Entre o breve que se alonga e o longo que se abrevia, está a duração do percebido, o "estado de coisas". Essa duração é regida pela intensidade do olhar: se instalado proeminentemente nas valências tensivas do "sofrer", como quem se afasta significativamente do próprio *agir*, mais vulnerável será o corpo. O sujeito do "sofrer" apresentar-se-á mediado pelo observador sensível. O sujeito do agir, mediado pelo observador social, responderá por um *agir*, que inclui uma atitude moralizante. Lá e cá, a percepção temporalizada sustenta o ator da enunciação na ordem da imperfectividade. Lá e cá distintos estilos podem emergir, na medida em que a percepção, correlata à duração, deixar-se entrever nos vetores estilísticos, que remetem à *disposição* que tem o corpo a certo devir.

Ao demonstrar como, "no âmbito da intensidade [...] o andamento e a tonicidade agem de comum acordo", transtornando o sujeito, Zilberberg (2011: 171) fala de um acontecimento como algo que pode absorver todo o *agir*, todas as atitudes do sujeito que, sem possibilidade de atenuar ou minimizar o impacto afetivo que sofre, acaba por instalar-se em relação a uma temporalidade "fulminada, aniquilada" (2011: 171). Esse sujeito "derrotado" pelo acontecimento no âmbito da intensidade dos afetos dá-se na intersecção com uma temporalidade que, a partir do eixo da extensidade, apresenta-se "fulminada", porque abreviada maximamente. Diz o semioticista: "A recomposição da temporalidade está condicionada à desaceleração e à atonização, ou seja, ao retorno àquela atitude que o acontecimento suspendeu momentaneamente" (2011: 171).

A "temporalidade fórica" (2011: 171) ou o tempo figural proposto pelo semioticista avizinha-se do tempo tal como concebido pela fenomenologia no eixo Husserl/Merleau-Ponty, na medida em que tanto lá como cá estamos diante de um tempo que, definido pelas perspectivizações do sujeito, remete à duração.

Para a semiótica, aquele sujeito "estupefato" e "penetrado" pelo impacto afetivo "almeja alongar o breve ou abreviar o longo", a fim de poder voltar a "comandar a temporalidade", segundo Zilberberg (2011: 171). Ora, se é assim, o "tempo do pervir" (2011: 286) é aquele em que o sujeito está no comando; o "tempo do sobrevir" é aquele em que o sujeito perde momentaneamente o comando. Se saltarmos da morfologia *longo vs. breve*, articulada aos "modos de eficiência" da própria presença, *pervir* (para o longo), *sobrevir* (para o breve), chegamos, junto à sintaxe correspondente, à *abreviação* (para o que é longo) e ao *alongamento* (para o que é breve), conforme o mesmo semioticista.

Nesse ambiente da temporalidade figural, quanto mais a duração se abrevia, mais "o espaço se contrai e se reduz ao 'aqui' que fica então, momentaneamente, sem 'alhures' acessível", reafirma Zilberberg (2011: 278), o que nos impele a pensar no *campo de presença* instalado entre o tempo-espaço concernente à dimensão da extensidade (o *estado de coisas*) e o impacto concernente ao olhar que percebe, instalado na dimensão da intensidade: o impacto, por sua vez, é definido "como o produto das subvalências saturadas de andamento e tonicidade" (2011: 264). Assim o estilo pode ser pensado como corpo, na medida em que nos defrontarmos com um campo de presença delineado segundo pontos de intersecção entre sensível e inteligível, bem como delineado segundo pontos de intersecção entre um passado, um presente e um futuro que, não seriais, fundam o *advir* da mesma presença. *Advir*, definido como "eixo semântico comum a ambos [sobrevir e pervir]" (2011: 269), também remete à temporalidade fenomenológica. Para isso, não custa lembrar que Zilberberg (2011: 269), ao discorrer sobre maneiras pelas quais "uma grandeza pode penetrar em um campo de presença", afirma que isso supõe "o contraste entre um antes e um depois, mas estruturado de forma que o *depois* preceda o *antes*".

Ao interpelarmos a temporalidade na constituição do corpo do ator da enunciação, pensamos então num tempo que, como duração, reforça a possibilidade de entendermos a diacronia de um estilo não como evolução de fatos distribuídos sucessivamente entre um *agora* e o que se antepõe ou o que se pospõe a ele, mantido, cada agora, em segmentação serial. O *agora* relativo à enunciação que, pressuposta ao corpo, semantiza-se e aspectualiza-se ao longo da totalidade, supõe o passado e o futuro como distensões de um presente que dura, enquanto esse presente permanece o mesmo entre dilatações relativas ao passado e ao futuro, que o constituem. Como esquema fundado numa percepção temporalizada, isto é, relativa a um presente invadido por perspectivas vindas do passado e abertas ao futuro, o corpo de um estilo confirma-se como inacabado.

Visto como duração, esse tempo articulado ao ator da enunciação, pressuposto a uma totalidade e discursivizado semântica e aspectualmente nela, diz respeito a um presente que subjaz a cada *agora* das manifestações discursivas encerradas na totalidade. Entre "retenções" e "protensões" que fazem emergir o presente, como diz o Husserl lembrado por Merleau-Ponty (1999), temos, para o estilo, a duração do agora dito "impressional", no modo como são promovidas as presentificações daquelas mesmas retenções e protensões. Isso equivale a um *durar* aspectualmente na constituição do ator. Retenções e protensões, pensadas como funções da temporalidade fórica, serão discursivizadas como mais extensas, se o sujeito, ao passar a ter maior controle sobre a própria percepção, inclinar-se para modulações de atenuação e minimização diante do que se lhe sobrevinha como "colossal". Ao atenuar o *colossal* para o *grande*, minimizando o *grande* em *pequeno* e, em minimização recursiva, do *pequeno* alcançar o *minúsculo*, podendo atingir o ínfimo daquelas forças de aceleração e de tonicidade, o sujeito pode paulatinamente alongar o breve e, desse modo, voltar a abrir o que estava espacialmente "ocluso": o próprio campo de presença. Sobre o espaço assim perspectivizado, encontramos o que diz Zilberberg (2011: 172): "De um sujeito estupefato, podemos dizer que ele ficou *siderado, sem poder sair do lugar.*" Lembrando o exemplo do rio, entendemos que o sujeito, como olhar sobre "o que passa", pode perder a labilidade das retenções e protensões na constituição do próprio presente, o que passará a respaldar um corpo mais fixo e acabado, no modo como se dará a ver nos próprios enunciados, como é do interesse do analista de estilo.

Uma cifra tensiva registra o fato de estilo concernente à totalidade, remetendo à inclinação preponderante a uma destas direções tensivas: do *colossal* ao *grande* (*atenuação*); do *grande* ao *pequeno* (*minimização*); do *pequeno* ao *minúsculo* (*minimização recursiva*), podendo atingir o *mínimo* da valência relativa à incidência do acento sobre o sentido; ou, em movimento inverso, deslocar-se do *minúsculo* ao *pequeno* (*restabelecimento*); do *pequeno* ao *grande* (*recrudescimento*); do *grande* ao *colossal* (*recrudescimento recursivo*), estando a recursividade em lugar de um "correspondente funcional, imanente, da superlatividade", como diz Zilberberg (2011: 201), de quem extraímos tais categorizações. Para a labilidade colossal das retenções e pretensões, teremos um estilo que borra os contornos do mundo; o contrário se dará para a labilidade minimizada, a ponto de tornar-se ínfima, ocasião em que teremos a estaticidade aspectual – do presente e do corpo.

À labilidade, corresponde a categoria aspectual da dinamicidade, que oferece requisitos para distinções estilísticas. Castro Alves, por meio dos vetores lançados no poema "O navio negreiro", inclina-se para a estaticidade, no âmbito do perfil sensível, este, segundo o qual fica "congelado" o sistema de retenções. As cenas relativas à escravidão, vividas como memória notada, não involuntária, discursivizam-se temática e figurativamente como invasão desencadeada em relação ao corpo actorial. Entretanto, esse corpo não se flexiona ao mundo percebido, não se dobra, do que resulta o tronco ereto. Mantém-se fixado, esse corpo, em estaticidade que se materializa pelo modo de imprimir a moralização nos componentes do narrado e até por meio da textualização métrica, a qual passa a desempenhar a função de corroborar, no interior do poema, essa propriedade aspectual para o ator.

Como propriedade aspectual constituinte de determinada totalidade, a dinamicidade revela-se em contiguidade com a noção de diacronia, esta pensada na acepção de movimento organizado. Isso aparece na leitura em ato ou no transcurso de uma leitura. Um recorte "sincrônico", tal como o enunciado que está sob o olhar do leitor, palpita "diacronicamente", enquanto *o que (já) não é, é (ainda)*, e enquanto *o que* (ainda) *não é,* (já) *é*.[11] Desse modo, uma diacronia concernente ao *fato de estilo* traz à luz algum princípio de transformação evolutiva, tal como lembrado por Saussure em relação aos fonemas, às unidades semânticas, sintáticas e morfológicas. Contudo, é segundo o dinamismo que pulsa sob a sincronia de um único enunciado que a diacronia respalda a fala concernente a uma totalidade. Tal fala repousa no passado e no futuro como dilatações temporais correspondentes a cada agora enunciativo e à totalidade deles. Para o estilo, a sincronia mantém-se impregnada da dinamicidade da diacronia, diferentemente, aí, do pensamento do mestre genebrino: "A diacronia supõe, ao contrário [da sincronia], um fator dinâmico, pelo qual um efeito é produzido, uma coisa executada" (Saussure, 1970: 109). O fato de estilo, unidade virtual que funda o corpo como esquema, é estático, na medida em que virtualiza as dinamicidades discursivas relativas a cada enunciado. Para cada texto encerrado na totalidade, bem como para a totalidade deles, com o presente que permanece nas transformações temporais, há uma sincronia dinâmica.

Olhando para a sintaxe discursiva, encontramos o presente enunciativo, correlato sintático a cada enunciado que participa da totalidade, como o momento da enunciação (cf. Fiorin, 1996), o que contribui para a configuração da subjetividade discursiva no encadeamento entre categorias de pessoa, tempo e espaço, por sua vez semantizadas de modo próprio em cada enunciado e, na totalidade, segundo o princípio unificador que as rege. Na semantização da categoria de pessoa estão papéis temáticos e investimentos figurativos e, na medida em que tais papéis se vinculam a um *agir* moralizante concernente a uma totalidade, *agir* recorrente e estruturado, temos o *éthos* como lugar social do sujeito-no-mundo. Aí incorporamos o que pensa Dominique Maingueneau sobre o *éthos*: tanto um conjunto de características psíquicas, quanto um corpo físico e, juntamente com o corpo, uma certa vocalidade – tudo tal como discursivizado.[12] Semioticamente, dizemos que o *éthos* está para os papéis temáticos desempenhados pelo ator da enunciação, os quais se apresentam conjungidos aos papéis actanciais pertencentes à sintaxe narrativa de superfície. Sobre os papéis actanciais, afirmam Greimas e Courtés (2008: 20): "Associados a um ou vários papéis

129

temáticos (que estruturam o componente semântico do discurso), eles possibilitam, com estes últimos, a constituição dos atores (como lugares de convergência e de investimento das estruturas narrativas e discursivas)".

Tratamos de um *éthos*, cuja fala não apartada da percepção, subjaz à mobilidade durativa dessa percepção, necessariamente temporalizada; um *éthos* que, enquanto é configurado na semantização discursiva, bem como nas precondições da construção do sentido, funda-se na conotação que, a partir do *lógos* de uma totalidade, confirma-se conotado. Para isso, remetemos a Barthes (1975: 203), para quem o "*éthos* é, no sentido próprio, uma conotação". O semiólogo enfatiza: "O orador enuncia uma informação e, ao mesmo tempo, afirma: sou isso, sou aquilo" (1975: 203) – seguindo de perto o que fala o Estagirita em sua *Retórica*. A novidade de Barthes é entender o *éthos* como necessariamente conotado.

Para o *éthos* assim entendido, temos a fala relativa à totalidade, que deslizará no intervalo entre uma conotação máxima e mínima, tão mais concentrada quanto mais aproximar-se do "sofrer" do sujeito do afeto; tão mais difusa, quanto mais alongar-se na inteligibilidade do "estado de coisas", onde se instala o *agir* do sujeito. Voltamo-nos, então, para aquém da sintaxe e da semântica discursivas, para o lugar das "precondições" da geração do sentido. Aqui estamos no lugar daquilo que antecede os movimentos relativos ao percurso gerativo do sentido, que culminam com a discursivização da enunciação pressuposta, segundo as categorias de pessoa, tempo e espaço. Tratamos da *quase-presença* que, em fase de atonia, vincula-se ao nível tensivo, como potencialização do ator em processo: a *quase-presença*, radicada num tempo-espaço figurais. A partir daí confirma-se um presente que, constitutivo da temporalização do ator, traz para si um *porvir*, que deixa de estar encerrado numa posterioridade, e um passado, que deixa de estar encerrado numa anterioridade. Enquanto isso, o olhar do observador, no inacabamento de cada tempo, gradativamente os abrevia ou os alonga em equivalência com a contração ou com a dilatação espacial. Assim se fundam estilos – do ator do enunciado e, concomitantemente, do ator da enunciação.

No conto "Atrás da catedral de Ruão", Mademoiselle apresenta-se dilacerada por suas antecipações, as quais poderiam definir o herói conforme o núcleo delirante de sua constituição. Isso seria possível por meio da ênfase a um tom que privilegiasse o biografado, ou a memória encerrada no passado, no relato dos idos e vividos. Esse núcleo poderia sofrer a pejoração enunciativa e ser rejeitado eticamente. Entretanto, Mademoiselle interessa pela dinamicidade colossal de seu corpo actorial. Quanto mais entregue às antecipações que, a contragosto do sujeito e com desfrute concomitante dele, invadem seu agora, mais se permite prender na retenção dos vividos sensíveis. Para isso, Mademoiselle põe-se a abreviar o que percebe como longo, a ponto de atingir paroxismos de intensidade para si e para as coisas do mundo. Abruptamente, procura também alongar o breve no circuito de percepções desencontradas. O narrador, por meio do observador, participa dessa dinamicidade "louca" que compõe o corpo de Mademoiselle. Sai de si na busca do acabamento estético, seja na consciência que ele tem de Mademoiselle, seja na consciência que Mademoiselle tem dela mesma, nenhuma delas coincidentes consigo mesma. A noção bakhtiniana de exotopia confirma-se como componente para entendermos o corpo.

A aspectualização do ator da enunciação encontra subsídios no presente figural, síntese dos muitos perfis do presente, na medida em que é atravessado por perspectivizações do sujeito. O presente figural remete ao devir relativo à enunciação que, pressuposta à totalidade, nela se discursiviza ao semantizar-se e ao temporalizar-se, no presente que dura num devir. Esse devir movimenta-se na direção da recordação e da expectativa desenvolvidas sempre a partir do presente. Se, tal qual se nota na sintaxe discursiva, o presente nunca é o mesmo, teremos, para o corpo, um passado também multifacetado que, mais (ou menos) breve, fará configurarem-se diferentes estilos. É semelhante o que se dá com o futuro. Temos, para cada estilo, um corpo apresentado segundo uma lógica intrínseca, por isso uma estrutura, mas um corpo não estático, por princípio. Só será estático como efeito decorrente do interior da própria dinamicidade aspectual. O ator da enunciação, segundo a propriedade aspectual da dinamicidade, confirma-se orientado segundo modulações imprimidas ao passado e ao *porvir*, sempre a partir do presente.

Um passado rememorado tal como *sou* hoje e um futuro vivido tal como *sou* hoje podem realçar o presente como abreviação temporal e concentração espacial do que "foi"; ou o contrário. O que "foi", tornado presente como memória fundadora do que "é" e do que virá, e o futuro, também tornado presente como possibilidade fundadora do que "é", mediante abreviações ou alongamentos promovidos pelo olhar, poderão validar distintos estilos. Assim, diante de um futuro que não é simplesmente o que se pospõe ao meu presente, mas algo qualitativamente diferente deste, e diante de um passado que se apresenta de modo equivalente em relação ao presente, ambos para compor o próprio presente, enquanto são postos pelo mesmo presente, temos meios de entender um pouco mais outras noções lançadas por Greimas e Fontanille (1993). Entre elas, está o próprio devir do sujeito, tido como "efeito de mira" (1993: 34) e como "homogeneidade global de orientação" (1993: 35); também o próprio aspecto, tido como "gestão do *continuum* discursivo" (1993: 32). Entre essas noções, segundo os autores, está a *protensividade* como "orientação" (1993: 32), o que ajuda a conceber o estilo segundo um princípio regulador, uma norma, não um desvio em relação a ela. Esse princípio regulador concerne a uma ética, como norma de moralização, e a um devir da própria conotação.

131

O devir, como percepção temporalizada, confina com a noção de um passado e de um futuro que são dilatações temporais de um presente *que dura*. Lembrando a estética neoclássica, supomos que dura, contínua e peculiarmente, o presente fundador do *éthos* a ela correspondente. O *éthos* neoclássico, supomos que acolhe para si paixões que duram ao privilegiar não a dinamicidade, mas a estaticidade do corpo; não a atelicidade, mas a telicidade dele. Como vetor estilístico projetado numa única lira feita para Marília, por Tomás Antônio Gonzaga, o estilo gonzaguiano, nas bordas de tal lira e conforme a regência exercida pelo todo da própria estética, é suscetível de vir à luz.

De acordo com o modo de promover, a partir do "presente *que dura*", as dilatações temporais (mais breves ou menos) relativas ao passado e ao futuro, o que supõe contrações e aberturas espaciais, teremos a configuração da fala estilística, assim assentada numa diacronia vista como um fluir contínuo, que é interno a cada enunciado participante de uma totalidade e também é externo a ele, já que a unidade recebe sua função no todo. Seja como unidade, seja como totalidade, teremos o enunciado de estilo como correlato de uma enunciação temporalizada segundo os parâmetros do sensível.

Uma totalidade pode dividir-se em outras totalidades. Cabe ao analista a decisão pelo estrato a ser contemplado. Para a depreensão do enunciado de estilo, temos, em princípio, sempre uma unidade textual a ser descrita como ponto de partida. Mas o enunciado de estilo estratifica-se segundo a estratificação da presença. Como exemplo, podemos colher, da esfera jornalística, o horóscopo, para o que pode ser pensada a descrição do estilo de um gênero. O analista examinará a coluna de horóscopo relativa à publicação feita numa edição de determinado jornal. O enunciado em análise, observado como presença realizada (unidade integral), supõe *para si* a totalidade integral: a presença atualizada relativa a muitos outros horóscopos do mesmo jornal e até de outros jornais, bem como relativa à enunciação pressuposta a horóscopos de revistas e a outros veículos de comunicação. O atualizado (quase presente) é visto a partir do realizado (presente), e ambos relacionam-se com o potencial (passado e futuro) e com o virtual (futuro e passado).

No caso do horóscopo, a estereotipia temático-figurativa sustenta, no âmbito da veridicção, um contrato fiduciário que, estabelecido na comunicação, permeia formulações diagnósticas e prognósticas com ares de uma verdade presumidamente vinda do lugar de uma entidade, compatível com o corpo actorial estático, do sujeito que tudo vê e tudo sabe a respeito do leitor que vem em busca dessa coluna jornalística. Mas, já a partir do suporte da página, ou a partir do Caderno do jornal que abriga a página (Caderno 2, *Estadão*; Ilustrada, *Folha*), configura-se o espaço tematizado como o relativo às amenidades jornalísticas, tais como as HQs (tiras humorísticas de quadrinhos), as quais são limítrofes dessa coluna em ambos os jornais considerados. O lugar ocupado pelo horóscopo na diagramação do espaço do jornal inscreve no corpo actorial uma vulnerabilidade incompatível com um ator da enunciação que se configuraria como entidade, apoiado num discurso que parecesse uma revelação profética feita pelos astros sobre o destino humano. O leitor carrega na memória essa vulnerabilidade do horóscopo. Preparado em termos de *disposição*, já pelo suporte correspondente a um *caderno* relativo a uma mídia com estatuto de coisa secundária, o corpo actorial (enunciador/enunciatário) inclina-se para a baixa tonicidade da presença enunciativa, como atenuação de impacto emocional.

Numa mesma coluna, a rigidez temático-figurativa, juntamente com a rigidez dos mecanismos de textualização, formula, nesse gênero maximamente estável, uma cena autoral de atonia máxima, com valência nula de presença. Juntam-se as seções correspondentes a cada um dos 12 signos astrais (áries, touro, gêmeos, câncer, leão, virgem, libra, escorpião, sagitário, capricórnio, aquário, peixes) num "texto corrido", de modo a permanecerem ilusórias as rubricas que, ao lado do ícone de cada signo astral, dão entrada ao segmento de "revelações" correspondentes ao período assinalado. Cada seção indica, para a localização do leitor, as datas de nascimento encerradas pelo signo correspondente.

> **GÊMEOS** (21 maio a 20 jun.)
> Talvez você capte algo sutil no seu chefe, ou esteja conectado com as ondas coletivas que querem paz, compreensão, arte e perdão. Sempre é possível, para alguém tão talentoso, dar um jeito de incluir essas aspirações na sua agenda. (*Folha de S. Paulo,* Ilustrada, 14 jan. 2013, p. E9)
>
> **TOURO** (21 abr. a 20 maio)[13]
> Eduque seus impulsos para que obedeçam a seus comandos, seja você o condutor de seu corpo físico, de sua mente e de suas emoções. Isso não acontece do dia para a noite, é um processo que requer anos de treinamento. (*O Estado de S. Paulo*, Caderno 2, 6 jan. 2013, p. D4)

No perfil social, o ator aspectualiza-se por meio da euforização da justa medida, que funda, para o narratário-leitor, o papel temático voltado a comportamentos que dizem respeito ao ator elegante, segundo a norma do gosto da "neutralidade": nem excesso, nem falta.

> **SAGITÁRIO** (22 nov. a 21 dez.)
> Os milagres acontecem ainda que você duvide, pois de outra forma seriam leis da natureza e não milagres. Você não pode pretender que aconteçam com hora marcada, você apenas pode se maravilhar quando acontecem. (*O Estado de S. Paulo*, Caderno 2, 6 jan. 2013, p. D4)

ÁRIES (21 mar. a 20 abr.)
Você começa a semana um tanto sentimental demais, pode ser difícil lidar com isso no trabalho. Se tiver um jeito de canalizar esta onda inspirada e sensível, melhor será. Não é bom para compras de vulto também. (*Folha de S. Paulo,* Ilustrada, 14 jan. 2013, p. E9)

À pretensa força do prognóstico astral, agrega-se a expectativa de milagres advindos da conjuntura cósmica, nos elos da implicação (x, logo y), para que, conforme essa lógica, o afã ajuizador sustente o tom de aconselhamento do gênero. O horóscopo nada interpela, para firmar-se na conclusão generalizadora, enquanto o ator da enunciação delineia-se na certeza pretensamente irreversível – do que é, do que diz. Nesse ambiente, em que o desconhecido se torna conhecido, não há brechas no presente da percepção, o que impede o corpo de movimentar-se ainda que fosse um pouco. Entre uma "receita" e outra para o comportamento bem-sucedido, o contrato fiduciário calcado no presságio, que poderia equiparar os astros a arquidestinadores, o que se compatibilizaria com um corpo flexionado diante do destino e o que aumentaria o acento de sentido da emoção, tem negada essa intencionalidade discursiva. Segundo valências mitigadas e nulas do acento de sentido, aspectualiza-se o ator em telicidade plena e em dinamicidade nula. Na enunciação nem um fazer-crer nos astros, supostos regentes arbitrários do curso do mundo, efetua-se. Nem tampouco se efetua um dever-fazer, que pautaria de modo próprio a relação *enunciador-enunciatário*: narrador e narratário poderiam desempenhar papéis de mútua servidão, na medida em que os corpos poderiam fundir-se; aquele, no dever servir a este, ao procurar clarear o dia com prognósticos e diagnósticos; este, no dever ler aquele, para que males não lhe acontecessem. Mas o dever-fazer e o dever-ser são modalidades que, na configuração semântica, avizinham-se de um tom circunspecto de voz, o que, nessa coluna, não se compatibiliza com as indicações oferecidas da protensividade do corpo.

Resta ao horóscopo um utilitarismo imediatista, eivado do tom de brincadeira que atravessa a coluna, consumado pela espacialização diagramática da página, em que se insere, juntamente com tiras de HQs, uma coluna de jornalismo "besteirol" (*Folha*) e, em ambos os jornais, colunas recreativas, de passatempo, como jogos feitos com números postos em quadrados segundo regras próprias (sudoku). O utilitarismo imediatista é confirmado nos papéis temáticos desempenhados pelo ator da enunciação, a partir da formulação dos temas. Enquanto a lógica implicativa confirma o mundo na relação de causa e efeito, o ator, no ato predicativo de julgamento, opta por euforizar uma realidade firmada por

134

meio dos modelos gerais da justa medida. No transcurso entre uma edição e outra dos jornais, aspectualiza-se o ator em valência plena de telicidade. A coluna de uma única edição, ou as primeiras linhas de cada edição do horóscopo carrega um fim intrínseco, o *télos* utilitarista, sem o qual a própria coluna não sobrevive.

Por falar em telicidade e indo para o aspecto como processo linguístico, lembramos que Comrie (1998: 44) discorre sobre o contraste entre "propriedades semânticas aspectuais das situações descritas pelas duas sentenças: *João está cantando* e *João está fazendo uma cadeira*". Ao discorrer sobre isso, o linguista alerta para o fato de que, apesar de uma duração subsidiar ambas as situações, apesar de ambas as situações serem concebidas enquanto tudo está durando ao longo do tempo, a "estrutura interna" de cada uma das sentenças apresenta uma diferença aspectual. No segundo caso, a ação tende a um fim (a cadeira construída), sem o qual ela, a ação, não pode ser considerada realizada: "até que esse ponto seja atingido (a cadeira pronta), a situação descrita por *fazer uma cadeira* não pode finalizar-se" (1998: 44).

A cadeira, lá, oferece o *télos* (o fim). Feita a cadeira, a ação se cumpre, entretanto só se cumprirá se e quando atingir esse fim. Caso a ação for interrompida, teremos apenas pedaços soltos da cadeira. Aí a situação é télica. É o contrário do que acontece com *João está cantando,* em que não há um ponto delimitador para que se defina a realização do *cantar*, não há um *télos*. Prossegue Comrie (1998: 44): "João pode parar de cantar em qualquer momento, e ainda permanece como verdadeiro que ele cantou, mesmo que ele não tenha completado a canção ou as canções que ele se pôs a cantar." Procurando expandir os exemplos, teríamos, para *João comeu a maçã* e para *João comeu bem*: lá, um evento télico, pois precisa de um fim e tem um fim, que é a própria maçã; cá, um evento atélico. Castilho (1968: 56), ao tratar da telicidade, realçando o semantema do verbo, sugere: para a telicidade, uma "ação-ponto" (verbo télico); para a atelicidade, uma "ação-linha" (verbo-atélico).

Mas, diante das mesmas frases, podemos pensar também em outra propriedade aspectual. Deparamo-nos então com as situações descritas por *fazer a cadeira, cantar, comer a maçã, comer bem*, na medida em que aludem, todas elas, a eventos apensos à dinamicidade, e na medida em que sugerem, na sua "estrutura interna", minieventos que se transformam, ou diversos estágios, ou, ainda, diversas fases.[14] Comrie (1998) ilustra a propriedade aspectual da dinamicidade por meio de dois verbos: *saber* (refere-se a um estado) e *correr* (refere-se a uma situação dinâmica). Para isso, esclarece que a noção básica para a distinção entre o que é do *estado* e o que é do *dinâmico* repousa numa questão de fases. Ao especificar a acepção segundo a qual ele emprega essa noção, afirma: "O termo 'fase' será usado para referir-se a uma situação em qualquer ponto dado de sua duração" (1998: 48). Comrie (1998: 49) expõe que, "no caso do verbo *saber*, todas as fases da situação *João sabe onde eu moro* são idênticas". Acrescenta que "em qualquer ponto do tempo que decidamos interromper a situação relativa a esse conhecimento que João tem, encontraremos exatamente a mesma situação" (1998: 49). *Saber* (*know*) é um verbo de estado que, em inglês, não aceita a forma progressiva *she is knowing* – complementa. Esse verbo, estativo, opõe-se ao dinâmico *correr*, que se alinha a *comer, cozinhar, ler jornal*, entre outros, conforme sugestão do mesmo linguista. Diz Comrie (1998: 49): "se dissermos *João está correndo*, então diferentes fases da situação serão muito diferentes: num momento João terá um pé no chão, em outro, nenhum pé estará no chão, e assim por diante". Comrie (1998: 49) realça: "*saber*, de um lado, não envolve transformação, enquanto *correr* envolve necessariamente transformação".

De volta ao aspecto como processo discursivo e aspectualização do ator, víamos, para o ator da enunciação do gênero *horóscopo*, um *télos* fincado na temática do gênero: *o controle sobre a vida*. Esse é o fim que orienta o ato enunciativo como um ponto ao qual é preciso chegar: enuncia-se o horóscopo com vista a oferecer modelos de controle de vida. Tal fim, estabelecido desde o início desse *evento ético*, se quisermos remontar à noção bakhtiniana, funde enunciador e enunciatário, narrador e narratário, como dois olhares em busca do *télos*, este, um terceiro ponto que os absorve por inteiro. O *télos* aí está definido pela composição, temática e estilo do gênero. Como simulacro, não importa que esses movimentos resultem num efeito ilusório para o *télos*, efeito já prenunciado pelo suporte voltado para a temática "de amenidades", oferecido pela página do jornal: o tema *controle da vida* soa como "mentiroso", isto é, *parece*, mas *não é*, diante das impregnações vindas do suporte.[15] Um ator télico e estático, fundado segundo o perfil judicativo, estático a tal ponto que inibe a experiência sensível, cristaliza-se no âmbito das "expressões já adquiridas", de expressões de "um sentido direto", como diz Merleau-Ponty (1991: 47), ao discorrer sobre a *fala falada*. A fala institucionalizada configura-se a tal ponto como a estereotipia da estereotipia, que resta para a definição da presença a formulação do ideal de justa medida. Esse ideal, ao imprimir à temporalização da percepção uma valência nula, enrijece o corpo suficientemente de modo a obtermos simulacros ilusórios de paixões como a serenidade (*parece*, serenidade, mas *não é*), já que essa mesma paixão resulta de algo programado e imposto, não experimentado.

A aspectualização do ator acaba por definir-se como um dos componentes do enunciado do estilo, juntamente com a cifra tensiva e com a formação discursiva legitimada (temas, figuras e tratamento moralizante deles). O enunciado de estilo, não considerado *em si*, mas na intersecção com outros enunciados, seja qual for a extensão do conjunto, remete a um sujeito temporalizado, conforme aquele presente *que dura*, peculiar ao viés sensível da totalidade. Essa duração está na relação entre o "eu", que habita o espaço e o tempo, e os horizontes espaçotemporais que constituem a presença no mundo.[16] Tais horizontes estão na intersecção com posicionamentos sociais do sujeito, do que decorre o cenário cultural e histórico do espaço e do tempo, tal como semantizados no discurso. Estão, tais horizontes do viés sensível, necessariamente na intersecção com a afetividade, orientados por uma percepção mais célere ou menos, mais tônica ou menos que, desse modo, relaciona-se com a coisa percebida como mais (ou menos) concentrada espacialmente e mais (ou menos) abreviada temporalmente. Do território dessas correlações sobressai o ator como aspecto, no viés da sensibilidade.

Com apoio no pensamento de Zilberberg (2011), entendemos que o sujeito que percebe, ator discursivo, nas profundezas figurais, como *quase-presença* em valência mitigada, tem lugar de instalação no eixo da intensidade, e a coisa percebida tem lugar garantido no eixo da extensidade: aqui, o tempo como duração e o espaço como oclusão e abertura; lá, o andamento em correlação necessariamente inversa com o tempo-espaço, isto é, quanto mais célere a percepção, menos longo será o tempo e menos aberto será o espaço por meio do qual se apresenta a coisa do mundo, fenômeno convocado. Assim, podemos pensar em descrever semioticamente certo "ambiente de subjetividade" estilística, que se comporá necessariamente como inacabado, já que sujeito e mundo dão-se na contingência da correlação *sensível/inteligível*. Podemos comparar gêneros como horóscopo e tiras de HQs, do que pode ser depreendido, por abstração, como unidade, o enunciado de estilo dos gêneros fincados na temática das *amenidades jornalísticas*. Como abstração relativa a uma totalidade, e considerado seja subjacente a determinada unidade realizada, seja como unidade virtual que aguarda a própria atualização e realização, o enunciado de estilo confirma-se segundo um dado que remete ao não dado. No âmbito do não dado, podem ser incluídos, em nosso último exemplo, outros textos do mesmo gênero (horóscopo; HQs), mas de fontes diversas, ou outros textos que manifestem diferentes gêneros de um mesmo jornal, e assim por diante, para que se confirme determinado enunciado de estilo, ao ser investigado o estilo dos gêneros, o estilo autoral etc.

O estilo autoral, conforme um possível enunciado de estilo, é o *porvir* do corpo instalado na fímbria do estilo do gênero. Estilo de gênero e estilo autoral, ambos estão radicados em recorrências de um modo de dizer, contempladas como respaldo de interdependências de fatos discursivos que sustentam o corpo como esquema. A partir daí se sobreleva uma sincronia discursiva que, estabelecida na consideração feita da unidade que compõe a totalidade, configura-se como contração temporal de uma diacronia, que é o fluir contínuo dos fatos discursivos ao longo da totalidade.

A sincronia é levada em conta, portanto, na unidade realizada, isto é, no enunciado em plenitude de realização, o que supõe o enunciado que está sob o olhar do leitor, bem como na unidade virtualizada. Conforme um recorte sincrônico, o enunciado estilístico é visto como o que contém, por redução, fatos relativos à difusão diacrônica, esta subjacente, portanto, à concentração da unidade estilística virtual. Temos uma diacronia discursiva, que encerra, sejam fatos que criam preteritamente a totalidade a partir do seu presente, sejam fatos que se mantêm como *o que* (ainda) *não é*, mas (já) *é* no entrelaçamento de um *antes* com um *depois* no agora *que dura*. Vista como meio de expansão do efeito de identidade, essa diacronia é contemplada na organização de cada unidade, por conta da disposição regrada e sistemática do corpo. A organização que radica o corpo como esquema sincrônico é, entretanto, precária, pois firmada num presente que, nunca o mesmo, advém da incorporação feita do passado e do futuro. Na precariedade está o acontecimento discursivo. Como lembra Saussure (1970: 109), "a ordem que ela [a lei sincrônica] define é precária, precisamente porque não é imperativa". Precária, porém não caótica, é a sincronia de uma unidade de estilo. Tal como na sincronia linguística, a parte e o todo relativos à totalidade estilística são regulados por um princípio de ordenação, embora sejam suscetíveis de alteração: "se se fala de lei em sincronia, é no sentido de ordem, de princípio de regularidade", lembra Saussure (1970: 109), ao trazer como exemplo o regime acentual latino, que "não resistiu aos fatores de alteração e cedeu a uma nova lei, a do francês" (1970: 109).

Ainda com Saussure (1970: 109), o próprio caráter imperativo da diacronia, que supõe o dinamismo segundo o qual um efeito é produzido, apresenta inclinação para o "acidental e particular". Para a diacronia de uma totalidade estilística, ficamos então com o prefixo grego *di(a)-, diá-*, nas acepções de *através, ao longo de*, as quais revestem a acepção de *movimento através de* expressa em palavras como *diáfano* (que permite a passagem da luz através de uma superfície) e *diâmetro* (linha que passa pelo centro de uma circunferência). Permeado por uma fala conotada peculiarmente, o enunciado de estilo, jamais uma unidade *em si*, será obtido no cotejo feito com o que está *para si*. Por isso, firma-se entre a sincronia e a diacronia: naquela, a presença realizada; nesta, a presença atualizada, na dêixis da própria presença. Mas a presença só existe relacionada com a ausência que, como dêixis, reúne a presença potencializada e virtualizada – todas no âmbito de uma *quase-presença*.

Se Aristóteles na *Retórica* (s.d.) ampara-nos na afirmação de que, num ato de comunicação, temos o *éthos* (o orador), instalado a partir do *lógos* (o discurso), estabelecidos ambos na perspectiva daquilo que se deve cumprir como persuasão ou como *performance* retórica, adequada às expectativas do auditório (*páthos*), entendemos que essas "três provas retóricas" apresentam seus contornos borrados, ao confirmarmos um *éthos* que, conotado, tem em si um *páthos* como um "sofrer", ou estado de sofrimento.

Como língua e fala, como *lógos*, portanto, o signo linguístico, no circuito discursivo relativo a um estilo, funda-se numa palavra tornada viva e vulnerável pelo próprio ato enunciativo concernente à totalidade. Enquanto o sujeito que enuncia o *lógos* de um estilo não pode ser visto como *o que sempre é o que* é, ainda que esse possa ser o simulacro construído para seu corpo, nem tampouco as coisas do mundo podem ser entendidas como transparentes na função que, exercida por esse *lógos,* seria de representatividade uniforme do que é. Fica robustecida a vocação conotativa que rastreia o *lógos*. Por conseguinte, o *lógos* firma-se não só como conceito e ideia, não só como palavra racional posta a serviço de argumentos e provas, mas também como o próprio *corpo do pensamento*, tomando aqui noção vinda do pensamento de Merleau-Ponty (2002).

Há gêneros que apresentam o efeito de transparência na construção do sentido. No caso do horóscopo, ao *éthos* conotado peculiarmente, se articula um "estado de alma" não suscetível de acolher um genuíno interesse pelas avaliações diagnósticas e prognósticas. Há uma falta de *energia* (de intensidade) para o tom da voz da cena genérica. Da suposta proteção ao leitor, discursivizada como precauções a tomar, do que decorreria uma serenidade a atingir obrigatoriamente (dever ser sereno), resta um estado de percepção que beira a apatia, como efeito de sentido cumulativo, disposto entre as seções de cada coluna e entre uma coluna e outra. Diante da funcionalidade dos gêneros do jornal (notícias, reportagens, editoriais, artigos de opinião e outros), o horóscopo mantém-se apresentado veridictoriamente em segredo nas suas feições de jornalismo "besteirol", tamanha é a indolência do corpo para inquietar-se: não parece ser "besteirol", à moda de um José Simão (*Folha de S.Paulo*), mas é. Não há novidade, nada se transforma entre uma coluna e outra, nem no interior de cada uma delas: então o corpo estático, de cujas fases de duração só podemos ver sempre a mesma, não consegue atingir estatuto suficiente para sair das nuances da apatia. Para o corpo do ator da enunciação resta o "nada do nada" de arroubo emocional, o "menos que nada" de impacto e intensidade dos sentimentos, tomando aqui conceitos de Zilberberg (2011: 202). Na rotina que leva à automação e ao hábito, o corpo não fica à mercê de um acontecimento novo. Permanece no esvaziamento do elã da intensidade. Assim se processa o estilo de um gênero atrelado a uma norma de gosto calcada na euforização da justa medida.

Ao procurar meios de descrever o corpo e a voz discursivos, nunca inteiramente prontos, vamos ao encontro da problematização do *lógos* como signo, cuja significação é dada no dicionário, logo como exterioridade prévia à imanência concernente ao corpo de uma totalidade. Dessa imanência vem a pregnância de um *lógos* conotado singularmente, conforme variações apresentadas por uma "fala", esta por sua vez concernentes às esferas de onde advém: jornalística, religiosa, literária, entre

139

outras. As variações da fala comportam a variedade dos estilos de gêneros. O *lógos* tem o sentido que o habita, de acordo com as esferas em que circulam os gêneros, com os quais entra em contato a voz autoral. Cada uma das esferas carrega em si, como possibilidades conotativas, condições de emergência da conotação do *lógos* das totalidades estilísticas. Então, o *éthos* conota-se necessariamente, pois não há enunciação fora de um enunciado, um enunciado fora de um gênero, um gênero fora de uma esfera de comunicação. O sensível, como significação e não território distinto dela, segundo sugestão que encontramos no pensamento de Merleau-Ponty (1999), está em qualquer uma das esferas, em qualquer um dos gêneros e dos estilos autorais: sobrelevado em relação ao inteligível, em ascendência conversa com ele, ou minimizado diante dele. Daquelas dimensões da retórica aristotélica, o *éthos*, o *lógos* e o *páthos*, estando o segundo na raiz do primeiro e do terceiro, e sendo o segundo a animação do primeiro e do terceiro, chegamos ao que diz o filósofo:

> O sentido de uma coisa habita essa coisa como a alma habita o corpo: ele não está atrás das aparências; o sentido do cinzeiro (pelo menos seu sentido total e individual, tal como ele se dá na percepção) não é uma certa ideia do cinzeiro que coordenaria seus aspectos sensoriais e que seria acessível somente ao entendimento; ele anima o cinzeiro, encarna-se nele com evidência. (Merleau-Ponty, 1999: 428)

A "animação" como perspectivização ou ponto de vista, no discurso, faz-se a partir do *lógos*, do que decorre a conotação do *éthos*, e o que nos autoriza a incorporar a noção de um *páthos* (emoção) no *éthos*. Como encarnação da enunciação no enunciado, temos o ator da enunciação, semantizado discursivamente e organizado tensivamente nas profundezas figurais. Confirmam-se assim as precariedades, que expressam contingências do dito e do dizer. O sujeito e seu estilo compõem-se conforme invariantes discursivas vinculadas a um esquema corporal, sendo que a invariante, como constância da percepção, é fundada nas variáveis, ambas jungidas no "horizonte de todas as nossas experiências", tomando aqui, para nossos fins, noção trazida por Merleau-Ponty (1999: 420).

Observar a relação entre a invariante e as variáveis concernentes a uma totalidade corrobora a noção de estilo como estrutura aberta. Para a elucidação dessas relações, pensamos num sujeito-no-mundo, temporalizados ambos, sujeito e mundo, na medida em que o tempo das coisas é regido pelo andamento da percepção – esse andamento, que diz respeito a um modo de ser intenso, do sujeito que percebe. A temporalidade da coisa percebida, disposta como *duração*, alia-se à extensidade da própria coisa. Como correlatos, o grau de celeridade da percepção e a extensão durativa da coisa percebida radicam o ambiente sensível que respalda o estilo, para que tenhamos o tempo da totalidade como o que *dura*, na acepção própria à encarnação do corpo que sente. Segundo Zilberberg (2011: 253), sobre o eixo da intensidade "incidem os estados de alma que afetam o sujeito" e sobre o eixo da extensidade "incide a consistência variável dos estados de coisas".

Na análise de um estilo, passamos de um nível para outro do percurso gerativo do sentido, procurando o que há de comum e o que há de variável entre eles, sem que se deixe de cotejar o nível tensivo. Emparelhada à observação feita acerca do que ocorre na sintaxe e na semântica discursiva, olhamos para a narratividade enunciativa. Juntamente com a enunciação narrativizada, firmada a partir de um programa narrativo de base relativo à totalidade, e firmada num plano discursivo, por meio da recorrência do tratamento ético imprimido a temas e figuras, dá-se a ver, na labilidade de cada ato, um perfil do ator da enunciação – o perfil social. Dá-se a ver também outro perfil, aquele afetivo, emocional, no trânsito necessário entre ambos, enquanto o corpo fica "à mercê dos acontecimentos, em débito com eles", como propõe Zilberberg (2011: 227). Colado ao eixo do impacto e da celeridade do sentir, está posta a "intersubjetividade fusional", equivalente a certa "'embriaguez' dionisíaca" (2011: 228); distante dela, a "subjetividade reflexiva", num "protocolo da correlação inversa" (2011: 229).

No topo do eixo da intensidade radica-se então o *sobrevir* como acontecimento; na base, o *pervir* que, segundo alusão feita por Zilberberg (2011: 230) é *curso* que evolui para um fim. Na zona do impacto da intensidade, o "sujeito transtornado" pelo *sobrevir*; do outro lado, mas correlato ao primeiro, na zona da reflexão, o "sujeito controlado" (2011: 229). Assim o semioticista desenvolve a problematização da noção de andamento que, homologada ao *advir*, pode encerrar, segundo esse estudo, a tensão entre o *sobrevir* e o *pervir*. Aquele, o *sobrevir*, quanto mais eclode no âmbito da percepção, mais deixa o sujeito fora do "controle de si", submetendo o mesmo sujeito, até aniquilá-lo, como sugere Zilberberg (2011: 228). Enquanto isso, o *pervir* mantém garantido o *curso* dos acontecimentos do mundo e permite a salvaguarda da "subjetividade reflexiva".

ÉTHOS, LÓGOS E TRANSCENDÊNCIA

A labilidade do corpo de uma totalidade confirma-se por meio de um "tempo subjetal" que, conforme aludido por Zilberberg (2011: 231), está num *sobrevir*, visto pelo semioticista como "anterioridade fundadora", e está num *pervir*, visto como vinculado a certa expectativa de procedimentos. O *pervir*, segundo o estudo feito pelo semioticista, atualiza-se como duração de uma espera, mais contraída ou menos, em relação simétrica e inversa com o impacto da "anterioridade fundadora": quanto maior o impacto, mais se abrevia a duração da espera. Junto ao *sobrevir*, entendemos estar compreendida a sensibilização; junto ao *pervir*, a moralização. Para descrever a configuração de um estilo importa examinar como a *sensibilização*, a par da *moralização*, convoca a presença, enquanto o sujeito fica à mercê das modulações ou regulagens que radicam o "tempo subjetal", dado na intersecção entre a duração das coisas percebidas e os graus de impacto da percepção. O "tempo subjetal", aludido por Zilberberg, avizinha-se com o tempo interno à consciência que temos das coisas, o que remete à temporalidade das próprias coisas, implicadas no olhar do observador.

Sob os parâmetros de análise oferecidos pelo percurso gerativo do sentido e pelo que está pressuposto a ele, o nível tensivo, fica patente que, para obter o corpo como esquema que encerra sistematizações, seja as de juízos predicativos, seja as de visadas da percepção, operamos na imanência de cada enunciado e nas bordas deles para, desse modo, confirmar-se um estilo. Radicam essas proposições princípios saussurianos que incitam a operar na lateralidade do signo, desde a afirmação de que o valor do signo "depende do que está fora e em redor dele" (Saussure, 1970: 135), a que o genebrino acrescenta: "Se as palavras estivessem encarregadas de representar os conceitos dados de antemão, cada uma delas teria, de uma língua para outra, correspondentes exatos para o sentido; mas não ocorre assim" (1970: 135). Se não interessam conceitos dados de antemão para pensar o signo na língua; se, ainda, na relação com a língua, não é a uma fala concebida como o que veste um pensamento previamente dado, que nos referimos, mas a uma fala que, sendo o próprio ato de enunciar, fundamenta-se num *lógos* necessariamente conotado, validamos a noção de um *éthos* também necessariamente conotado.

Para a conotação do *éthos*, estendida ao longo das fases de desenvolvimento do corpo actorial, contam as propriedades aspectuais do ator, esboçadas nos movimentos de um observador social nas relações sintático-semânticas do nível discursivo, que cuida da formulação actancial dos temas. Contam também propriedades aspectuais que se esboçam nos movimentos de um observador sensível, desde as profundidades figurais. A partir de tais relações imanentes, incorporamos as noções relativas às propriedades aspectuais, tais como formuladas para a gramática da frase, ou seja, o aspecto considerado na acepção de processo linguístico, do que despontam as categorias que elegemos para pensar a aspectualização do ator: *perfectividade/imperfectividade; duração/pontualidade; dinamicidade/estaticidade; telicidade/atelicidade*. As categorias aspectuais não se desvinculam das noções de *sobrevir* e de *pervir*. Se tomarmos, por exemplo, a telicidade, poderá ser confirmado que, quanto mais prevalece o *pervir* na relação com o *sobrevir* – no que diz

142

respeito às "maneiras pelas quais uma grandeza ingressa no campo de presença e ali se estabelece" (Zilberberg, 2011: 277) –, mais o ator se inclinará para o aspecto télico. Mas as propriedades aspectuais do ator somente serão definidas a partir das relações de sentido estabelecidas no interior da totalidade, o que supõe funções próprias aí desempenhadas pelo *éthos*, pelo *lógos* e pelo *páthos*.

Desde o pensamento de Saussure, interessa, para os estudos da linguagem, tão somente o que for depreendido por meio da relação entre dois termos, o que indiretamente remete à contingência de cada um deles, contingência que chama para si, de um modo ou de outro, um princípio de conotação. O signo, concebido pelo genebrino a partir da relação entre uma imagem acústica e um conceito e firmado como valor relacional e diacrítico, o que supõe desestabilizações na tradução de uma língua por outra, verdadeiramente não ampara pontos de vista segundo os quais a linguagem é instrumento de um pensamento previamente pronto, e a palavra é representação ou veículo de ideias previamente formuladas, portanto "acabadas". O homem está na língua desde a definição saussuriana de signo, pois o significante é imagem ou memória do som e o significado é conceito, logo interpretação conceitual. Mas a língua simultaneamente está no homem, realizada como *fala* inevitavelmente conotada. A noção de palavra instrumentalizada por um pensamento mudo, que a criaria a fim de manifestar-se, não combina com aquela relativa a uma fala que, dinâmica por natureza, reúne precariedades ou inacabamentos de uso, no ato multifacetado de apropriação que o sujeito exerce em relação à própria língua. A fala, como ato enunciativo, confirma-se não como "leve, livre e solta", mas sistematicamente organizada, tal como está contido no pensamento de Benveniste (1995) e que alcançou desenvolvimentos no pensamento de Fiorin (1996).

Se os signos valem por sua posição em relação aos demais signos, logo não como entidades em si, a contingência está neles. Se os signos recebem seu valor pelo lugar que o todo de determinada língua lhes confere, firmando-se por meio da diferença em relação aos outros signos e segundo a forma da língua, a contingência está neles: referimo-nos à forma, que está no conteúdo e na expressão dos signos, segundo princípios hjelmslevianos, e lembramos que cada enunciado de uma totalidade é considerado um signo. Para ilustrar a forma da expressão, constatamos que, não à toa, o falante do italiano, ao tentar "arranhar" o idioma português, poderá pronunciar o [r] inicial de palavras como *Rita, rato, roupa* com um som brando e não vibrante forte. A forma da expressão da língua italiana faz valer as especificidades de suas relações no processo de combinação entre fonemas, confirmados assim na própria contingência do sotaque. É equivalente o que se dá no plano do conteúdo, para o significado das palavras na língua. A contingência que está nos signos de uma língua, está também na fala como discurso, do que se

143

infere a conotação do *éthos*, atestada no inacabamento do *lógos*. O inacabamento, concernente à imprevisibilidade do conotado, é condição para que o corpo tome forma, no sentido de deixar de ser informe; ou seja, a "formação" impõe limites ao informe, e, a partir dessa "formação", emerge o corpo que, devido às relações formais pressupostas, confirma-se na dependência daquilo que o atravessa. Hjelmslev (2003: 81) afirma: "O sentido, em si mesmo, é informe, isto é, não está submetido a uma formação, mas é suscetível de uma formação qualquer."

O inacabamento do *lógos*, na atenção dada a um estilo, está também na multiplicidade de sentidos de uma mesma palavra, cada qual viabilizador de um juízo. A palavra, uma vez enunciada, não apaga a diversidade de juízos que ela contém: assim ela se instaura na relação interdiscursiva entre atores vistos como coatores do processo discursivo, o que não se aparta dos movimentos da imanência da significação. (Afirma-se *x*, negando-se *y* como valoração axiológica no nível fundamental, este não alijado, como *quase-presença* em atonia máxima, da *práxis* enunciativa.) Para as relações interdiscursivas, cúmplices do inacabamento do *lógos*, considera-se, em determinada totalidade, um núcleo privilegiado de acepções dos termos, o que confirma a polêmica constitutiva do discurso e o que valida a noção de "(inter) incompreensão constitutiva do discurso", advinda dos movimentos da interdiscursividade, como defende Maingueneau (2005b). O inacabamento do *lógos* também diz respeito ao peso que o todo da língua imprime no signo como valor conceitual, o que remete ao estilo como modo próprio de incorporar as fronteiras de significação ou a forma da mesma língua, forma antecedente às substâncias do plano do conteúdo, de um enunciado cá, de outro lá, de ainda mais outro acolá – no interior de uma totalidade. A contingência do *lógos* está em tais dimensões sem circunscrever-se a nenhuma delas. Está, ainda, o inacabamento ou a contingência do *lógos*, numa fala que, em gradação escalar da conotação, reúne, entre dois polos extremos, de um lado, o conotado segundo uma valência plena, o que supõe tonicidade máxima na incidência do acento sensível sobre o inteligível; de outro, o conotado segundo uma valência nula, o que supõe a atonia máxima na incidência do acento do sensível sobre o inteligível. Entre tais gradações, estão as valências mitigadas na incidência do acento sensível sobre o inteligível. Marcam-se fronteiras entre estilos de gêneros e de autores, por meio de tal mensuração, registrada em escala que atesta as dominâncias de impacto do conotado. Por conseguinte, não podemos buscar em palavra alguma um denotado absoluto no âmbito de um estilo. Às "formações" da conotação vinculam-se restrições imprimidas pelas esferas de comunicação e pelos gêneros, na intersecção com os quais se processa o estilo autoral.

Longe de supor a correspondência entre coisas e pensamentos, o *lógos* de um estilo, ao encarnar o modo como uma consciência e um mundo correlacionam-se segundo uma percepção estruturada, reúne, sistematicamente, múltiplas faces do percebido e múltiplas perspectivas do sujeito que percebe. Por isso apanhamos o todo em cada parte. Nesse *lógos*, imanência e transcendência exigem-se mutuamente, e a existência do mundo e do sujeito só pode ser firmada em função do próprio inacabamento, o que se vincula à fala conotada em gradação escalar, conforme a funcionalidade do *lógos* no interior da totalidade. Por ser contingente, o *lógos* de um estilo ganha espessura sensível ou de conotação, a fim de encarnar determinado corpo.

Portanto, mais do que um significado que se veicula por meio de um significante, mais do que um conceito veiculado por meio de uma imagem acústica, é como experiência do pensamento que o *lógos* de um estilo se torna relevante para um sujeito que, ao se processar no ato de persuadir, instaura-se mediante uma "torção secreta" imprimida na língua, seja em âmbito lexical, sintático ou morfológico. Consideramos, para isso, também o intervalo ou a passagem entre plano da expressão e plano do conteúdo, este entendido como suscetível de uma textualização que materializa as relações estabelecidas no nível discursivo.

A corporeidade do ator manifesta-se nos mecanismos de linearização de um texto verbal, projeta-se ao longo do percurso gerativo do sentido e está radicada desde as "precondições do sentido", homologadas no nível tensivo, para que se defina na relação estabelecida entre sujeito e *acontecimento*. Este, ao concernir à ancoragem do sensível, supõe a gradação escalar da própria conotação do *lógos*, por meio da qual o sujeito também se dá a ver.

O estilo é pensado não como desvio, mas como norma. A norma estilística remete ao modo próprio de habitar o mundo, modo marcado pela "torção" peculiar efetivada no enunciado e na enunciação. Seja no âmbito da textualização, seja no âmbito da imanência discursiva, fica garantido um sujeito que transcende a si, ao firmar-se como lugar histórico e como corpo sensível. Apoiados em Merleau-Ponty (2002: 34), que, para debater a noção de estilo, remete a Stendhal, citamos: "Entro na moral de Stendhal pelas palavras de todo o mundo, das quais ele se serve, mas essas palavras sofreram em suas mãos uma 'torção secreta'."

O *lógos* de um estilo, como palavra com função própria no interior de uma totalidade, emerge da descrição que contempla: a) o enunciado na relação com a enunciação, esta tal qual uma *quase-presença*, respaldo para o ator da enunciação, único e multifacetado; b) os mecanismos de construção do sentido, desde as profundezas de sua geração, na descontinuidade entre os níveis e na lateralidade entre eles; c) os significados das palavras que, subsidiados por uma escala de gradação conotativa, como o que irrompe em nosso horizonte de percepção, ao longo do corpo a corpo com a totalidade, entregam-nos a esse mesmo *lógos*, segundo a "torção" feita pela totalidade.

A conotação reúne significados recém-descobertos por nós naquela "torção", linguística e discursiva, a qual se mantém como recorrência (soma de enunciados e de atos enunciativos) e como estrutura (rede de interdependências entre enunciados e atos enunciativos). A "torção" orienta-se pelo exercício relativo ao inteligível, ao planejamento, ao cálculo; um inteligível articulado ao arrebatamento sensível, e ambos que dão corpo à fala, como construção e expressão de um estilo. A textualização, na fímbria da expressão, supõe a intersecção de uma retórica interna à língua com a retórica discursiva, interna à totalidade. Para isso, materializa modos segundo os quais a "palavra", como fala, apresenta-se não como tradução de um pensamento já feito, mas como o que realiza esse pensamento.

Entendida como manifestação do discurso, a textualização permite que se contemple a funcionalidade discursiva dos fatos gramaticais, o que remete ao encontro das virtualidades da língua com o ato enunciativo, que as põem em discurso. Ao aludir à textualização como materialidade textual, não perdemos o lugar da imanência, já que estamos, num caso e no outro, diante de escolhas, não aleatórias, feitas pelo sujeito. Fatos da língua, relativos à morfologia e à sintaxe, e mesmo aqueles concernentes ao léxico, antecipam-se, na própria língua, conforme certa inclinação expressiva, concomitantemente ao significado veiculado por eles. Em editoriais jornalísticos dos jornais *Folha de S.Paulo* e *O Estado de S. Paulo*, por exemplo, desponta certa funcionalidade discursiva das formas verbais passivas. A *Folha,* diferentemente do *Estadão,* privilegia o emprego de verbos na voz passiva analítica, predominantemente sem agente, bem como da chamada voz passiva sintética, para que se confirme no enunciado o efeito de distanciamento do narrador, tanto em relação ao próprio enunciado como em relação ao narratário-leitor. Isso se comprovou em análises feitas em trabalho anterior (Discini, 2009b: 158).

Entendemos que essa estrutura verbal, tal como outros fatos da língua, oferece a possibilidade de um investimento discursivo na direção desse afastamento, o que resulta, para a *Folha,* num *éthos* próprio. Com alguma afinidade, essas nossas reflexões emparelham-se ao que pensam os componentes do *Groupe μ* sobre uma estilística da língua. Discorrem, esses pensadores, por exemplo, sobre o "caráter racional do *como*" (Dubois et al., 1974: 162) e, conforme acrescentam, do "*como* e seus derivados", no uso de comparações (*x* parece *y*, *x* é parecido com *y*, *x* faz isso como *y*, *x* é como *y* etc.).[17] Afirmam que "esses termos introduzem a analogia, que não é outra coisa senão uma fraca equivalência, que agrupa indivíduos portadores de poucos caracteres comuns" (1974: 162). Deduzimos que o *como*, unidade da língua, antes de ser apropriada por determinado discurso, apresenta, ainda como virtualidade linguística, uma inclinação à atonia de impacto, o que favorece seu uso nas comparações, não nas metáforas. A inclinação, o discurso a realiza para seus fins.

A textualização, ao pôr em movimento o sistema linguístico, contribui para a corporificação do ator da enunciação, segundo uma fala conotada peculiarmente.

Por conseguinte, a textualização não deixa de reverberar, na linearização segundo a qual ela se compõe para materializar o texto verbal, os gestos relativos à construção do sentido, desde a cifra tensiva que, correspondente a um estilo, sintetiza o ritmo próprio a uma percepção global, porque relativa ao todo. Essa percepção apresenta-se por meio de mecanismos que registram as intercalações entre robustecimentos e atenuações do afeto, imprimidos ou nos objetos temporalizados segundo durações ou nos juízos de valor, consoantes a atos predicativos de julgamento.

No estilo, a sensibilização modula o tom da moralização. A modulação, como regulagem das variações do tom e como o que permanece nas mudanças, supõe uma inclinação do corpo para certo devir. Conforme um modo de promover o entrecruzamento de passado e futuro no presente, a modulação está para o viés sensível da observação. Conforme uma indução a um apego maior ou menor ao objeto de avaliação, a modulação está para o viés judicativo da observação. A modulação do tom de um estilo prende-se à inclinação para determinado advir que enfeixa singularmente os movimentos relativos ao *sobrevir* e ao *pervir*. Em cada enunciado, um andamento, que oscila entre um *crescendum* e um *decrescendum* da celeridade do olhar perceptivo, ao ser discursivizado, traz à luz as coisas do mundo, temporalizadas segundo durações mais breves ou longas e espacializadas como mais contraídas ou difusas. Disso resulta, no ambiente estilístico, sujeito e mundo, ambos contingentes, o que os confirma na fluidez da temporalidade que os constitui. Temos, no estilo, sujeito e mundo postos "ao sabor dos eventos", tomando para *evento* a noção zilberberguiana de *acontecimento*, alargada para a acepção de um ser-no-mundo, que é o sujeito e seu estilo.

Embora a noção de estrutura carregue consigo uma sugestão de fechamento, referimo-nos a uma estrutura aberta ao conceituar o corpo de um estilo. Concebido como estrutura, o estilo supõe a totalidade cujas partes são articuladas de modo a obtermos o enunciado de estilo como "unidade de coexistência", em aproximação do que diz Merleau-Ponty (1991: 40). Com base no pensamento de Saussure, o filósofo enfatiza a função que uma unidade desempenha no todo da língua. Destaca então que "as partes aprendidas da língua valem de imediato como um todo, e os progressos ocorrerão menos por adição e justaposição do que pela articulação de uma função completa à sua maneira" (1991: 40).

Aberta, a estrutura de uma totalidade remete ao enunciado de estilo como fato diferencial: um estilo se liga lateralmente a outro. O efeito de identidade estilística tanto está no interior como nas bordas de cada totalidade, se duas delas forem cotejadas entre si. Aberta, a estrutura também se confirma pela natureza do *lógos* que a encarna, não como coincidência entre mundo e linguagem, mas como palavra que intervém "sobre um fundo de palavra" no "imenso tecido da fala", tomando para nós o pensamento de Merleau-Ponty (1991: 40). Essa palavra, que é corpo, vive do próprio inacabamento, o que funda o *éthos* multifacetado, logo imperfectivo: um *éthos* tão mais contingente, quanto mais captado na intersecção entre o inteligível, o racional e persuasivo, e o sensível, que é antecedente àquele. A fundação do conotado permeia todos os vieses do olhar.

Husserl (2006: 75, §28), em algumas de suas obras, remete ao mundo pré-científico da experiência imediata, como acontece num alerta sobre "*o mundo em que me encontro e que é ao mesmo tempo mundo que me circunda*". Esse mundo funda, segundo o autor, a complexidade dos meus atos racionais, inteligíveis, para o que o filósofo complementa: "o ato de considerar de maneira investigativa, de explicar e conceitualizar na descrição, de comparar e distinguir, coligir e contar, pressupor e inferir, em suma, a consciência teórica em suas diferentes formas e níveis se refere, portanto, a este mundo" (2006: 75, § 28). Husserl (2006: 75, § 28) aí propõe, afastando-se do *cogito* cartesiano, um "novo *cogito* vivo, que é, por sua vez, irrefletido, e que, portanto, não é objeto para mim". Por sua vez, o atributo *irrefletido*, homologável ao que não é reflexivo, alcança algum esclarecimento em outra passagem da mesma obra, em que o filósofo exemplifica o problema por meio da citação de um caso em que estaríamos em "âmbito de intuição pura", em "intuição viva", na "efetuação de um ato qualquer, de alegria com o fato de nossos pensamentos teóricos terem transcorrido de maneira livre e fecunda" (2006: 169, § 77).

Ao demonstrar que refletir é promover a redução à essência, Husserl (2006: 169, § 77) prossegue: "Efetuamos todas as reduções e vemos o que está contido na essência pura das coisas fenomenológicas. Antes de mais nada vemos, pois, um estar-voltado para os pensamentos em seu transcurso". Continuando a desenvolver o caso exemplar para essas noções, Husserl (2006: 169, § 77) diz: "Durante o feliz transcurso, um olhar reflexivo se volta para a alegria. Ela se torna vivido notado e percebido de maneira imanente, que flutua e se esvai deste ou daquele jeito ao olhar da reflexão". Mostrando que passa a haver nesse transcurso uma perda da liberdade dos pensamentos e que, desse transcurso, passa a haver consciência apenas numa maneira modificada, que "a alegria intrínseca" ao desenvolvimento desse transcurso "é atingida na sua essência" (2006: 169, § 77), Husserl (2006: 171, § 78) definirá em parágrafo subsequente a reflexão como o que "provém por essência de mudança de orientação, mediante a qual um vivido previamente dado, por exemplo, um *datum* de vivido (irrefletido) sofre certa transformação". Aí o filósofo ressalta a passagem do irrefletido ao "modo da consciência refletida (ou do consciente)" (2006: 171, § 78), para chegar à formulação: "Todo vivido é em si mesmo um fluxo do devir" (2006: 172, § 78). Essa formulação remete ao "agora vivo" (2006: 173, § 78), que supõe "o fluxo constante de retenções e protensões mediado por uma fase ela mesma fluida da originariedade" (2006: 172, § 78).

O pensamento husserliano remete a um sensível coadunado ao irrefletido e a uma percepção temporalizada no devir de retenções e de protensões presentificadas, o que se junta com as inquietações teóricas de uma semiótica do sensível. Disso beneficia-se a estilística discursiva, na medida em que busca mecanismos de construção do estilo como corpo, e do corpo como fala, a qual está discursivizada, enquanto conotação, em gradação escalar no interior dos enunciados. O ator cuja meta estabelecida é prioritariamente persuadir, o que vai ao encontro de um gênero jornalístico como o artigo de opinião, relaciona-se com seus "vividos" enquanto *notados*, enquanto objeto de reflexão, o que se conecta a previsibilidades e rotinas para a instalação do corpo, dado segundo valências mitigadas ou nulas de estesia. Daí se destaca a conotação voltada ao viés social do observador, a qual não está isenta de ocorrências pontuais do efeito de irrefletido, de imprevisto. Esse efeito concerne à conotação sensível, trazida ao discurso por meio do uso de determinadas figuras retóricas, como a metáfora que, nesse ambiente, aparecerá num ponto do texto. A metáfora apresentar-se-á, então, segundo uma incidência pontual de acento do sensível, o que a faz ocupar, em gêneros como artigo de opinião, charges e outros, um lugar compatível com a tendência do que se movimenta para o mais do menos (a diminuição) daquilo que concerne ao conotado sensivelmente. O conotado que oscila entre valências plenas do estésico apresenta-se como a consumação de uma conotação sensível.

Numa totalidade, o sensível e o inteligível apresentam-se segundo os perfis actoriais que vêm à luz mediante a dominância da perspectiva de um sobre o outro, o que supõe o modo como se orienta o campo de presença na correlação entre ambos. Isso é viabilizado por meio de um *lógos* que, apresentado discursivamente em gradação de conotação estésica, funda o *éthos* peculiarmente conotado. Para isso, mecanismos de textualização e de discursivização, postos em cotejo na comparação entre diferentes totalidades, farão emergir coerções próprias às esferas, aos gêneros e às totalidades autorais, o que encerra modos de responder às mesmas coerções. Subsidiado pelo *lógos* conotado em gradação escalar, um *éthos* poderá emergir mediante a inclinação a uma dominância do *planejamento*, vindo do inteligível e do reflexivo (o *pervir*). Essa dominância, imprimida sobre o imprevisto e o irrefletido (o *sobrevir*), no ato de fazer-crer, resulta num ambiente propício à aspectualização do ator na ordem da telicidade.

A dominância dos efeitos de *refletido* ou de *irrefletido* pode ser perseguida por gêneros contemplados na relação com suas esferas de comunicação, entre os quais lembramos peças do discurso jurídico, que se firmam por meio de um *lógos* apresentado na ordem de extrema reflexão: será descendente, em valência de estesia, a conotação de uma sentença judicial, do que decorre um *lógos* e um *éthos* menos precários e contingentes. Conforme a peça, tal como um mandado judicial, a conotação

149

sensível apresentar-se-á zerada, pensando em zero como "minimização recursiva" do *grande* (Zilberberg, 2011: 201). Na observação de tais mecanismos discursivos, a análise terá meios de favorecer a emergência do corpo autoral que, responsivo ao gênero e às esferas, será configurado com inclinação a um maior (ou menor) efeito de acabamento e de transparência: tanto mais acabado, quanto menos conotado estesicamente. O *éthos* autoral verdadeiramente está no limiar do estilo dos gêneros.

A prioridade argumentativa, ao movimentar-se em relação inversa à conotação oferecida pelo impacto estésico, pode atingir a minimização recursiva concernente ao pequeno grau de acento, ou seja, pode atingir o ínfimo sensível da conotação, tal como se delineia nas expectativas de certos gêneros escolares, como requerimento, ata de reunião ou, no contexto acadêmico, o *curriculum vitae*. Quanto mais encorpado de sensibilidade, mais o *lógos* estará fundado na imperfeição concebida como conotação que, vinda do próprio enunciado, sustenta o corpo. Desse modo, o enunciado cumpre-se segundo arrebatamentos graduais da voz do enunciador em relação com a "escuta" do enunciatário. Em gradação escalar, confirma-se a "torção", mais forte (ou menos), feita da palavra e por meio dela. No autocentramento e no descentramento simultâneos da palavra, a totalidade estilística prende enunciador e enunciatário, narrador e narratário, na mesma fase de estratificação da *quase-presença*. Por sua vez, a cifra tensiva e o sistema de moralização, convergentes ao sentido conotado segundo discursivização e textualização peculiares, remetem ao corpo como *éthos* conotado.

Com a noção de uma "torção" própria a um estilo, firmamo-nos nas cercanias do que diz Merleau-Ponty (2002: 32), ao referir-se a uma "linguagem falada" e a uma "linguagem falante": a primeira seria a "linguagem de depois, a que é adquirida e que desaparece diante do sentido do qual se tornou portadora" (2002: 32). A segunda "se faz no momento da expressão, que vai justamente me fazer passar dos signos ao sentido" (2002: 32). Esse "sentido" aí referido é pensado por nós como a conotação do corpo que, processada conforme a *linguagem falante*, aspectualiza-o na ordem da imperfectividade. Na intersecção entre uma linguagem e outra, mantém-se a escalada do arroubo sensível do corpo, também pensado no encontro entre enunciador e enunciatário. A *linguagem falante*, homologada ao *lógos* conotado de um estilo, permitirá, portanto, o delineamento do campo de presença, o qual reúne corpo e voz deslizantes entre o máximo e o mínimo do arroubo sensível em correlação inversa ou conversa com a inteligibilidade e a reflexão.

Partindo do princípio de que a imperfectividade aspectual é condição necessária para o ator concebido como *quase-presença*, resta à definição do efeito de identidade estilística o delineamento do corpo actorial por meio das propriedades aspectuais ora levadas em conta: a *duratividade* (contínua ou descontínua); a *telicidade*; a *dinamicidade*. Aspectualizar-se como mais télico, num perfil judicativo dominante, por meio de um *lógos*, cujo teor de conotação afasta de si o inacabamento sensível e afasta de si a intocabilidade poética, esta que supõe graus elevados de estesia, diz respeito a procedimentos que preparam o corpo em esferas propícias a tais gestos, como a jornalística, mediante gêneros do jornalismo opinativo.

Conforme a esfera de comunicação e os estilos dos gêneros, como pré-dados processados no encontro com o estilo autoral, é também processado o ato, responsivo por excelência, para que venham à luz os graus de tonicidade da emoção, que podem ser suficientemente fortes para deixar o sujeito à deriva, à mercê da ruptura provocada pelo ineditismo do conotado, o que é próprio ao acontecimento estético. No interior do plano estético, esses mesmos gestos oferecem condições para distintas modulações da voz autoral. O acontecimento desencadeado pelo grau elevado de conotação do *lógos* nunca virá em estado puro: será dado em situação, ou seja, articulado a outros elementos discursivos constituintes de cada enunciado.

O sentido institucionalizado e "ordinário", correspondente ao grau "zero" da conotação, dura no interior de cada ato e, em se tratando de uma totalidade discursiva, dura no interior de cada enunciado e no conjunto deles, o que torna iterativos os papéis temáticos do ator da enunciação pressuposto à totalidade, não só porque os temas são distintos de um enunciado a outro. Se, como leitor, eu acompanhar a mesma coluna de artigo de opinião, apresentada sob a mesma assinatura autoral, ao longo de várias edições do mesmo jornal, não terei, a cada nova coluna, a cada novo agora trazido em concomitância ao agora do ato de minha leitura, um presente que anuncia para si, como memória do corpo, o passado relativo à anterioridade das leituras que já fiz, como experiência unificada com a leitura que estou fazendo. Nem terei, nessas circunstâncias de conotação do *lógos*, no presente de concomitância ao agora da minha leitura, o anúncio da experiência de um agora posterior a esta leitura que estou fazendo, como experiência antecipatória da pregnância sensível do *lógos*. Na dominância do *lógos* judicativo sobre o estésico, há uma ligação de entendimento, de inteligibilidade, entre um enunciado e outro da totalidade, o que não supõe que o meu presente se abra a um horizonte de retenções e protensões da percepção. Isso acontece porque a significação do sensível recua no âmbito do próprio *lógos*, e o todo assegura-se como processo de moralização.

É diferente o que acontece com o sentido em que se imprimem valências plenas de conotação estésica. Aí, ao ceder à impregnação sensível, o conotado organiza-se tal como o som da melodia, que dura continuamente, em transição de um agora a outro, a ponto de o texto que tenho à mão no agora concomitante ao meu ato de leitura invocar, sem que eu interceda para isso, a experiência de outras leituras retidas, isto é, *tidas à distância*. Moura (2001: 261), ao desenvolver estudo sobre a temporalidade no eixo Husserl/Merleau-Ponty, após destacar que "reter é ter, mas a distância", explica: "'O mistério da expressão' será o mistério da 'quase-presença dos outros momentos do tempo no meu presente, o mistério de um presente 'prenhe' de um passado, o mistério de uma transição e de uma comunicação natural entre os momentos do tempo". Para a leitura, na perspectiva da semiótica, entendemos que se cria, juntamente com a minha *quase-presença* de leitor, *a quase-presença* do autor, estratificadas, e ambas em sincronia na percepção temporalizada, que aspectualiza o ator da enunciação segundo a incidência do acento do sensível sobre o inteligível. Pensarmos a leitura em ato, ou seja, em processo, enquanto se realiza a sincronização da percepção entre os actantes enunciativos, leva a examinar um compasso que compõe o algoritmo da percepção relativo a uma totalidade, o que confirma o corpo do ator, como estilo, radicado em ambos os actantes da enunciação enunciada (narrador/narratário). O agora da enunciação visto em processo de leitura supõe, para a percepção, um agora que transcende em outro, especialmente na conjuntura de um *lógos* de conotação plena de estesia, ou seja, o *lógos* estético.

Moura (2001: 262), ao expor o "gráfico husserliano do tempo, completado segundo indicações de Merleau-Ponty", demonstra o fato de que um tempo está em outro, um tempo transcende em outro, a partir do que entendemos confirmar-se algum respaldo para a percepção temporalizada relativa a um estilo. A percepção temporalizada, mensurável conforme apresentada tensivamente segundo uma cifra tensiva, garante-se num tempo que é duração (mais breve ou mais longa) e, desse modo, orienta a aspectualização do ator, o qual, antes de ser apresentado conforme as propriedades da dinamicidade, da durativividade e da telicidade é organizado conforme as relações estabelecidas entre o intenso e o extenso. Essas relações, por sua vez, implicam a conotação do *lógos* e do *éthos*, vinculada às coerções das distintas esferas de comunicação, do estilo de gênero e de autor, em que entendemos ecoarem a distinção feita por Merleau-Ponty entre *linguagem falada* e *linguagem falante*.

O pensamento merleaupontyano, quando desenvolve a problematização de um "uso empírico da linguagem já elaborada e o uso criador, do qual o primeiro, aliás, só pode ser o resultado" (Merleau-Ponty, 1991: 45), oferece subsídios para pensarmos em funções possíveis do *lógos* conotado segundo uma valência plena de estesia, o que o confina com o que o filósofo designa *fala autêntica*. Esta, por sua vez, está inscrita nas cercanias da noção zilberberguiana de acontecimento. Lembramos que Zilberberg (2011: 187), ao evocar o Merleau-Ponty de *A prosa do mundo* (2002), destaca, para descrever o que é um acontecimento tensivo, uma significação que "não é, em última instância, da ordem do conteúdo, mas da ordem de uma efetivação impactante". Prossegue o semioticista e, ao fazer um diagrama em que remete à paixão da admiração na correlação entre *acontecimento* e *estado*, dispõe o próprio *acontecimento*, ligado a um *assomo intensivo*, como "correlato objetal da admiração"

(Zilberberg, 2011: 188). Para ser "correlato objetal" de uma paixão, no caso, a admiração, o acontecimento diz respeito ao mundo que *está aí* e que me sobrevém como mundo extaticamente admirado: "Quando observo o verde brilhante de um vaso de Cézanne, ele não me faz *pensar* na cerâmica, ele a apresenta a mim, ela está ali, com sua crosta fina e lisa e seu interior poroso, na maneira particular pela qual o verde se modula" (Merleau-Ponty, 1999: 442). O "assomo intensivo", entendido por nós como constitutivo da percepção e constituinte do *éthos* como corpo, subsidia o *páthos*, como tensão patêmica instalada no próprio *lógos*.

A noção zilberberguiana de "assomo intensivo" e a de *fala falante* apresentada por Merleau-Ponty confirmam-se avizinhadas. Entendemos que a *fala falante* aproxima-se também do que temos visto como uma conotação vinculada ao viés sensível do próprio *lógos*: a conotação que, apresentada mediante inclinação ao recrudescimento da intensidade da própria estesia, acaba por corroborar aquele "assomo intensivo". A *fala falada* um dia foi *falante*: se acolhermos esse princípio e mantivermos o ponto de vista de que à *fala falante* corresponde uma conotação estésica ou sensível com valência plena de acento de sentido, confirmamos que a conotação está no *lógos* e está no *éthos*, a depender da concretização discursiva efetuada. Esses movimentos contribuem para a definição dos estilos, na medida em que se pode buscar, para a definição do corpo, o efeito de um impacto maior ou menor, do sensível como estesia, sobre o próprio *éthos*.

A noção de "assomo intensivo" e a de *fala falante* remetem, portanto, à dimensão em que o *lógos* se institui como a própria experiência do pensamento, enquanto se distribui entre funções que, aproximadas daquelas privilegiadas pelo ponto de vista do filósofo francês e expostas no estudo intitulado "A linguagem indireta e as vozes do silêncio" (Merleau-Ponty, 1991: 39-88), dizem respeito a um movimento discursivo inclinado a: confirmar uma linguagem indireta; construir o efeito de ser perseguido à distância pelo pensamento; libertar o sentido cativo na coisa; ser oblíquo e autônomo; gozar de uma vida interior, da qual se beneficia o sujeito; poder convocar o corpo; apresentar-se em fase de estabelecimento da própria expressão; afastar-se das expressões já adquiridas, do sentido direto, da palavra instituída; privilegiar lacunas ou o *silêncio falante*.

Constituído na relação com o corpo actorial, o *lógos*, entendido como constitutivamente estésico, pode abeirar-se do estético, situação em que favorece a vizinhança com tais movimentos sugeridos por Merleau-Ponty como compatíveis à *fala falante*. O *lógos* estético, ainda aproximado dos gestos citados a partir do pensamento merleaupontyano, é entendido também como inclinado a: a) tatear "em torno de uma intenção de significar que não se guia por um texto, o qual justamente está em vias de escrever" (Merleau-Ponty, 1991: 47); b) evocar "o fundo de silêncio que não cessa de rodeá-lo" (1991: 47).

O conto "Atrás da catedral de Ruão", de Mário de Andrade (1996), aponta para o *lógos* estético configurado como um texto que "está em vias de escrever", já pela paisagem metropolitana convocada, a cidade de São Paulo, que não se isenta de ser atravessada pela multiplicidade de vozes orientadas para fins diversos, as quais habitam o corpo de Mademoiselle. A impossibilidade de entrar na geografia da paisagem, como a coisa em si mesma, e nela desenvolver-se, firma o olhar que se alia à impossibilidade de entrar na corrente de um tempo sequencialmente apresentado em compartimentos que, cada qual, encerraria em si ora um presente, ora um passado e, depois, um futuro. A capital do estado de São Paulo, tal como discursivizada pelo nosso modernista, firma-se como lugar inevitável do inacabamento do mundo e do próprio sujeito. O espaço, como forma espacial, respalda a diluição dos limites entre os pares opositivos *interno/externo, sujeito pensante/mundo pensado*. No limiar da alucinação, dá-se a ação de Mademoiselle, firmada na negação da equação A = A. Não coincidente consigo mesma, é: Mademoiselle; a catedral de Ruão (Igreja de Santa Cecília, o próprio corpo de Mademoiselle); a cidade de São Paulo.

O texto "em vias de escrever" está também no plurilinguismo, manifestado no uso concomitante da língua portuguesa e da francesa: "E agora mais do que nunca ela 'se trompait de lisière' – o que tinha uma história. [...] Lisette indo em busca da primeira paquerette da primavera, topa com um cavaleiro na 'lisère du bois'" (Andrade, 1996: 44). O texto "em vias de escrever" está, ainda, na desestabilização da categoria de tempo que, instalada em pleno *sistema enuncivo de pretérito* (Fiorin, 1996), desencadeia o relato da ação a partir de um tempo de *então*, não concomitante e anterior ao agora do ato de enunciar: no entanto, de modo imprevisível, emerge o agora, explodindo a ilusão de linearidade temporal, o que, segundo Fiorin (1996), configura uma neutralização da própria oposição temporal, como acontece neste exemplo em que a voz do narrador faz sobressair um *agora* inesperado, no lugar em que a previsão cobra a expressão *naquele momento*. Trata-se de uma referência feita a D. Lúcia, mãe das meninas, estas de quem Mademoiselle cuida como uma *espécie de professora*: "Dona Lúcia se acaso soubesse o que estava se passando agora, decerto não retomava Mademoiselle para professora das filhas. Fora mais longe: na caridade viciosa a que transportara sua pobre vida cortada, fizera da solteirona uma espécie de dama de companhia das filhas" (Andrade, 1996: 44). O tempo do narrado comprova-se como não fechado nele mesmo, por meio do uso dessas desestabilizações, nomeadas por Fiorin (1996) como embreagens temporais, entre as quais, no segmento citado também está a neutralização entre o futuro do pretérito (*retomaria*) e o pretérito imperfeito (*retomava*), em benefício do segundo termo. "'– Il y a des jours ou je sens à tout moment qu'un... 'personnage' me frôle!' E acentuava o 'personnage', que repetia sempre num nojo despeitado" (Andrade, 1996: 43). Até no uso das figuras discursivas, como no caso do "nojo despeitado", na frase em que o narrador explicita como Mademoiselle se referia a alguém, mediante a concomitância dos termos (*nojo*, relativo à falta de desejo; *despeitado*, relativo a um desejo que, por ter existido e ter fracassado, provoca ressentimento), encontramos a ideia de que "cada momento compreende em si mesmo a série de outros momentos", como, a partir de Merleau-Ponty, Moura (2001: 263) explica a percepção temporalizada.

Com base em Bakhtin (1997b), vemos que, enquanto a relação *autor/herói* se delineia na dimensão da exotopia, e de uma exotopia maximizada, os gestos do corpo do ator da enunciação confirmam-se aspectualmente como atélicos e dinâmicos. "O gesto linguístico, como todos os outros, desenha ele mesmo o seu sentido", diz Merleau-Ponty (1999: 253) que, ao enfatizar a transcendência da significação das palavras, acrescenta que "o gesto se limita a indicar uma certa relação entre o homem e o mundo sensível" (1999: 253). Para voltarmos ao corpo de Mademoiselle, temos mais um inacabamento no relato feito pelo narrador, em que, "às risadas *atuais*" da mulher, a previsibilidade linear imporia "risadas de *então*": "E ria numa das suas risadas atuais, completamente falsas, corando com volúpia nas faces pálidas, sem 'rouge', a que a camada vasta do pó de arroz não disfarçava mais o desgaste" (Andrade, 1996: 43). Mas, de Mademoiselle e do narrador, cada qual um corpo desalojado de si, logo firmados em relação exotópica, não se poderia esperar que se restringissem a posições determinadas e previstas pela sistematização do tempo de *então*, em que está cravado o conto.

DIREÇÕES DO CONTÍNUO

Na organização dos componentes de um estilo, o que compreende a aspectualização do ator, vale, efetiva e prioritariamente, o sentido lateral entre os signos (palavras e enunciados), juntamente com o viés oblíquo da percepção que, ao insinuar-se entre eles, funda o *éthos* conotado, a partir de um *lógos* contingente e transcendente, cuja estesia é mensurável em termos de oscilações tensivas. Merleau-Ponty (1991: 47), ao confrontar a fala relativa a expressões já adquiridas e aquela que se apresenta segundo o próprio inacabamento, ou seja, em estado daquilo que se está realizando, afirma:

> Há, para as expressões já adquiridas, um sentido direto, que corresponde ponto por ponto com torneios, formas, palavras instituídas. Aparentemente, não há lacunas aqui, nenhum silêncio falante. Mas o sentido das expressões que se estão realizando não pode ser desse tipo: é um sentido lateral ou oblíquo, que se insinua entre as palavras.

No âmbito do estilo, compõe-se a presença por meio da fala conotada, a qual se institui segundo um sentido "lateral e oblíquo". A partir dos exames feitos dos modos segundo os quais se apresenta a conotação da fala, obtemos diferentes definições de estilos, já que vem à luz, como peculiaridade, um fundo de significados lacunares, que se afastam da equação A = A, logo se afastam de termos coincidentes consigo mesmos. Esse fundo de silêncio remete à polifonia do herói e à relação de exotopia estabelecida entre ele e o autor, nos termos bakhtinianos (Bakhtin, 1997b; 1981). Confirma-se o estilo enquanto sistema discursivo de "deformação coerente" (Merleau-Ponty, 1991: 56). Isso acontece, entre outros recursos, por meio do modo de invocar a conotação estésica, para uma *estesia* (do grego *aísthesis*, sensação + ia) entendida como o que precede o estético e subjaz a ele. A estesia, no significado dicionarizado, diz respeito à capacidade de: a) perceber sensações, o que é, segundo o dicionário, equivalente à sensibilidade; b) perceber o sentimento da beleza (Houaiss, 2009).

A "deformação" estilística que, longe de um desvio em relação a certa norma, é a própria norma como organização sistemática da "torção" (enunciativa e enunciva), advém de posicionamentos do sujeito-no-mundo e de uma organização relativa à intersecção *sujeito-que-percebe/mundo-percebido*. A noção de "deformação coerente" foi tomada por Merleau-Ponty, de estudo feito por Malraux sobre questões de estilo. Sem deixar de fazer restrições ao que pensa o escritor francês, Merleau-Ponty contraria algumas ideias de Malraux. O filósofo alerta para o fato de que o estilo não pode ser entendido como um fim a ser atingido, como se pudesse ser "conhecido e desejado fora de qualquer contato com o mundo" (Merleau-Ponty, 1991: 55). Acrescenta então: "É preciso vê-lo [o estilo] aparecer no fundo da percepção do pintor enquanto pintor: é uma exigência nascida dela [da percepção]" (1991: 55). Lembrando que pintura e literatura remetem a um sistema de equivalências, o filósofo passa, em seguida, a concordar com o pensamento de Malraux, atribuindo à formulação que segue citada o lugar de uma das "melhores passagens" da teorização feita por esse escritor sobre estilo: "A percepção já estiliza" (1991: 55). Nas cercanias deste último princípio, temos confirmado a conotação do *éthos*, conforme o *lógos* estésico, este que, sob valência de força plena imprimida na própria estesia, transforma-se em *lógos* estético. A noção de uma *fala* concernente a um estilo, desenvolvida segundo uma conotação necessária, imbrica-se com a problematização das noções de conotação e denotação do signo.

Se pensarmos na relação entre conotado e denotado, o último termo é concebido como o grau "zero" da conotação, pensada em conformidade com um "acento de sentido". Antes disso, porém, está o princípio de que nem um nem outro termo é considerado positivo; a existência de cada um deles se dá na relação de reciprocidade entre eles. Para a conotação vinculada à percepção e ao corpo actorial, deparamo-nos também com a correlação entre o intenso e o extenso. O domínio oscilante estabelecido na tensão entre o sensível e o inteligível convoca, para a conotação, as dimensões da tensividade, pertencentes a cada eixo que as representa, num suposto diagrama tensivo, segundo suas subdimensões: tonicidade e andamento, no eixo vertical da intensidade; tempo e espaço, no eixo horizontal da extensidade (Zilberberg, 2011).

O conotado, sofrendo determinado "acento de sentido", passa a ser pensado por meio de uma cifra tensiva concernente à totalidade. Por isso a conotação, própria à fala, remete à distinção entre estilos. Mas discutimos o conceito de conotado também a partir do que Hjelmslev (2003: 57) pensa sobre a língua, quando destaca, para o *conteúdo* linguístico: "uma forma específica, a forma do conteúdo, que é independente do *sentido* [massa amorfa] com o qual ela [a forma] se mantém numa relação arbitrária e que ela [a forma] transforma em substância do conteúdo". Entendemos que há conotação, enquanto ponto de vista, já no valor (já na forma) que, imprimido à *massa amorfa*, é convencional e arbitrário. Desse modo, a forma pode gerar uma substância que atesta, segundo o mesmo autor, "apreciações coletivas", "opinião pública":

> Assim é que uma só e mesma "coisa" física pode receber descrições semânticas bem diferentes segundo a civilização considerada. Isso não se aplica somente aos termos de apreciação imediata, tais como "bom" e "ruim", nem só às coisas criadas diretamente pela civilização, como "casa", "cadeira", "rei", mas também às coisas da natureza. Não só "cavalo", "montanha", "pinheiro", etc. serão definidos diferentemente em uma sociedade que os conhece (e os *re*conhece) como nativos e em outra para a qual eles permanecem como fenômenos estranhos – o que aliás não impede, como se sabe, que a língua disponha de um substantivo para designá-los, como, por exemplo, o substantivo russo para elefante: *slon*. Mas o elefante é algo muito diferente para um hindu ou um africano que o utilizam e o cultuam, que o temem ou o estimulam, e por outro lado para uma sociedade europeia ou americana, para a qual o elefante só existe como um objeto de curiosidade exposto em um jardim zoológico e nos circos e exposições, e descrito nos manuais de zoologia. (1991: 63-4)

À língua, que conota, segundo avaliações compatíveis à substância do conteúdo dos signos, emparelha-se o juízo predicativo na composição de um dos perfis do ator, que é o próprio estilo. Mediante a atenção dada a esse juízo, que não é excludente em relação à percepção, mas está radicado nela para que o perfil sensível desenhe o corpo em suas fases ou processo de constituição, alcançamos o corpo estilizado. Isso acontece já por meio do uso discursivo que o falante faz do idioma, já por meio do algoritmo da percepção estabelecido par a par com as formações discursivas que sustentam a totalidade.

A noção de uma percepção "que já estiliza" é legitimada na semântica discursiva e no encontro desta com os princípios relativos à tensividade do sentir. Estilos calcados em aproximações e distanciamentos, maior ou menor, do sujeito em relação ao próprio enunciado, realizam discursivamente o sujeito-no-mundo. Esse mundo pode recuar em inteligibilidade, enquanto o sujeito deixa-se raptar por uma emoção recrudescida. À passagem da presença pelo impacto daquilo que sobrevém ao sujeito (o *sobrevir*) corresponde a permanência do ator no exercício de contemplação racional ou reflexiva do fenômeno-mundo. Nessa permanência, emparelhada ao *pervir*, é suscetível de sobrelevar-se a percepção dos limites e da compartimentação das coisas do mundo, tal como se dão a ver por meio de um olhar mais desacelerado.

À duração da temporalidade da coisa percebida (duração tanto mais abreviada quanto mais recrudesce o impacto da percepção) corresponde, equivalentemente, o modo como a coisa percebida se dá a ver espacialmente: tanto mais concentrada ou menos difusa, num olhar sensível entregue à "valência do acontecimento", que supõe o andamento imprimido pela instantaneidade, esta conjugada a uma "tonicidade superior" (Zilberberg, 2011: 174). A um olhar tanto mais acelerado e fortemente tônico corresponde uma abreviação do tempo e uma concentração do espaço da coisa percebida. Se tais gestos organizam o corpo segundo uma cifra tensiva, a qual respalda esse mesmo corpo como esquema, o contrário deles organizará outros esquemas corporais: a um olhar mais desacelerado e átono corresponderá um tempo mais alongado e um espaço mais difuso da coisa percebida. Em se tratando de relação conversa, a um olhar tão mais acelerado e tônico daquele que observa as coisas do mundo corresponde o aumento da duração e da difusão espacial da coisa observada. No olhar que, em termos actanciais, é função de um observador, está o embrião da fala conotada de um estilo.

Para o estilo, não interessa, portanto, o conceito de denotação como significado primeiro: um "sentido próprio" que, supostamente antecedente ao "sentido figurado", seria juntado ao novo, ao segundo, este, o conotado. O "acento de sentido" como princípio estésico constituinte do *lógos*, que permite considerar que "a palavra chama a palavra" na memória do corpo, não pode estar cravado num viés tido como secundário, desse mesmo *lógos*. Nem tampouco tal consideração pode ser feita em relação ao *lógos* conotado segundo a sedimentação de hábitos de julgamentos, o que é suscetível de depreensão a partir do *lógos* conotado autoralmente no perfil judicativo do ator da enunciação.

Mas, como "grau zero" de impacto do acento de sentido, o denotado passa a ter relevância para os estudos estilísticos, diferentemente do que afirmam Mazaleyrat e Molinié que, na obra *Vocabulaire de la stylistique*, antes de alertar sobre as inflexões fortes que a conotação pode exercer sobre a denotação em literatura, assim reconhecem o lugar da denotação nas questões sobre estilo: "Ela apresenta pouco interesse para a estilística: se ela constitui a base sobre a qual se move o texto, seu universo, seu meio [...], ela é também, para a literariedade [*littérarité*] do discurso, o elemento menos interessante" (Mazaleyrat e Molinié, 1989: 97). Preferimos pensar na literariedade (qualidade daquilo que é literário), na relação com a estesia e com a percepção: de um lado, um estágio de valência mitigada ou nula do acento sensível ou do estésico, ocasião em que a literariedade é mitigada ou nula; de outro, um estágio de valência plena do acento sensível do sentido (o *lógos* estético).

O uso de recursos linguísticos, sejam os morfológicos, sejam os fonológicos, ou aqueles relativos à sintaxe e à semântica, e ainda os relativos ao léxico, na textualização dos enunciados convoca a conotação virtualizada no sistema linguístico. Enquanto isso, compõe-se a fala relativa a uma totalidade, para que se esbocem os perfis do ator da enunciação, seja o relativo ao *lógos* sensível, considerado em relevância de impacto da própria estesia, seja o relativo ao *lógos* judicativo. A conotação, compatível com a *função poética* exercida por meio de alta coerção, ou compatível com a *fala falante*, definida, esta, na medida em que subjaz como um "assomo intensivo" à *fala falada* (institucionalizada), garante-se por meio de mecanismos linguísticos e discursivos que dão indicações de como o sensível rege o inteligível.

Na conotação social, predominam as valorações convencionais, sustentáculo da moralização desde a substância do conteúdo dos signos. Na consideração do *lógos* conotado socialmente, relativo a um estilo, desponta a substância do conteúdo do signo linguístico que, inevitavelmente *enformada*, permanece num lugar de fronteira em relação à própria forma: são os conceitos que, na rede de relações estabelecida pela totalidade, palpitam como inclinação ou devir para que o ator legitime o lugar a ser ocupado por ele no mundo. O *lógos*, conotado socialmente, apresenta-se segundo uma torção peculiar ao corpo. Entre esses movimentos, também estão os da conotação em valência plena de estesia. Aí, no território do sensível, é suscetível de aparecer um presente dilacerado entre um passado e um futuro que o invadem, para que, mantidos na continuidade da duração, enunciado e enunciação tornem-se tão mais inacabados, quanto mais precário se apresenta o corpo do ator.

Ao longo do exame feito de uma totalidade, o analista depreenderá modos segundo os quais se apresenta a intensidade do sentir relativa ao olhar do sujeito, correlacionada à extensidade das coisas que "solicitam" esse olhar. Da relação da temporalidade e da espacialidade do "estado de coisas", com o andamento e a tonicidade do "estado de alma", temos, como resultado de uma multiplicação entre as subdimensões, um produto, que é o "tempo subjetal", de que fala Zilberberg: o presente *que dura*, e que é fundamento para a aspectualização do ator da enunciação.

Do transcurso dessa duração, emergem estilos, que se vinculam a presenças ou impactantes ou arrefecidas. Para isso, tornam-se significativos os modos de apresentação do efeito de premeditação do ato enunciar, o qual confere relevância própria aos instrumentos linguísticos, investidos de determinadas funções na totalidade. Quanto maior o efeito de premeditação, o corpo tenderá a um menor impacto emocional. Para ilustrar graus de impacto afetivo da presença, podemos lembrar, com Merleau-Ponty (1991: 59), o caso da conversa gravada que parecera brilhante enquanto ouvida em ato e que, em seguida, dá "a impressão de indigência" na forma gravada. "Falta-lhe a presença daqueles que estavam falando, os gestos, a fisionomia, o sentimento de um evento que está acontecendo, de uma improvisação contínua" (1991: 59). Para a semiótica do estilo, parte-se do princípio de que, no interior de cada enunciado, há uma presença que, dimensionada em graus de densidade semântica, constrói seu impacto ou sua atenuação por meio de uma enunciação que, como *quase-presença*, instala-se em valência nula e mitigada, respectivamente no nível fundamental e tensivo, já que, em estágio de valência plena e de extremo preenchimento, ela, a *quase-presença*, realiza-se no nível discursivo.

Enquanto isso, longe de uma noção de verdade que fizesse o enunciado assemelhar-se às coisas narradas, ou que apresentasse as coisas do mundo segundo um modelo exterior, legitimado como pré-dado ao discurso, a presença aparta-se da diferença entre verdade factual e verdade ficcional. Esses termos, como efeitos de sentido, valem na medida em que, distintos, um reclama o outro. Entre gêneros e estilos cravados em meio a verdades, seja a jornalística, seja a literária, por exemplo, permeia a conotação do *lógos* e do *éthos*. O *éthos* de um estilo necessariamente traz consigo alguma conotação.

A noção de um *éthos* discursivo que, na articulação com a *quase-presença*, é correlato tanto ao ator da enunciação pressuposto a uma totalidade de enunciados, como ao ator da enunciação depreendido em cada texto, segundo procedimentos de semantização e de aspectualização da pessoa, só pode ser viabilizada se validarmos o princípio relativo a uma enunciação que tanto pode ser "afundada" nas profundezas do discurso, quanto pode realizar-se na superfície discursiva.

Esses movimentos incitam-nos a atentar mais uma vez ao estudo feito por Greimas e Fontanille (1993). Nesse trabalho, encontramos a alusão a "protótipos de actantes", "quase-sujeitos" e "quase-objetos" (Greimas e Fontanille, 1993: 25), o que nos leva a confirmar o *campo de presença* confinado com o que se dá em nível mais profundo do que o fundamental, ou seja, o nível tensivo, até atingir o que se dá no nível discursivo, com trânsito de continuidade entre os outro níveis do percurso: o fundamental ou profundo propriamente dito e o narrativo. Um nível anuncia-se em outro, para o que, na *dêixis da ausência* (nível fundamental e tensivo), tenhamos "quase-sujeitos" e "quase-objetos". Além disso, a noção de um "quase-sujeito" e de um "quase-objeto" leva-nos a confirmar o *campo de presença* como o que se dá nas bordas de cada enunciado e na totalidade deles.

Como sujeito do estilo, o ator, aspectualizado na relação com o que está aquém e além do valor propriamente dito (o valor do valor, a *valência*), também se coaduna com a noção de um "quase-sujeito" e de um "quase-objeto", para que se firme a totalidade segundo "algo constante que se comunica", se quisermos lembrar a noção de aspectualidade formulada pelos mesmos Greimas e Fontanille (1993: 26). O *continuum*, em situação de totalidade estilística, reúne a bipartição da foria em *euforia vs. disforia* em devir moralizante para o perfil social do ator. Pensando ainda com os semioticistas que a foria "é tensa" (1993: 32), temos o mesmo *continuum* como inclinação do corpo a movimentar-se no âmbito do *colossal, grande, pequeno, minúsculo*, seja orientado segundo atenuações e minimizações das valências que imprimem um "acento de sentido" ao valor, seja orientado segundo restabelecimentos e recrudescimentos das mesmas valências, o que favorece a cifra tensiva de uma totalidade.

Ao fortalecer o debate sobre a noção de estilo, a aspectualização do ator corrobora-se conforme a "gestão de um *continuum* discursivo (Greimas e Fontanille, 1993: 34). Os semioticistas citados, ao propor uma "sintaxe passional discursiva", reuniram os componentes dessa sintaxe em duas dimensões principais: a *sensibilização* e a *moralização*. Emparelhada à moralização, segundo eles, está a sensibilização. Esta diz respeito ao sujeito "que sofre, que sente, que reage, que se emociona" e, juntamente com certa *disposição* articulada a uma programação discursiva e à própria *emoção*, dada como "junção tímica [que se cumpre], dando palavra ao corpo próprio" (1993: 155), a *sensibilização* comporia a sequência que funda o "simulacro passional". Ainda lembram eles certa *constituição* do sujeito que, como reunião de supostos fatores hereditários, precederia esse simulacro e seria algo sobre o qual não se teria controle na análise.

No esforço por deslindar o que é o "simulacro passional", dirão os mesmos autores que "o papel temático é iterativo e o papel patêmico é permanente" (Greimas e Fontanille, 1993: 161). Assentem, então, no fato de que "a permanência [...] caracteriza toda disposição" (1993: 161), o que respalda nosso pensar acerca de um viés sensível, durativo-contínuo, enquanto o judicativo ou temático é da ordem do iterativo. Para o estilo, a noção de disposição como permanência e devir vai ao encontro da noção de um tempo *que dura,* ao *permanecer* o mesmo, subjacente a mudanças de múltiplos *agoras* na constituição do ator da enunciação nos seus perfis: o sensível e o inteligível, aquele fundação deste. O inteligível está para o observador social, como base da *moralização* e correlato ao sensível. Greimas e Fontanille (1993), ao lembrar que a *moralização* "aciona uma avaliação externa" (1993: 155), completam: "Por ocasião da convocação em discurso, se a configu-

161

ração se organiza exclusivamente do ponto de vista do sujeito apaixonado, apenas a sensibilização se manifesta; e se a configuração se organiza do ponto de vista de um observador social, a moralização surge" (1993:150).

Acolhemos a base desse pensamento. Discordamos, entretanto, da sugestão feita aí de lugar exclusivo, de uma ou outra dessas duas dimensões na constituição do ator. Junto a uma perspectiva que prioriza a medida do *mais* e do *menos* a fim de traçar o algoritmo da percepção, jungido ao esquema corporal subjacente a uma totalidade, longe de pensarmos em relação de exclusividade entre termos, propomos um corpo inclinado para a proeminência de um papel actancial sobre outro: o observador social será proeminente, na medida em que o observador sensível permanecer em recesso, consoante ao simulacro convocado. O contrário também acontece. Juntamente com a recorrência funcional dos papéis temáticos do ator, mediados pelo observador social, deparamo-nos com certo "estereótipo" de moralização, o qual "reduz o equipamento modal e temático do ator a um pequeno número de isotopias e de papéis" (Greimas e Fontanille, 1993: 162). Pressupostos a esses movimentos, encontramos os papéis patêmicos, articulados à percepção sensível e projetados nas relações entre a intensidade do afeto do sujeito que percebe e a extensidade das coisas percebidas.

Desse modo, o ator da enunciação pressuposto a uma totalidade alcança uma coesão moralizante e judicativa, a qual recai sobre um "comportamento observável", seja ele relativo a um actante do enunciado-enunciado, seja ele relativo a um actante da enunciação enunciada. Depreendemos, a partir dos atos judicativos, papéis temáticos radicados em "papéis éticos", estes que, segundo Greimas e Fontanille (1993: 152), "seriam, em dada cultura, os termos de uma taxionomia conotativa". A nosso ver, os papéis temáticos, logo éticos, fundados nos semas meliorativo e pejorativo, apresentam funções próprias no sistema de moralização.

Uma duratividade descontínua radica aspectualmente o ator, na iteratividade daqueles papéis, que o compõem em determinado conjunto de enunciados. No âmbito da semântica discursiva, o *outro*, habitante do interdiscurso, ao ser contemplado como convocação de vozes, ora convergentes, ora divergentes em relação ao ponto de vista sustentado naquele enunciado, confirma os papéis temáticos do ator da enunciação. Por sua vez esses papéis, relativos a um sujeito semantizado como lugar de tomada de posição, responsável e responsiva, firmam-se como expectativa criada pela práxis enunciativa relativa a uma totalidade. O papel temático, base do papel ético, encontra seu fundamento no ato de julgamento que, dicotômico por excelência (*ou isto, ou aquilo*), não está alijado do nível fundamental, nem tampouco do nível narrativo do percurso gerativo do sentido. Entretanto, aquém e além do valor, como "acento de sentido" imprimido ao valor se antecipará e se sobreporá, ao próprio valor, a valência.

O observador social cuida da coesão moralizante interna a cada enunciado e processada ao longo da totalidade, a fim de configurar o corpo na relação com o outro: *torno positivo* para mim o que é negativo para o outro, enquanto esse outro mantém-se cravado em formação discursiva contrária a meus princípios. Há precisão na valoração ética. Juntamente com o observador social, que aspectualiza de modo próprio o ator, o observador sensível emerge da relatividade e da imprecisão, enquanto habita as "precondições de manifestação do sentido".

Notas

[1] As expressões *expectation-horizon* e *horizon protentionnel* correspondem à versão, primeiro para o inglês (Husserl, 1970a: 162) e, depois, para o francês (Husserl, 1976: 184) do mesmo conceito husserliano, extraído da mesma obra (*A crise das ciências europeias e a fenomenologia transcendental*).

[2] Destacamos que a noção de um *éthos* discursivo, como um corpo com certa vocalidade ou voz, a qual, com determinado tom, jamais é pensada em dependência da modalidade oral da comunicação, mas como fato discursivo, é tributária do pensamento de Maingueneau, entre cujos trabalhos temos encontrado apoio de base para nossas reflexões sobre o estilo, a partir do *éthos*. Da obra desse analista do discurso, salientamos: *Novas tendências em análise do discurso* (1989); *Gênese dos discursos* (2005b); *Éthos, cenografia e incorporação* (2005a); *Cenas da enunciação* (2006); A propósito do *éthos* (2008).

[3] Salta um alerta dessas reflexões: fizemos uma alteração do percurso sintático relativo aos níveis da totalidade apresentado por nós em estudo anterior sobre o estilo (Discini, 2009b: 34). Procedemos à troca de dêixis, o que visualmente se representa pela troca recíproca de *esquerda/direita* do quadrado, mantidas, evidentemente, as relações elementares entre os termos. A troca justifica-se pelo fato de passarmos a aceitar que os níveis de totalidade, observáveis segundo cada termo do quadrado, são homologáveis a distintas densidades de uma *quase-presença*. Tal qual propostas por Fontanille e Zilberberg (2001: 131) as distintas densidades se distribuem, na *dêixis da presença* (*da esquerda*), entre a plenitude e a falta (dêixis positiva); na *dêixis da ausência* (*da direita*), entre a vacuidade e a inanidade (dêixis negativa).

[4] Como exemplo, temos José de Alencar, romancista romântico que, como cronista do jornal *O Protesto* (1877), um semanário, publicação do mesmo Alencar, e como autor de cartas políticas dirigidas ao imperador D. Pedro II a favor da escravidão, faz emergirem as distintas coerções dos gêneros que acolhe, mas mantém-se no mesmo corpo, voz, tom de voz e caráter, ou seja, com o mesmo estilo, conforme estudo feito por nós, que compõe o capítulo "Política e poética em José de Alencar", do livro *Linguagem e política: estratégias, valores, interações e paixões*, organizado por Alexandre Marcelo Bueno e Oriana N. Fulaneti (2013).

[5] Scher (2004: 70), retomando outros estudos sobre o aspecto, traz dois exemplos para "eventualidades télicas": a) Bruno escreveu a carta. b) Bruno terminou o dever de casa. Explica, então, que a eventualidade aí "contém uma mudança de estado que constitui seu resultado ou alvo", e acrescenta: "A eventualidade se completa, quando o alvo é atingido e a mudança de estado se concretiza. É um limite final natural, intrínseco à eventualidade."

[6] A análise do gênero *hagiografia* consta de estudo publicado na *Revista Bakhtiniana*, "Para o estilo de um gênero" (Discini, 2012).

[7] Não levamos em conta a discussão acerca de *Marxismo e filosofia da linguagem* (Leningrado, 1929), em relação à autoria considerada oscilante entre Bakhtin e Volochinov. São ambos pertencentes ao Círculo de Pensadores que, na Rússia das primeiras décadas do século XX, debateram filosoficamente a linguagem.

[8] Trata-se do estudo "O autor e o herói na atividade estética", cuja apresentação tem estas indicações na edição da obra em que está inserido, *Estética da criação verbal* (Bakhtin, 1997b: 24): "texto de arquivos (1920-1930), não retomado pelo autor e deixado inacabado. O manuscrito não tem título e encontra-se mutilado".

[9] As expressões postas entre aspas são citações colhidas de roteiros de aulas, relativas a cursos de fenomenologia ministrados pelo prof. Carlos Alberto Ribeiro de Moura na Faculdade de Filosofia da Universidade de São Paulo: História da Filosofia Contemporânea III (2º semestre de 2010: Husserl); História da Filosofia Contemporânea III (1º semestre de 2011: Merleau-Ponty); História da Filosofia Contemporânea II (2º semestre de 2011: Husserl e o "mundo-da-vida"). Os roteiros foram gentilmente cedidos pelo professor.

10 Para a discussão feita sobre o sensível, priorizamos, de Zilberberg, a obra *Elementos de semiótica tensiva* (2011), que, reunindo parâmetros do pensamento do autor, aprofunda esse mesmo debate.

11 Emparelhamo-nos à noção cara ao ponto de vista tensivo da semiótica: a continuidade temporal. Para isso costuma ser recuperada com frequência a máxima: "O que (já) é não é (ainda) – eis a surpresa. O que não é (ainda) (já) é – eis a espera" (Valéry, 1973: 1290), em tradução livre feita por Tatit (1998: 54).

12 O conceito de *éthos* vinculado a um corpo discursivo e o conceito de uma vocalidade daí decorrente são colhidos do pensamento de Maingueneau, em obras publicadas nos anos de: 1989; 2005b; 2006; 2008.

13 Mantivemos a representação gráfica do original.

14 Para a aspectualização do ator, considera-se a possibilidade de existir um corpo télico e estático, caso em que se sobreporá um *télos*, um fim imanente, com tamanha força de acento sobre as transformações internas sofridas pelo corpo, que a dinamicidade ficará reduzida a zero. Por isso o corpo se tornará télico e estático.

15 Se quisermos pensar em exotopia na relação com o *télos*, entendemos que, na definição do estilo do gênero *horóscopo*, a relação exotópica *autor/herói* teria o deslocamento, no termo *herói*, para o narratário, leitor explicitado como um tu convocado: "LIBRA. Você pode não saber o que quer no trabalho, mas já sabe o que não quer mais no amor e nas amizades" (*Folha de S.Paulo*, 14 fev. 2013, p. E9). Mas, junto a esse gênero, consideramos que não se pode pensar em relação exotópica, ainda que ela fosse cotejada segundo um grau ínfimo, que supõe um nada de exotopia. Certos gêneros excluem a possibilidade de cotejo com categorias como exotopia e polifonia, as quais encontram sua plenitude de realização junto ao *lógos* estético

16 Diz Merleau-Ponty (1999: 445) que, se "o mundo pudesse ser pensado sem ponto de vista, agora nada existiria, eu sobrevoaria o mundo e, longe de que todos os lugares e todos os tempos se tornassem reais ao mesmo tempo, todo eles deixariam de sê-lo porque eu não habitaria nenhum deles e não estaria engajado em parte alguma".

17 *Groupe μ* é designação que identifica o *Centro de Estudos Poéticos* da Universidade de Liége, Bélgica.

ÉTHOS CONOTADO

OS PAPÉIS DO SUJEITO

Obtemos a aspectualização do sujeito, isto é, o sujeito ao longo do processo de construção, por meio da descrição de mecanismos discursivos que, ao radicar os papéis aspectuais relativos às propriedades da duração, da dinamicidade e da telicidade, atestam modos próprios de:

a) relacionar-se com o tempo-espaço dos acontecimentos, regidos pelo andamento e pela tonicidade da percepção;
b) conotar o léxico de determinada totalidade, de modo a apresentar o estilo como um todo que transcende suas partes.

Conotação remete à noção merleaupontyana de uma *fala falante*, distinta de uma *fala falada*, sendo aquela precedente a esta e entendida como território do sensível. Tal noção oferece requisitos para pensarmos na fala conotada, por meio da qual se instala o *éthos* de um estilo: um sujeito, que é da ordem da estabilidade como esquema corporal, e é da ordem da contingência como acontecimento discursivo. Na estabilidade, estão semelhanças de um modo de dizer que, depreendidas da relação entre um enunciado e outro, instalam-se segundo o princípio que estrutura a totalidade, na expressão e no conteúdo dos textos. A contingência, trazida pela peculiaridade de cada ato enunciativo pressuposto a cada enunciado, evoca diferenças "da execução *in concreto*" desse princípio de organização, tomando para nós conceitos hjelmslevianos (Hjelmslev, 2003: 81).

Uma totalidade estilística, definida como estrutura aberta, incorpora a língua enquanto ordenação própria das coisas do mundo, perspectiva tributária da noção saussuriana de signo linguístico: a ordem do mundo não é homóloga à ordem da língua. A ordenação própria à língua e distinta do mundo em si remete a uma conotação *lato sensu* que, vista como estésica, é necessária a todo signo em situação de comunicação, esta que está excluída da noção saussuriana de fala. A partir do *Curso de linguística geral* (Saussure, 1970), se depreendemos a sugestão de algum lugar para o falante, será o daquele sujeito instaurado tão somente como o que executa atos voluntários de fonação, promovendo combinações individuais do código da língua. Ao realçar a fala como ato individual de vontade e inteligência, o genebrino acrescenta que é preciso distinguir nesse ato: "1º, as combinações pelas quais o falante realiza o código da língua no propósito de exprimir seu pensamento pessoal; 2º, o mecanismo psicofísico de exprimir seu pensamento pessoal" (Saussure, 1970: 22). Como mecanismos dependentes de uma vontade individual, tais combinações são consideradas infinitas por Saussure. Apesar de apresentar-se diminuta, silenciada até, a função exercida pelo falante, acreditamos que não seja impossível encontrar, na acepção saussuriana de signo como *significante* (imagem ou memória acústica) e *significado* (conceito), algum resíduo da noção de uma presença efetiva. Mas inegavelmente se sobrepõe à noção saussuriana de fala um sujeito alijado do sistema linguístico e destituído de qualquer função comunicacional.

Cabe, então, incrementar a discussão sobre uma fala regrada que, homologável ao discurso, subsidia o esquema corporal, ao sustentar o sujeito de estilo, enquanto convoca a função comunicacional do falante. Essa função, desempenhada segundo a situação discursiva, cumpre-se no ato, somente entendido como individual, se considerado social (um *eu* dado na relação necessária com um *tu*). Tal noção de fala respalda o ator como aspecto, isto é, visto na arquitetura do próprio corpo, com realce para a noção dicionarizada do termo *arquitetura*: conjunto de elementos que perfazem um todo; elaboração de um empreendimento futuro (Houaiss, 2009).

Da problematização da fala, somos remetidos à noção semiótica de práxis enunciativa. Lembrando, do percurso gerativo do sentido, a narratividade e o nível profundo, temos, nesses níveis, juntamente com a projeção de uma *quase-presença*, o ensaio de um corpo *que fala*; no nível narrativo, uma presença atualizada, mensurável em valência mitigada de acento; no nível profundo, uma presença virtualizada, mensurável em valência nula de acento. O corpo *que fala*, ou a voz do sujeito, confirma-se, no nível profundo, como esquema de valorações axiológicas, as quais, segundo a categoria tímica *euforia/disforia*, permeiam o caráter discreto e descontínuo das unidades da gramática narrativa. Essa descontinuidade importa para a aspectualização do ator da enunciação que, ao longo da totalidade, apresenta-se como durativo-descontínuo no perfil judicativo.

Greimas e Courtés (2008: 186-7) afirmam que "a gramática narrativa utiliza uma lógica categorial baseada no caráter discreto das unidades e no caráter descontínuo dos estados (um objeto do mundo é 'negro' ou 'não negro', sem transição)". Para o ato predicativo de julgamento, que supõe tomada de posição, o mundo é "negro" ou "não negro", sem transição. Dessa descontinuidade, emerge o viés social da aspectualização do sujeito, este sujeito, cuja fala o apresenta conforme um *éthos* conotado. Com apoio em Hjelmslev (2003: 139), entendemos que essa conotação está arraigada nas medianias do que o próprio dinamarquês afirma ser uma "substância que manifesta um esquema semiótico". Referimo-nos a uma conotação que, concebida a partir do "uso semiótico" (2003: 139), é processada *lato sensu*.

A fala é regrada segundo uma conotação que se vincula a formações discursivas. No modo descontínuo, euforiza x, enquanto disforiza y, logo disforiza o termo contrário àquele que, acolhido, radica a tomada de posição, ainda que seja de acordo com a valência nula da presença relativa ao nível fundamental. A fala, assim sustentada, mostra-se no exercício da interpretação eufórica ou disfórica do mundo, conforme prevê a timia fundamental. Interrogar como a enunciação procede a julgamentos, peculiares ao viés social do observador, pondo em foco o *éthos* em processo de moralização, remete a um ator aspectualizado também ao longo do percurso gerativo do sentido. O ator aspectualiza-se no interior de cada enunciado, não somente no intervalo entre um enunciado e outro da totalidade.

A conotação social de cada enunciado assegura a conotação aspectualizada como iterativa na sucessão deles. Essa conotação é validada por meio dos papéis temáticos do ator, respaldados na axiologização imprimida às relações elementares da significação no nível fundamental, as quais, por sua vez, são revertidas em organização própria à narratividade. Se os papéis temáticos, ao proceder à formulação actancial dos temas, acabam por semantizar o actante da enunciação devido à moralização embutida no tratamento ético aplicado nos temas e figuras, o que transforma o actante em ator, eles cuidam, tais papéis, da competência discursiva do ator, por sua vez instituída par a par com a competência narrativa, concernente a uma enunciação narrativizada. Dizem Greimas e Courtés (2008: 329) que as "estruturas semióticas, ditas narrativas regem [...] as estruturas discursivas".

Para o papel temático de um juiz, com peculiar modo de julgar os comportamentos observáveis no enunciado, o ator da enunciação precisa saber-fazer: um saber-fazer tal qual o do sapateiro, lembrado por Greimas e Courtés (2008: 329), que assim apresentam tal comparação: "a atividade discursiva repousa sobre um saber-fazer discursivo, que nada perde para o saber-fazer de um sapateiro, por exemplo, ou melhor, que se deve pressupor uma competência narrativa, se se quiser dar conta da produção e da leitura dos discursos-ocorrências". A competência narrativa, o saber-fazer o próprio enunciado, no encadeamento com as modalidades do poder, do querer e do dever, prepara o corpo actorial, semantizado por meio de papéis temáticos e realçado a partir da narratividade, como sujeito performativo: um sujeito responsável por um agir ético e moralizante. O inteligível, da ordem do judicativo, confirma-se no circuito da *performance* relativa à valoração social desencadeada pelo ator da enunciação, enquanto este é respaldado pelo viés social da observação.

De outro lado, atentando para transições entre o "negro" e o "não negro", temos as valências tensivas que impregnam sensivelmente a língua posta em uso, para que se configure o *éthos* conotado como percepção. Nos enunciados, essa impregnação não se processa segundo pontuais revelações de um *a-mais* expressivo, sobreposto a uma *fala ordinária*, mas como esquema criador do sentido, firmado concomitantemente à conotação da voz *que fala*. O sentido conotado sob o viés do sensível emerge como o que sobrevém emocionalmente ao próprio sujeito, na simultaneidade com as valorações axiológicas, diferentemente, porém, do que ocorre com elas, pois, ao promover a observação sensível, esse viés do conotado aspectualiza o ator no modo do contínuo. Para o sensível, importa prioritariamente a transição entre o "negro" e o "não negro". Importa, certamente, tal como acontece com o inteligível, a lateralidade sintagmática entre os enunciados, mas, no sensível, essa lateralidade aparece impregnada pelas lacunas deixadas por uma conotação que, para além da combinação peculiar de temas e figuras, imprime no todo, enquanto percepção, a memória do corpo. Se olharmos brevemente, sem intuito de finalização de análise, para dois poemas de Cecília Meireles[1] extraídos de *Retrato natural*, livro componente de sua obra poética, podemos tangenciar o *lógos* estético, ou seja, o *lógos* na valência plena da estesia, na medida em que se oferecem nos textos indicações que, tal qual vetores estilísticos, esboçam gestos de um corpo aspectualizado segundo uma *quase-presença* conotada como silêncio falante:

    A FLOR E O AR
    A flor que atiraste agora,
    quisera trazê-la ao peito;
    mas não há tempo nem jeito...
    Adeus, que me vou embora.

    Sou dançarina de arame,
    não tenho mão para flor:
    Pergunto, ao pensar no amor,
    como é possível que se ame.

    Arame e seda, percorro
    o fio do tempo liso.
    E nem sei do que preciso,
    de tão depressa que morro.

    [...]

    (1967: 414)

CANÇÃO
Mais que a mão do amor,
é tépida a terra
que guarda sem guerras
a caveira e a flor.

Melhor que os amigos,
fala a solidão,
sem opinião
sobre o que lhe digo.

Sozinha me vi,
Sozinha me vejo.
Que tristes desejos
pascem mais aqui?

[...]

Só depois do adeus,
arrependimentos.
Com as fitas do vento
amarra-me os teus!

(1967: 415-6)

    O estilo como corpo não está na recorrência do tema da solidão e no tratamento recorrente imprimido a esse tema como algo desejável e necessário, a ponto de poder ser considerado posto um princípio de triagem, de exclusão do outro, como um princípio ético, ao longo dos dois poemas. Não está tampouco na recorrência do recurso de discursivização da pessoa do narratário explícito, o tu, com quem fica encetada uma interação discursiva, efêmera e no limiar do adeus, como quer a poetisa. Não está também na ocorrência de metáforas que, semanticamente, privilegiam, via intersecção dos traços comuns, o que há de leveza nas figuras e de brevidade nas coisas do mundo: "dançarina do arame; arame e seda; o fio do tempo liso (A flor e o ar); fitas do vento/" (Canção). Ainda não está na métrica regular, desenvolvida por meio de versos heptassílabos ao longo do primeiro poema e por meio de versos de cinco sílabas ao longo do segundo, ambos que entram em progressão textual por meio de estrofes de quatro versos, na simetria do plano da expressão, que marca o compasso de um ritmo regular para a textualização.

Não são esses mecanismos que importam para o estilo, se eles forem considerados em si mesmos ou tão somente na linearidade textual. Firmam-se, eles, entretanto, como base para o prosseguimento da análise, na medida em que, mais do que encadeados, sejam vistos como coexistentes, enquanto o presente de um poema pode ser percebido como o que dura na transição entre ele e o outro poema; ou na medida em que os mecanismos discursivos de um poema constituem o dado que remete ao não dado, de modo a instituir-se, entre um poema e outro, uma afinidade entre o agora de um e o de outro, na continuidade entre ambos. A essa duração contínua, que enforma o corpo, corresponde, com Cecília Meireles, o modo parco de dizer, marcado por oscilações da percepção em que, à aceleração e à tonicidade recrudescidas, imprimidas pelo imprevisto das intersecções próprias às metáforas, segue um abrandamento do impacto, quando o inteligível recupera seu viés na reflexão: "Pergunto, ao pensar no amor,/ como é possível que se ame" (A flor e o ar); "Tanto te amava!/ Mas amava a quem?" (Canção). Lentidão garantida, o olhar estende-se a observar as coisas do mundo, na divisibilidade delas, o que permite fazer emergirem as contiguidades e implicações entre elas: "A flor que atiraste agora,/ quisera trazê-la ao peito" – o peito implica o corpo inteiro que ficaria apenso a essa flor, vista com impacto tamanho, que se textualiza por meio de um objeto direto pleonástico na sintaxe do verso – entretanto, é flor que não interessa, assim, presa ao peito, para a dançarina do arame. "Mais que a mão do amor,/ é tépida a terra" – a mão do amor implica o amor inteiro, para que sua tepidez se mostre atenuada, diante do calor da terra. Entre implicações e contiguidades, grassam as metonímias, que percorrem um poema e outro no "fio do tempo" que os une, segundo retenções e antecipações que intervêm no presente, no agora implícito a um e outro texto.

"Arame e seda, percorro/ o fio do tempo liso" – a partir da ambivalência figurativa, projeta-se o corpo que percorre o fio liso do tempo, fio que é de arame e de seda, e projeta-se também o corpo, ele mesmo, o arame e a seda – em resistência a qualquer desfecho definitivo ou à imposição de qualquer *télos* à percepção. Excluída a unilateralidade na percepção das coisas do mundo, configura-se o corpo na movimentação do olhar.

"E nem sei do que preciso,/ de tão depressa que morro": por sua vez, a celeridade com que se morre nessa afirmação feita no enunciado de "A flor e o ar" é o correlato ao não dado, o andamento desacelerado com que "se morre" nas lacunas de silêncio entre estes versos de "Canção", na medida em que fica aqui confirmada em linguagem indireta o que é o estado de morte: "Mais que a mão do amor,/ é tépida a terra/ que guarda sem guerras/ a caveira e a flor". A desaceleração, aí, está no uso da comparação ("mais que a mão do amor, é tépida a terra"), que distende a compactação própria à metáfora e lança o olhar para a linha extensa das analogias explicitadas.

Enquanto isso também a textualização alonga-se, desdobrada por meio de uma oração subordinada adjetiva, "[...] terra/ que guarda sem guerras/ a caveira e a flor", segmento sintático, cuja função é agregar, de modo ordenado, informações ao núcleo *terra*. Nesse segmento da sintaxe frasal (oração subordinada adjetiva) são projetados os implícitos na figurativização que percorre *terra/caveira* (sepultamento). Em isotopia temática que se prolonga no segundo poema, o mesmo lugar relativo a uma apartação do mundo dos vivos é acolhido com realce na anáfora que abre os dois primeiros versos: "Sozinha me vi,/ Sozinha me vejo./ Que tristes desejos/ pascem mais aqui?" À guerra ausente daquela terra que abriga a caveira (primeiro poema) correspondem os tristes desejos que não mais "pascem aqui" (segundo poema): aqui, neste lugar, em que "tudo é tão longe, tudo é alheio" (primeiro poema).

Quanto aos semas aspectuais, deparamo-nos, no segundo poema, com a coexistência de contrários, se colhermos o que diz Borba (1971: 34) sobre o *cessativo*, que indica "fim do processo – ex.: *chegar*" e o *inceptivo* (*ingressivo* ou *incoativo*), que indica "início do processo – ex.: *amanhecer*". Como simultaneidade de contrários, ao sema aspectual cessativo da *caveira* junta-se o sema aspectual inceptivo da *flor*. Coexistentes no segundo poema, esses termos ambientam a própria figura da flor, pertencente a ambos os textos, em condições que secretam uma leveza, que é interna às figuras dos poemas de Cecília Meireles. As figuras discursivas sofrem torção peculiar de sentido, quanto à memória da leveza que fica imprimida no corpo, ao tratarmos com o estilo de Cecília Meireles. Essas figuras orientam-se por uma percepção que privilegia o que não é coincidente consigo mesmo. Assim, a percepção oscila: concentra-se na veemência do afeto, ao trazer ambivalências do sentido, define-se, em seguida, estendida em desdobramentos da inteligibilidade, para que, segundo um *pervir* do próprio olhar, a observação permita demorarmo-nos em coisa tão volátil como "a flor e o ar".

No âmbito do sensível, a lateralidade entre os enunciados, válida também como coexistência entre eles, é reconhecida em ângulo próprio, pelo enunciador e pelo enunciatário, o que remete à noção de conotação na vizinhança com uma *fala falante* subjacente à *fala falada*. As noções de lateralidade e de encadeamento reportam-se a relações sintagmáticas. Lembramos Saussure (1970: 144), que, ao tratar da língua, dispõe o que se deve considerar em tais relações:

> Não basta considerar a relação que une entre si as diversas partes de um sintagma (por exemplo, *contra* e *todos* em *contra todos*, *contra* e *mestre* em *contramestre*); cumpre também levar em conta a que liga o todo com as diversas partes (por exemplo: *contra todos* oposto, de um lado, a *contra*, e de outro a *todos*, ou *contramestre* oposto, de um lado, a *contra* e de outro a *mestre*).

Da consideração feita aí sobre a relação entre as partes e o todo, reconhecidas por nós, tais partes, em analogia com os enunciados que compõem a totalidade, salta a possibilidade de pensarmos num ator da enunciação aspectualizado como necessariamente durativo, enquanto se instala no entremeio dos enunciados, na mediação levada a efeito seja por um observador social, seja por um observador sensível. Atentar não só para o encadeamento lateral entre os enunciados, mas também para o princípio "que liga o todo com as diversas partes" projeta um princípio de coexistência e remete ao ator, como o que se destaca a partir de uma conotação garantida durativamente no transcurso da própria aspectualização. Para a continuidade da duração do corpo actorial, levamos em conta os papéis patêmicos; para a descontinuidade, os temáticos. Em "A flor e o ar", temos o papel relativo à dançarina do arame; em "Canção", o papel relativo ao sujeito que analisa, comenta e discute o que é a "mão do amor" – esses são papéis temáticos. Entretanto, uma rede sensível ampara ambos os poemas, que, na continuidade dos papêmicos, apresentam-se, cada qual, não como momentos discretos.

Ao longo de qualquer totalidade estilística, manifestam-se na iteratividade os papéis temáticos, que resultam em semelfactivos em cada enunciado. Os papéis temáticos vinculam-se à conotação social do discurso. Da conotação sensível, homologada a uma conotação estésica, temos os papéis patêmicos, mantidos como uma "disposição" afetiva. A "disposição" é contínua. Aproximamo-nos do que dizem Greimas e Fontanille (1993: 161): "O papel temático é iterativo e o papel patêmico, permanente." Lembrando que "a permanência [...] caracteriza toda disposição" (1993: 161), adiantam: "Quando a recorrência do papel parece anárquica, isto é, desde que ela não mais obedeça à disseminação do tema, pode-se considerar que se trata de papel patêmico" (1993: 161). A nosso ver, os papéis patêmicos radicam-se na cifra tensiva concernente à totalidade.

A sintagmatização, tal como demonstrada por Saussure, acaba por oferecer subsídios para confirmarmos, no estilo, um presente "que dura", mantido na relação com os horizontes do campo de presença. No caso dos horizontes estabelecidos pela valoração social, a iteratividade põe em foco, na sucessão entre um enunciado e outro, o efeito de individualidade depreendido para o ator de cada enunciado. Por sua vez, os temas e as figuras disseminados em cada enunciado validam-se eticamente entre um enunciado e outro, por meio do princípio unificador de um *julgamento ético*.[2] No caso da percepção sensível, interessa prioritariamente o que se passa no intervalo entre um enunciado e outro.

O ator é semantizado por meio de papéis temáticos, distintos dos papéis patêmicos, como exemplificam Greimas e Fontanille (1993: 161) em referência feita ao papel temático da *mãe* num romance de Balzac. Segundo os autores, em relação a Joseph, o filho caçula, ela é uma "mãe tematizada: ajuda-o, cuida dele, prepara suas refeições, etc." (1993: 161). Entretanto, na relação com o filho mais velho, o "mau sujeito", ela apresenta-se como "mãe apaixonada" e, conforme acrescentam os autores, sobretudo por "ocasião de malversações diversas, endividamento, espoliações de que seu filho Philippe se diz culpado" (1993: 161). Lembram os semioticistas: "Incapaz de reconhecer nos comportamentos de seu filho os que comportam o tema 'filial-maternal', ela perdoa tudo, esquece tudo, deixa-se arruinar, depois rejeitar" (1993: 161).

A partir do que sugerem Greimas e Fontanille, constatamos que essa mulher, a senhora Bridau do romance de Balzac, recua de sua atividade de sujeito ético, apequena-se no perfil judicativo de tomada de posição diante do filho, perfil que preveria, em tal situação (e segundo comentários feitos pelos semioticistas), um papel de censora ou daquela mãe que repreendesse o filho, ou, enfim, que fizesse quaisquer restrições a ele, tal como está previsto por certa norma cultural de moralização do comportamento social. Mas, segundo algum comentário que pode ser feito a respeito do corpo da mulher, tal como cifrado no sensível, a senhora Bridau, sem construir sua competência narrativa para entrar na *performance* que subsidiaria tais papéis temáticos, sucumbe na atividade ética. Como sujeito de estado, sem meta para agir, tonifica de modo aumentativo a intensidade do seu olhar diante daquele filho.[3] Juntamente com o andamento acelerado da percepção, borram-se os contornos do objeto visado, o corpo do filho, perdem-se os traços de caráter desse filho, tais como oferecidos por aquilo que estava lá, diante dela, a coisa-do-mundo. Em duração tão mais breve, quanto mais concentrado, o corpo do filho perde os contornos precisos para a percepção materna: o filho deixa de ser visto de modo compatível com os endividamentos e as espoliações de que se diz culpado. A cifra tensiva que sustenta o algoritmo da percepção da senhora Bridau torna o trânsito entre passado, presente e futuro, entre mãe e filho, entre mãe e mãe, entre filho *que estava lá*, diante dela, e filho percebido, rápido o suficiente para subtrair o corpo materno dos papéis da "mãe tematizada": aquela que ajuda o filho e, se necessário, faz restrições a ele diante das malversações em que ele possa envolver-se.

Os papéis patêmicos, mensuráveis pela cifra tensiva, são vistos em instalação nas profundidades figurais, na correlação entre a intensidade dos afetos do sujeito que percebe e a duração e temporalização das coisas do mundo, objetos percebidos. Os papéis temáticos, por sua vez, consumam-se na discursivização da pessoa, o que concerne às funções desempenhadas junto à semantização actorial. Para a consideração dos papéis temáticos, no plano da totalidade examinamos cada enunciado, um ao lado do outro, como um *factum*, um feito. Para os papéis patêmicos, vem à luz o todo na sua duração de continuidade, como um ato apresentado prioritariamente em realização. Sobral (2005: 20), estudando as acepções de "ato" na obra de Bakhtin, explica: "Em *Para uma filosofia do ato*, Bakhtin emprega, para designar ato, o termo russo *postupok*, entendido como 'ato/feito', num sentido ativo e durativo próximo de 'façanha', *ato concretamente em realização*, em vez de ato tomado apenas como *post-factum*." O princípio de aspectualização que repousa nesse tópico de tradução confere um apoio para a distinção entre papéis temáticos e papéis patêmicos: no âmbito dos primeiros, os enunciados e a enunciação pressuposta a cada um deles interessam sob a perspectiva de um *post-factum*; no âmbito dos papéis patêmicos, interessa o *"ato concretamente em realização"*.

Para Greimas e Fontanille (1993: 160), "o papel temático torna-se papel patêmico depois de sua construção". Distintamente, "o papel patêmico já é prospectivo por ocasião de sua construção". A nosso ver, o papel patêmico, instalado segundo oscilações tensivas, transcende a competência discursiva do ator da enunciação, encerrada no *post-factum* de cada enunciado. Os semioticistas especificam: "O papel patêmico afeta o ator em sua totalidade" (1993: 160-1) – enquanto alertam para a natureza iterativa do papel temático e sobre a natureza permanente do papel patêmico. Pensamos que, ao papel patêmico, corresponde a função de conotar a fala, enquanto esta modula-se de modo a ser mantida na circunvizinhança do que, sob o ponto de vista merleaupontyano, apresenta-se como *fala falante*: aquela que recupera a contingência que há no enunciado e no ato de enunciar; aquela que, como *lógos estético*, confere "a existência em si àquilo que exprime, instala-o na natureza como uma coisa percebida" (Merleau-Ponty, 1999: 248). Não está longe dessa concepção o estilo como corpo projetado nos dois poemas de Cecília Meireles. Somos invadidos por esse *lógos* que convoca silêncios falantes, prenhes da percepção que nos arrebata para um mundo próprio.

No viés social do ator ganha relevância a noção de caráter, esboçada como certo "estereótipo" por Greimas e Fontanille (1993: 162):

> O "caráter" deriva diretamente da recorrência funcional: ele se define sempre como classe, como permanência de um mesmo tipo de respostas temáticas e passionais a situações que variam e, nesse sentido, o caráter, enquanto estereótipo, reduz o equipamento modal e temático do ator a um pequeno número de isotopias e de papéis.

O caráter do ator ou seu perfil propriamente ético é depreensível a partir da atenção dada a todos os mecanismos da construção do sentido, encerrados no percurso gerativo do sentido. De outro lado, ao consideramos os papéis patêmicos, instalados nas profundezas figurais da geração do sentido, somos remetidos ao nível tensivo; são profundezas ditas figurais, justamente por esboçarem, num corpo ainda sob valência mitigada da *quase-presença*, contornos ensaiados como *figuração* (Greimas e Courtés, 2008: 212).

Os papéis patêmicos confirmam-se segundo graus de acento de sentido. Mediante a consideração da instalação dos papéis patêmicos no nível tensivo, podemos interrogar a diferença entre um ator econômico e um avarento, tópico a que fazem alusão Greimas e Fontanille. Entendemos que o econômico, inclinado a modular as grandezas que entram no seu campo de percepção na ordem do *pervir*, firma-se com menor veemência afetiva, regido por variações valenciais que definem seu corpo como mais lento do que o do avaro; o econômico tem o corpo de um sujeito definido como o de um trabalhador visto no âmbito dos próprios hábitos; um sujeito acostumado a operar com parcimônia e cautelosamente em relação às suas finanças. O avaro, por sua vez, deixa-se arrastar pela valência afetiva de alto impacto, imprimindo um acento tônico ao valor do dinheiro – é a valência plena, que torna o dinheiro, para o avaro, coisa de tonicidade máxima, que o arrebata. O avaro aspectualiza-se na ordem do *sobrevir*. Sobre tais gestos, recai a moralização que, conforme normas sociais, disforiza o avaro e euforiza o econômico. Pensada a partir da percepção, a avareza não se mantém circunscrita a papéis que a asseguram como paixão de excesso. O excesso, enquanto convoca a falta e a justa medida, valida a aspectualização do ator no viés social, conforme normas culturais de observação e julgamento. Assim, o valor ético do excesso confirma uma moralização, que é imanente ao enunciado, mas de uma imanência transcendente, na medida em que são convocados, a partir do plano do conteúdo dos textos, sistemas éticos que, como formações discursivas, atravessam esse mesmo conteúdo. Greimas e Fontanille (1993: 160), ao definir como sensibilizados os papéis patêmicos e como moralizados os papéis temáticos, declaram: "o ator é investido de segmentos de papéis sensibilizados e moralizados". Importa validar o papel patêmico como o que tem trânsito junto ao papel temático, o que fica legitimado por meio da atenuação ou o recrudescimento de impacto entre eles, na dominância de um perfil actorial sobre o outro.

Enquanto é privilegiado o exame do estilo como fato diferencial, põe-se em foco a relação entre um estilo e outro, o que cobra exame de estratégias de persuasão circunscritas aos posicionamentos de cada ator diante de temas e figuras que, no nível discursivo de cada enunciado, dão-se a ver com ares de *post-factum*. Um contrato de confiança ou de fidúcia estabelecido na comunicação é levado a efeito, para que a semantização do corpo possa firmar-se segundo papéis "moralizados". Enquanto se busca o estilo como pertencimento do corpo ao mundo, o exame feito da fidúcia estabelecida na comunicação demonstrará a própria fidúcia complexificada. A complexificação diz respeito à verdade, que passa a interessar como verossimilhança, esta vinculada à comoção do afeto; terá outro ângulo, a fidúcia, não restando ao leitor muita coisa além de entregar-se ao que lhe sobrevém em cada enunciado, mediante a percepção que arrasta para o todo, antes das partes.

A materialidade do corpo é contínua entre um poema e outro de Cecília Meireles. Aí dominam os "papéis sensibilizados". Junto a eles, cremos poder reconhecer o que os semioticistas designam como "constituição, disposição, sensibilização, emoção" (Greimas e Fontanille, 1993: 163-4), enquanto, junto aos papéis temáticos, está a "moralização" (1993: 164). A conotação, vista entre um viés sensível e um viés inteli-

175

gível da percepção, remete à estética pensada segundo graus de estesia, o que permite olharmos para discursos estabelecidos por meio de um viés inteligível dominante, como o político, o jornalístico, apresentados conforme um *éthos* conotado.

Por meio da noção semiótica do sensível, podemos pensar em diferentes graus de impacto da estesia entre a *fala falante* e a *fala falada*. Na *fala falante*, o sujeito é visto enquanto permanece nas mãos do que sobrevém a ele como *acontecimento estético*. Como tal, o sujeito estará tanto mais inacabado, quanto mais buscar o acabamento no outro, como pensa Bakhtin (1997b), ao estudar as relações exotópicas entre o autor e o herói. O ato de enunciar deslizará, portanto, entre o restabelecimento e o recrudescimento da conotação, para atingir graus máximos de realização da função estética. Entretanto poderá ser atenuado e minimizado, para atingir uma ínfima conotação estésica, grau próprio a discursos com função utilitária dominante. Supomos que, assim, instala-se alguma proximidade com o que Rastier (1994) entende por uma "estética fundamental". Ao comentar que a maior parte dos estilicistas contemporâneos tomam explicitamente por objeto a literariedade (o literário), o semioticista alerta que essa tomada de posição destaca "a incapacidade contínua da linguística em dar conta de fatores estéticos no uso das línguas" (1994: 270). Tais fatores, segundo o autor, não podem ser levados em conta somente "no que concerne às artes da linguagem e à estética teorizada", mas também para aquilo que ele, Rastier, denomina "estética fundamental" (1994: 270).

Quanto ao acontecimento estético, consideramos a dominância de uma *fala falante* jamais apartada de uma *fala falada* que, supostamente denotada, e supostamente primeira em relação à conotada, é entendida por nós como de conotação processada segundo uma valência mitigada ou mínima de acento do sensível sobre o inteligível. É consenso que o denotado antecede o conotado, mas admitimos um princípio contrário a esse, enquanto entendemos o próprio *lógos*, como fala e discurso, dado sob oscilações de graus de estesia, para que se configure o que Rastier chama de "estética fundamental". Pensamos, então, nos movimentos discursivos que distinguem esferas de comunicação, estilos dos gêneros, diante do que se processa o estilo autoral. A recção ou regência de um tipo de papel actorial sobre outro pressupõe a dominância de um perfil sobre outro na aspectualização do ator, o que constitui mecanismo observável para a descrição de um estilo conforme o processamento de uma "estética fundamental", que supõe a vinculação entre conotação e acento do sentido para qualquer texto. Ao interrogar o conceito de estilo e ao concebê-lo como fala regrada segundo uma conotação necessária, seja na orientação do ato predicativo de julgamento, seja na pregnância do olhar afetivo sobre o mundo, cabe examinar como a "estética fundamental", por nós entendida em conformidade com uma gradação escalar da estesia do *lógos*, pode vincular-se a procedimentos de textualização, a fim de que obtenhamos o *éthos* conotado. O *éthos*, como sujeito encarnado, leva a pensar na língua como fator de textualização, e na textualização como um estágio peculiar da arquitetura dos próprios textos.

A TEXTUALIZAÇÃO

"Sempre que o percurso gerativo é interrompido, ele dá lugar à textualização", dizem Greimas e Courtés (2008: 503), que chamam a atenção para a linearização e para a "junção [do plano do conteúdo] com o plano da expressão" que a textualização comporta. Os autores destacam-na como "o conjunto de procedimentos – chamados a se organizarem numa sintaxe textual – que visam à constituição de um contínuo discursivo, anteriormente à manifestação do discurso nesta ou naquela semiótica" (2008: 504). Para frisar que o texto não é "ponto de chegada do percurso gerativo total, considerado como passagem do simples ao complexo, do abstrato ao figurativo", os autores salientam que ele se define "em relação à manifestação a que precede e unicamente em relação a ela" (2008: 504). Lembram também: "No momento em que se efetua, a textualização reencontra certo número de coerções ao mesmo tempo que se beneficia das vantagens que lhe são conferidas pelas propriedades características do próprio texto" (2008: 504). Nesse ponto, os autores destacam como coerção a linearidade do texto, "determinada pela natureza do significante que ele [o texto] terá de encontrar no momento da manifestação", para o que comparam distintas manifestações como a "espacial" na escrita e na pintura, e a "temporal", nas "línguas orais" (2008: 504). Pensamos também em outras coerções.

Dizem Greimas e Courtés (2008: 504): "Assim, quando se quer dar uma representação deste ou daquele nível do percurso gerativo (da gramática profunda, da gramática de superfície, da instância figurativa etc.), procede-se, necessariamente, à textualização desse nível." Com os autores, não entendemos a textualização como "ponto de chegada do percurso gerativo total". Porém, como prioridade, nosso interesse está voltado para a textualização especificamente como ponto de intersecção entre o discurso e a gramática da língua, cada qual com sua retórica. Assim, vinculada à manifestação a que precede, a textualização pode ser vista como "representação" ou materialização (linguística, para os textos verbais) do nível discursivo. Ao contemplar a incorporação feita pelo discurso dos fatos da língua – signos e suas regras combinatórias – a textualização mantém-se, pois, como uma parada imprimida ao percurso gerativo. Para os textos verbais, a textualização, tratada como materialização linguística do nível discursivo, em termos de intersecção do discurso com as unidades da língua, estas, por sua vez, não consideradas preexistentes ao sistema linguístico, mantém-se como o estágio que reúne procedimentos organizados segundo uma sintagmática própria, a qual pode ser pensada como uma "sintaxe textual", responsiva a coerções como as do estilo do gênero, as do estilo autoral, mas principalmente responsiva a formações linguísticas, mantidas na ordem da potencialidade da expressão linguística.

Após ter destacado a "sintaxe textual" como um dos procedimentos próprios à textualização, Greimas e Courtés (2008: 504) afirmam: "O texto, assim obtido, uma vez manifestado como tal, assumirá a forma de uma representação semântica do discurso." A nosso ver, ao proceder por meio dessa "representação semântica do discurso", a textualização contempla a conotação que, *lato sensu*, volta-se para a língua e para as unidades da língua, estas consideradas sob a *forma* da mesma língua. A conotação *stricto sensu* diz respeito às coerções sofridas pelo léxico no interior da totalidade estilística. Por isso falamos em léxico de uma totalidade.

Entre os recursos linguísticos a que a textualização recorre (morfológicos, sintáticos), consideramos também o léxico, não só como já assumido por determinada "paternidade autoral", mas também no processo de assunção dessa paternidade, o que supõe olharmos para o que acontece antes de esse léxico ser definitivamente vinculado à "paternidade discursiva": o léxico na língua, antes de ter sido assumido pelo discurso com determinada função, que radica a figura e o tema. O olhar aberto para procedimentos de materialização linguística do discurso, olhar viabilizado pelo exame que se faz do processo de textualização, permite aventar o cotejo com outras possibilidades encerradas em determinada formação linguística, mantidas em fase de potencialização, diante daquilo que é realizado no texto. Para aí se volta, portanto, a textualização, cujos procedimentos reverberam na conotação *stricto sensu* do próprio léxico, projetada no plano do conteúdo dos textos que constituem uma totalidade e se mantém na relação estabelecida com os papéis aspectuais que radicam discursivamente o ator.

O léxico pode então ser contemplado, em princípio, como unidade da língua, isto é, elemento linguístico anterior à assunção feita dele pela enunciação, logo anteriormente à determinação imprimida pelo contexto de uso estilístico, este que supõe o *enunciado concreto*, na concepção bakhtiniana (Bakhtin, 1997b: 316). Fiorin (2006: 168), com remissão feita ao pensamento bakhtiniano, discute o que é ser um signo transformado em enunciado concreto e ilustra: "A palavra *fogo* é completa, mas não suscita nenhuma resposta. Só quando adquire uma autoria e ganha um acabamento, transforma-se em enunciado." Para a textualização, consideramos a palavra "torcida" pelo posicionamento discursivo, este que a faz ser enunciado concreto, mas também a consideramos no processo de torção, o que significa pinçá-la desde a função que desempenha em estado "de língua", conforme possibilidades oferecidas pelo sistema, desde o lugar que ocupa no sistema linguístico: a palavra também antes da realização concreta da função de responsividade ao outro, função desempenhada de acordo com o posicionamento do sujeito em determinado discurso; a palavra também antes de seu "acabamento" como enunciado concreto, "acabamento" sugerido por Bakhtin (1997b: 316).

As unidades da língua (pressuposta à fala e constituinte da fala) podem então ser contempladas enquanto concernem a grandezas linguísticas também antes de sua definição como "unidades reais de comunicação", isto é, anteriormente à incorporação, feita pela fala, de um lugar ocupado por essas mesmas unidades no interior de determinada "cadeia da comunicação verbal de uma dada esfera" (Bakhtin, 1997b: 316). Para isso, as unidades da língua apresentam-se como um campo de possibilidades de uso. Aí, minimizada para graus ínfimos de acento do sentido, está a força necessária para a constituição de uma "resposta" ao outro instituído discursivamente; enquanto potencialidade expressiva, as unidades da língua são vistas antes da realização da concretude discursiva. O enunciado concreto, segundo Bakhtin (1997b: 316), "deve ser considerado acima de tudo como uma resposta a enunciados anteriores dentro de uma dada esfera": "refuta-os, confirma-os, completa-os, baseia-se neles, supõe-nos conhecidos e, de um modo ou de outro, conta com eles".

Fiorin (2006: 168), ao referir-se à constituição dialógica dos enunciados, tal como proposta no conjunto da obra de Bakhtin, enfatiza, a partir do pensamento do teórico russo, estes postulados: "As palavras e as orações são unidades da língua, enquanto os enunciados são as unidades reais de comunicação. As primeiras são repetíveis, os segundos, irrepetíveis, são sempre acontecimentos únicos." A essas formulações, Fiorin (2006: 169) acrescenta: "A primeira característica de um enunciado é ter um autor, ao passo que as unidades da língua não pertencem a ninguém". O autor, então, complementa: "As unidades da língua são completas, mas não têm acabamento. A completude é característica do elemento, o acabamento é o que singulariza o todo" (2006: 169).

Entendemos que a textualização, no limiar entre o discurso e sua materialização linguística, ou entre o discurso e a "representação semântica" que faz dele, "achata", na linearização que compete a ela, os movimentos desencadeados no plano do conteúdo dos textos, trazendo à luz funções discursivas dos fatos gramaticais, estes que, vistos ainda "sem paternidade", apresentam-se como campo de possibilidades expressivas. Em se tratando de estilo, a textualização, como patamar de linearização do nível discursivo dos textos, destaca-se enquanto contempla procedimentos de incorporação, no sintagma do texto, das unidades linguísticas, na medida em que elas apresentam, em estado de língua, um potencial retórico relacionado com a retórica da totalidade em foco. Nesses movimentos, pode ser reconhecida, em situação de língua, a potencialização conotativa, a qual reúne a assimilação feita dos usos já efetivados ao campo de possíveis usos que aguardam novas atualizações. Na atualização e na realização em situação discursiva, dispõe-se a conotação *stricto sensu*. Em situação de língua, dispõe-se a conotação *lato sensu* no modo da virtualidade, complementar à potencialização, como memória dos usos linguísticos levados a efeito e como possibilidades de novos usos. Na passagem de um estágio de conotação para outro, configura-se o *éthos* conotado.

Entre as coerções exercidas sobre a textualização, antes da linearidade e da elasticidade textual (Greimas e Courtés, 2008: 504), estão aquelas da própria língua, apresentadas segundo *formações linguísticas*, certamente *repetíveis*. A textualização é então pensada enquanto se constitui como instância de uso das unidades lexicais e gramaticais da língua e enquanto tais unidades, articuladas no texto por procedimentos variados, confirmam-se segundo as potencialidades que lhes oferecem as relações de *condicionamento recíproco* estabelecidas na combinação: entre constituintes de uma frase ou sentença; entre lexemas reunidos num sintagma, que os encerra, enquanto toma lugar de constituinte de uma sentença; entre morfemas gramaticais no interior de um lexema, logo entre lexemas e morfemas – todos esses movimentos cotejados segundo possibilidades oferecidas pelo sistema linguístico.

A textualização assim pensada viabiliza, como materialização linguística do efeito de sentido discursivo, a sintaxe frasal considerando relações formais entre os constituintes de uma sentença cotejados segundo a estrutura da mesma sentença. Também viabiliza, para a materialização de um efeito de sentido, a sintaxe interna ao sintagma que compõe o lexema, levando em conta a organização subjacente à construção gramatical dele, para o que vem à luz a funcionalidade de elementos de concordância, flexão, entre outros, a fim de que se processe na superfície textual a "representação semântica do discurso" (Greimas e Courtés, 2008: 504).

O uso do léxico, por sua vez, firma-se reconhecido como uso estilístico, na medida em que o estilo promove a torção conotativa necessária a ele, ao convocá-lo para o desempenho das funções discursivas exercidas pelas figuras e temas. Essa torção dada no plano do conteúdo dos textos confirma-se por meio de mecanismos de textualização, como a anaforização, esta que é reconhecidamente constituinte da materialidade textual, enquanto promove a coesão entre os segmentos de um texto (Greimas e Courtés, 2008: 505).

A esses movimentos emparelha-se a questão da escolha que supõe uso de um termo a partir de sinônimos, estes vistos ainda como possibilidades oferecidas por um fato da língua, a semântica lexical. Os sinônimos, jamais perfeitos, se cotejados como uso linguístico, vinculam-se também a um uso semiótico, para o que se articulam ao esquema de um corpo. Mecanismos de textualização, como o uso de sinônimos em anáforas que, via coesão, favorecem a progressão textual, reverberam na construção do sentido promovida no plano do conteúdo dos textos. Para a recuperação anafórica do já dito, a enunciação, na coesão textual, ao privilegiar o uso de determinado termo lexical, não de outro, seu sinônimo, pode contribuir, no plano do conteúdo, para a definição de um corpo fincado em papéis patêmicos e temáticos, um dominante diante de outro, em relação inversa de recrudescimento e abrandamento, ou postos ambos em relação conversa de gradação ascendente.

Pode então acontecer que, a um viés sensível mais contundente do olhar do observador, correspondam gestos de elaboração conceitual na composição de frases, que firmem uma sintaxe que privilegia períodos curtos, expressão de um tom ofegante da voz. Ou pode ser apresentado, sob a contundência do viés sensível, o olhar que, ao pinçar uma informação, tenda à diluição do detalhe, para o que o papel temático, vinculado ao inteligível, pode resultar em valência mitigada. Ou, em relação conversa, papel temático e papel patêmico podem ascender em valências robustecidas do acento do sentido, caso em que o corpo se movimentará entre valências plenas de impacto do sensível e de busca calculada de argumentos, para o que pode delinear-se o *éthos* de participante legítimo da história social e política de um país, apaixonadamente convicto: para isso, a textualização desempenha sua função, como no caso da mídia impressa.

O jornal *O Estado de S. Paulo,* em seu editorial "O vexame anunciado", discorre sobre a farsa relativa à presença silenciosa do contraventor convocado a depor na Comissão Parlamentar de Inquérito: a CPI instalada para investigar os crimes de que é acusado Carlos Augusto Ramos, o Cachoeira, "cujo apelido dá nome ao abagunçado inquérito parlamentar sobre as suas amplas relações ilícitas".

O editorialista conduz a argumentação para o sugerido *lado burlesco do inquérito:*

> Foi preciso que uma integrante da CPI do Cachoeira, a senadora Kátia Abreu, do PSD do Tocantins, repreendesse os colegas por estarem "dando ouro para um chefe de quadrilha com cara de cínico" para que eles decidissem pôr fim à farsa do depoimento do contraventor Carlos Augusto Ramos, cujo apelido dá nome ao abagunçado inquérito parlamentar sobre as suas amplas relações ilícitas. Foi uma farsa – e mais um vexame para os partidos que afoitamente o instituíram – por dois motivos. Primeiro, porque a CPI sabia, como quase todos quantos acompanham o melancólico espetáculo em curso no Congresso Nacional, que o bicheiro entraria mudo e sairia calado da sessão – ou melhor, falaria apenas para dizer que não falaria.
> [...]
> A outra razão por que o depoimento merece ser considerado uma farsa está nas perguntas que senadores e deputados deram de fazer a fim de tirar o proveito que pudessem dos holofotes da mídia, embora cientes de que o país não parou para acompanhar o momentoso evento. (*O Estado de S. Paulo*, 24 maio 2012, p. A3)

Ao designar o inquérito, tal como conduzido, como *uma farsa e um melancólico espetáculo,* o editorialista representa, na textualização, a figurativização feita para compor o evento noticioso segundo comentários e opinião, como é expectativa do gênero pau-

181

tado, na sua estrutura composicional, pelo uso do tipo textual dissertativo, direcionado para discutir e avaliar dados veiculados pela própria mídia. Para isso, permite que "se achate", na progressão textual e no encadeamento linear entre os termos, os movimentos de construção do corpo actorial efetuado no plano do conteúdo do texto. Se o dicionário recupera a paisagem linguística da significação dos termos como memória congelada dos usos consolidados, vejamos como o *Houaiss* (2009) elenca definições para o verbete *farsa*, léxico com três ocorrências ao longo do segmento textual contemplado:

> substantivo feminino
> **1** Rubrica: teatro.
> pequena peça cômica popular, de concepção simples e de ação trivial ou burlesca, em que predominam gracejos, situações ridículas etc.
> **1.1** Rubrica: história do teatro.
> peça do teatro cômico, ger. curta e de poucos personagens, em que se inseriam canções [Surge no s. XIV e adquire maior expressão nos dois séculos seguintes.]
> **2** Derivação: por extensão de sentido.
> narração que provoca o riso; narração burlesca, risível
> **3** comédia de baixo nível
> **4** ato grotesco, próprio de farsa
> **5** qualquer coisa de caráter burlesco
> **6** Derivação: sentido figurado.
> ação ou representação que induz ao logro; mentira ardilosa, embuste
> Ex.: *o discurso do senador foi uma f.*

Salta à atenção o sema do *risível*. A potencialidade expressiva que a língua oferece vai ao encontro da intencionalidade discursiva – aí entra a pertinência dos procedimentos de textualização, os quais permitem atentar para os "mecanismos que, na língua, regem o encadeamento dos significados", como dizem Platão e Fiorin (1996: 402), em estudo feito sobre coerência e progressão textual. No caso do editorial do *Estadão*, vem à luz a intencionalidade de pejoração concentrada, instituída pelo papel temático do juiz-ator que avalia eticamente o evento narrado e os atores políticos nele envolvidos.

A pejoração exacerba-se. A escolha do léxico, que traz à luz o encontro *sujeito/língua* e tem função na constituição do corpo actorial, beneficia-se, no caso do uso de *farsa*, da compactação da própria percepção, esta à qual se alia a veemência ascendente imprimida à moralização. Para o uso de *farsa*, privilegiado pelo editorial, foram descartadas expressões como *comédia de baixo nível*. Ao optar por um dos termos, a partir do que pode ser considerada a sinonímia *comédia de baixo nível/farsa*, até na extensão da materialidade textual comprova-se a concentração.

Mas *farsa*, como unidade lexical, já traz em si uma potencialização de impacto como mecanismo "que, na língua, rege o encadeamento dos significados" (Platão e Fiorin, 1996: 402). *Farsa* que, como figura do discurso, monta a isotopia temática e figurativa voltada para a denúncia da corrupção, na progressão textual, repete-se funcionalmente três vezes, sob o mesmo lexema, além de subsidiar as figuras de *melancólico espetáculo* e *momentoso evento*. Platão e Fiorin (1996: 407), ao discorrer sobre a progressão textual, enfatizam o fato de que, para preservá-la, "cada segmento que se sucede precisa ir acrescentando informações novas aos enunciados anteriores". Concluem os autores: "Em síntese, cada segmento que ocorre deve acrescentar um dado novo ao anterior. A própria repetição, quando funcional, faz isso e, portanto, justifica-se."

Na progressão textual, ao juntar o sintagma (*farsa*, duas ocorrências § 1/*melancólico espetáculo* § 2/*farsa* § 3), o editorialista delineia a veemência de seu tom de voz já na funcionalidade da repetição desse léxico, alçado a figura nuclear do enunciado, e já nos implícitos a ele encadeados. Fica materializado, via linearização textual, o oxímoro entre o que há de risível na farsa e o que há de triste no espetáculo. Mediante o oxímoro levado a efeito no plano do conteúdo, recrudesce em dinamicidade e em celeridade a percepção de mundo também nos procedimentos de textualização. Para isso contribui a sequência *risível* e *triste,* que aponta para a união de termos contrários em concomitância de apresentação na coesão textual.

Fazem parte da *farsa* o bicheiro convocado para depor e os políticos encarregados de colher seu depoimento, segundo o sistema desencadeado de moralização sobre o ator do enunciado. Para isso desdobram-se, no sintagma do texto, associações efetuadas a partir do item lexical *espetáculo*, atributo básico conferido ao interrogatório da CPI, embutido já na nomeação feita desse interrogatório como *farsa*. Para a progressão textual, o processo de linearização primeiro confirmou demarcações entre as unidades textualizadas (*ou* farsa, *ou* melancólico espetáculo), para uni-las na sintagmatização promovida e assim "ir acrescentando informações novas" (Platão e Fiorin, 1996: 407) ao encadeamento feito entre os segmentos do texto.

No processamento da fala, a textualização privilegia limites e gradações entre unidades lexicais convocadas da língua. Além disso, conforme a escolha feita do léxico, a textualização pode pôr a nu determinado lugar social ocupado pelo sujeito: "Foi uma farsa – e mais um vexame para os partidos que afoitamente o instituíram – por dois motivos." O uso de *afoitamento* num texto jornalístico remete a um léxico que confirma a língua usada conforme uma norma urbana em modalidade escrita de comunicação de acentuada formalidade. Esse é um lugar ocupado pelo corpo. Acrescenta-se a esse gesto de textualização a sintaxe truncada da frase, em informações que se intercalam entre travessões, o que cobra leitura com refinamento para o ir e vir do olhar ao longo da progressão textual:

enquanto, para o leitor, valências de impacto e de argumentação conceitual labiríntica aumentam-se umas às outras, a textualização garante-se por meio de uma anáfora lexical que recupera a CPI citada no texto como um *momentoso evento*.

A textualização lineariza (ou "achata") a discursivização figurativa feita do inquérito parlamentar.[4] Assim se esboça, no interior de um texto e na textualização dele, uma orientação e um devir relativos à práxis enunciativa concernente à totalidade, seja a do *gênero editorial*, seja a do editorial do *Estadão*, ainda conforme vetores de estilo. Disso decorre a possibilidade de análise do estilo deflagrado como encontro entre gênero e autor, este firmado segundo aspectualização actorial própria. Aquela contração dos limites que "representa", na sintagmática da textualização, o oxímoro discursivo, vincula-se a uma orientação de tonicidade recrudescida diante da informação veiculada, a notícia jornalística sobre a CPI "em curso no Congresso Nacional". Aí aspectualização actorial direciona-se para o robustecimento do papel patêmico, já que fincada na intensidade ascendente imprimida aos julgamentos levados a efeito, na pejoração exaltada, da qual escapa a senadora Kátia Abreu, do Tocantins. Para isso, são postos em relevo os limites das unidades semânticas postas em contraste, enquanto os mesmos limites ficam contraídos no impacto ascendente do tom da voz.

A pejoração, sustentada no papel temático do crítico à corrupção política, configura-se como tomada de posição que acontece de modo intenso. Assim se vai compondo a conotação estésica do léxico relativo à totalidade *Estadão*. Esses movimentos realizam-se pontualmente neste exemplar de editorial, que discursiviza os temas relativos àquele inquérito parlamentar. Em outro editorial, mediante outro tema nuclear, teremos a configuração de outros papéis temáticos, por isso semelfactivos, na iteratividade correspondente ao perfil social do ator.

O tom intenso, que procura o impacto e a tonicidade da presença, enquanto, simultaneamente, cuida de volteios da textualização, como a preferência por uma sintaxe labiríntica, apresentada em parágrafos longos e em períodos também longos, apoia os recursos que se sintetizam em determinada cifra tensiva, na qual fica acusada a ascendência do inteligível e do sensível em correlação mútua de ímpeto. O tom da voz prolonga-se em outros editoriais, no modo da potencialização e da virtualização, esta que aguarda atualização e realização. Isso acontece, sejam considerados os editoriais do mesmo jornal, sejam considerados os editoriais de outro jornal cotejados com os do *Estadão*. O tom prolonga-se como estilo do gênero e como estilo de autor, enquanto permanece o presente que dura na aspectualização do corpo actorial: o corpo do enunciador do gênero *editorial*, ou aquele do enunciador do *Estadão* – e assim por diante, não importa estarmos na *dêixis da ausência* ou *da presença*, já que sempre será a *quase-presença* levada em conta para a definição do estilo.

Entre o primeiro e o segundo motivos alegados para a asseverada farsa, o editorialista relata que o advogado de Cachoeira, o ex-ministro da Justiça Márcio

Thomaz Bastos, "havia anunciado que o cliente faria pleno uso do direito constitucional de permanecer em silêncio para não se incriminar". A isso é acrescentado: "E para não convalidar as evidências coletadas pelas operações da Polícia Federal que o advogado quer ver declaradas ilegais." Aí a ironia voltada para o ex-ministro, no papel de advogado, ou para este, como ex-ministro confirma a pejoração desencadeada sobre a corrupção da classe política na nossa sociedade.

> Ainda assim a oitiva se arrastou por cerca de duas horas e meia, com mais de 50 perguntas inúteis, ouvidas pelo inquirido com apropriado ar irônico beirando o deboche, até que a senadora desse o seu exasperado alerta. Com as suas indagações, diligentemente anotadas por Thomaz Bastos, sentado à esquerda de Cachoeira, os parlamentares de fato entregavam o ouro ao presumível bandido, sob a forma de um roteiro para a sua defesa. (*O Estado de S. Paulo*, 24 maio 2012, p. A3)

Salientando que "a oitiva", apesar das "50 perguntas inúteis", "se arrastou por cerca de duas horas e meia", o editorial avaliza, por meio da retomada coesiva, o que foi textualizado na abertura: o "exasperado alerta" feito pela senadora Kátia Abreu. Assim, a declaração feita dos fatos, juntamente com o modo de declarar tais fatos, acaba por testemunhar, no plano do conteúdo, a convergência de vozes entre o discurso citado (de Kátia Abreu) e o discurso citante (o narrador-editorialista), o que realça o corpo do ator da enunciação muito à vontade no ato ético, responsivo ao outro, por meio de movimentos centrípetos, enquanto se firma o simulacro do convictamente responsável por informar "o que se passa", enquanto procura formar opinião. Esses gestos discursivos não se furtam à materialização promovida pelos procedimentos que os garantem na coesão e na progressão textual.

A *oitiva* se arrastou...; a *escuta* se arrastou...; *a tentativa de extrair informações de depoimentos* a serem feitos por Cachoeira se arrastou... *Oitiva* tem, no dicionário (Houaiss, 2009), a acepção de *informação que se transmite por ouvir dizer*, a que essa fonte acrescenta as locuções: *de oitiva, de ouvido*. A rubrica *oitiva*, ao lado da definição metalinguística e ao lado de possíveis expressões parafrásticas que a conteriam em relação ao que foi realizado no editorial, faz o termo escolhido limitar-se reciprocamente com termos afins, de modo a resultar, para a primeira expressão, o valor de um uso mais raro, o que aponta para um lugar ocupado pela enunciação em relação ao uso de *oitiva*, termo realizado discursivamente como figura a partir da potencialidade da expressão linguística.

Lembramos Saussure (1970: 134-5): "No interior de uma mesma língua, todas as palavras que exprimem ideias vizinhas se limitam reciprocamente: sinônimos

185

como *recear, temer, ter medo* só têm valor próprio pela oposição; se *recear* não existisse, todo seu conteúdo iria para os seus concorrentes." Pensar na textualização é trazer à luz esse princípio saussuriano, cotejado segundo os usos linguísticos selecionados, os quais encerram procedimentos como os de coesão, progressão textual, variante linguística escolhida, remetam eles ao nível lexical, ao sintático ou ao morfológico do sistema linguístico, ou remetam eles à lexicalização propriamente dita, que radica as figuras do discurso enquanto aponta para a escolha de "palavras que exprimem ideias vizinhas", logo que "se limitam reciprocamente".

Usar *farsa*, não *comédia de baixo nível*, para qualificar o inquérito parlamentar, verdadeiramente confirma, em termos de extensão ou de tamanho do sintagma, uma contração da linearidade textual, pois temos, lá, uma expressão mais sucinta e breve, o que ampara, na textualização, o aumento do impacto no encontro *homem/evento da CPI de Cachoeira*. Além disso, juntar lado a lado *farsa* (*espetáculo para rir*) com um espetáculo declarado como *melancólico*, ao confirmar no plano lexical a coexistência de contrários (*farsa triste*), legitima emoções convocadas com respaldo na antonímia, ao serem contraídas entre si, na sequência textual, as representações do risível e do triste, o que certamente aumenta o impacto.

O editorialista do *Estadão*, definido em homologia com as categorias aspectuais pensadas pelos estudos relativos ao aspecto como processo linguístico, por meio das indicações obtidas, cuja função de vetores estilísticos aponta para o corpo depreensível a partir de outros editoriais do mesmo jornal, projeta-se como: durativo-descontínuo, no perfil social; durativo-contínuo, no perfil sensível; télico, em termos de uma argumentação que, mediante sinais de alta elaboração, até na textualização, confirma-se como aquela que se cumpre apenas se o fim de convencer cumprir-se. Esse fim está no âmago da *fala* editorialista, traçada para "formar opinião", como gênero. Em relação à distribuição dos termos na progressão textual, notamos que, nesse editorial, o argumento-fim é textualizado no primeiro parágrafo, com a citação da voz da senadora, voz que condensa o tom de todo o editorial: os parlamentares estariam "dando ouro para um chefe de quadrilha com cara de cínico". O editorial do *Estadão* assume um corpo que gesticula peculiarmente diante de outros corpos, reconhecíveis em outros jornais. Dessa peculiaridade não escapa o lugar garantido na estratificação social, que vincula as distintas variantes linguísticas ao corpo falante. Trazer à luz a incorporação de variantes linguísticas, enquanto se ressaltam procedimentos de textualização, contribui para que se examine o corpo como aspecto, logo como *éthos* conotado.

Com Zilberberg (1986a: 22-4), permitimo-nos atentar para o fato de que o aspecto do ator, na apresentação feita segundo as propriedades aspectuais trazidas da tradição linguística, está no âmbito do *aspectivo*, do superficial, enquanto o *aspectal*, segundo o semioticista, concerne às profundidades figurais. Consideramos sob a dimensão do aspectivo o que se processa na textualização e no nível discursivo. Zilberberg aponta para o aspecto, enquanto este oscila entre o *aspectivo*, "o nível especificador" (1986a: 24), o nível "pressuponente" (1986a: 23), e o *aspectal*. Lá, entendemos instalar-se o fenômeno da intersecção do discurso com as possibilidades oferecidas pela língua, ou seja, a textualização. Junto com o lado *aspectivo*, que é contemplado por mecanismos de discursivização e de textualização conjugados, está, segundo o semioticista, o *aspectal*, o que está sugerido como correspondente às profundidades figurais, ao "nível pressuposto" (1986a: 23) ao percurso gerativo do sentido. A nosso ver, tais profundidades radicam a *quase-presença* em atonia, além de confirmarem-se na *dêixis da ausência*. Se a textualização é considerada na passagem entre o plano da expressão e o plano do conteúdo e na junção entre eles, nada impede que a consideremos nas reverberações provocadas por ela no nível tensivo, nas profundidades figurais e, em movimento contrário, nas reverberações provocadas nela pelas oscilações tensivas.

Quanto ao editorial assinalado, do encadeamento linear das unidades linguísticas, salta o uso de *abagunçado*, como atributo imprimido àquele inquérito inicialmente nomeado como "a CPI do Cachoeira". A primeira nomeação do evento (linha 1), ao ser retomada anaforicamente na coesão textual (linha 5), imprime a orientação dada ao tom da voz editorialista já como mecanismo de textualização. O léxico *abagunçado* é introduzido no dicionário *Houaiss* (2009) por meio destas notas: *Regionalismo: Brasil. Uso: informal*. Com os mesmos apontamentos aparece o verbo que oferece o radical, *bagunçar*, entre cujas acepções estão *anarquizar, desordenar*. *Anarquizado inquérito, desordenado inquérito* (2009) – eis, em relação ao que o texto trouxe à luz, expressões de ideias vizinhas, confirmadas como possibilidades de uma formação linguística, já que se limitam reciprocamente. Essas expressões vizinhas, como possibilidade linguística, imprimem ao *abagunçado* um valor de contraste em relação com a dita *norma urbana de prestígio*, dominante como uso linguístico ao longo do texto. Para esta, entendida como uso condizente às expectativas institucionais da grande imprensa, recriadas pela própria cena genérica do editorial, caberia usar *anarquizado inquérito, desordenado inquérito*.

Mas nosso editorial, nesse ponto do texto e conforme o uso feito desse léxico, quis demarcar os limites entre a norma urbana de prestígio em situação de formalidade e o uso popular e informal relativo ao termo *abagunçado*, assim ganhando efeito de impacto para o uso do último termo. Na progressão textual, tal contraste valida o efeito de explosão do sensível, para que se confirme o tom "exasperado", a fazer parte da enunciação, como robustecimento sensível do corpo judicativo. Enquanto isso, na linearidade textual, encadeia-se ainda, ao *abagunçado inquérito*, a designação do modo como ele foi instituído pelos parlamentares: *afoitamente*, advérbio derivado de *afoito*, entre cujas acepções oferecidas pelo dicionário encontra-se aquela relativa a alguma coisa feita com muita pressa, precipitadamente, ansiosamente.

Afoito, que se alheia do uso corrente de nosso idioma, ou do uso de nosso idioma em situação de informalidade, ou, ainda, que se alheia do uso linguístico feito em situação de comunicação oral com ares de não monitoramento, faz irromper no termo *abagunçado*, por contraste com o tom estabelecido da voz, uma valência de maior impacto para o acento sensível do sentido. Diante de uma "sintaxe textual" que encadeia léxicos próprios à norma urbana "de prestígio", tal como manifestada na modalidade escrita da língua e tal como apresentada na escolha de *afoitamento* e *oitiva*, resulta em certo estranhamento, vindo da contiguidade entre os segmentos textuais retomados coesivamente, o uso de regionalismos, termos populares ou usos informais de expressões de nosso idioma.

A textualização, ao promover tais contiguidades contrastantes, enceta restabelecimentos e recrudescimentos de impacto para os julgamentos emitidos, enquanto contribui para que se processe o corpo actorial em lugar preservado como de privilégio nas estratificações sociais. Confirma-se o lugar próprio a um segmento de falantes com alto nível de escolaridade e com gosto por usar a língua formalmente, privilegiando os ares que a língua toma na sua modalidade escrita em situação de formalidade. Entre o informal e o formal, os contrastes mantidos nos procedimentos de textualização comprovam quanto este controla aquele na constituição do corpo relativo ao editorial do *Estadão*, o que ratifica a cifra tensiva, segundo a qual os movimentos da percepção se processam em correlação conversa com os relativos à inteligibilidade: os valores de impacto da percepção e os valores do exercício da inteligibilidade aumentam-se uns aos outros para que se defina um *éthos* conotado peculiarmente.

Enquanto vem à tona, por meio das formações linguísticas postas em relevância pelo contraste, o fato de que, na língua, "qualquer termo que seja está determinado por aquilo que o rodeia" (Saussure, 1970: 135), na sequência do editorial, deparamos com a apresentação de um sintagma cristalizado pelo uso popular, como *entrar mudo e sair calado*. "A CPI sabia [...] que o bicheiro entraria mudo e sairia calado." Conforme sua tautologia, o sintagma, enquanto faz novamente deslizar a voz do editorialista para o uso informal da língua, fortalece, no tom estabelecido como originário, o viés da irrisão: Cachoeira debochou; o jornalista, mediante o que lhe favorece a cena genérica (editorial, não manchete, não lide), também debocha.

Alinha-se, à informalidade da expressão linguística, o recurso aspectual usado pelo editorialista, que embute o sema incoativo ao gesto de fazer perguntas, mas o faz de modo a desqualificar os atores envolvidos, os senadores e deputados; entre *deram de fazer* [perguntas] e *começaram a fazer perguntas*, no editorial está posto: "deram de fazer [perguntas], a fim de tirar o proveito que pudessem dos holofotes da mídia". Por meio dessa escolha linguística para materializar um sema incoativo do aspecto verbal, no discurso os parlamentares confirmam-se deslegitimados no papel temático de inquiridores, gesto que faz o papel patêmico do próprio ator da enunciação ascender para um grau *a mais* de exasperação. *Deram de fazer perguntas*: a enunciação, firmada como corpo segundo a possibilidade de escolhas expressivas, faz ratificar-se o valor da informalidade, recrudescido na demarcação contrastante com a formalidade. Mas o lugar da informalidade, reservado em sucessão a usos relativos à norma urbana prestigiada institucionalmente, faz ascender a uma valência plena a veemência do tom da voz. Da insatisfação, vai-se à raiva nos procedimentos de textualização.

Os contrastes são mantidos até a última linha, com o atributo dado ao evento comentado da CPI de Cachoeira como o *momentoso* (*grandioso evento, que merece especial atenção por sua importância ou gravidade*); *momentoso* – eis um léxico que, enquanto fortalece a ironia, por meio da negação enunciativa do que é enunciado como *momentoso*, beneficia-se da formação linguística que contempla a relação com a expressão vizinha, mantida em sinonímia na língua, *grandioso evento*. A textualização do editorial traz à tona o fato de que *momentoso* e *grandioso evento* exprimem ideias vizinhas e limitam-se reciprocamente.

Por meio do contraste estabelecido entre mecanismos que, na língua em uso, "regem o encadeamento dos significados" (Platão e Fiorin, 1996: 402), fica imprimido ao léxico selecionado, *momentoso*, de uso não frequente em situação de comunicação "ordinária", uma valência forte para o julgamento predicativo, feito em função da ironia: quanto mais grandioso é percebido esse evento no enunciado, tanto mais se firma como um blefe na enunciação. Desse modo, deparamo-nos com procedimentos que imprimem relevante acento de sentido ao valor pejorativo imprimido ao léxico, assim catapultado à figura do discurso. No âmbito da textualização vão recebendo tratamento próprio os temas e as figuras do discurso, a partir dos quais será feita a formulação actancial dos papéis temáticos, que sustentarão a figuração do ator da enunciação, como um *éthos* conotado.

O ir e vir da textualização feita de contrastes lexicais favorece a tonicidade da presença, enquanto ascende em impacto os papéis patêmicos do editorialista e enquanto fortifica a moralização pejorativa na retomada anafórica feita, na progressão textual, do ator Cachoeira, posto sob a alcunha de *bicheiro*. A CPI sabia que...: a) o *empresário* entraria mudo e sairia calado; b) o *acusado* entraria mudo e sairia calado; c) *o bicheiro entraria mudo e sairia calado*. Concomitantemente se confirmam os papéis temáticos daquele que informa de modo minucioso, enquanto discute o que informa, sem deixar de fazer proliferarem detalhes relativos ao evento midiaticamente construído. Legitimam-se, em relação conversa de ascensão, o sensível do papel patêmico e o racional do papel temático, relativo àquele que comenta a informação concernente à sintagmática da mídia, informação recuperada com precisão detalhista o suficiente para que a autoridade do ator mantenha-se radicada no *éthos* responsável, participante legítimo da sociedade.

Sobre a textualização, encontramos ainda este pensamento de Greimas e Courtés (2008: 478), ao explicitarem o que entendem por "sintaxe textual":

> Pode-se reunir sob o nome de sintaxe textual o conjunto de procedimentos de textualização (vale dizer, da colocação do discurso em texto), que é suscetível de intervir a qualquer momento do percurso gerativo (nível profundo ou de superfície, discurso não figurativo ou figurativo, etc.). Como a textualização consiste na reunião do discurso (situado no plano do conteúdo) com o plano da expressão que lhe é atribuído (reunião essa chamada de semiose), o discurso deve submeter-se às coerções que lhe são impostas pela natureza – espacial ou temporal – do significante empregado. Entre os procedimentos que decorrem dessas coerções, mencionamos a linearização, a segmentação (constitutiva das unidades textuais que são os parágrafos, as frases), a anaforização, etc.

As formações linguísticas, como relação de força e coerção recíproca entre palavras vizinhas, comprovam-se como coerção linguística com que os procedimentos de textualização se deparam. Estão ainda, entre as coerções da textualização, fatos relativos à sintaxe frasal. Segundo o editorial *O vexame anunciado*, este que é o da CPI do Cachoeira, o ex-ministro da Justiça, defensor de Cachoeira, teria orientado o inquirido para que ele se calasse, não só com vista a não se incriminar, mas também a fim de "não convalidar as evidências coletadas pelas operações da Polícia Federal que o advogado quer ver declaradas ilegais". Uma paráfrase desse segmento, sob outra possibilidade de sintaxe textual apresenta, entre outras, esta possibilidade de textualização: "A Polícia Federal coletou investigações que evidenciam crimes de Cachoeira. O advogado quer ver como ilegais as evidências de crime coletadas." A relação parafrástica, estabelecida com o que é realizado e considerada como possibilidade de textualização, equivale àquela vizinhança entre léxicos, concernente a unidades vistas em estado de formação linguística.

Diante de ambas as possibilidades de textualização apresentadas, aquela desencadeada pelo editorial e aquela da paráfrase, fica imprimido, na textualização feita pelo editorial, um critério de valor próprio na incorporação das potencialidades linguísticas. Para isso são salientados os recursos que a língua oferece. No editorial, o valor da estruturação sintática, que se efetua por meio de um predicado verbo-nominal (*o advogado que ver as evidências declaradas ilegais*) e por meio de um predicativo do objeto (*ilegais*), numa formulação textualmente compacta como compete ao que a gramática designa *predicado verbo-nominal*, desponta do contraste com uma formulação textual mais extensa, tal como ilustrada na possibilidade

190

parafrástica. A textualização materializa a tendência à concentração de impacto radicada no nível tensivo, nas profundidades figurais.

Duas outras possibilidades de sintaxe apontam para o contraste entre: o que é mantido como potencialidade de expressão oferecida pela língua (b); o que é realizado na textualização do discurso (a):

a) "Foi uma farsa – e mais um vexame para os partidos que afoitamente o instituíram – por dois motivos."
b) Por dois motivos, foi uma farsa e mais um vexame para os partidos que afoitamente o instituíram.

O editorialista enfatiza a pejoração feita em relação aos atores participantes da *farsa*, ao haver-se de tal modo junto aos procedimentos de textualização. Sintaticamente privilegia a segmentação da frase, enquanto altera o estatuto da ideia mantida sob a pausa do primeiro travessão, a *farsa*, em anteposição ao que sucede a ela em gradação crescente, o *vexame* (para os parlamentares, para todos partidos que instituíram a CPI). Do lado do enunciatário, um dizer menos labiríntico, tal como expresso na possibilidade parafrástica, convocaria, com menor índice de impacto do corpo, um papel patêmico atenuado para esse corpo de leitor, o enunciatário/narratário do gênero e do editorial *Estadão*. Mas o processamento textual no editorial do *Estadão* materializa papéis patêmicos de mais ímpeto, enquanto traz à tona valências que imprimem ao corpo do ator da enunciação (enunciador e enunciatário) uma presença tônica, e tônica segundo os modos *Estadão* de ser-no-mundo.

Kerbrat-Orechioni (1980: 124), após debater o discurso jornalístico para discorrer sobre "a subjetividade na linguagem", assevera: "O jornalista é, portanto, coagido a escolher (subjetivamente), no estoque de informações verbalizáveis, aquelas que ele vai efetivamente verbalizar, e que ao mesmo tempo vão constituir o 'acontecimento'." Acrescenta que, num outro nível, dão-se as hierarquizações do que é dito como efeito argumentativo, para o que lembra, entre outros procedimentos, a relevância do lugar diagramático de uma notícia numa página de jornal impresso. Destaca, ainda, "a articulação sintáxica das unidades frásticas e enuncivas" que se incorporam às notícias, para depois falar sobre "a subjetividade afetiva" (1980: 125). Nesse ponto, elucida as próprias reflexões por meio da citação de expressões "singularmente recorrentes" em dois jornais, *France-Soir* e *L'Humanité*: "este doloroso fato"; "esta triste realidade"; " a infeliz Madame B"; "a pobre mulher". A linguista chama atenção para o fato de que tais expressões, "que são consideradas como subjetivas na medida em que indicam que o sujeito da enunciação encontra-se emocionalmente envolvido com o conteúdo de seu enunciado" (1980: 125), apresentam, simultaneamente, uma "função conativa". Assim ela justifica tal função: "tornando o discurso mais afetivo, o emissor espera que a repulsa, o entusiasmo ou a piedade que ele manifesta ricochetearão sobre o receptor, favorecendo sua adesão à proposta feita para a interpretação dos fatos" (1980: 125). A partir do pensamento dessa linguista, cujo vasto estudo desenvolve-se em função de recursos de uma língua contemplada em seu funcionamento discursivo, podemos entender, nos poucos exemplos fisgados de sua obra, a textualização, na medida em que materializa a aspectualização actorial no viés sensível, o que converge para os procedimentos de textualização do editorial do *Estadão*. Se contemplarmos outro editorial do mesmo jornal, mais outro e ainda outro, poderemos consolidar o que foi contemplado como vetor estilístico da textualização.

Da conotação *lato sensu*, relativa às unidades da língua, não escapam as partes de uma palavra, portadoras de significação, como radicais, sufixos e, para os verbos, desinências flexionais. Apresentam potencialidade expressiva os sufixos *-eco* e *-inho*, usados para *jornaleco* ou *jornalzinho*, por exemplo. A totalidade *Estadão*, no gênero *editorial*, pelo demonstrado nos vetores estilísticos, não surpreenderá se fizer uso do sufixo *-eco* para referir-se a algum jornal; é o que se deduz, como veemência da voz, num tom que, na ordem da continuidade, ambienta o corpo actorial no encontro com o gênero, tal como concretizado por esse jornal. No âmbito discursivo dos editoriais do *Estadão*, temos a conotação *stricto sensu*, validada segundo a estesia compatível com um discurso feito para analisar dados da mídia jornalística voltada para temas políticos, econômicos e afins – a estética do jornalismo opinativo.

Mas, no papel temático, temos um ponto de vista sobre o mundo, no caso, sobre o mundo da política e das CPIs. Ponto de vista supõe análise sobre o mundo. Por sua vez, a análise, realçada como princípio de classificação, sendo a classe o "objeto submetido à análise" (Hjelmslev, 2003: 137), acaba por respaldar a aspectualização do ator no seu viés judicativo, o que não se desvincula dos procedimentos de textualização. "Ver" o mundo é classificar o mundo. As partes segundo as quais se articula uma palavra não deixam de apresentar, na textualização vista em processo, isto é, como escolha de a), não de b) (suposto uso do sufixo *-eco*, não *-inho*, para o diminutivo de jornal, por exemplo), um princípio do ato de classificar o mundo, potencializado na própria unidade da língua, antes de realizar-se e enquanto se realiza a apropriação discursiva.

O sujeito, enquanto enuncia seus enunciados, procede necessariamente a uma análise, pois compara x com y, depreendendo homogeneidades entre x e y para constituir classes, organizadas segundo a visada que se lança sobre as coisas do mundo. *Análise* assim é definida por Hjelmslev (2003: 137): "descrição de um objeto através das dependências homogêneas de outros objetos em relação a ele e entre elas reciprocamente". Mas como princípio de classificação, a análise encerra consigo, ainda que esteja embrionário, um ponto de vista. A textualização, enquanto intersecção *sujeito/língua,* firma-se como fator que legitima a conotação *lato sensu*, esta que remete, de um lado, a um "ver" moralizante; de outro, a um "ver" sensibilizante. A aspectualização do ator é validada também nos meandros da textualização, na relação necessária estabelecida entre o ator com a instância de um observador, que *vê* o mundo. Para a etimologia de *aspecto* temos esta nota: "O termo *aspecto* [...] encerra o radical ide. **spek*, 'ver'", como lembra Castilho (2002: 83).

UM FILME

Um dos modos de aspectualização do ator da enunciação concerne ao olhar enunciativo lançado sobre o ator do enunciado, para o qual é forjado um *éthos* que tem como fator tentacular os papéis actoriais, temáticos e patêmicos. O filme *Habemus papam*[5] constrói um *éthos* para o ator do enunciado, o papa que, recém-eleito pelo conclave, não consegue assumir o lugar daquele que deve dirigir o povo de Deus: embora investido da função de Sumo Pontífice, após ter sido eleito pelos pares, diz "não" à efetivação do ritual de posse. Esse "não", formulado inicialmente por meio da recusa corpórea em dar progressão ao processo ritualístico, como por ocasião da cena de um mal-estar sofrido pelo religioso logo após a eleição, expressa a perturbação de afetos imprevistos que tomaram o corpo do papa num assomo de intensidade. Tal como se vê no filme, por meio de cenas que comprovam a repetição de atos realizados nas outras eleições de papas, preserva-se, ao longo do conclave, após a eleição e até a aclamação do eleito, a estabilidade do rito, o qual só existe em função de um fim, a posse do cardeal eleito. Aspectualmente, os corpos dos atores, os votantes e o votado, definem-se como télicos.

Para a aspectualidade do ator, tornamos a recorrer aos estudos do aspecto como processo linguístico. Castilho (2002), apoiado em outras pesquisas voltadas para a problematização do aspecto no nível da frase (Sten, 1953; Garey, 1957 apud Castilho, 2002), apresenta uma proposta, feita por Garey, da realização de um teste a partir desta pergunta: "Se alguém estava -ndo, mas foi interrompido quando -va/-ia, pode-se dizer que -ou?" Para entender o teste, preenchemos as expressões relativas às flexões temporais, *-ndo, -va/-ia, -ou*, com os radicais dos dois verbos sugeridos na pesquisa, *afogar-se* e *brincar*, que assim se apresentam flexionados. Prossegue Castilho (2002: 89), no relato feito a partir do trabalho de Garey:

> Se a resposta for afirmativa, o estado de coisas descrito pelo V [verbo] examinado não precisa de um desfecho para ter existência e, por isso, tal V integrará a classe dos atélicos. Se a resposta for negativa, o V será télico. Portanto,
> Se alguém estava brincando, mas foi interrompido quando brincava, pode-se dizer que brincou?

193

Sim, ainda que por pouco tempo; logo *brincar* é atélico.
Se alguém estava se afogando, mas foi interrompido quando se afogava, pode-se dizer que se afogou?
Não; logo, afogar-se é télico.

Os corpos dos cardeais reunidos em conclave eram télicos, na medida em que, sem que se consumasse a posse do eleito ao fim do processo de eleição, nada daquele rito se justificaria. A posse, ao final do rito, sustenta o rito, ou, como sugere Greimas (2002), ela está na dimensão da *espera do esperado*, o que também se vincula à propriedade aspectual da telicidade. Soa então como inconcebível a recusa do papa eleito, para tomar posse de suas funções. O ritual se processava ao longo da eleição, mas, interrompido pelo "não" interno ao processo, "não" dito pelo papa primeiro a si mesmo, antes que o dissesse para os outros e antes que o dissesse aos fiéis, desconstrói o rito inteiro. Por isso os corpos participantes daquele evento confirmam-se como télicos.

Aqueles corpos moviam-se quase automaticamente na direção do fim previsto, tendo sido encerrada a eleição: o eleito necessariamente tomaria posse. Mas o papa eleito deixa-se raptar pela *fratura* interna em relação ao *télos* estabelecido pelo ritual católico, apostólico e romano. Por isso, o corpo, inclinado diante do inesperado e da veemência de suas emoções, alheias à rotina sacramentada, passa a movimentar-se a tal ponto na percepção das ambiguidades do mundo, que, muito raramente na sequência das cenas, consegue apresentar-se coincidente consigo mesmo. Então, o corpo do papa, télico enquanto cardeal participante do conclave, passa a perder-se do *télos* estabelecido em função da ocupação necessária do Trono de Pedro: quanto menos télico, na conjuntura fílmica, mais será cinético, no que concerne à categoria aspectual da dinamicidade vista enquanto transformacionalidade.

O papa no filme sofre mudanças, ao promover uma fratura em relação ao rito e ao romper com o *télos*, termo definido pelo dicionário como: ponto ou estado de caráter atrativo ou concludente para o qual se move uma realidade; finalidade, objetivo, alvo, destino; fase final, derradeira; a última parte, o remate. Tatit (2010: 50-1), ao desenvolver o conceito de "densidades de presença actancial" a partir das noções greimasianas de "fratura" e de "escapatória", tal como pensadas na obra *Da imperfeição*, dá sua própria interpretação dessas duas noções, enquanto analisa um conto de Guimarães Rosa:

> No primeiro caso [para *fratura*], subentende-se que houve uma mudança súbita no quadro da evolução narrativa do sujeito. A partir de algum estímulo sensorial, esse actante se vê repentinamente interagindo com outras forças actanciais, exercidas por atores que não participam de seus programas narrativos de rotina. Em vez da

busca habitual do objeto, o sujeito se sente tomado pela presença ofuscante de um acontecimento que o retira temporariamente de sua trajetória de vida e lhe rouba parte da própria condição ativa de sujeito.

O papa, com a "mudança súbita" dos papéis temáticos do cardeal, relativos à dignidade eclesiástica que, mais do que compor o Sacro Colégio pontifício e ter direito e dever de voto, passou a concernir ao próprio eleito, no plano do discurso põe em crise não só a solenidade e a sacralidade de tais papéis, mas também temas voltados à irrevogabilidade dos gestos inerentes àquele acontecimento. Afinal, Sua Santidade, o eleito tido como apto a ocupar o Trono de Pedro, por meio de votos que são considerados expressão da vontade de Deus, está presumidamente investido do princípio da infalibilidade. Mas, em crise, o papa adentra a dimensão patêmica de elevados graus de incidência do sensível sobre o inteligível, enquanto este é apenso às programações e à rotina do próprio conclave.

O protagonista confirma-se, portanto, por meio de um corpo que, télico enquanto coator do conclave que o elegeu, abre-se ao inacabamento decorrente da fratura vinda da percepção de algo que o retirava "de sua trajetória de vida" e lhe roubava "parte da própria condição ativa de sujeito" comprometido com a Igreja. O inacabamento do corpo religioso a serviço da Igreja atinge um grau "colossal" ao final da narrativa, quando, posto diante do povo para em definitivo fazer o discurso de posse – na tentativa de apropriar-se da função de Sumo Pontífice, depois de ter-se esquivado disso o quanto foi possível no decurso das peripécias fílmicas, diante da certeza geral de um desfecho feliz –, Sua Santidade pede desculpas e se confessa inapto: para conduzir os servos do Senhor; para assumir o lugar que lhe competia como "Servo dos servos de Deus" (*Servus servorum Dei*). Nesse momento, pede perdão à multidão que o aguardava defronte à Basílica de São Pedro e diz "não" ao papel que lhe havia sido outorgado, de pastor sem fronteiras do mundo católico.

O sujeito do enunciado fílmico confirma-se segundo um *éthos* tão mais inacabado, quanto mais instalado na lógica da concessão, que imprime ao corpo actorial orientação ascendente de conotação. O rito eclesiástico de eleição e posse traça como expectativa uma linha descendente do conotado, para o que contribui a "ótica implicativa": chamado por Deus, *logo* eleito; eleito, *portanto* empossado. No rito não há brecha para a discursivização de cenas que salientem o que pode *sobrevir* ao sujeito, cenas que o poderiam tomar de supetão: instabilidades que fragilizariam a sequência prevista do ritual, tão mais institucionalizado quanto menos aberto a agudezas e imprevistos humanos.

Entretanto, nos recursos visuais, muitos desdobramentos do narrado irrompem, à moda de *fraturas* pontuais em relação à previsão decorrente da prática ritualista. Disso cuidam *closes* da câmera que focam: ora nas feições de algum participante do conclave uma inquietação medrosa relativa ao desejo de que não seja ele mesmo o "chamado por Deus"; ora nos gestos e nas expressões faciais de um ou outro cardeal a configuração da dúvida e da incerteza ainda no momento do voto. Esses movimentos flagrados pela câmera em *close* acabam por confirmar o medo de errar, contrastante em relação tanto à própria cerimônia como à expectativa consolidada para a votação solene.

Enquanto isso, outras fraturas são anunciadas, como a ambiguidade em relação à fumaça, que ora parece preta, mas é interpretada como branca pelo repórter, este que logo em seguida se corrige, até que se confirme a fumaça branca, definição simbólica de que *habemus papam*. À revelia das desestabilizações que trazem uma movimentação estranha ao rito, fluem as forças de perenidade da prática ritualística, legitimadas em cenas que privilegiam a expectativa geral do povo e dos religiosos, para que tudo tenha "bom desfecho". Entre essas cenas, destaca-se a do alívio e da alegria dos espectadores reunidos diante da Basílica, quando, após longo período de espera, torna-se iminente a aparição do papa nas sacadas a fim de abençoar em definitivo seu povo. Ainda, configuradas como uma *espera do esperado* a cumprir-se de modo compatível ao rito, poderiam suceder cenas como a da bênção do Sumo Pontífice aos fiéis e a da fala de assunção, pelo papa, do supremo lugar que lhe tinha sido conferido por Deus. Mas daí a enunciação se afasta, embora não permita esvair-se a autoridade do rito.

Ainda nas primeiras cenas, em que a modulação afetiva ensaia sobressair-se, cá e lá, aumentada pelo impacto do inesperado, o rito permanece. Mas ele torna-se vulnerável a cada golpe que o narrado sofre. Assim se desestabiliza o bloco até então considerado de sucessão infinita de eleições e posses papais pressupostas à prática ritualística; ou seja, a prática perde ares de eternidade e temporaliza-se enquanto percepção. Os golpes sofridos pelo rito convocam as categorias intensas de andamento e tonicidade na ascendência do sensível, o que afasta pouco a pouco a "eventualidade tênue" do próprio ritual, tomando, nós, tais noções, do pensamento de Zilberberg (2011: 51). "O golpe é seco e súbito", sugere o autor (2011: 51). Fica assim validado, no filme, o percurso da surpresa, a partir da desestabilização, que toma o lugar da perpetuação das previsibilidades relativas a um conclave que não pode errar, já que manifesta a vontade de Deus, e relativas a um papa que não erra, nem errará, por razão equivalente.

A enunciação traça uma linha que sustenta, de um lado, o engessamento ritualístico, na projeção feita de papéis temáticos altamente estáveis, aos quais se junta a percepção de uma atemporalidade dos objetos relativos àquele mundo fechado entre as paredes da Capela Sistina e suas adjacências. Fica colada ao engessamento ritualístico a percepção que temos daqueles corpos dispostos no interior daquele mundo, como corpos estáticos, na medida em que são inevitavelmente coincidentes consigo mesmos. Lembrando Bakhtin (1997b), àqueles atores não competia qualquer acabamento estético, nem eles suportariam isso, pois não ocupavam lugares fora de si mesmos. Em tese, o mesmo sucede à enunciação que, concomitantemente ao ator do enunciado, em princípio traça o próprio corpo firmado num interior pleno de si. Mas aqueles *closes* prenunciam abalos imprimidos na homogeneidade ritualística, antes mesmo do primeiro "não" dito em silêncio pelo papa a si mesmo. Na enunciação, a fratura embrionária prepara o ambiente para o ator dissidente, acolhido como valoração ética. O corpo encaminha-se para a atelicidade.

Quanto mais convencional o gênero discursivo, mais estáveis serão os papéis temáticos do ator, por sua vez mais alheio a desestabilizações será o sujeito: em princípio, disso não foge a sequência do narrado nessa eleição do papa, entendida como um gênero discursivo explorado no interior do filme. O espírito e a seriedade da eleição, vistos segundo o viés do observador que subsidia os papéis do roteirista, do diretor, do figurinista, entre outros (desdobramentos das funções do narrador, junto às quais está fincado o corpo do ator da enunciação), mantêm-se ao longo do filme, enquanto se preserva o encadeamento estável dos eventos e enquanto, concomitantemente, preserva-se a atemporalidade dos acontecimentos, tal como acusada pela não fluidez do sensível no espaço-tempo da percepção.

Evolui, porém, na contramão, a dimensão tanto mais humanizada, quanto mais apontada por aquelas indecisões dos protagonistas, vinculadas a reações emocionais que subentendem mudanças súbitas "no quadro da evolução narrativa do sujeito": reações "tortas" diante da oficialidade do rito e da circunspecção prevista. Dá-se, em silêncio, isto é, sem serem pronunciados, outros "nãos" ao corpo homogeneamente eclesial: "nãos" suscetíveis de serem percebidos, como na cena da impaciência exasperada de um dos religiosos com os colegas. Um cardeal caíra, poderia ter sofrido alguma lesão. Muitos se debruçam em torno dele, perguntando se havia algum ferimento. O padre reage raivosamente e, com gestos bruscos, pede para ficar só. O tombo do sacerdote humaniza a voz do enunciado e da enunciação, enquanto se temporaliza, deixa de ser entidade, o corpo do ator. Ao temporalizar-se o corpo, principalmente o do papa, no enunciado e, correlativamente, o do ator da enunciação, validam-se ambos segundo um presente, um passado e um futuro concebidos como pontos sem positividade, na medida em que um transcende no outro e para o outro, enquanto se processa a percepção. Flexionam-se os corpos diante do passado, do presente e do futuro que, postos em intersecção, apontam para o papa como um "campo de presença" sensível, enquanto o equivalente ocorre na enunciação.

Verdadeiramente, o papa passa a viver cada momento, na medida em que esse momento compreende em si outros, como vividos da percepção. Mas para isso ele estará fora das paredes da Capela Sistina. Estará nas ruas de Roma, entre os transeuntes comuns. Tendo procurado ressemantizar seu cotidiano de sacerdote por meio do cotidiano de homem, e, para isso, tendo ido às ruas, ao olhar para o

Vaticano por intermitências de cenas externas a ele, como o noticiário da televisão, por exemplo, que fala exatamente daquela situação confusa da eleição, o papa eleito vive o duplo no uno, ou seja, o Vaticano "atual", aquele do "agora" da percepção, e o outro, o recém-sido, que dilacera seu presente de espectador do programa de TV, enquanto a biografia do cardeal eleito papa permanece como o que já foi e é ainda. A dinamicidade e a atelicidade do corpo enunciado aspectualizam-se de modo afim com o ator da enunciação, para que, entre ambivalências, abram-se possibilidades para tomar lugar, no filme, a função poética da linguagem. Quanto mais fica temporalizado enquanto sujeito-no-mundo, sujeito da percepção, mais se define o corpo na precariedade daquele que passa a habitar margem oposta ao rito. Mas sem peso, como pedem, entre outros, os recursos empregados nos diálogos e na fotografia.

Diante da lógica implicativa privilegiada pelo rito, a enunciação vai ganhando força para enunciar-se segundo a "ótica da concessão", da qual se sobressai o olhar que joga luz sobre uma Igreja incompleta. Sob essa perspectiva, deparamo-nos com um mundo tão mais inacabado, quanto mais se vincula à percepção sensível: mundo e sujeito mais conotados estesicamente, quanto menos comprometidos com as transparências do sentido, caras às práticas institucionais ritualísticas. O enunciado fílmico tangencia o *lógos* estético, mediante o ator desalojado de si, no enunciado e na enunciação, mantidos ambos na relação exotópica que orienta sua constituição. Atenuam-se os papéis temáticos relativos aos atos intelectuais, aos atos de vontade; ficam recrudescidos os papéis patêmicos.

O impacto, oscilante entre movimentos ascendentes e descendentes na constituição do "herói", o ator do enunciado, remete a seu perfil sensível, o que o aspectualiza, no ambiente do filme, com inclinação a um corpo cinético e atélico. O modo de aspectualizar o ator do enunciado tem função na constituição do ator da enunciação. Acolhido ética e afetivamente pela enunciação, e ética como melhoração desencadeada sobre o "comportamento observável", e afetiva como atratividade entre cifras tensivas, apresenta-se o papa contemplado em sequências nas quais se desloca sozinho, meio fugido, pela cidade de Roma. Enquanto isso, ora deixa-se arrastar por uma intensidade restabelecida, até recrudescida dos sentimentos íntimos, ora põe-se a conversar de modo distenso com pessoas do povo, sem ser reconhecido.

Organizando desse modo o enunciado fílmico, o narrador mantém na atonia a presença pressuposta ao rito. Cresce, entretanto, em tonicidade, com o papa, ator do enunciado, o próprio ator da enunciação, cujo perfil sensível se processa de modo homólogo ao de seu protagonista. Junto com o perfil sensível do ator da enunciação, temos o perfil judicativo, que acaba por apresentar-se como o que acolhe uma ética da mistura. Os lugares do humano e do divino permutam entre si, enquanto a valoração ética dos valores afasta-se da triagem, um dos sustentos da crença na absoluta inquestionabilidade da vontade de Deus, para que fosse aquele, não outro, o escolhido.

Fontanille e Zilberberg (2001: 47) conectam a triagem a um fechamento que convoca valores de absoluto, voltados para a concentração como centro de valorações morais. Enquanto isso, segundo os autores, "valores de universo pedem o concurso da mistura e da abertura, tendo por benefício a expansão" (2011: 47). Os mesmos autores, tendo remetido a mistura à democracia, e a triagem, à aristocracia, articulam cada um desses sistemas a um "regime axiológico assumido pelo sujeito da enunciação" (2001: 48). Esse regime axiológico respalda a noção relativa a um perfil judicativo do ator da enunciação, por sua vez radicado nos papéis temáticos.

Das profundidades figurais, a oscilação da tensividade respalda o perfil sensível do ator, radicado nos papéis patêmicos. Papéis actoriais, se temáticos, cravados na semântica discursiva, se patêmicos, cravados nas profundidades figurais, organizam-se de modo peculiar tanto ao longo do percurso gerativo do sentido, quanto no que está aquém e além dele, o nível tensivo: os temáticos, radicados na axiologia e na timia fundamental, permeiam o objeto de valor narrativo e concretizam-se nos valores ideológicos; os patêmicos, fundados no nível tensivo, concernem ao modo como o sujeito reage emocionalmente ao mundo, tal como um mundo percebido. Um depara-se com o outro na arquitetura do corpo do ator.

Não gratuitamente, temos, na construção do ator recém-eleito, papéis temáticos cravados no encontro com o sensível, este que permite a eclosão da humanidade do papa, conjunta com o humano de outros homens: por isso ele consegue fugir da vigilância cerrada, decorrente do fato de ter hesitado para tomar posse e, na rua, interage com as pessoas da rua, até com atores teatrais, escapando tanto à triagem efetuada pela ambiência do sagrado como à rigidez das relações institucionalizadas. Como destaca Tatit (2010: 51) em consonância com *Da imperfeição*, de Greimas, o papa procura a "ressemantização do cotidiano", tenta possibilidades de reprogramar o cotidiano de cardeal eleito para ser o Sumo Pontífice, justamente vivendo a vida do homem – por horas, por um ou dois dias, que fossem.

O homem-papa foge das paredes e da segurança da Capela Sistina; vive anonimamente, na busca de indícios de sua biografia de homem, para tentar equilibrar-se diante do repentino assomo de intensidade que tomou seu corpo, assomo vindo da explosão da própria humanidade, tão forte que, juntamente com as coerções do rito de posse, resultou em extrema inércia de atitudes para resolver o impasse. A inércia, que passa a impedi-lo de confirmar-se na função de Supremo Pastor e proferir o discurso de posse, segura, nas malhas das cenas encadeadas, o efeito de suspense.

A enunciação fílmica radica, então, o ator do enunciado na ética da mistura, enquanto assim também se firma a si. Tal ética vincula-se à legitimidade moral que adquirem os papéis patêmicos, quanto mais se sobrelevam dos temáticos: a dissonância da voz do papa é tratada com ternura pelo enunciador fílmico, a cada golpe que o narrado ritualístico sofre. Assim, na unidade do filme, o espectador encontra o *éthos* do protagonista, ator do enunciado, que reverbera regimes axiológicos assumidos pelo sujeito da enunciação. Também no que diz respeito ao viés sensível do olhar, o ator do enunciado está em relação de responsividade com o ator da enunciação.

Para o estilo de fazer filme, considerando, dos papéis contidos na enunciação sincrética, a relevância da direção, o espectador terá, a partir de *Habemus papam*, vetores estilísticos como indicações do corpo do ator da enunciação. Esses vetores poderão confirmar-se por meio do exame de outros filmes do mesmo diretor, o que não exige, da parte do espectador, conhecer a totalidade numérica. Não se espera que o espectador assista a todos os filmes sob a mesma direção, para discutir aquele estilo de dirigir filmes. Um filme projeta os vetores; dois, três, e assim por diante, poderão comprová-los. Vetores estilísticos, responsivos ao interdiscurso, permitem também que, enquanto toma corpo um ator do enunciado de um único texto, seja encetado um tom de voz vinculado a uma tomada de posição do ator da enunciação. Os vetores estilísticos emparelham-se à instalação dos papéis actoriais, o que se vincula à conotação do *éthos*.

Diante do filme citado e reduzindo a enunciação fílmica à assinatura do diretor, para depreendermos um estilo *Nanni Moretti* de direção, consideramos, entre os vetores estilísticos aí apresentados, aquele que explora peculiarmente o conotado na constituição do ator do enunciado, este papa recém-eleito que se debate entre papéis temáticos consolidados e papéis patêmicos que o raptam das previsibilidades ritualísticas. À intensidade que orienta papéis patêmicos advindos da surpresa e das fraturas, tal qual o que acontece com os movimentos que subsidiam o antagonismo interno ao papa, emparelha-se na enunciação a problematização dos papéis temáticos cravados no rito católico: enquanto isso, o que é longo e distenso, em termos de percepção, passa a ser abreviado e tenso. Mas, na sequência, o breve é alongado: também àquela intensidade coaduna-se o olhar extensivo sobre o mundo, que se demora nas horas que passam lentas e sem susto para o papa eleito, no seu périplo fora do Vaticano; para os cardeais que arrumam pequenas coisas com que se distrair, enquanto se apartam da desorientação inicial diante do passo inédito dado por um papa que, eleito, desaparece. Uma valência mitigada de acento do sensível passa então a reger o todo, de modo a não vingarem, no conjunto do filme, emoções associadas à perplexidade. Um corpo leve do ator da enunciação delineia-se como estilo de fazer um filme tratado conforme um *lógos* estético. Certamente, os vetores dados num enunciado que compõe uma totalidade lançam bases para que se radique, como potencialidade e virtualidade, ou seja, na *dêixis da ausência*, o *éthos* conotado relativo ao ator da enunciação pressuposto à totalidade.

Examinar cenas do filme *Habemus papam* permite tangenciarmos o princípio de que o ator, tanto do enunciado como da enunciação, tem um estilo: aquele é fator de composição deste, e a recíproca é verdadeira. Antes disso, porém, está o princípio de que qualquer texto tem estilo, para uma retórica que não privilegia "o belo", portanto não está circunscrita ao âmbito de *figuras retóricas* ou *tropos* concebidos como ornamento ou desvio de uma "fala ordinária". Se "o estilo é o homem", e "homem" é visto primordialmente como ator da enunciação que se depreende de uma totalidade, deparamos, na análise estilística, com um actante que, radicado num *éthos* discursivo, herdeiro do *éthos* retórico, apresenta-se semantizado por meio da *carne* ou da concretude discursiva e apresenta-se no intercâmbio regido pelas oscilações de suas percepções, que dizem respeito ao encontro *homem-mundo*.

Papéis temáticos acabam por orientar um preenchimento figurativo do actante enunciativo e do actante enuncivo, enquanto mantêm para exame a perspectiva ou "visada" social do sujeito, como pressuponente da perspectiva ou "visada" sensível: aquela sustenta o ator no nível discursivo; esta pinça-o a partir da tensividade figural, para ajeitá-lo também no nível discursivo. Os papéis actoriais temáticos, como unidades da semântica discursiva, estão cravados no regime axiológico assumido pelo sujeito. Com eles fica legitimado o tratamento ético oferecido às figuras. Os papéis patêmicos são cravados na tensividade figural, mas radicam na percepção aqueles, na medida em que o sensível rege o inteligível. Ambos os papéis apresentam o ator, do enunciado e da enunciação, contemplados no processo de sua construção.

O estilo do ator do enunciado está na pontualidade da ocorrência em cada enunciado, enquanto o estilo do ator da enunciação está em cada enunciado e na totalidade deles, o que garante o próprio estilo em função de um *éthos* conotado, sustento do ator como aspecto. A aspectualização actorial, que faz ver o ator no processo de moralizações e de percepções, concernentes ambas aos fenômenos do mundo, valida o corpo como "uma forma que é uma semiótica", ou seja, "um esquema semiótico" (Hjelmslev, 2003: 139). Encerrado no interior da totalidade, o esquema corporal sustenta-se em valências que extrapolam a semântica circunscrita ao discurso de cada enunciado. Então, temos valências também como valoração de valores sociais, o que corresponde ao que "vale a pena", como pertinência para a totalidade, a partir dos valores tímicos, narrativos e discursivos. Tais valências apoiam os papéis temáticos do ator. Juntamente com elas, temos valências relativas à percepção, para que, juntas, incorporem a gramaticalidade de um estilo. Essa gramática fica garantida, entre outros recursos, na organização dos papéis que aspectualizam o ator.

No filme *Habemus papam*, temos o percurso temático de "votar" e o de "ser eleito", com os papéis temáticos daquele que vota e daquele que é eleito, aí radicado na prática ritualística. Votar e ser eleito, como função desempenhada pelo sujeito ou como "formulação actancial de temas ou de percursos temáticos" (Greimas e Courtés, 2008: 357), funda papéis alçados desde a axiologia e da timia fundamentais, com a euforia e a disforia que orientam aí o que serão relações entre sujeito e objeto, actancializações do nível narrativo. Neste último, temos os papéis actanciais como "posições sintáticas modais, que os actantes podem assumir" (2008: 357), como um sujeito do querer, do dever, do poder, do saber. Sobre o papa citado, podemos pensá-lo instalado na posição de um sujeito que quer, sabe, deve assumir sua função, mas não pode, estando, portanto, com a *performance* comprometida. O "papel temático [...] nada mais é que a tematização do sujeito do fazer, senhor do programa narrativo" (2008: 495). Os temas relativos aos impasses da eleição papal condensam-se nos papéis do Santo Padre, do Chefe Supremo de um Estado, o Vaticano, papéis golpeados, ainda que de modo atenuado, pelo impacto afetivo, ao longo do filme.

Os temas são aí disseminados com ares de uma oficialidade não acolhida como prioritária pela enunciação. Se, para o viés judicativo, respeitam-se os princípios de estaticidade do rito e as figuras que compõem as cenas de majestade, compatíveis com a prática religiosa, de modo a sobressaírem em beleza e suntuosidade os ambientes do Vaticano, o viés sensível do ator da enunciação, tal como responsivo ao papa do enunciado, prioriza um horizonte que salta aquelas paredes. Busca, então, o que se anuncia para longe delas. Gradativamente, vai-se apossando de um corpo multifacetado e não definitivo o ator da enunciação. Delineado pelo modo de moralizar os papéis temáticos do ator do enunciado segundo a ética da mistura, e pelo modo de reagir afetivamente aos papéis patêmicos desempenhados por esse ator, na enunciação apresentam-se papéis intercruzados com o que se processa no enunciado em termos de actorialização.

CONOTAÇÃO E ACENTO DE SENTIDO

Pensar na aspectualização actorial cobra entendimento sobre as valências que encerram os valores em determinada totalidade e contribui para que possamos descrever, como processo da significação, a passagem da conotação *lato sensu*, em estado de signo linguístico, para a conotação *stricto sensu*, como um dos componentes do esquema discursivo, sustento formal do corpo. Em relação a *esquema*, referimo-nos a uma forma encarnada, ou seja, fechada como estrutura imanente à totalidade e simultaneamente aberta à cultura, ao interdiscurso e ao encontro da percepção de um sujeito com o mundo que o afeta.

A noção de esquema, tomada de Hjelmslev como *forma* linguística oposta ao *uso*, este apresentado pelo dinamarquês como revisão da noção saussuriana de *fala*, dá arrimo ao conceito de esquema como forma discursiva do corpo actorial, porque reduz, ao essencial, o uso concernente ao conjunto de atos enunciativos pressupostos ao todo. Logo, nada se mantém fora dessa redução. Juntos, esquema e uso manifestam o estilo, trazendo aqui para *manifestação* o que diz Hjelmslev (2003: 83): "o uso linguístico *manifesta* o esquema linguístico, e chamaremos de *manifestação* a função contraída pelo esquema e pelo uso". A noção de esquema e de uso linguístico, equivalentes, segundo o linguista, ao esquema e uso semiótico, respaldam o corpo como forma encarnada. Se, segundo Hjelmslev (2003: 139), a forma é "constância numa manifestação", e o esquema semiótico é "a forma que é uma semiótica", enquanto o uso semiótico é a "substância que manifesta um esquema semiótico", a substância uso semiótico confirma-se enformada, logo regida pela constância a ela pressuposta. Esse é um fundamento para a noção de estilo como estrutura encarnada.

A enunciação de um estilo sustenta, portanto, segundo a constância subjacente a diversidades de usos, o sujeito que se firma ao longo da totalidade. Isso acontece por meio de uma *fala* conotada, o que reporta a um significado considerado antes de tudo nas bordas de cada signo, em se tratando de língua; nas bordas de cada enunciado, em se tratando do todo de um estilo. No intervalo relativo ao encadeamento entre as partes do todo instala-se, na correlação entre "estados de alma" e "estados das coisas", o sensível como "território de fundação" do inteligível; este, que, como conceitual, remete à interpretação que um sujeito faz do mundo (o lado performativo do sujeito); aquele que, considerado segundo "a medida das transformações que os acontecimentos nos provocam" (Zilberberg, 2011: 287), remete à orientação ou devir do próprio corpo.

A *fala* concernente a um estilo, arrimo para o tom de voz, radica-se, como temos visto, também nos procedimentos de textualização, para o que se leva em conta a língua por meio da qual se materializa o discurso, como necessariamente conotada, na medida em que fatos da língua mantêm um potencial de funcionalidade. A funcionalidade das unidades da língua, num nível morfossintático, inevitavelmente permeado pela semântica, está num exemplo pontual, na textualização processada em editorial jornalístico intitulado "Morte no guindaste", em que o editorialista, ao denunciar os abusos cometidos pelo Irã e pela China, no que diz respeito à execução de condenados por pena de morte, acusados por tráfico de drogas, homossexualismo e abuso de álcool, assim se expressa, a fim de lembrar que a "aplicação da lei", no caso dessa condenação, pode ser "motivo de vergonha", pois pode supor um erro irrecuperável: "Nunca se está a salvo plenamente de um erro judicial." Ao elencar regimes políticos cúmplices de práticas relativas à "morte no guindaste" ou à pena de morte, o editorialista lembra não apenas a "teocracia xiita", mas também regimes políticos de outros países, entre os quais inclui, por último, os Estados Unidos, e completa:

> Nesse último país, num comportamento que não deixa de ter incoerências apontadas por Hélio Schwartsman em artigo de ontem nesta *Folha*, as execuções não se fazem publicamente.
> É como se a aplicação da lei fosse motivo de vergonha para as próprias autoridades – e deveria ser, de fato, num país civilizado. Nunca se está a salvo plenamente de um erro judicial. (*Folha de S.Paulo*, 4 set. 2012, p. A2)

"Nunca se está a salvo plenamente de um erro judicial." O pronome *se* potencializa, como unidade linguística em funcionamento nesse texto, um ínfimo conotativo e um princípio de conotação para uma fala, na medida em que tem a possibilidade de esboçar contornos de um corpo e um lugar no mundo para esse mesmo corpo. Devido à funcionalidade a que ele é afeito no contexto sintático da frase (índice de indeterminação do sujeito), o pronome *se* potencializa o olhar para uma grande extensão de coisas percebidas: é um olhar vindo de um observador que, concomitantemente, contribui para que se torne de presença átona o corpo actorial; ou, como quer a gramática funcional, um olhar concernente a um sujeito "maximamente indeterminado". Moura Neves (2000: 464-5) alude a fatos como esse, enquanto apresenta graduada a indeterminação do sujeito em construções afins com aquela do editorial: "Tipicamente genéricas, isto é, de sujeito maximamente indeterminado, já que todas as pessoas do discurso ficam abrangidas, são as construções de terceira pessoa do singular com o pronome *SE*."

Conotação e denotação são noções que, se problematizadas, uma chama a outra. Greimas e Courtés (2008: 123) chegam a esta formulação após terem feito referência ao pensamento de Hjelmslev (2003: 121-30) sobre semióticas conotativas e denotativas: "uma língua natural não é uma semiótica denotativa, e o discurso manifestado remete a vários sistemas (semiótica, semióticas conotativas, metassemióticas não científicas etc.) ao mesmo tempo". Hjelmslev (2003), em *Prolegômenos a uma teoria da linguagem*, expõe o que entende por semiótica conotativa: aquela, "cujo plano da expressão é uma semiótica" (2003: 121); ou aquela, "da qual um dos planos, o da expressão, é uma semiótica" (2003: 125), o que é elucidado por Fiorin (2005: 2) na definição de *signo conotado*: "É o signo cujo plano da expressão é um signo"; ou seja, como explica o autor, partindo de um signo primeiro, o denotado, que supõe a relação (R) entre expressão (E) e conteúdo (C), firma-se a relação que define a função semiótica: o plano da expressão relacionado com o plano do conteúdo (ERC). Quanto ao signo conotado, o estudo aponta para uma desestabilização da relação *ERC*, pois estamos diante daquele signo, "ao qual se acrescenta um novo plano de conteúdo (*ERC*) *R C*".

Acreditamos que a definição hjelmsleviana do signo conotado não está longe de outra, aquela concernente à função poética da linguagem, tal como proposta por Jakobson (1970: 129), autor que a entende tratável pelos estudos linguísticos de modo a poder "ultrapassar os limites da poesia". Jakobson, ao discorrer sobre as funções da linguagem (emotiva, referencial, fática, metalinguística, conativa, poética), autoriza-nos a pensar na possibilidade de coexistência dessas funções, em graus de dominância de umas sobre outras, já que chega a falar em "função poética dominante": "As particularidades dos diversos gêneros poéticos implicam uma participação, em ordem hierárquica variável, das outras funções verbais a par da função poética dominante" (1970: 129). Anteriormente a isso, o linguista afirmara: "o estudo linguístico da função poética deve ultrapassar os limites da poesia, e, por outro lado, o escrutínio linguístico da poesia não se pode limitar à função poética" (1970: 129).

O linguista de Praga certamente acaba por emparelhar-se, no foco dado à função poética da linguagem, àquela desestabilização hjelmsleviana da relação *expressão/conteúdo*: procedimentos do plano da expressão, como as aliterações, entre outros paralelismos, permitem que esse plano deixe de constituir-se como mero veículo de um conteúdo, enquanto se firma a função poética, que deixa "de estar arbitrariamente confinada ao domínio da poesia" (1970: 131).

No estudo citado, Fiorin (2005) prossegue em suas reflexões e, para chegar ao que nomeia como os dois mecanismos principais de conotação, a metáfora e a metonímia, afirma: "Para criar um signo conotado, é preciso que haja uma relação entre o significado que se acrescenta e o significado já presente no signo denotado" (Jakobson, 1970: 2). A partir do que se antecipa como semiótica conotativa no pensamento hjelmsleviano e a partir do que é desenvolvido por Fiorin no estudo da metáfora e da metonímia, cremos estar lançados no âmbito de uma conotação estética, se, juntamente com os procedimentos apontados por ambos, ocorrer o que Jakobson designa como *coerção da função poética*. Tal coerção é entendida por nós segundo distintos acentos de sentido, para o que são levadas em conta as distintas situações de comunicação, logo os diferentes *usos* linguísticos. A conotação estética supõe, a nosso ver, alta concentração de estesia, ou incidência de valências plenas de acento do sensível sobre o inteligível.

Aos "modernos *jingles* de propaganda", juntamente com "versos mnemônicos" com fins utilitários, Jakobson (1970: 131) assim se refere: "todos esses textos métricos fazem uso da função poética sem, contudo, atribuir-lhe o papel coercitivo, determinante, que ela tem na poesia". Entendemos que a atenuação do papel coercitivo e determinante da função poética corresponde a uma estesia com valência mitigada ou nula de acento do sensível. A partir daí *não* emerge o *lógos* estético. Se quisermos resumir tais relações, temos:

Figura 7 – Conotação e acento do sentido

VALÊNCIAS		
plenas	mitigadas	nulas
o *lógos* estético	o *lógos* estésico	o *lógos* estésico
ACENTO		
tonicidade máxima	tonicidade média/mínima ou atonia média	atonia máxima

Fonte: Elaboração nossa a partir de Jakobson (1970) e Zilberberg (2011).

Às formulações feitas, Jakobson (1970: 131) acrescenta que "o verso de fato ultrapassa os limites da poesia". A função poética, "que ultrapassa os limites da poesia", concerne, segundo o linguista, à prática de projetar equivalências, do eixo de seleção da linguagem (paradigma), na constituição do eixo de combinação (sintagma): "A equivalência é promovida à condição de recurso constitutivo da sequência" (1970: 130). Para um *slogan* político como "*I like Ike*" (1970: 128), em que, a nosso ver, algumas das funções da linguagem jakobsonianas são condensadas pela função utilitária da comunicação, é prioridade a persuasão, configurada como um fim ou remate, sem o qual a expressão não se cumpre; o *slogan* de propaganda política *deve fazer-crer*, para *fazer-fazer*, isto é, fazer o eleitor votar em Ike. Aí, o uso da função poética, esboçada no paralelismo fonológico, não permite a ela exercer o papel coercitivo e determinante que tem na poesia. Por isso, para o estilo do gênero *anúncio publicitário*, a expectativa é de que a conotação se processe segundo valências mitigadas de acento do sensível, enquanto oscilam, entre um impacto médio e mínimo, as coerções da função poética. Num anúncio, se ocorrer uma aliteração como em *I like Ike*, ou se ocorrer uma metáfora, serão recursos pontuais no todo da situação: recursos que não impregnarão o todo de uma fala, para a qual o comprometimento em vender, produto ou ideia, faz arrefecer o acento do sentido.

Tais coerções, incluindo procedimentos constituintes do signo conotado, entre os quais se inserem recursos como a metáfora e a metonímia, remetem, portanto, a uma conotação, tão mais *stricto sensu*, quanto mais concentradas estiverem aquelas mesmas coerções, devido à concorrência de vários fatores, entre os quais destacamos: um plano da expressão que acolhe para si a função semiótica, trazendo em si novo conteúdo; a recorrência de paralelismos semânticos, entre os quais se inclui a metáfora; a recorrência de outros paralelismos (sintáticos, fonológicos); a pluri-isotopia textual, o que sugere o encadeamento de vários planos de leitura segundo procedimentos metafóricos e metonímicos, como sugere Fiorin (2005). Ainda, tornando a Bakhtin (1997b), podemos agregar a esses fatores de conotação estética tonificada o chamado "acabamento estético", que o teórico russo enxerga em situação de prosa romanesca: a configuração de uma exotopia na relação *autor/ herói*, o que se confina com a polifonia de vozes contrastantes entre si no interior de um mesmo corpo actorial; vozes que se movimentam no diálogo interno de um personagem na interação com outros atores participantes do narrado. E assim por diante, podemos agregar, como fatores compatíveis com os variados estilos – de gêneros, de autor etc. –, a conotação e o acento de sentido, o que convoca a gradação de impacto da função poética da linguagem.

Ainda com Jakobson (1970), entendemos que o próprio léxico selecionado pelo falante, concernente à seleção feita entre equivalências oferecidas pela língua, já apresenta um rasgo de conotação *lato sensu*. Ao insistir nos "dois modos básicos de arranjo utilizados no comportamento verbal, *seleção* e *combinação*" (1970: 129), o linguista ilustra: "Se 'criança' for o tema da mensagem, o que fala seleciona, entre os nomes existentes, mais ou menos semelhantes, palavras como criança, guri(a), garoto(a), menino(a), todos eles equivalentes entre si, sob certo aspecto" (1970: 129-30). Ressaltamos que a escolha necessária entre as equivalências paradigmáticas instala, na sintagmatização resultante, ou seja, na textualização que manifesta o discurso, traços da conotação *lato sensu*, que impedem pensarmos, para o signo contemplado em situação discursiva, num denotado primeiro ao qual se agregaria, como significado segundo, alguma conotação.

Jakobson (1970: 130), para dar progressão à frase imaginada, que tem como "tema da mensagem" a *criança*, acrescenta: "então para comentar o tema, ele [o falante] pode escolher um dos verbos semanticamente cognatos – dorme, cochila, cabeceia, dormita. Ambas as palavras escolhidas se combinam na cadeia verbal". Consideramos que tais movimentos – tanto o da seleção, calcado em equivalências que supõem semelhança e dessemelhança, sinonímia e antonímia, como o da combinação, calcado na contiguidade e na sequência – inevitavelmente impregnam de conotação o que é dito, embora possa ser ínfimo o acento imprimido a esse conotado. Para a sequência ou "cadeia verbal", lembramos recursos de textualização como o encadeamento sintático dos termos na oração e o encadeamento das orações em períodos, como combinações que promovem uma adequação do signo à situação de comunicação e, ao fazê-lo, imprimem aí um ínfimo acento ao conotado, ou viabilizam um conotado segundo valências mitigadas de conotação, como é o caso de um editorial.

Enquanto para o *Estadão* o epíteto era o de *bicheiro* para Carlos Augusto Ramos (alcunhado de Carlinhos Cachoeira), na *Folha*, o editorialista chamará o mesmo Carlinhos Cachoeira de "empresário de jogos", em editorial, que se abre com este chamado em negrito: "CPI do Cachoeira deveria usar indícios contra prefeito petista no TO para mostrar algum ânimo de investigar, que parece estar de férias" (*Folha de S.Paulo*, 4 jul. 2012, p. A2).

A língua oferece, como unidades linguísticas incorporadas pelo uso, recursos sintáticos que podem ser entendidos como virtuemas retóricos. No editorial da *Folha*, intitulado "Lixo amontoado", o editorialista, ao criticar não só a CPI do Cachoeira, mas também administrações públicas que misturam "falcatruas com detritos", para o que destaca empresas de coleta de lixo supostamente envolvidas na corrupção política, textualiza o discurso por meio da atualização de *virtuemas* relativos à retórica da língua, tais como o uso:

a) do pronome *se* com verbo intransitivo na confirmação de um sujeito maximamente indeterminado (Moura Neves, 2000: 464-5): "Muito se fala e esbraveja ali, mas pouco se apura e revela."

207

b) de oração subordinada substantiva predicativa na confirmação de uma asserção peremptória, reforçada pelo uso do infinitivo, o que torna reduzida a subordinada: "Convocar Raul Filho [prefeito de Palmas] para depor é uma das tantas obrigações que a CPI do Cachoeira teria de cumprir." Uma das tantas obrigações [...] é/convocar Raul Filho [...].

Da última frase trazida do editorial como exemplo destaca-se ainda a funcionalidade do termo *obrigações*, que viabiliza, em paráfrase, a emergência do verbo *dever* como modalizador deôntico no âmbito da textualização: "A CPI deve obrigatoriamente convocar Raul Filho para depor." Ainda: "[...] a CPI do Cachoeira teria de cumprir" [deveria cumprir]. O viés judicativo do enunciador exacerba-se, para que os papéis temáticos do ator o configurem por meio de um corpo de identidade social delineada na polêmica escancarada. O uso de verbos "que se constroem com outros para modalizar os enunciados, especialmente para indicar modalidade epistêmica (ligada ao conhecimento) e deôntica (ligada ao dever)", como diz Moura Neves (2000: 62), é recorrente no gênero jornalístico *editorial*, o que firma um vetor do estilo do gênero na textualização, enquanto incorporação da funcionalidade gramatical das unidades linguísticas. A textualização é recurso de composição do gênero.

Considerado o *dever,* na narratividade subjacente ao discurso, como o que rege o fazer (modalidade deôntica) ou o ser (modalidade alética), deparamo-nos com um *dever* que, como verbo manifestado na textualização, materializa funções discursivas, além de expor a potencialidade de expressão da unidade da língua. Outro exemplo pode ser lembrado, para o uso do *dever* no plano da textualização, a partir do editorial anteriormente citado, "Morte no guindaste", versado sobre a temática da pena de morte no Irã: "É como se a aplicação da lei fosse motivo de vergonha para as próprias autoridades – e deveria ser, de fato, num país civilizado." Deparamo-nos ainda com este exemplo extraído de editorial sobre roubos a bares e restaurantes, os arrastões na cidade de São Paulo (*Folha de S.Paulo,* 14 jun. 2012, p. A2): "Associações de bares e restaurantes, sociedades de bairros, condomínios e seus administradores *devem reforçar* sistemas próprios de vigilância para identificar ameaças e acionar o poder público – jamais substituí-lo." Uma paráfrase que explicita o conteúdo da elipse do verbo *dever*, em segunda ocorrência, permite que se diga: "As associações [...] *devem reforçar* sistemas próprios de vigilância para identificar ameaças e para acionar o poder público, mas não *devem jamais* substituir esse poder". No encadeamento feito das orações para a textualização do editorial, uma delas apresenta-se antecipada pelo uso do travessão: justamente a que traz em elipse a recorrência do verbo *dever*, o que faz sobressair, justamente nos procedimentos de textualização, o *verbo modalizador* "de necessidade deôntica (obrigatoriedade)", como diz Moura Neves (2000: 62). A autora, após lembrar que há "verbos que se constroem com outros para modalizar os enunciados" e após recordar a modalidade deôntica como ligada ao dever, dá exemplos como estes: "O dono da casa *deve* comer antes de todos os hóspedes e terminar depois deles." "*Precisamos* ser gratos a Deus pelo que recebemos" (2000: 62). Ainda temos mais um caso colhido de editorial que se intitula "Expansão digital", em que se discute a nova tecnologia relativa a telefones celulares (*Folha de S.Paulo,* 14 jun. 2012, p. A2): "O governo, além de acelerar a regulamentação das antenas, *precisa* exercer fiscalização dura sobre as empresas."

Como recurso composicional do gênero, no último parágrafo do editorial, costuma instalar-se tal verbo modalizador, o que confirma a textualização como recurso que cuida da funcionalidade discursiva dos fatos gramaticais. O editorial, gênero que responde às expectativas criadas pela esfera, expectativas de analisar e discutir dados midiáticos, marca nos enunciados a voz avaliativa sobre os fatos convocados. Para isso, beneficia-se de recursos de textualização. Tais recursos, confirmados na funcionalidade dos fatos da gramática da língua, que lhe conferem um conotado, ainda que conforme valências mitigadas de estesia, apresentam-se como vetores estilísticos do próprio editorial. Esse gênero, na *Folha*, costuma ser posto na mesma página de uma charge política. Aí acontece de o editorial dialogar intertextualmente com a charge. Nesse caso, temas e figuras da charge e do editorial são definidos, em cada um dos gêneros, negativamente: o tema e a figura são de um enunciado, porque não são do outro, apesar de constituírem elementos afins no diálogo intertextual. Esse fato permite olharmos para o estilo de cada gênero e para sua funcionalidade em relação ao estilo do jornal.

Na direção do estilo do gênero, lembramos também a bula de remédio que, em princípio mais convencional do que o editorial, na medida em que oferece menos lugar para a voz autoral, contém um mínimo conotado com força reduzida para ascender de valência nula para mitigada. Como recurso de textualização, prolifera aí o uso do verbo modalizador deôntico. Em bula da vitamina Addera D3 encontramos: "não deve ser utilizado em pacientes que apresentam hipersensibilidade aos componentes da fórmula"; "Deve ser conservado em sua embalagem original"; "Na ocorrência de superdosagem a administração do produto deve ser imediatamente interrompida", além do *slogan* de toda bula: "Todo medicamento deve ser mantido fora do alcance das crianças." Nem na bula concebemos, portanto, um signo denotado puro como um zero absoluto de conotação.

Trazendo para nossos fins o que diz Hjelsmlev (2003: 126) no contexto da discussão que o dinamarquês promove sobre semióticas conotativas, partimos do princípio de que, se considerarmos a oposição *conotação/denotação*, essas grandezas "só existem por oposição uma à outra" e "só podem ser definidas negativamente". Ainda, a nosso ver, o denotado contém um princípio de estesia, que diz respeito ao território do sensível, primeiro em relação ao inteligível e regente deste: para o dicionário, lembramos que estesia é a *capacidade de perceber sensações; sensibilidade.*

A bula, como o editorial, remete à fala institucionalizada, em que os papéis temáticos do sujeito elevam-se sobre os papéis patêmicos, para que o mundo seja filtrado na ordem da inteligibilidade. O viés sensível do olhar actorial se retrai, e o mesmo acontece para os papéis patêmicos. Vinga em tais gêneros a conotação estésica, reveladora do perfil social do ator. Com mais contundência de acento do sentido no editorial do que na bula, a voz de cada um desses gêneros expressa um posicionamento social por meio de recursos discursivos materializados na textualização, a qual faz valer a retórica da língua.

Na língua nada é absoluto, logo, não existe denotado absoluto. No âmbito do estilo, o denotado primeiro gozaria de certa independência inconcebível, ao pensarmos na conotação do *éthos*. Para alguns desses pontos, embora se constate a diferença de meios e de fins, já que nossa preocupação é o discurso, as reflexões aqui desenvolvidas tornam-se limítrofes com o que Hjelmslev (2003: 50) pensa em relação a unidades linguísticas mínimas. O linguista ressalta a não independência significativa das unidades mínimas que compõem o signo. O autor, partindo da palavra inglesa *in-act-iv-ate-s* e distinguindo aí "cinco grandezas diferenciadas, cada uma veiculando uma significação", lembra ser "contextual" a significação atribuída a cada uma dessas grandezas: "Toda grandeza e, por conseguinte, todo signo, se definem de modo relativo e não absoluto, isto é, unicamente pelo lugar que ocupa no contexto." Lembramos que, na dimensão discursiva, a relevância do lugar remete à relevância da troca de lugar como instabilidade necessária ao efeito de sentido: efeito de sentido não se coaduna, portanto, com a noção de um denotado primeiro. Hjelmslev (2003: 50) completa: "Considerados isoladamente, signo algum tem significação". Em situação de discurso, levamos a noção hjelmsleviana de contexto para distinta acepção. Acreditamos, pois, poder alçar, a partir do contexto linguístico, enquanto organização morfossintática de frases, o princípio de que as relações de condicionamento recíproco entre os signos, no plano da textualização, atualizam bases de uma conotação *lato sensu*. Essa organização morfossintática confirma-se pensada como textualização que materializa linguisticamente o discurso.

Ainda quanto à conotação e sob um olhar que contempla as possibilidades de vê-la instalada na substância do conteúdo dos textos, lembramos Greimas e Courtés (2008: 92) que, ao aludir à perspectiva hjelmsleviana sobre a descrição de uma semiótica conotativa, a qual, segundo lembrado pelos semioticistas, "deve começar pela exploração de seu plano de expressão", complementam: "é de se perguntar se o esforço teórico não deve dirigir-se, em primeiro lugar, para a substância desse conteúdo: isso permitiria reconhecer inicialmente as principais dimensões tópicas em que se exerce a atividade conotativa" (2008: 92).

Para a fala conotada de um estilo, confirmamos uma constante ou uma invariante que, subjacente à totalidade, funda uma cifra tensiva e uma forma ideológica.

Segundo aquela, que convoca primordialmente o sensível, pode manifestar-se na superfície discursiva o conotado regulado por valências plenas, conforme as quais a função estética atinge um grau de coerção máxima, o que pode ocorrer em poemas, a depender do estilo autoral. Nesse caso, é suscetível de aparecer um acolhimento peculiar feito em relação a figuras de linguagem, tratadas pela retórica clássica como figuras de palavras ou frases. Para a cifra tensiva e a forma ideológica temos, na textualização, recursos que levam em conta as virtualidades retóricas da língua, atualizadas e realizadas no âmbito da materialização linguística do discurso. A textualização encerra recursos de conotação da língua, seja no nível fonológico ou morfossintático e ainda no que diz respeito ao léxico.

Para a fonologia, por exemplo, podemos pensar numa fonoestilística ou numa "estilística fônica" (Mattoso Câmara, 1968: 167), definida por Mattoso Câmara como aquela que "ressalta a expressividade do material fônico dos vocábulos, tanto isolados como agrupados em frase". Os fonemas e os fones correspondentes são aí contemplados, na medida em que são textualizados, fato que remete à função discursiva, por exemplo, não só de uma aliteração ou de uma assonância, mas também de outros elementos do nível fonológico, como a própria comutação, todos vistos como o que pode dar sustento à argumentação discursiva.[6] Em *Chapeuzinho Amarelo*, Chico Buarque, ao fazer a paródia de *Chapeuzinho Vermelho*, de Perrault, brinca com a reduplicação da vogal fechada (ô), quando o lobo, acuado pela menina, numa subversão dos papéis temáticos do texto-fonte, torna-se aquele que vai ser comido feito *bolo, bolo de lobo fofo, com vela e tudo inteirim*, e grita: LOBOLOBOLOBO-LOBOLOBOLO... em extensão de duas páginas inteiras do livro dito de literatura infantil.[7] A escolha da vogal posterior fechada, em contraste com outra, aberta e anterior, como oferecem as possibilidades fonológicas da nossa língua, acentua em impacto o próprio ô, impacto aí hiperbolizado pelo efeito de humor, que rastreia a obra *Chapeuzinho Amarelo*. Uma torção é efetuada no léxico de uma totalidade, como representação expressiva do que acontece no plano do conteúdo dos textos. A esses movimentos emparelha-se a conotação relativa ao léxico de um estilo.

A conotação, como conceito discursivo, certamente supõe um olhar sobre o mundo, olhar relativo à percepção, que encerra perspectivizações temporais. O olhar presente é uma síntese temporal, na medida em que o presente constitui-se segundo perspectivizações diluidoras dos limites entre passado, presente e futuro. Esse olhar do sujeito, como percepção do tempo, é duração que se abrevia ou se alonga, segundo os princípios da tensividade. Regido pelo sensível, que supõe celeridade maior ou menor e tonicidade maior ou menor da própria percepção, o tempo durará menos ou mais, enquanto o espaço se concentrará ou se difundirá, na correlação existente entre as grandezas da intensidade (celeridade e tonicidade) e o tempo-espaço. Esses procedimentos contribuem para que se confirme a

211

gradação conotativa estabelecida entre um *lógos* estético e um *lógos* estésico, cada qual exposto a regulagens valenciais do acento de sentido. Como mecanismo de textualização, a convocação da funcionalidade dos fatos gramaticais contribui para a conotação do *éthos*. Como conceito discursivo, a conotação firma-se enquanto remete ao signo conotado *lato sensu*, ou seja, como valor e lugar ocupado nas virtualidades linguísticas, as quais não aleatoriamente são atualizadas segundo escolhas feitas pelo sujeito.

No nível discursivo do percurso gerativo do sentido, nível que supõe a presença realizada do ator enquanto agente da argumentação, vem à tona o *continuum* entre as valências plenas e as nulas do conotado, o que advém da relação recíproca entre esses dois polos, assim não considerados segundo demarcações rígidas. Esses movimentos ratificam a conotação do *éthos*, seja qual for a esfera de comunicação ou o estilo do gênero, na medida em que aquela e este favorecem lugares para que o sujeito se instale na intersecção entre o sensível e o inteligível, postos também como extremos de outra linha de gradualidades. Os termos do par *conotação/denotação* só fazem sentido se pensarmos no denotado como valência nula e atonia máxima da conotação. Considerados em relação mútua, o conotado de tonicidade máxima e o conotado de atonia máxima confirmam a relação entre signos no interior de enunciados, entre enunciados inteiros com um signo, bem como a relação estabelecida entre os corpos dos atores segundo peculiaridades da conotação estilística.

Na vinculação do sensível da percepção ao inteligível do ato de julgar, o conotado de valência estésica mitigada, como num editorial, pode atingir um resíduo ínfimo do próprio sensível, o que o confirma regulado por uma valência nula do conotado, a depender do jornal e mesmo da revista ao qual pertence o gênero e a depender da relação comparativa estabelecida com outros editoriais de outros veículos midiáticos. Mas isso não equivale a um zero absoluto de conotação: *zero* como termo simples e ausência completa do conotado. Abandonamos certamente o conceito de termos simples no cotejo da relação de intersecção e de intervalo entre o os extremos da conotação: valência plena e valência nula.

Um zero conotado como o relativo ao enunciado de outro gênero convencional, uma lista telefônica, corresponderá a um "aumento da pequenez" conotativa, se recuperamos para nossos fins postulado desenvolvido por Zilberberg (2011: 202) em estudo sobre a relação entre a semiótica e a retórica. Nesse estudo (2011: 201), ao traçar o diagrama que representa a correlação entre a "grandeza" e a "pequenez", o semioticista nos autoriza a incorporar tais elementos como grandezas da conotação, por sua vez consideradas mecanismos de definição de vetores de um estilo. Eis o diagrama zilberberguiano da tensividade, a partir do qual pensamos as "grandezas" do conotado e para o que agregamos o lugar ocupado pelo ínfimo, enquanto nos beneficiamos das direções tensivas formuladas pelo autor no mesmo estudo (2011: 201):

Figura 8 – Direções tensivas

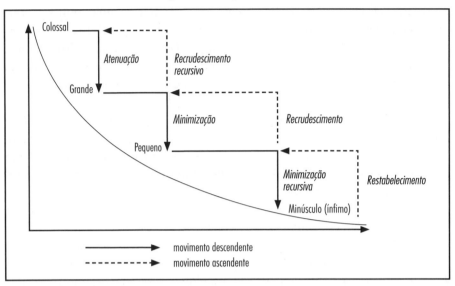

Fonte: Zilberberg (2011).

Para o autor, um ínfimo, tal como todas as outras unidades, ou seja, o colossal, o grande, o pequeno, o minúsculo, procede das duas direções tensivas possíveis: descendência ou ascendência. "Em descendência, passamos de 'colossal' a 'grande' por atenuação, depois de 'grande' a 'pequeno' por minimização e, finalmente, de 'pequeno' a 'minúsculo' por uma minimização *recursiva*" (2011: 201). A ascendência, por sua vez, é direção contrária seguida na composição desse *quantum* de grandeza e de pequenez: com ela "passamos de 'minúsculo' a 'pequeno' por um restabelecimento, depois de 'pequeno' a 'grande' por um recrudescimento, e, enfim, de 'grande' a 'colossal' por um recrudescimento *recursivo*" (2011: 201).

Mediante o exame feito da direção descendente, Zilberberg chega então ao ínfimo, o qual seria alcançado de duas maneiras: sob a ótica da implicação doxal ou sob a ótica da concessão paradoxal: aquela procede por "diminuição da grandeza", enquanto esta opera por "aumento da pequenez" (2011: 202). Essas formulações trazem consequências para pensarmos numa fala necessariamente conotada de um estilo. A concessão paradoxal, em que o minúsculo conotado fica à mercê da irrupção peculiar do ínfimo, leva a distintos modos de apropriação, pelo estilo, do *nada de nada* ou do *menos que nada* conotado, a que fizemos corresponder valências nulas da conotação e a função poética em coerção nula. Para a lista telefônica, bem como para a bula de remédio, entendemos estar num ínfimo conotado segundo a descendência tensiva ou segundo a diminuição da grandeza conotada: um ínfimo conotado que não

213

oferece condições, no próprio gênero, para a irrupção de um movimento contrário, de ascendência conotativa, o que somente ocorreria, por exemplo, numa paródia do gênero. O editorial, por sua vez, no seu interior, traz a possibilidade de emergirem distintos estilos de fazer editorial, como a *Folha* e o *Estadão*. Esse gênero é suscetível de uma irrupção do impacto no tom da voz, seguido de uma tonificação maior da presença actorial, o que acontece com o editorial do *Estadão*, cotejado com o editorial do outro jornal.

Ao considerar aquelas "grandezas" na acepção de tamanho tal como o faz Zilberberg, desenvolvemos um aproveitamento próprio do pensamento do semioticista, ao entendermos tais "grandezas" vinculadas ao acento do conotado, e esse acento correlato à práxis enunciativa. Assim, quando o autor afirma que "a implicação doxal [para o ínfimo] procede por diminuição da *grandeza* [do que é grande]" (2011: 202), pensamos na direção tensiva descendente do conotado. No caso da lista telefônica ou da bula de remédio, esse ínfimo se apresentará mediante um devir tensivo próprio: será da ordem da implicação doxal (minimização recursiva do conotado) e assim se manterá, na medida em que a cena genérica minimiza a tal ponto a cena enunciativa correspondente ao estilo autoral, que esta última perde ao máximo sua força de restabelecimento. Afeito à implicação doxal na passagem do pequeno ao minúsculo e deste ao ínfimo, o tom da voz, em gêneros altamente convencionais como a lista telefônica e a bula, será de impacto minúsculo, o que supõe a medida ínfima para a conotação de um *éthos*. Diante disso, firma-se o ínfimo conotado com função própria na organização do corpo actorial. No que concerne aos gêneros convencionais, compete atenuar, minimizar, e minimizar num procedimento recursivo, as valências relativas ao *colossal, grande, pequeno* e *minúsculo* conotados.

A pequenez estendida a um minúsculo conotado e minimizada recursivamente no ínfimo pode, entretanto, seguir movimento contrário ao da implicação doxal, o que remete à ótica da concessão. A partir do pensamento de Zilberberg (2011), entendemos que o ínfimo conotado desse outro modo abre-se a possibilidades ascendentes de volta ao intervalo estabelecido entre o pequeno e o grande conotado no tom da voz. Nesse movimento possível de retorno ao ascendente, o ínfimo conotado é suscetível de percorrer os intervalos entre o minúsculo e o pequeno, com força suficiente para ascender ao grande em conotação. Junto a essa abertura a um movimento de volta ascendente, podemos formular esta proposição: embora estejamos diante do que é infimamente conotado, subjaz a *disposição* para o restabelecimento dele, com força para a passagem entre o minúsculo e o pequeno. Essa possibilidade de restabelecimento concessivo do conotado diz respeito ao modo de relação do discurso com: a) o interdiscurso; b) o estilo dos gêneros; c) o estilo autoral.

Conforme a situação convocada, a força de ascendência conotativa do tom da voz poderá tender a uma intensificação e, recrudescida, tendo saído do ínfimo, tendo passado pelo minúsculo, deslizar entre estágios maiores de conotação. No último intervalo, ou seja, entre o grande e o colossalmente conotado supomos que se encontram como signo em valência plena de conotação, a metáfora e a metonímia, o que de certa forma converge para a coerção máxima da função poética jakobsoniana. O signo conotado, enquanto incorpora a metáfora no todo de um enunciado, isto é, não apenas pontualmente em determinado sintagma do texto como lembra Fiorin (2005), contribui para que a função poética exerça em maior plenitude suas coerções. Para isso, contribui ainda o paralelismo fonológico que, destacado por Jakobson (1970)como constituinte da função poética, faz com que o eixo da seleção se projete no eixo da combinação.

O conotado instala-se também no território do símile. Jakobson, tendo chamado a atenção para a sequência de unidades semânticas que, em poesia, privilegia as similaridades, traz exemplos dados por outro pesquisador, a fim de ressaltar a função do símile no folclore. Afirma então (1970: 149): "Nos exemplos de Potebnja, tirados do folclore eslavo, o salgueiro sob o qual passa uma moça serve ao mesmo tempo como imagem dela." Jakobson (1970: 149) acrescenta: "A similaridade superposta à contiguidade comunica à poesia sua radical essência simbólica, multíplice, polissêmica", o que é complementado pelo autor por meio da definição do caráter altamente transitório do símbolo concebido como realização do símile. O símile, intrincado assim na função poética da linguagem, confirma a transitoriedade vinculada ao signo no auge das coerções exercidas por essa função.[8]

O símile, como aproximação comparativa entre termos ou como "comparação assimilativa" entre eles, conforme o entende Mattoso Câmara (1968: 351), "desenvolve o termo comparante" relacionado "ao termo comparado por advérbios de modo como índices de comparação (*assim, destarte, tal, desse modo*, etc.)". Mattoso Câmara (1968: 351) prossegue e afirma: "Ao contrário do símile, na metáfora há uma substituição de termos", o que ilustra com versos camonianos, em que, no símile, diz-se isto: "Assim como a bonina, bela e cândida, cortada antes do tempo [...] tal está morta a pálida donzela." Mattoso Câmara então dá o exemplo da possível metáfora daí extraída: "Aquela bela e cândida bonina estava morta...".

A nosso ver, o símile e a metáfora dispõem-se como extremos de uma linha de intersecções, na qual fica imprimida a incidência do acento sensível: para aquele, a extensidade e os movimentos tensivos que ela contém; para esta, a intensidade e os movimentos tensivos que ela contém. Então o símile traz consigo, como possibilidade, os contornos borrados entre elementos que, postos em intersecção semântica, extensa ou intensa, orientam a construção do sentido conotado. Acreditamos haver uma equivalência entre o símile, assim considerado, com o território do sensível, tal como contemplado na gramática tensiva.

Encontramos, no circuito dos estudos retóricos, um pensador, cujas proposições se avizinham do cerne dessa gramática, na medida em que ela traz à luz a noção de gradação entre extremos como A e B. Falamos de Jean Cohen, que problematiza as figuras de linguagem, as quais podem ser vistas, conforme o autor, segundo graus de impacto relativos à força da transgressão imprimida em certa logicidade do pensamento. Cohen (1975: 9), ao desenvolver uma "teoria da figura", lembra que "o princípio fundamental da lógica, a norma que rege tanto a língua como a metalíngua, é o princípio da contradição. Ele [esse princípio] proíbe [...] que se unam uma proposição e sua negação: P. não-P". Completa o autor:

> Se dermos à proposição sua forma linguística canônica: sujeito, partícula de ligação, atributo (S é P), o princípio veta o enunciado de uma proposição molecular, formada de duas proposições atômicas "homônimas" coordenadas, uma afirmativa e outra negativa: "*S é P e S não é P*". (1975: 9)

Na sequência, o estudioso ressalta "problemas levantados a respeito desse princípio" por teorias que trazem à luz a questão do "pensamento 'primitivo', pensamento 'pré-lógico', porque submetido a uma lei de participação que ignora a contradição" (1975: 9). Cita, em anuência inicial com o que dizem os estudiosos aludidos por ele, o caso de determinada etnia indígena: "Com efeito, o bororo que afirma que 'os bororos são araras' não admitiria absolutamente que não fossem araras" (1975: 9). Mas Cohen avança e traz à luz o pensamento de Piaget, que, segundo o próprio Cohen, desfaz a clareza absoluta entre o que é contraditório ou não, para o que faz alusão àquilo que era dito contraditório anteriormente a considerações feitas sobre as "implicações contextuais" dos termos convocados numa proposição. No interior de uma citação feita por Cohen do pensamento de Piaget, encontramos esta questão ilustrativa, relativa ao direito de um sujeito "afirmar simultaneamente A e B": "Pode-se [...] falar de uma montanha que tem apenas 100 metros de altura, ou será contraditório?" (1975: 9-10). Em seguida, deduz: "Somente há contradições efetivas a partir de definições de termos comprometidos na proposição, definições no sentido mais amplo, compreendendo implicações contextuais desses termos" (1975: 10). Afirmar que "uma montanha tem apenas 100 metros de altura", deduzimos, não é uma contradição efetiva.

Ressaltando "violações" e "transgressões" legitimadas retoricamente, Cohen (1975: 10) destaca que o princípio da contradição "opera [...] praticamente apenas em suas aplicações linguísticas". Cohen (1975: 10) faz então seis formulações, que procuramos adequar no elenco que segue: a) "o conjunto das figuras semânticas da retórica constituem outras tantas violações da *regra* fundamental [relativa ao princípio da contradição]"; b) as figuras distinguem-se por meio de "força ou grau, atingidos por tal transgressão"; c) insere-se, na perspectiva dos estudos retóricos, "uma noção nova e paradoxal: a de 'grau de logicidade' que substitui a alternativa simplista do *tudo ou nada* por uma escala de graus de desvios, em relação ao princípio de não contradição"; d) essa noção de graus de logicidade, paralela à de "'grau de gramaticalidade', proposta por Chomsky", permite distinguir as figuras, segundo a grandeza de sua "alogicidade"; e) "no mais alto grau, encontram-se figuras cuja característica paralógica evidente foi reconhecida como tal pela retórica clássica"; f) "no grau mais baixo, surgem figuras cuja própria fraqueza dissimula o caráter anormal".

Parece-nos encontrar-se aí algum fundamento linguístico para o princípio fenomenológico, segundo o qual a *fala falante* é território de fundação da *fala falada*, o que interessa, no âmbito de uma estilística discursiva, para discutir a relação da estesia do *lógos* na constituição de estilos. Tal estesia, acolhedora das similaridades, acolhe também a função poética em seus graus extremos de determinação e de coerção exercidas nos discursos. Sem pensarmos na noção de desvio sugerida por Cohen, mas mediante a sugestão da coocorrência dos fatores anteriormente listados, como os que sustentam a distinção entre figuras retóricas por meio de uma gradação da "transgressão" que elas imprimiriam a uma regra de logicidade, mantemo-nos inclinados a incorporar a gradação para as distinções feitas de fases da conotação, com a funcionalidade que isso representa para a distinção entre estilos.

Entendemos então que, diante de um signo, cujo plano da expressão constrói em si nova função semiótica, e diante de similaridades metafóricas suscetíveis de tomar um texto por inteiro, estamos num âmbito do discurso que permite o recrudescimento do sensível, até podermos alçar valências tensivas confinadas com a conotação colossal. Na literatura, cremos ser essa situação suscetível de ocorrer junto a um poema lírico. Mas os estilos autorais e de época, que atravessam o estilo dos gêneros já na caracterização do ínfimo conotado, procedem por meio de atravessamento equivalente, junto à valência colossal oferecida até pelo ambiente de um poema lírico. Ou seja, o gênero legitima-se como o que é e não é sempre o mesmo, como alerta Bakhtin. Para além da literatura e de outras artes, aquele atravessamento vincula-se às distintas esferas de atividades humanas.

O *quantum* de grandeza conotativa, subsistente no minúscula ou infimamente conotado, remete a distinto modo de encaminhar o devir tensivo, a depender dos estilos dos gêneros, das esferas de comunicação, do estilo autoral, entre outros princípios de coerção. O ínfimo conotado, ao ser contextualizado segundo as possibilidades de concretização discursiva, traz à luz as duas óticas consideradas por Zilberberg, a da implicação e a da concessão, que adquirem função própria para a constituição do corpo actorial no âmbito da conotação do *éthos* e do *lógos*. Se, tendo sido instalado o ínfimo, prevalecer uma orientação concessiva para a retomada conotativa, teremos um corpo actorial que pode adensar-se em conotação. O contrário se dá para a orientação de implicação doxal, que atinge o ínfimo em descendência da força conotativa, sem abertura para o retorno à ascendência.

Um ínfimo conotado por implicação doxal é compatível com o *lógos* estésico regulado por uma valência nula de acento do sensível e com a atonia máxima do tom da voz. Uma conotação assim tornada ínfima alia-se ao que se entende como denotação e contribui para a depreensão do estilo. Essas operações, relativas a direções tensivas do que pode ser mensurável como volume de conotação da voz, sustentam a inclinação de um corpo para ocupar determinados lugares nos intervalos entre as valências da própria presença.

No filme *Habemus papam*, lembramos o rito que, infimamente conotado, mantém-se contingente às instabilidades imprimidas ao narrado. Embora cruzado pelas linhas de precariedades e inacabamento do sensível, o corpo previsto pela estabilidade ritualística mantém-se. Entretanto, da sedimentação do papel temático dos cardeais que elegiam o papa, ou que se recolhiam após ter votado, irrompe também o papel patêmico. Isso acontece em cena voltada para um prazer lúdico: os cardeais passam a disputar partidas de futebol supervisionadas pelo médico psiquiatra convocado a permanecer de plantão no Vaticano, diante daquela "crise". O psiquiatra fora convocado, em vão, para ajudar o papa. Concomitantemente, inesperados e novos papéis temáticos surgem desempenhados pelos cardeais, como o de goleiro, centroavante, entre outros, o que favorece a entrega ao também inesperado prazer de jogar bola. As cenas de partidas de futebol fazem ascender o conotado do enunciado fílmico, conforme a lógica da concessão: embora circunspectos cardeais, jogavam futebol com entusiasmo. Ao papel do cardeal em conclave, orientado segundo um ínfimo conotado, emparelha-se então aquele do jogador de futebol; na brecha aberta na definição dos papéis temáticos, ganha lugar o observador sensível e, com ele, impregnam-se de conotação ascendente o corpo e a voz do *éthos*. Como dispositivos da aspectualização do ator, o observador social e o observador sensível, numa perspectiva que passa uma à outra, não se alheiam dos movimentos da conotação.

No âmbito dos papéis temáticos e do viés da observação social, aloja-se a distinção entre valores de absoluto e de universo, para que se estabeleça, no domínio do absoluto, a triagem como interpretação melhorativa do que é concentrado como "pureza" não contaminada, logo o que é afeito a excluir o diferente; no domínio dos valores de universo, a mistura é estabelecida para que outro regime axiológico imponha-se no lugar da triagem, enquanto a valência da abertura (mistura) é privilegiada diante daquela do fechamento (triagem). Partindo, para essas reflexões vindas do estudo feito por Fontanille e Zilberberg (2001: 45-51), entendemos que a mistura e a triagem também oferecem um princípio de conotação para o *éthos*, na medida em que orientam sua voz como posicionamento social.

A voz e o tom concernentes a um *éthos* conotado são então elementos obtidos por meio da descrição de mecanismos de sentido que contemplam o observador social e o observador sensível na aspectualização do ator. Para isso os papéis actoriais, temáticos e patêmicos, definidos, os últimos, não necessariamente conforme designações lexicais de paixões, mas como cifra tensiva da percepção, impregnam-se de conotação segundo as peculiaridades da situação discursiva.

Confirmando, para o viés social, a função de responder aos regimes axiológicos de mistura ou de triagem, no caso do enunciado fílmico anteriormente referido legitima-se um observador social que privilegia a ética da mistura (divino e humano), enquanto a visada sensível faz a presença orientar-se na direção de um ímpeto de tonicidade, a qual, restabelecida pouco a pouco a partir da relação entre minúsculo e ínfimo conotados que o rito oferece, alcança, ao longo do filme, picos de paroxismo. Para estes últimos, temos a cena em que o papa, aos gritos de "Não posso, não consigo!" (assumir o lugar de Sumo Pontífice), entre a aflição e o desespero, empurra coisas da mesa à sua frente. Esses picos de tonicidade concentram-se ainda mais por ocasião do relato feito pelo papa sobre o momento em que, ao lembrar-se aclamado por ter sido eleito, afirma ter perdido, um a um, os rostos daqueles que o ovacionavam. A partir de então, passara a não ver mais pessoa alguma. Tais picos, no corpo do papa, ganham em acento do sentido, na medida em que contrastam com o infimamente conotado do rito católico da eleição, mantido nas valências nulas e na atonia máxima, o que faz justamente crescer a figura tão inacabada quanto humana do papa hesitante. Por meio desse inacabamento, ascende em conotação o tom de voz do ator da enunciação.

O estilo sempre apresentará um tom conotado de voz, ainda que o seja infimamente. Zilberberg (2011: 201), ao desenvolver a noção de "recursividade concessiva", ilustra como "o minúsculo fica à mercê da irrupção do 'ínfimo', ou seja, como a minimização recursiva aplica-se ao *quantum* da grandeza subsistente no 'minúsculo'", para o que exemplifica: "o *Micro-Robert* define o 'minúsculo' como '*très petit*' e o 'ínfimo' como '*tout petit*'". O *tout petit* da conotação de uma fala estilística é um ínfimo responsivo às coerções das esferas de comunicação e às coerções da própria totalidade. Não é, portanto, fato considerado em si. Será diferente o *très petit* ou o *tout petit* conotativo de uma manchete, de um lide, de uma rubrica, entre outros gêneros afins do discurso jornalístico. Entre manchete e editorial da chamada grande imprensa, estamos diante de gêneros que acolhem valências conotativas instaladas nos intervalos entre o minúsculo, o pequeno e o ínfimo conotados, ou entre valências mitigadas e nulas de conotação. Mas o editorial, conforme o veículo midiático, ora apresentará condições para ascender em direção a uma tonicidade média de conotação, o que implica a contiguidade com a tonicidade máxima, ora permanecerá em atonia média, o que implica a contiguidade com a atonia máxima. Firma-se, por meio do *lógos* estésico, a estética editorialista. Por

219

sua vez, entre editoriais de um jornal e outro, teremos novos e distintos modos de apropriação das valências e acento da conotação, o que remete ao estilo do próprio jornal.

Quanto ao filme *Habemus papam*, no rito de eleição, constatamos movimentos que induzem ao ínfimo da conotação, tal como o opera a "implicação doxal": a previsibilidade tanto imprima o acento átono na presença pressuposta a todos os estágios do rito, que os cardeais, após a eleição, são mostrados em cenas nas quais mantinham automaticamente, cada qual à sua maneira, a própria rotina. Recolhidos a seus aposentos, antes de dormir, um montava jogos de quebra-cabeça, outro escutava música, outro contava meticulosamente gotas de um remédio noturno para, desobedientemente à prescrição, acrescentar algumas a elas: essas são cenas vistas através de cada porta semiaberta, para o cumprimento de *boa-noite* dito pelo cardeal Gregori, naquele momento o anfitrião da Roma dos cardeais. Os religiosos prolongavam a rotina pessoal na circunstância de conclave. Com a rotina, está a descendência dos movimentos de conotação do *éthos*.

Entretanto, um olhar de perplexidade do futuro papa, ainda no momento da eleição, golpeia o espaço percebido como de repouso inerente ao rito e amparado pela reverência religiosa que permeia a situação oficial da votação, situação que depende da decisão a que chega o Sacro Colégio pontifício. Ao ouvir os votos que, em quase unanimidade, passam a indicar a preferência do seu nome, um misto de compaixão pelo que fazem seus pares e de desencanto com tudo aquilo orienta o contraste dos sentimentos íntimos manifestado na expressão facial do papa. Isso acontece na direção de uma abertura para o imprevisto e o desconhecido, que, diante do rito, compõem gestos privilegiados pela câmera; no contraste, temos a concessão que subjaz ao ínfimo da "implicação doxal" favorecida pelo próprio rito. Mediante a concessão, a abertura para o movimento de restabelecimento do conotado.

O espaço da percepção pode ser lembrado, conforme Zilberberg (2011: 144), segundo "um espaço fórico [ligado ao elã]", no qual o movimento homologa-se a uma abertura, assim como o repouso, ao fechamento. A expectativa ritualística direciona-se para o repouso, para o fechamento e para a interioridade do espaço concernente à percepção. O papa, legitimado pela enunciação, contrasta com o rito, por meio de uma percepção que prioriza a abertura, a exterioridade e a dinamicidade em relação ao mesmo rito e aos dogmas da fé católica. O papa valida-se como aspectualmente cinético, além de dinâmico e atélico, também devido aos procedimentos de conotação do *éthos*.

A figurativização do olhar papal fundado em contrastes é induzida por algo de tônico e intenso, o que é compatível com a "concessão" como ascendência conotativa, não com a implicação como descendência conotativa. O espectador fisgado por aquele olhar é lançado para a ambiguidade que ressemantiza conotativamente o rito: o ínfimo conotado no rito fica instalado junto à "ótica da concessão", enquanto, a partir daí, o corpo do papa oscila na direção do recrudescimeto recursivo, até explodir no colossal conotativo do desfecho, quando, vestido adequadamente para a cerimônia de posse, aplaudido pela multidão que o aclama feliz diante do pronunciamento iminente como o pastor daquele povo, aparece no balcão da Basílica de São Pedro e diz: "Não."

Para a conotação de um *éthos* importa a definição da voz. Voz de um texto é perspectiva do olhar no encontro do sujeito com o mundo, na medida em que pontos de vista, confirmados como sociais, isto é, comprometidos com ideais e aspirações concernentes aos grupos sociais que compõem uma sociedade, são estabelecidos discursivamente, o que supõe: o dialogismo constitutivo da linguagem (Bakhtin, 1988a; 1988b); a heterogeneidade constitutiva dos textos (Authier-Revuz, 1982); a polêmica que, como inter(in)compreensão (Maingueneau, 2005b) necessária aos discursos, garante a eles a própria constituição. A voz de um texto é o princípio de historicidade desse texto, já que o sujeito, responsivo ao outro, seja em polêmica velada, seja em polêmica escancarada, defende uma posição e, ao fazê-lo, apropria-se de dada formação social, a qual encerra posições sociais de outros sujeitos diante do mundo. Não aleatórias e não excluídas da alteridade, mas organizadas no corpo social, as tomadas de posição não se consumam como soberanamente individuais. Por isso, fala-se em formação social, a qual se concretiza por meio de discursos, do que resultam as formações discursivas. A transversalidade do diálogo discursivo permeia as formações discursivas, como temas e figuras sistematizados no interior de um enunciado, segundo um princípio de ato predicativo de julgamento definido como resposta ao discurso do outro, este contemplado como o interdiscurso.

Não é por falar em Deus que o filme *Habemus papam* e o poema de Carlos Drummond de Andrade "Os homens suportam o mundo" inscrevem-se numa mesma formação social e ombreiam-se em formação discursiva afim: "Chega um tempo em que não se diz mais: meu Deus/ Tempo de absoluta depuração./ Tempo em que não se diz mais: meu amor./ Porque o amor resultou inútil./ E os olhos não choram./ E as mãos tecem apenas o rude trabalho./ E o coração está seco." Aproxima ambos os atores, o enunciador fílmico e o poeta, a conotação como ponto de vista no tratamento dos temas e como princípio de ato judicativo diante de questões existenciais.

Mas falamos também de nuances ou tons de voz. Entre as acepções de *nuance*, o dicionário (Houaiss, 2009) traz a de gradação de cor, bem como a de gradação de sons obtida pelo emprego de maior ou de menor intensidade na sua emissão. Para o estilo, o tom da voz corresponde a gradações, enquanto a mesma voz é validada conforme a resposta dada a distintas posições de julgamento predicativo, estabelecidas nos segmentos de uma sociedade, o que discursivamente é resolvido por meio da tematização feita do mundo. A voz como ponto de vista compreende a posição do sujeito como lugar ocupado diante de formações discursivas, posição que supõe arbítrio judicativo assumido na relação com o outro, do que decorre o efeito de identidade junto ao perfil social do ator. O tom são as nuances. Em ambos os casos, pressupõe-se a conotação do *éthos*.

A discursivização das nuances da voz diz respeito ao princípio de que, no interior da conotação dominante ou recessiva da *fala* relativa a uma totalidade, temos uma diferença de graus de incidência do sensível (estado de alma) sobre o inteligível (estado de coisas), o que se liga, entre outros fatores, às valências da conotação. Estas, entre outras funções, regulam o acento de sentido conotado, definindo-se como plenas, mitigadas, nulas. Por sua vez, a diferença de graus de incidência do sensível sobre o inteligível é proveniente de algo comum entre ambos os extremos, o colossal e o infimamente conotado, o que envolve a visada do sujeito que percebe no encontro com o mundo percebido.

Desse modo, o conotado não é concebido como algo sobreposto a um "denotado puro", um "zero" conotativo concernente a um objetivismo asséptico de subjetividade que, visto como elemento em si, poderia abrigar o "denotado puro", tal como seria constatado num *habitat* discursivo como o dicionário. Mas o dicionário compõe-se conforme a voz do gênero. Até um gênero impermeável a mudanças como ele carrega consigo um ínfimo de conotação para a voz e, a depender da situação de comunicação, favorecerá, ou não, restabelecimentos do conotado, para que o sensível possa desenvolver movimentos inversos a sua minimização.

No interior dos enunciados, o recrudescimento e a minimização do conotado são gestos vindos à luz por meio de mecanismos relativos em especial ao nível discursivo e ao nível tensivo, do que não escapam procedimentos de textualização. Como gestos recorrentes, enquanto uso feito deles pelo ator da enunciação esses movimentos remetem a uma práxis enunciativa fundante do corpo como estrutura e como acontecimento, no devir que convoca o social como posicionamento judicativo enquanto encerra triagens e misturas. A adesão à triagem e ou à mistura é feita "de uma vez por todas": a pessoa define-se contra a mistura ou a favor da triagem e vice-versa. Emparelhado a esses regimes de valoração social do valor, temos o devir tensivo que, voltado para o afeto e a sensibilidade, supõe o *mais* e o *menos*, os aumentos e as diminuições. Em ambos os casos, temos a conotação, como princípio de fundação da semântica discursiva e da tensividade figural, no processamento, logo na aspectualização do corpo actorial.

Para a semântica discursiva, temos a aspectualização que se instala, entre outras dimensões, naquela da norma da neutralidade, que supõe a priorização, para o julgamento eufórico, da justa medida, enquanto se rejeitam excesso e falta. Em todos esses casos, o sujeito é posto à mercê de moralizações historicamente marcadas, já que concernentes a um mundo avaliado pejorativa ou meliorativamente. O "lado" judicativo do ator supõe contornos definidos para o olhar sobre o mundo e para o mundo observado, na medida em que ambos são regulados por um princípio que opera entre triagens e misturas.

De outro lado, junto à tensividade que orienta a percepção, está o olhar que tem trato equivalente ao do conceito husserliano de "subjetivo-relativo" (1997), o que, longe de supor um caos e uma desordem para o sensível, remete ao que constrói o corpo regradamente segundo a mesma percepção. Para a semiótica, o regrado concerne a inclinações que, para o *mais* ou para o *menos,* são sistematizadas tanto na relação *sensível/inteligível,* como no encadeamento das partes no todo. Temos uma cifra tensiva que reúne, de um lado, atenuações e minimizações; de outro, restabelecimentos e recrudescimentos. Daí se obtém um devir sensível, que favorece a depreensão de papéis patêmicos, fundados no contínuo do olhar: papéis patêmicos como inclinação e disposição ao sensível, este por sua vez visto como correlato ao conotado. Os papéis patêmicos facultam a emergência do *páthos* no nível tensivo e organizam percursos passionais no nível discursivo, este de cujas relações se podem depreender paixões lexicalizáveis.

Por sua vez, o devir social é orientado pelos regimes de triagens e de misturas, o que também não escapa à aspectualização do ator. Aqui são validados os papéis temáticos, que são iterativos na totalidade, já que constituídos segundo respostas dadas pela voz discursiva à alteridade: a resposta ao interdiscurso é única a cada vez que a enunciação se enuncia. A moralização convoca a presença do outro no diálogo que, constitutivo do discurso, é concretizado num enunciado a cada vez, mas o é também em todas as vezes em que a enunciação se enuncia, o que remete ao "primado do interdiscurso", tomando para nós noção pertencente, do lado da análise do discurso, a Dominique Maingueneau (2005b).

Para validar a voz e sua necessária conotação, contribui pensarmos que a significação já vem como fenômeno da percepção. Não partimos, portanto, de um princípio relativo a uma assepsia de subjetividade no objetivo, já que este vale como coisa visada. Tampouco concebemos arbítrio livre para a voz, nas distintas "interpretações", nos distintos "temas" deflagrados, supostamente apartados da objetividade do que é visado: o mundo e as vozes que o compõem. No âmbito da fenomenologia, Moura (2009: 43), ao refletir sobre o conceito husserliano de fenômeno, lembra que, segundo o filósofo alemão, o *noema,* cujo "núcleo pleno" designa os "modos de aparição subjetivos do objeto", tanto confirma a distinção entre "conteúdo [da significação]" e objeto [coisa significada]", como também remete a uma "indissociabilidade entre ambos". Moura (2009: 43) prossegue por meio deste alerta: "Só podemos nos dirigir ao objeto nomeado através de alguma significação", para o que reproduz o exemplo husserliano voltado para os "distintos temas" segundo os quais podemos nomear "o objeto" *Napoleão*: o vencedor de Iena; o vencido de Waterloo. Moura (2009: 43) destaca: "O objeto está *no* significar, ele não é nada *ao lado* das significações. Ele é apenas o 'idêntico' significado sempre em um modo determinado". Com apoio em várias obras de Husserl, Moura (2009: 43) complementa: "Em nossa vida perceptiva, se o 'objeto' tem que ser necessariamente diferenciado de seus predicados noemáticos, ele não pode ser colocado 'ao lado ou separado' desses predicados. Ele será o X idêntico e *vazio* de seus múltiplos predicados".

Nos "distintos temas" relativos à significação de Napoleão, acreditamos supor alguma vizinhança com o que vimos pensando como perfil judicativo do ator da enunciação. Tanto no que diz respeito a esses "distintos temas", que entendemos estarem articulados ao inteligível, como no que diz respeito a reações afetivas que sustentam os mesmos temas, dispomos do *fenômeno* da percepção como algo que pertence também à "coisa" percebida. A partir disso, podemos entender que a conotação, pertencente à intersecção *sujeito que percebe/coisa percebida*, está também no *mundo natural*, na acepção semiótica do termo: o enunciado construído pelo próprio homem. Mas, ao pensarmos nesse "enunciado-mundo", não nos alheamos da própria coisa, a que *está aí* para minha percepção e julgamento. Vale que, seja como julgamento predicativo, seja como oscilação tensiva da afetividade, a conotação habita o fenômeno *coisa percebida/sujeito que percebe*. Cada um dos termos correlatos desse par é validado, no âmbito de uma estilística discursiva, na medida em que remete, enquanto conjunto organizado no interior desse par, ao estilo como *éthos*.

A conotação, para o estudo do estilo, considerada na medida em que permeia a relação *enunciado/enunciação*, não podendo ser separada, seja daquele, seja deste termo, definitivamente se afasta da noção de algo de "segundo", que estaria simplesmente *ao lado* da denotação. O conotado imbrica-se na própria coisa, mundo percebido, no interior da "interpretação" que fazemos dela. Lembrando que o termo husserliano *Abschattung* designa perspectivizações, reproduzimos aqui o que Moura (2009: 44) recupera do pensamento de um Husserl que defende a "indissociabilidade entre o 'subjetivo' e o 'objetivo'":

> Assim, se por um lado o *Abschattung* do lado visto do objeto é algo de "subjetivo", se ele é "meu" fenômeno perceptivo, se ele me pertence, enquanto ocupo tal ou tal lugar em relação à coisa, por outro lado ele também é algo de "objetivo", ele pertence à coisa, que nele se fenomenaliza e vem à doação.

Se pudermos obter a própria coisa no interior das interpretações que fazemos dela, podemos obter o próprio sujeito, como estilo, por meio de um exame feito sobre as interpretações e sobre o modo de desencadeá-las, no interior de seus enunciados. A partir do ponto de vista de uma estilística discursiva, pensamos que o modo como o "estado de coisas" (o inteligível) se fenomenaliza e vem à doação remete simultaneamente às visadas social e sensível do ator. Guardadas as especificidades dos distintos campos do pensamento e trazendo as reflexões vindas da fenomenologia para os estudos discursivos sobre o estilo, cremos poder constatar que a "indissociabilidade entre 'subjetivo' e 'objetivo'" pode respaldar a indissociabilidade entre o ato de conotar e mundo conotado. Por sua vez, o modo de incidência do sensível no domínio do inteligível, tal como pensado nos estudos tensivos da semiótica, oferece recursos para descrevermos, nos enunciados, como o sujeito toma corpo nessa indissociabilidade entre olhar que conota e mundo conotado.

Nesse ponto, os desdobramentos tensivos da semiótica garantem um ponto de vista que privilegia os intervalos, não a demarcação, ao longo da linha que faz aparecer a interdependência entre os extremos do colossal e do infimamente conotado. Uma orientação "degressiva" (Zilberberg, 2011: 200) projeta-se entre uma conotação máxima, como grandeza colossal aumentada, e a ínfima, para que tomem corpo distintos estilos.

Em relação ao ínfimo conotado, forjamos outro recurso parafrástico: "A conotação, embora mínima, será ainda 'mais mínima', para chegar a *nada, menos que nada, nada de nada*", o que encontra apoio ainda no mesmo estudo zilberberguiano, enquanto pensamos, junto com o autor, na "minimização recursiva da grandeza [conotativa]" (2011: 201), a qual se instala na direção de "diminuição da grandeza" ("implicação doxal"), que parafraseamos em termos de conotação: "*Pequeno* impacto do conotado, *logo minúsculo; minúsculo*, logo ínfimo; *nada* de impacto do conotado, logo *menos que nada* de conotação; *menos que nada*, logo *nada de nada*." Esses movimentos de efeito de sentido de um ínfimo conotado farão instalar-se de modo próprio a presença do ator na linha de segmentações entre conotação colossal e ínfima.

Distintos tons de voz serão reconhecidos, enquanto provenientes dos lugares recorrentemente ocupados nos intervalos estabelecidos entre o conotado colossal e ínfimo. Das recorrências, abstrai-se um sistema que sustenta o estilo como esquema encarnado, o que é possível a partir do exame que faz o analista: a) da sintaxe e da semântica dos níveis fundamental, narrativo e discursivo, o que radica o ator como organização de papéis temáticos; b) dos mecanismos que sustentam o devir tensivo e são sustentados por ele, ocasião em que são privilegiados os graus, no âmbito das oscilações cravadas num nível tensivo. Esse nível, ancorado em graus, não em limites, está aquém do percurso gerativo, e é o patamar de instalação de um movimento rítmico, porque regular e compassado, que acaba por promover a impregnação sensível de todos os níveis do percurso gerativo do sentido.

Zilberberg (2011: 266), ao expor como "o ponto de vista tensivo acabou por empregar a noção de intervalo", assim distingue limites e graus: "a tensão entre a demarcação, 'mãe' dos limites, e a segmentação, 'mãe' dos graus, afirma de imediato a pertinência do conceito de intervalo". Ao fazer isso, o semioticista confirma-se afastado da demarcação privilegiada para os termos do quadrado semiótico: os sobrecontrários (S1 e S2) e os subcontrários (não-S1 e não-S2). Zilberberg assim procede ao demonstrar como esses termos se instalam numa tensão entre a demarcação e a segmentação, para que se apresentem numa ordem do *continuum*. Recolocados num lugar voltado não para limites de termos demarcados, mas para a segmentação feita numa linha de gradação escalar que supõe o *menos* e o *mais*, aqueles termos são corroborados como intersecção entre um e outro. Para isso, o semioticista enfatiza os benefícios de pensarmos em "vetor", *grosso modo*, "direção", noção que ele afirma preferir àquela de "traço" (2011: 266), que advém de diferença opositiva calcada na fixidez dos limites. Ainda seguindo de perto o pensamento de Zilberberg, confirmamos que, entre valências medianas que emergem no interior das valências máximas, dispõem-se os vetores da conotação na ordem do *continuum*.

Para o estilo, há então um vetor que opera por mistura e triagem, fazendo valer o observador social como algo regrado, bem como um vetor que opera por aumentos e diminuições. Vinculamos esse conceito de vetor estilístico a uma "semiótica retoricizada", como propõe o mesmo semioticista no estudo intitulado "Semiótica e Retórica", pertencente à obra sobre a qual temos refletido (2011: 204). Apontando para desencontros entre a linguística e a retórica, diz Zilberberg (2011: 203):

> Não que a linguística as desconhecesse [as operações concernentes à atenuação e à minimização e ao restabelecimento e ao recrudescimento], evidente que não, mas o mínimo que se pode dizer é que ela não se interessou em abordá-las. De um modo geral, os linguistas têm "optado" por explorar a sintaxe extensiva, que opera por triagens e misturas, e têm reservado a sintaxe intensiva, que opera por aumentos e diminuições, à retórica ou mesmo à estilística, uma vez que o próprio termo "retórica" foi se tornando quase improferível.

Os movimentos de atenuação e minimização, de um lado, e de restabelecimento e recrudescimento, de outro, radicam-se na conotação como constitutiva do estilo conforme temos proposto. Voltando às profundezas da geração do sentido, acrescentamos que a noção de uma *linha orientada* (*vetor*) entre os diferentes termos do quadrado não exclui aí a possibilidade de emergência do contínuo de uma "perspectiva". Além disso, a perspectiva própria à construção do sentido no interior do percurso gerativo do sentido passa na outra, aquela do nível tensivo, e vice-versa, o que favorece a passagem ao aquém do quadrado, onde se instala o nível tensivo, do que sai favorecido o exame concernente à percepção.

Aqueles termos demarcados do quadrado semiótico, S1, S2, não-S1, não-S2, que, postos em relação sintáxica e semântica no quadrado fundamental, constituem base para a antropologização projetada pelo nível narrativo, em que sujeito e objeto se aproximam segundo junções, bipartidas em conjunções e disjunções, sustentam um vetor de moralização, pois acabam por radicar papéis temáticos do ator da enunciação. Esse vetor, sintagmatizado no encadeamento entre enunciados da totalidade, é causa e consequência da organização paradigmática que radica o corpo do sujeito. A novidade do ponto de vista tensivo diz respeito àqueles termos demarcados do quadrado semiótico que, pensados na medida em que subcontrários são concebidos no interior dos sobrecontrários, desestabilizando as demarcações, permitem que venham à luz as nuances e, com elas, os graus de conotação de um tom de voz.

Alertando para a complexidade de cada termo, Zilberberg os convoca enquanto posição ocupada na linha orientada por intervalos entre um e outro. O semioticista sugere que, ao priorizar uma concepção "deformável, 'elástica'" (2011: 199) da estrutura elementar, faz isso "com o auxílio de noções e operações que a tradição tem reservado à retórica" (2011: 200). A partir da noção de "grandeza do espaço percebido", Zilberberg (2011: 200) redesenha as relações entre os termos sobrecontrários e subcontrários, definidas por Greimas e Courtés (2008) como a estrutura elementar que compõe o quadrado semiótico do nível fundamental. Para o quadrado semiótico pensado por Greimas e Courtés, no que tange a tais "grandezas", deparamo-nos, na relação entre contrários, com *grande* (S1) vs. *pequeno* (S2); na relação entre subcontrários, deparamo-nos com *não pequeno* (não-S2) vs. *não grande* (não-S1), termos que, resultantes de operações de negação de cada contrário, implementam a complementaridade:

Figura 9 – Da estrutura elementar

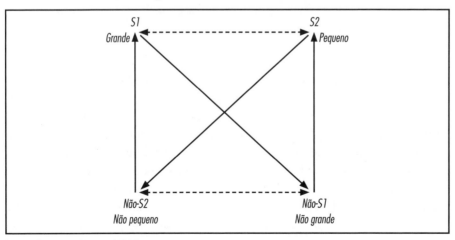

Fonte: Greimas e Courtés (2008).

Temos de convir com o fato de que a operacionalização que a semiótica faz da noção do sensível não procede por negação de um termo para "conhecermos" seu contrário. Negar, na medida em que supõe a possibilidade de orientação axiológica para os valores, é da ordem do inteligível. A fim de contemplar o sensível, temos então a tabela feita por Zilberberg (2011: 200), autor que procura formalizar o contínuo da direção tensiva para os avatares dos termos do quadrado semiótico fundamental. Destacam-se, da tabela feita por Zilberberg e reproduzida logo mais (Figura 10)[9], dois fatos: um, que diz respeito aos termos *pequeno* e *grande* que, segundo o autor, operam com valências médias ou moderadas; outro, que diz respeito à reprodução técnica feita por nós da mesma tabela: para pôr foco na reversibilidade dos extremos e, consequentemente, dos termos medianos, tendo, nós, a mira de investigar as "grandezas" do conotado, inscrevemos em itálico uma hipótese de distribuição equivalente à do autor, o que cremos sustentar-se no próprio estudo citado. Preferimos pensar na ordem dos termos dispostos por nós em itálico, o que assegura o princípio de um *lógos* estético correlato ao colossal da conotação, e o que corresponde à valência plena da função estética, bem como à tonicidade máxima de conotação do tom da voz.

Figura 10 – Para a continuidade entre termos

Minúsculo	Pequeno	Grande	Colossal
colossal	*grande*	*pequeno*	*minúsculo*
S1	S2	S3	S4
sobrecontrário	subcontrário	subcontrário	sobrecontrário

Fonte: Zilberberg (2011).

Um devir imprimido segundo descendência ou ascendência entre os intervalos relativos a esses termos supõe o direcionamento entre o colossal e o ínfimo conotado: em relação de implicação, temos a direção que parte do colossal e chega ao ínfimo conotado; em relação de concessão, temos a possibilidade de reversibilidade (embora x, y), direção que parte do ínfimo, com abertura para o minúsculo e assim por diante. Mas a reversibilidade concessiva do conotado, visto como estesia, é suscetível de manifestar-se peculiarmente no interior de um mesmo texto, como o "POEMA TIRADO DE UMA NOTÍCIA DE JORNAL" (Bandeira, 1996: 214), feito a partir da estilização de uma reportagem jornalística.

O *lógos* estético, como organização linguística e discursiva, goza da condição de intangibilidade. Ele se reserva no lugar do colossalmente conotado, para que seja encorpado como proveniente da esfera das artes e para que seja preservado num texto, em que a função poética se entranha em tonicidade máxima. Aliás, junto ao território discursivo dos poemas salta à luz o inócuo de práticas escolares como resumo e paráfrase, enquanto viabilizam a descendência do conotado, se voltadas para o entendimento raso do texto. Acontece que, em qualquer poema, como efeito de sentido, pode ocorrer uma descendência do conotado com a correspondente mitigação das valências do estético. É o que se apresenta no interior de um texto feito à moda de uma notícia de jornal: no "Poema tirado de uma notícia de jornal", a partir da cena narrada que supõe, no gênero estilizado, valências mitigadas de acento do sensível, apresenta-se a voz estilizadora, que busca a mitigação do estético como recurso de condensação e tonificação da própria estesia. A voz estilizadora do gênero midiático assim procede, a partir do estatuto conferido por um grau colossalmente conotado ao *lógos*, tal como compete ao circuito da poesia. A estilização de uma notícia de jornal feita por um poema aponta para as "grandezas" do conotado como procedimento de construção do corpo actorial.

Figura 11 – "Grandezas" do conotado

VALÊNCIAS		
plenas	mitigadas	nulas
o *lógos* estético	o *lógos* estésico	o *lógos* estésico
ACENTO		
tonicidade máxima	tonicidade média/mínima ou atonia média	atonia máxima
GRANDEZAS DO CONOTADO		
o colossal	o grande, o médio, o pequeno	o minúsculo, o ínfimo

Fonte: Elaboração nossa a partir de Jakobson (1970) e Zilberberg (2011).

Notas

[1] Algumas estrofes tiveram de ser suprimidas deste e de outros poemas de Cecília Meireles, citados neste livro. A cada marcação dos cortes, representada por colchetes [...], temos a extração de uma estrofe.

[2] No *Dicionário de semiótica* (Greimas e Courtés, 1986: 80), Daniel Patte, ao propor a noção de "modalidades éticas", que supõem um crer sobremodalizador de enunciados deônticos (crer-dever-fazer, crer-dever-ser), confirma tais modalidades na relação com um "julgamento ético".

[3] Zilberberg (2011: 108), ao alertar para o fato de que a tonicidade, juntamente com o andamento, rege o sentido, aponta para a possibilidade de uma "tonicidade reflexiva", aplicada "a si mesma".
[4] Para o emprego do verbo "achatar", espelhamo-nos em uso feito dele por Greimas e Courtés (2008: 504), enquanto discutem a noção de textualização.
[5] Itália, 2011. Direção: Nanni Moretti. Com: Michel Piccoli, Jersy Stuhr e Renato Scarpa.
[6] Chama-se assonância, "na prosa ou na poesia, repetição ritmada da mesma vogal acentuada para obter certos efeitos de estilo" (Houaiss, 2009).
[7] Análise dessa paródia encontra-se em trabalho desenvolvido sob o tema que vincula a intertextualidade com o conto maravilhoso (Discini, 2002).
[8] A noção de transitoriedade encontra ancoragem na semiótica do sensível, na medida em que não é estranha à dualidade expressa como *estado vs. acontecimento* que, relacionada a uma "temporalidade fórica" ou, como entendemos, a uma temporalidade da própria percepção, supõe para aquele (o estado) a duração longa e, para este (o acontecimento), o que é breve (Zilberberg, 2011: 129).
[9] Confirma-se aí uma acepção própria para os termos "sobrecontrário" e "subcontrário", distinta daquela considerada nas relações estabelecidas pelo quadrado semiótico.

MÍDIA E LITERATURA

O SENSÍVEL E O *LÓGOS*

Com Moura, lembramos que é na "última filosofia de Husserl", isto é, em obras como *Crise das ciências europeias* (1976) e *Experiência e juízo* (1997), que a sensibilidade aparece como a que usurpa para si "as funções que, nas *Investigações lógicas* (2007), eram exclusivas do 'entendimento'" (Moura, 2000: 207). Ressaltando a mutação sofrida pelo pensamento de um Husserl tardio, o historiador da filosofia destaca a inquietação do filósofo sobre o estatuto do sensível, estatuto diverso daquele imprimido pela racionalidade cartesiana. Para esta, segundo o estudo feito por Moura, pensar a consciência é concebê-la com exclusividade segundo o domínio do juízo, único que "faz aparecer" acertadamente os objetos à mesma consciência. Assim se expressa o historiador da filosofia a respeito do cotejo *Husserl/Descartes*:

> O que preocupa Husserl é que, a se crer em Descartes, as coisas de nosso mundo quotidiano não seriam de forma alguma um dado da "simples sensibilidade". Se o material sensível é apercebido por mim como uma coisa, seria apenas por ingenuidade e prisão no "senso comum" que eu acredito "ver" o pedaço de cera: na realidade esta "apercepção" é um "julgar". (Moura, 2000: 207)

Nossas indagações sobre o estilo como corpo vão ao encontro da noção de uma percepção que ainda não é ato predicativo de julgamento. Para isso, levamos em conta o actante observador, articulado conforme o viés sensível e o viés judicativo da observação, considerada a passagem de uma perspectiva a outra. Nesse sentido, interessam as cercanias do pensamento semiótico com a fenomenologia, justamente

231

quando aquela imprime acento forte no conceito de sensível e quando esta realça o conceito de sensível tal como trazido pelo Husserl tardio. Tal conceito, ainda, dá indicações de que se aproxima do pensamento merleaupontyano sobre a percepção, conforme o pensamento desse filósofo aparece ao longo de obras como *Fenomenologia da percepção* (1999). Examinando o pensamento filosófico de um enquanto faz limite com o do outro, notamos alguma convergência entre eles: distintamente do que se faz numa "atitude natural", que valida a "crença no mundo", firma-se a posição de não pensar em subjetividade psicológica como uma imanência real, "identificada a um 'interior' do sujeito psicológico que se opõe a um 'exterior' mundano", trazendo para nós outro estudo sobre Husserl desenvolvido por Moura (2006: 40).

Aí, apontando para a "atitude natural", oposta ao pensamento fenomenológico, deparamo-nos com o próprio Husserl, que, segundo Moura (2006: 40), alerta para o fato de que, ao apreender-me como "homem natural", "de antemão eu já apercebi o mundo espacial, já apreendi a mim mesmo no espaço, no qual eu tenho um exterior a mim". Apreender-se a si mesmo no espaço vincula-se à noção de percepção, do que deduzimos que a própria percepção, desenvolvida pelo sujeito como "homem natural", isto é, como aquele que crê nas evidências mundanas, vincula-se à subjetividade transcendental. Para esta, tal como encontra-se discutida no pensamento merleaupontyano, temos "horizontes espaçotemporais" (Merleau-Ponty, 1999: 445) estabelecidos em relação ao "poder único de nosso corpo sobre o mundo" (1999: 371).

"As coisas coexistem no espaço porque estão *presentes* ao mesmo sujeito perceptivo e envolvidas na mesma onda temporal", completa o filósofo, que alerta: "Mas a unidade e a individualidade de cada vaga temporal só é possível se ela está espremida entre a precedente e a seguinte, e se a mesma pulsação temporal que a faz jorrar retém ainda a precedente e contém antecipadamente a seguinte" (1999: 371). A noção de não justaposição de um aqui a outro, bem como de não justaposição de um agora a outro auxilia a investigação sobre o estilo. Corpos, por exemplo, que se aspectualizam afastados do aspecto cinético, logo com tendência para o aspecto estático, tendem a congelar esses movimentos de passagem de um aqui a outro, de um agora a outro, enquanto tudo é reconhecível como efeito de sentido.

A discussão sobre o espaço corre em benefício da compreensão do estilo como corpo. No âmbito da gramática tensiva, entendemos que o espaço da percepção, como um "espaço do sentido", remete à relação da intensidade com a extensidade, ou à relação dos "estados de alma" com os "estados de coisas", para que se configure como um espaço da profundidade figural, em que é concebido juntamente com a duração do tempo. Apontando para a reciprocidade entre espaço e tempo, a semiótica oferece meios para descrevermos como se dá a apreensão de si mesmo em determinado espaço, já organizado segundo o tempo, e ambos vinculados a certo andamento ou velocidade do olhar. O espaço acoplado ao tempo, ao respaldar a configuração aspectual do ator como corpo, confirma-se passível de descrição na medida em que se investiga a cifra tensiva relativa a uma totalidade.

O espaço da percepção legitima-se como um espaço em *-al*, ou seja, figural, pressuposto ao espaço em *-ivo*, concernente ao plano discursivo. O espaço em *-ivo*, como categoria da enunciação, está ancorado no discurso juntamente com o tempo e a pessoa (Fiorin, 1996). Aí, como espaço linguístico, isto é, o espaço "do *eu*", conforme destaca Fiorin (1996: 263), logo como "aquele onde se desenrola a cena enunciativa" (1996: 266), articula-se segundo um sistema enunciativo e um sistema enuncivo; o primeiro, calcado no *hic* (aqui), do qual se desprendem variações como o *lá*; o segundo, calcado num *algures*, o qual supõe pontos de referência inscritos no enunciado, os quais somente ganham sentido em relação ao *hic*. Ainda no plano discursivo, juntamente com o espaço ordenado "a partir do *hic,* ou seja, do lugar do *ego*" – espaço linguístico – delineia-se o espaço tópico, visto por Fiorin (1996: 262) como "determinado quer em relação ao enunciador [...] quer em relação a um ponto de referência inscrito no enunciado". Para exemplificar o primeiro caso, Fiorin traz expressões como "atrás de mim"; para o segundo, "na frente da igreja". Mas o espaço discursivo também diz respeito à tematização e figurativização discursivas, o que remete a uma "ambientação" ou a uma "semântica da espacialidade", também aludidas por Fiorin (1996: 259). Reiteramos que, pressuposto ao espaço em *-ivo*, discursivo, está o espaço em *-al,* da profundidade figural. O último reverbera no primeiro quanto aos procedimentos de indicação espacial e também enquanto esses procedimentos ancoram a narratividade em determinada "ambientação" discursiva configurada conforme uma "semântica da espacialidade".

O espaço em *-ivo* (nível discursivo) apresenta uma discursivização que acaba por promover o ator semantizado, logo radicado em papéis temáticos. O espaço em *-al* (tensividade figural) fundamenta o viés sensível da observação, vinculado aos papéis patêmicos, os quais aí se representam por meio de uma cifra tensiva. Lá, junto aos papéis temáticos, uma subjetividade operante e judicativa; cá, o corpo como percepção. Lá, um viés que contempla o nível aspectivo para o ator; cá, o nível aspectal, se mantivermos a estratificação do aspecto em níveis, tomando para nós noções trazidas em estudo sobre aspecto desenvolvido por Zilberberg (1986b: 208). O semioticista fala em "espaço figural" e "espaço figurativo", atribuindo àquele o "estatuto de constante" e, a este, o estatuto de "variável" (1986b: 209).

Fiorin (1996), ao distinguir espaço linguístico e espaço tópico, confirma aquele como "o espaço dos actantes da enunciação em relação aos do enunciado" (1996: 262), ao que acrescenta: "Para sabermos onde é o *aqui*, é preciso saber onde se dá a enunciação, pois, isolado, esse termo não remete a nenhuma posição do espaço tópico e subsume-as todas" (1996: 263). O linguista, ao realçar a natureza de categoria discursiva do espaço, lembra que este "é reinventado cada vez que alguém toma a palavra": um *"aqui*, que se desloca ao longo do discurso, permanecendo sempre *aqui*, constitui os espaços do *não-aqui*" (1996: 263). Juntamente com o espaço ordenado a partir do *hic*, o lugar da enunciação, Fiorin, ao discorrer sobre o espaço tópico, acrescenta outros exemplos: para o espaço determinado em relação ao enunciador, à minha esquerda; para o espaço determinado em relação a um ponto de referência inscrito no enunciado, à direita da estátua (1996: 262).

O semioticista, após lembrar que, para a análise do espaço tópico, as categorias fundamentais são "direcionalidade e englobamento" (1996: 263), assim se refere ao observador: "O actante a partir de cuja visão se marcam posições e movimentos é um observador, porque o espaço tópico tem um caráter aspectual" (1996: 298). O espaço tópico é ainda realçado por Fiorin como um especificador do espaço linguístico, implícito ou explícito, para o que o semioticista traz exemplos como: "Roubaram a bolsa de uma mulher num bar *aqui perto*" (1996: 265).[1]

À figurativização do espaço tópico, entendemos corresponder o que Zilberberg designa espaço em *-ivo* como espaço figurativo: *perto, aqui perto* são expressões que se confirmam como figuras do discurso. Há ainda, para a alusão feita por Fiorin (1996: 265) ao espaço linguístico debreado como *algures*, este exemplo: "Reunia-se *na casa das Laranjeiras*, a convite de Aurélia"; *na casa das Laranjeiras*, espaço do *algures* concretizado figurativamente, certamente subsidia aquela "ambientação" relativa à semântica espacial. Resta que o espaço discursivo, como categoria enunciativa que agrega a si o espaço tópico e a concretização figurativa daí decorrente, enquanto radica a "ambientação" espacial, é distinto do espaço figural, mas a perspectiva do espaço em *-ivo* passa pela perspectiva do espaço em *-al*.

O espaço figural no domínio da tensividade vincula-se a uma duração "que saboreia o tempo", de acordo com o que diz Zilberberg (2011: 137), quando faz explanações que realçam a reciprocidade entre espaço e tempo. Para o estilo, teremos uma duração mais breve ou longa, em reciprocidade com um espaço mais fechado ou aberto, a depender da configuração actorial. Ser um espaço aberto ou fechado não diz respeito, portanto, tão somente a traços sêmicos contidos nas figuras que compõem o espaço tópico. Exemplo: *portas abertas* e *muros derrubados* (para uma suposta abertura de espaço) ou o contrário; isso é figurativo.

No âmbito do figural, temos um "espaço do sentido", conforme lembra Zilberberg (2011: 142) e, como tal, para *fechado* é considerado o que é circunscrito a um olhar que concentra os dados do mundo na percepção concernente ao fenômeno, ele próprio que encerra o sujeito que observa o mundo em múltiplas visadas, e o mundo observado em seus múltiplos modos de doação. Trata-se de um fenômeno da

234

percepção.[2] Segundo o semioticista, para esse espaço temos uma "localidade" que se organiza na correlação entre o "acentuado [intensivo]" e o "inacentuado [extensivo]" (2011: 146). Os movimentos da percepção, tal como pensados na fenomenologia, encontram, na semiótica, seja no acento imprimido ao discurso e à argumentação que o impele, seja na gramática tensiva, recursos de operacionalização.

Uma aspectualização figural do ator reporta ao viés sensível do observador. Vale que, para a aspectualização, figurativa ou figural, resta o corpo actorial que, contemplado em cada enunciado e na totalidade deles, estará sempre "espremido" entre o enunciado precedente e o que o sucede; será uma presença que, imanente a cada enunciado, transcende-o, segundo comportamentos discursivos peculiares. Com apoio em princípios da fenomenologia no eixo *Husserl/Merleau-Ponty*, a noção de um observador sensível respalda o conceito de estilo como corpo próprio, o que significa firmar-se segundo uma estrutura aberta ao acontecimento e o que faz repensar a função do *lógos*.

Língua remete a *lógos*, no que concerne à palavra como fala e discurso. Na trilogia aristotélica, *éthos*, *lógos* e *páthos*, temos concentrada, no segundo termo, a função de fulcro da argumentação. Um enunciado construído com vista a obter a adequação a um "auditório", por sua vez concebido como feixe de expectativas passionais a serem preenchidas, faz o *éthos* pender para um sujeito aspectualizado como télico e, ainda, voltado para certo completamento em cada enunciado, para que os papéis temáticos se firmem iterativos na totalidade.

Castilho (1968: 48), examinando o aspecto verbal na língua portuguesa, divisa "quatro valores fundamentais, a que correspondem os quatro aspectos principais da língua". Destacamos três das correspondências realçadas por Castilho: para o valor da *duração*, o *imperfectivo*; para o valor do *completamento*, o *perfectivo*; para o valor da *repetição*, o *iterativo* (1968: 49). O completamento, "peculiar ao aspecto perfectivo, implica na indicação precisa do começo e do fim do processo, polos estes separados por um lapso extremamente curto e não significativo" (1968: 50). Trazendo tais questões para a aspectualização do ator, ratificamos, vinculado à semântica discursiva, o observador social, que medeia papéis temáticos circunscritos a cada enunciado. Desse modo, o actante observador aspectualiza o ator segundo certo completamento em cada enunciado.

Se Greimas e Courtés (2008: 496) referem-se a um papel que, enquanto condensa um percurso temático, reduz "uma configuração discursiva a um único percurso figurativo (realizado ou realizável no discurso) e, além disso, a um agente competente que virtualmente o subsume", tendo lembrado, para isso, o percurso de "pescar", condensado pelo papel "pescador", somos levados a concluir que uma concretização actorial da enunciação, à moda do *pescador*, tende a ser única para cada enunciado, enquanto vinculada a figuras e temas *postos* aí, e na medida em que se esboça, nos temas e nas figuras, o vetor do tratamento ético oferecido. O acabamento temático-figurativo concernente ao ator do enunciado é compatível com o completamento aspectual do ator da enunciação em cada enunciado encerrado na totalidade.

Os temas e as figuras, investimentos semânticos da construção do sentido e portadores de avaliações morais, são contingências discursivas de cada enunciado, definido como variável dentro da permanência da totalidade. Em cada enunciado, eles viabilizam os papéis temáticos, para os quais cabe ainda a formulação feita por Courtés (1986: 237): "O papel temático, que admitirá, num outro nível de representação do percurso gerativo, figurativizações variáveis, é aquele que subsume, do ponto de vista do agente virtual, um percurso temático dado." Courtés (1986: 237) lembra este exemplo: *le méchant*, que, segundo o dicionário do idioma francês (*Le Petit Robert*, 2012), apresenta a acepção daquele "que faz deliberadamente o mal". A mesma fonte firma, para *méchant*, a acepção de "criminel", isto é, aquele que, ao agir, desenvolve práticas voltadas para crimes. Fazer algo, desenvolvendo alguma prática: essa acepção, que confirma o ator como agente, interessa para a dedução do completamento aspectual relacionado aos papéis actoriais temáticos, mais bem determinados como semelfactivos na relação com o acento que o todo imprime às partes.

Os papéis temáticos, vinculados a "figurativizações variáveis", como disse Courtés (1986: 237), na totalidade estilística costumam apontar para uma recorrência das moralizações, a qual, fundada nas variáveis semânticas de cada enunciado, acaba por oferecer ao ator pressuposto à totalidade no viés social de observação um aspecto iterativo.[3] Processada segundo o viés do observador social, a actorialização remete ao desenvolvimento do corpo no nível discursivo, do que decorre um aspecto em *-ivo*, como sugere o estudo zilberberguiano citado (1986a: 24), que promove a diferenciação do aspecto em níveis (*dénivelation*): "nível aspectivo" e "nível aspectal". O autor complementa, lembrando o nível aspectivo como "especificador" e o nível aspectal como "especificado" e destaca que, para o primeiro, está a "a aspectualização examinada pelos linguistas e semioticistas", a qual "se assenta nos semas aspectuais" (1986a: 23).

O estudo zilberberguiano aponta para a correspondência do corpo actorial como aspectualização que recorre às propriedades aspectuais formalizadas pelos estudos que contemplam o aspecto linguístico, os quais, segundo o semioticista, se reuniriam no aspecto em *-ivo*. A partir daí, corroboramos, para o ator, a propriedade aspectual da imperfectividade, considerada inerente a ele, como ator contemplado no encadeamento entre enunciados da totalidade; a propriedade da duratividade (papel cinético e estático) e a da telicidade (papel télico e atélico), como ator contemplado no plano "individual", o que significa na construção do efeito de individualidade estilística. Ao examinar a aspectualização actorial vinculada a papéis temáticos do ator, também atentamos para semas organizados isotopicamente no nível discursivo. Afinal, o papel temático não deixa de ser uma concentração da isotopia temática disseminada ao longo do enunciado.

O papel temático coadunado ao *lógos* judicativo realça a ação do sujeito e as propriedades que o definem na função enfatizada pelo *éthos* da *Retórica* de Aristóteles. Do outro lado, segundo a conotação que implica estesia, deparamo-nos com o *lógos* sensível, trazido à luz conforme a ubiquidade da percepção e da coisa percebida. Para essa questão, remetemos a Merleau-Ponty (1999: 371), que lembra "o ser pré-objetivo", ilustrado por meio da figura percebida de um pássaro como "tumulto plumoso". Essa expressão, que remete a uma percepção conotada, não está alijada daquele caso do índio bororo, que Cohen trouxe à luz: o índio que afirma que "o bororo é uma arara", desfazendo em sua fala qualquer princípio lógico de contradição. Diz o filósofo:

> O pássaro que atravessa meu jardim, por exemplo, no momento mesmo do movimento é apenas uma potência acinzentada de voar e, de uma maneira geral, veremos que as coisas se definem primeiramente por seu "comportamento" e não por "propriedades" estáticas. Não sou eu quem reconheço, em cada um dos pontos e dos instantes atravessados, o mesmo pássaro definido por caracteres explícitos, é o pássaro, voando, que faz a unidade de seu movimento, é ele que se desloca, é este tumulto plumoso ainda aqui que já está ali em uma espécie de ubiquidade, como o cometa com sua cauda. (Merleau-Ponty, 1999: 370-1)

A partir da gramática tensiva, pensamos encontrar uma ascensão paroxística da intensidade junto a esse "tumulto plumoso", enquanto esses gestos apresentam *mundo percebido e sujeito que percebe,* vinculados a um espaço temporalizado: espaço ligado a um agora que permite a observação do múltiplo na "unidade de seu movimento". Enquanto isso, a ubiquidade da percepção privilegia a intersecção entre o que é da ordem da audição (tumulto) e o que é da ordem do tato (plumoso). Aspectualmente, podemos dizer que o corpo cinético mostra-se aberto para a atelicidade. Há estilos que pendem para a discursivização de "propriedades estáticas"; outros que têm o pendor para borrá-las, diluindo a sucessividade de um agora e de outro, de um aqui e de outro, como é o caso realçado por Merleau-Ponty. Para isso contribui o *lógos* e sua gradualidade estésica de conotação.

Atrelados à distinção zilberberguiana dos níveis do aspecto, confirmamos o conceito de *aspectivo* para a aspectualização actorial atinente ao nível discursivo e, para o *aspectal,* a aspectualização actorial atinente ao nível tensivo ou figural.

Lá temos, na consideração sobre o ator, a observação feita de sua *performance*, vista como determinada "maneira de fazer", o que convoca o actante observador de modo peculiar, como ainda sugere Françoise Bastide (1986: 20).[4] Essa "maneira de fazer" inclui a função desempenhada pelo observador social, na qual se arraigam avaliações, que são encargo do narrador pressuposto a cada enunciado. Nesse âmbito, regimes axiológicos de moralização sustentam o completamento actorial do ator em cada enunciado, para que o papel temático seja semelfactivo no enunciado e o ator se firme na ordem do durativo-descontínuo na totalidade. Essa "maneira de fazer" inclui também a escolha ou o uso feito dos recursos retóricos da língua, para que se processe a textualização. Para o nível aspectal, a aspectualização se dá enquanto se contempla o que se passa no estado do sujeito ou com o sujeito de estado, exposto ao tempo como duração breve ou longa, e exposto ao espaço como concentração ou difusão. Espaço e tempo são regidos por um andamento, que é a velocidade da percepção, por sua vez acoplada à tonicidade dos próprios afetos. Aqui acreditamos haver subsídios para que se descreva semioticamente aquele "pássaro plumoso".

Fazendo um recorte do que Zilberberg propõe no estudo sobre aspecto, confirmamos a aspectualização actorial desenvolvida a partir da tensividade figural, segundo o observador sensível, como o que privilegia os graus e os intervalos, e o que oferece condições para contemplarmos a percepção tensivamente cifrada. Par a par com esses movimentos, está a aspectualização actorial processada segundo o observador judicativo, que privilegia os limites e as demarcações, o que traz à luz oposições e diferenças e permite que o ator seja contemplado no "primado do interdiscurso".

Greimas e Fontanille (1993: 60), ao distinguir papéis temáticos como os "que se podem catalisar a partir da disseminação dos conteúdos semânticos, no fundo de um percurso temático", mostram a equivalência deles com uma função moralizante, chegando a designá-los "papéis éticos" (1993: 159). Ao distinguir o sujeito econômico do avarento, alertam para uma competência afim entre ambos, "se se examina apenas o conteúdo das modalidades em causa" (1993: 160). Apontam, depois, para a diferença entre ambos, a qual estaria no fato de que "a competência do econômico é exclusivamente retrospectiva" (1993: 160). Nesse ponto, esclarecem: "o econômico é aquele de quem se sabe apenas mais tarde, diante dos resultados obtidos, que é capaz de moderar suas despesas; em compensação, a [competência] do avarento parece prospectiva, na medida em que o avarento é aquele de quem se pode prever, antes de todo resultado, que não gastará" (1993: 160). Insistindo na aspectualização de cada tipo de papel e relacionando o *econômico* ao papel temático e o *avarento*, ao patêmico, propõem:

A competência do econômico só se manifesta se a situação se presta a isso, quando surge a ocasião de fazer economias; a competência do avarento é sempre manifestável, independentemente da situação narrativa, por exemplo, numa fisionomia, numa mímica, numa gestualidade, pois o papel patêmico afeta o ator em sua totalidade. (1993: 160-1)

Se a partir daí os semioticistas formulam o axioma de que "o papel temático é iterativo, e o papel patêmico, permanente" (1993: 161), como temos procurado problematizar em função da aspectualização do ator, confirmamos que, encerrados em cada enunciado que se tematiza particularmente a cada nova enunciação, os papéis temáticos validam o completamento aspectual do ator, o que se aproxima daquela inclinação à retrospecção aspectual processada no interior do mesmo enunciado. Temos a competência modal do sujeito discursivizada como o requer cada enunciado. Sob outro viés de observação, a existência modal apoia-se "numa fisionomia, numa mímica, numa gestualidade", enquanto o papel patêmico "afeta o ator em sua totalidade". Para afetar o corpo é preciso que a percepção dure. Por conseguinte, ratifica-se, para os papéis patêmicos, a duração que convoca o contínuo.

Para o conceito de estilo, levar em conta a recorrência de um modo de dizer, que supõe um modo de ser do ator da enunciação pressuposto a uma totalidade, convoca a aspectualização actorial segundo papéis temáticos dominantes, o que supõe uma durativa descontínua para o corpo, que acaba por configurar-se como iterativo por meio dos papéis temáticos. O *lógos*, aí voltado para a função de persuadir, emparelha-se à importância realçada do semantema de verbos equivalentes a *concordar*: das concordâncias e discordâncias organizadas no discurso, emerge um *lógos* responsável por velar e desvelar verdades.[5]

Se, lembrando Zilberberg (1986a: 23), aceitarmos um "nível aspectivo, pressuponente", e um "nível aspectal, pressuposto", ou um nível "em *-al*, pressuposto, outro em *-ivo*, pressuponente", se lembrarmos ainda que, segundo o semioticista, "a aspectualização levada em conta pelos linguistas e semioticistas concerne ao nível *aspectivo*", enquanto ela radica-se "no jogo de semas aspectuais: 'incoatividade', 'durativadade', 'terminatividade'", podemos deduzir que o que se dá no nível aspectivo, incluindo a textualização linguisticamente manifestante, reverbera no aspectal, que delineia o corpo. Ou, como diz o semioticista (1986a: 24), encerrando essas operações de distinção de níveis do aspecto: "Se a operação de deiscência recai, realmente, sobre todo nível reconhecido, significa que, como na rima, nada se dá, nada vale sem ressonância." (*L'operation de déhiscence, si elle affecte bien tout niveau reconnu, signifie que, comme dans la rime, rien ne va, ne vaut sans résonance.*)[6]

Para pensar no ator da enunciação como campo de percepção, o *lógos* é examinado, portanto, em função distinta daquela que, ao conclamar o viés judicativo, tem seu berço na retórica clássica. O lado sensível do *lógos*, ao fazer-ser o *éthos*, acolhe em si um princípio de temporalidade vinculado à duração do olhar, enquanto se define juntamente com uma conotação pregnante, o que corresponde ao uso feito da língua como experiência do pensamento. Se, para o conceito de estilo, partimos do princípio de existência de uma consciência linguageira, estruturalmente organizada por meio de determinada língua, para a totalidade estilística como discursivização da percepção, é pensado o signo que encarna significações enquanto as veicula.

Encarnar significações é criar sentidos que, para além da relação centrípeta *imagem acústica/conceito* ou *significante/significado*, priorizam a natureza diacrítica do próprio signo, visto com Saussure como valor, logo como algo relacional e diferencial. O valor, proveniente da relação estabelecida de um signo com o outro, o que traz à luz a diferença entre eles, proveniente, enfim, da porosidade sígnica, confirma o próprio signo, não como elemento que traduz um pensamento já feito, mas como o que o realiza; não como o que representa ideias feitas, mas como o que dá corpo a significações embutidas na relação de um signo com outro. Dar corpo a significações não é movimento alheio àquele olhar que vê o pássaro voando e reconhece na ave um "tumulto plumoso".

Encarnar significações compreende o fato de que "os signos um a um nada significam, que cada um deles expressa menos um sentido do que marca um desvio de sentido entre si mesmo e os outros", como lembra Merleau-Ponty (1991: 39) ao expor o que "aprendemos em Saussure". A encarnação, compreendendo o fato de que há um "sentido nascente na borda dos signos" (1991: 41), remete a "essa iminência do todo nas partes" (1991: 41), o que torna cada parte uma "unidade de coexistência, como a dos elementos de uma abóboda que se escoram mutuamente" (1991: 40). A encarnação supõe a constituição de um todo como um "estar em conjunto", um todo que, não circunscrito à adição ou à justaposição das partes, é fundado na articulação interna entre elas. Corresponde a um "devir de conhecimento", que "marcha em direção à totalidade de um sentido" (Merleau-Ponty, 2002: 155). Para isso valem os papéis temáticos e, quanto à percepção, valem os papéis patêmicos, estes concebidos por Greimas e Fontanille (1993) como prospectivos, o que convoca o corpo temporalizado.

A prospecção ressaltada pelos semioticistas, enquanto embasa o conceito discursivo de encarnação, base para pensarmos o corpo de um estilo, acerca-se do que diz Merleau-Ponty (2002: 155), seja sobre *o devir do conhecimento*, que "marcha em direção a uma totalidade de sentido", logo não é fortuito, seja sobre a percepção, "que é acontecimento", justamente por ser temporalizada:

A percepção, que é acontecimento, abre-se a uma coisa percebida que lhe aparece como anterior a ela, como verdade antes dela. E, se reafirma sempre a preexistência do mundo, é justamente *porque* ela é acontecimento, porque o sujeito que percebe já está envolvido no ser por *campos perceptivos,* por "sentidos", de maneira geral por um corpo feito para explorar o mundo. O que vem estimular o aparelho perceptivo desperta entre ele e o mundo uma familiaridade primordial, que exprimimos ao dizer que o percebido existia antes da percepção. (2002: 155)

A "familiaridade primordial" interessa para o conceito de estilo como meio de encarnação do corpo. Um "eco" implícito a tais movimentos também referido por Merleau-Ponty supõe a ressonância dos vividos que invadem o presente da percepção e preveem o que será percebido. Na perspectiva que orienta a totalidade estilística, temos, por meio de um sujeito afetado por certa reverberação do conotado, firmada a função do observador sensível, entre movimentos aproximados destes, descritos pelo filósofo: "Num único movimento, os dados atuais significam bem mais além do que eles trazem, encontram no sujeito que percebe um eco desmedido, e é o que permite que os vejamos como perspectivas sobre uma coisa atual" (2002: 155).

O ator da enunciação como síntese dos papéis temáticos e patêmicos vincula-se a uma fala conotada de modo próprio, também se recuperarmos estudos voltados para a retórica que trata das figuras de linguagem. Para os primeiros papéis, um *lógos* argumentativo, cuja estesia oscila entre valências mitigadas de conotação sensível, traz à tona "figuras de uso", tal como apresentadas por estudos retóricos; para os últimos, os papéis patêmicos, um *lógos*, a partir do qual a função poética pode tornar-se de tonicidade robustecida até um grau máximo, traz à tona as "figuras de invenção". Tomamos para essas reflexões o que propõe Cohen (1975) a respeito da "teoria da figura". Para ele, "figuras de uso" remetem ao estereótipo em que se transformou, por exemplo, o oxímoro de *agridoce*, a hipérbole de *forte como um touro*, a lítotes de *não faz calor* (1975: 13). O contrário sucede, conforme afirma Cohen (1975: 14), com as "figuras de invenção", cujas "realizações linguísticas, com o conteúdo particular que comportam, continuam sendo a criação do poeta".

O estudioso acrescenta que o poeta passa então a gozar de certo *direito de autor* sobre tais "figuras de invenção": "uma espécie de *copyright*" (1975: 14), como um meio capaz de preservar a unidade delas e, por conseguinte, sua "eficiência poética". Entendemos que nas "figuras de uso" aloja-se a conotação radicada no *lógos* estésico instalado nos intervalos entre o minúsculo e o ínfimo conotado, com ou sem possibilidade de retomada concessiva de uma ascendência para um volume médio de conotação, o que fica definido somente em situação discursiva. As ditas "figuras de uso" poderão dotar-se de algum ímpeto de ascendência conotativa, saindo do volume ínfimo do conotado, passando ao minúsculo e atingindo um médio e até grande peso de conotação, a depender do efeito de sentido gerado pela relação entre enunciado e enunciação. Usadas numa paródia de gênero, poderão apresentar essa condição de mobilidade.

A capa de jornal de uma imprensa considerada "paralela" à chamada "grande imprensa" ilustra a ocorrência de tais movimentos, na relação estabelecida entre manchete e lide: o jornal *Agora* (São Paulo, 9 ago. 2012, ano 14, n. 4.890, capa) apresenta esta manchete: *Grana do 13º do INSS cai na conta no dia 27*. O efeito de aproximação enunciativa delineado é fortalecido no lide subsequente à manchete, por meio da instalação no enunciado do *tu*, narratário-leitor: *Confira quanto você vai receber na primeira parcela.* Comparado com os lides da "grande imprensa", este remete a uma irrupção do imprevisto no próprio gênero *lide*, cuja função é condensar a manchete a que ele está apenso, o que equivale a manter o uso de terceira pessoa gramatical (*ele*). A esse mecanismo do *Agora* está agregado o uso informal do léxico, mediante a escolha, na manchete, do termo "grana". Aí a conotação ascendente emerge no plano da totalidade *jornal de mídia impressa*.

Ao conotar-se segundo os princípios da mídia impressa popularizada, que se beneficia de tais recursos para instituir o leitor, o *lógos* apresenta-se singularizado, tanto no ambiente da mídia como na relação *manchete/lide* que, naquele exemplar, confirma o ímpeto de ascendência no volume da voz. Não custa acrescentar que, à direita do título e em diagramação que nega a sobriedade da "grande imprensa", encontra-se ainda uma chamada noticiosa: *Timão vacila e só empata com o Dragão*.

Mediante esses recursos, o *Agora*, nesse número, diante da totalidade *mídia impressa*, apresenta vetores de um corpo actorial suscetível de apresentar transformações, se cotejado com a "grande mídia", para o que se configura atraído pelo lado cinético da aspectualização. Fica esboçado o estilo do jornal na conotação do *éthos* do enunciador naquela página por meio de uma voz, cujo tom, suscetível de ascender em impacto, articula de modo próprio título, manchete e lide e também articula o título ao que se apresenta sobreposto a ele, no lado esquerdo do cabeçalho: o anúncio publicitário de um carro, cuja imagem é seguida da legenda "Lexus, o carrão da Toyota".

Desdobrar as funções do *lógos* acolhe problematizações sobre seu conceito. Na própria fenomenologia, Heidegger (2011: 72), antes de afirmar que "o *lógos* é voz", lembra que "o significado básico de *lógos* é fala" (2011: 71), acrescentando ser a fala, para algumas interpretações colhidas ao longo da história de tal significado, o que traduziria aquilo que se quer dizer. Nessa acepção, segundo o filósofo, *lógos* é juízo, posicionamento (aceitar-rejeitar). Mas Heidegger (2011: 71) questiona a concepção de *lógos* "primeiramente como juízo": "Em todo caso, *lógos* não diz, ou não diz primeiramente, juízo, caso se entenda por juízo uma 'ligação' ou um 'posicionamento' (aceitar-rejeitar)." Prossegue o filósofo: "Como fala, *lógos* diz, ao contrário, revelar aquilo de que trata a fala" (2011: 72); e, remetendo ao Aristóteles das obras *De Interpretatione, Ética a Nicô-*

maco e *Metafísica*, Heidegger realça que, no pensamento aristotélico aí encerrado, está explicitada essa função de "mostrar-se", própria à fala. À investigação, que avança com a problematização sobre o que é o "ser verdadeiro" do *lógos*, o filósofo faz antecederem observações como estas: "A fala 'deixa e faz ver'[...] a partir daquilo sobre o que fala. A fala autêntica é aquela *que* retira o que diz daquilo sobre que fala [...]" (2011: 72). Entendemos que, entre a noção que temos adotado de uma fala conotada, a qual pode beirar um *lógos* estético como aquele de valência plena da função poética, e essas notas colhidas do pensamento de Heidegger, deve haver alguma vizinhança.

Mas o ligeiro sobrevoo sobre o pensamento do filósofo instiga-nos a ratificar que, para o estudo do estilo importa pensarmos que o *lógos* articula-se em suas duas funções, cada qual voltada para um dos dois perfis do ator, o que se ampara nas possibilidades oferecidas pela categoria semiótica de veridicção, relativa a uma verdade construída na relação *ser/parecer*, a partir da qual se dão o *verdadeiro* (*parece e é*), o *mentiroso* (*parece e não é*), o *secreto* (*é, mas não parece*), o *falso* (*nem parece nem é*) (Greimas e Courtés, 2008: 532).

Entendemos que a categoria da veridicção tem função determinada no interior dos discursos e na conotação do *éthos*. Em trabalho desenvolvido sobre intertextualidade e estilo (Discini, 2009b), demonstramos que, numa estilização de estilo, a assinatura promotora da estilização permanece na ordem da *falsidade*, como é o caso de Manuel Bandeira, nos poemas feitos por ele à moda de Olegário Mariano: aí, Manuel Bandeira *nem parece nem é* Manuel Bandeira, enquanto a assinatura estilizada permanece na ordem da *verdade* (o *éthos* Olegário Mariano, proveniente dos enunciados assinados por Bandeira, *parece e é* Olegário Mariano). Foi também lá demonstrado que é equivalente o que acontece com a heteronímia pessoana. Dessas nossas inquietações, não se alija a preocupação com a "verdade" como construção do *lógos*, em acepção que a aproxima de sua dupla funcionalidade na aspectualização do ator: a verdade no *lógos* judicativo e a verdade no *lógos* sensível. Enquanto Manuel Bandeira promovia, na estilização do estilo, um "jogo da verdade" que incluía o parecer e o ser, decidindo entre um eixo ou outro da veridicção, também ficava entregue à percepção desencadeada sobre a encarnação sensível do *éthos* de Olegário Mariano, o que sugere trazer à luz não tanto o ato de "decidir sobre o ser do ser", tal como posto na relação *imanência/aparência* e tal como está contido no que dizem Greimas e Courtés sobre a veridicção, mas a entrega sensível ao corpo estilizado.

> A categoria da veridicção é constituída, percebe-se, pela colocação em relação de dois esquemas: o esquema *parecer/não parecer* é chamado manifestação, o do *ser/não ser*, de imanência. É entre essas duas dimensões da existência que atua o "jogo da verdade": estabelecer, a partir da manifestação, a existência da imanência, é decidir sobre o ser do ser. (Greimas e Courtés, 2008: 533)

Os movimentos discursivos de estilização de um estilo efetuados por Manuel Bandeira equivalem ao *lógos* na sua função de trazer à luz o corpo actorial, para o que é recriada poeticamente, no interior dos poemas feitos à moda de..., a questão relativa "ao ser do ser", tal como processado na relação entre a imanência e a aparência discursivas e tal como processado na percepção. O *lógos*, posto lá a serviço da movimentação do corpo nas relações intertextuais, subsidia um corpo afeito ao "jogo da verdade", embasado, entretanto, pelos movimentos da percepção.

No âmbito do sensível, uma veridicção esvaziada da meta persuasiva encobre, como "vivido", a assinatura de Bandeira, enquanto desvela, como um vivido novo que atravessa o agora do ato de enunciar, o corpo estilizado: isso, menos por um movimento de dever fazer crer, e mais por um movimento sensível da percepção. A veridicção, mediante a valência plena e a tonicidade máxima da estesia contida no *lógos* estético, define a voz não como constituída em relação ao compromisso de parecer ser Olegário Mariano, o que supõe responsabilidade e arbítrio. Manter-se Bandeira como *o que nem parece nem é* e manter-se Mariano como o que *parece e é* são movimentos que, como verdade da percepção na estilização, trazem indicações de um lugar fronteiriço com esta formulação feita por Heidegger (2011: 72-3), a qual problematiza o "ser verdadeiro" do *lógos* como o que diz respeito a:

> retirar de seu velamento o ente sobre o que se fala e deixar e fazer ver o ente como algo desvelado, em suma, *des-cobrir*. Do mesmo modo, o "ser falso" diz enganar no sentido de *en-cobrir*: colocar uma coisa na frente de outra (à maneira de deixar e fazer ver) e assim propô-la *como* algo que ela *não* é.

A percepção como semiose encontra manifestação na escala de estesia do *lógos*, considerado constitutivamente conotado. Num dos extremos da linha de intersecções de grandezas, do lado da valência plena de conotação e no exercício de uma coerção máxima da função poética, está o *lógos* estético. Aí, o tom da voz, ao beirar um grau colossal de conotação, configura-se segundo uma opacidade também aumentada, na medida em que a linguagem mantém-se em "obstinada referência a si própria" (Merleau-Ponty, 2004: 72). No extremo oposto da linha de intersecção da "grandeza" de acento do conotado está a valência nula do *lógos* estésico, em atonia máxima da própria conotação e em volume nulo da modulação da voz conotada. Em termos de mensuração conforme o *mais* e o *menos*, nesse polo de esvaziamento do conotado está um *aumento de menos* de conotação, ou um *mais de menos* do conotado, o que favorece o ambiente discursivo para a emergência de gêneros convencionais como o regimento condominial que, a partir da esfera de comunicação cotidiana, define-se pela preocupação de regular na instância pública o comportamento e o convívio de moradores de condomínios.

No intervalo relativo às valências mitigadas de conotação do *lógos*, entre a tonicidade mínima e a atonia média da estesia, enquanto força de acento do sensível sobre o inteligível, o que favorece a emergência de metáforas pontuais ao longo dos textos, estão gêneros jornalísticos como o editorial e a crônica, concernentes ao "uso empírico da linguagem" (Merleau-Ponty, 2004: 73). De outro lado, condizente com seu *uso criador*, a linguagem impregna-se de lacunas: "A linguagem diz peremptoriamente quando renuncia a dizer a própria coisa" (2004: 73). Em contiguidade a esse uso criador e, do lado do "uso empírico", conforme "a moeda gasta que colocam em minha mão", como diz Merleau-Ponty (2004: 73) ao recuperar Mallarmé, a linguagem apresenta-se suscetível de acolher as valências mitigadas e nulas do acento do sensível.

DO DESDÉM

Mecanismos de construção do sentido que concretizam princípios formulados para o exame do corpo actorial podem ser identificados num cotejo entre mídia e literatura. A partir daí, podem ser examinadas, como efeito de sentido dos textos, determinadas paixões que, enquanto se instalam segundo regimes axiológicos, firmam o ator segundo papéis temáticos e, na medida em que se vinculam à percepção, encarnam a experiência do pensamento por meio do corpo sensível. Entre elas estão a admiração e o desdém.

Na semântica discursiva, um sujeito agente, porque visto no ato de enunciar que supõe tomada de posição, é respaldado pelo observador social e radica a paixão segundo um viés moralizante. Na tensividade figural, um sujeito entregue ao que lhe sobrevém como acontecimento radica a paixão no domínio do sensível. Lá, o *lógos* apresenta-se sob a função de manifestar, juntamente com uma hipótese, uma demonstração seguida de comprovação, o que convoca a opinião; cá, o *lógos* encorpa o vivido afetivamente, remetendo ao território de um sensível que rege o inteligível como ponto de partida e intencionalidade primordial do discurso.[7]

O *lógos*, na função de julgamento desempenhada como *aprovação/desaprovação, acolhimento/rejeição*, mantém-se aproximado de um gênero da retórica clássica chamado por Aristóteles de *epidítico* e realçado como demonstrativo pelos estudiosos da retórica. Meyer (in Aristóteles, 2003: XXIX) lembra que esse gênero, segundo o filósofo, corresponde "ao discurso em que entram em jogo o louvor e a censura, o prazer imediato (contemporâneo) necessário à aprovação ou o desprazer com o que se diz ou se ouve", o que confirmaria, do lado da rejeição, um "afastamento" em relação ao orador ou, ao contrário, "apropriação" feita do que diz o orador e "identificação com ele". A nosso ver, afastamento e apropriação em relação a algo são movimentos que podem ser pensados como rejeição ou acolhimento moral daquilo que se processa no discurso enunciado, o que supõe o ator aí instalado, seja em debreagem enunciativa (eu/tu), seja em debreagem enunciva (ele) e, neste último caso, como aquele *de quem se fala*, sujeito também radicado em papéis actoriais no interior do enunciado.

O gênero *artigo jornalístico de opinião,* sob assinatura de Luiz Felipe Pondé, mostra-se em texto intitulado "Narcisismo no 'Face'", em que o colunista alude à "cultura do narcisismo", a qual, segundo ele, "se fez hegemônica gerando personalidades que buscam o tempo todo ser amadas, reconhecidas, e que, portanto, são incapazes de ver o 'outro', apenas exigindo do mundo um amor incondicional". Aí, segundo o colunista, entra o "lado sombrio" da mídia social:

> Cuidado! Quem tem muitos amigos no "*Face*" pode ter uma personalidade narcísica. Personalidade narcísica não é alguém que se ama muito, é alguém muito carente.
> Faço parte do que o jornal britânico "*The Guardian*" chama de "*social media sceptics*" (céticos em relação às mídias sociais) em um artigo dedicado a pesquisas sobre o lado "sombrio" do Facebook (22/3/2012). Ser um "*social media sceptic*" significa não crer nas maravilhas das mídias sociais. Elas não mudam o mundo. (*Folha de S.Paulo*, Ilustrada, 16 abr. 2012, p. E10)

Entre o louvor feito do discurso acolhido como argumento de autoridade, conforme o jornal britânico citado, e a censura relativa à personalidade narcísica, porque carente, dos adeptos do Facebook, aparecem marcas indicativas daquele prazer que, concernente ao discurso epidítico, decorre da aprovação feita da voz convocada, que vem ao encontro do núcleo temático do ponto de vista adotado. Simultaneamente, aparecem marcas que dão indicação do desprazer em relação ao ator do enunciado, o dependente do Facebook, tal como avaliado eticamente. "Quem tem muitos amigos no *Face* é alguém muito carente" – eis a definição que, com ares de generalidade e de inquestionabilidade, para o que contribui o uso de um "presente durativo" ou "de continuidade" (Fiorin, 1996: 149) (*tem, é*), entre outros recursos, passa a ser comprovada na progressão textual. Para isso, o *lógos* mantém-se apodítico, isto é, demonstrativo, enquanto expressão de uma "verdade necessária" ou "verdade propriamente dita", conforme prenuncia a acepção filosófica do termo (Abbagnano, 1998). Meyer (in Aristóteles, 2003: XXVIII), ao explicar o conceito de *lógos* e a operacionalidade alcançada por esse conceito no pensamento de Aristóteles, afirma:

O *lógos* mantém a apoditicidade como norma porque a multiplicidade dos atributos do sujeito se anula na unidade (necessária) deste último. Sócrates é calvo ou não, jovem ou não etc.; mas Sócrates é Sócrates e não pode deixar de sê-lo. Isso exclui contradições.
[...]
Aristóteles conseguiu assim, ao que parece, conservar o caráter apodítico do *lógos*, fazendo da contingência a expressão do possível proposicional, que a unidade do sujeito reduz sempre mediante *uma* proposição que diz o que ele é.

O princípio de exclusão de contradições, vinculado à manutenção do viés apodítico do *lógos* e à manutenção da aparência de homogeneidade do ator, na voz de Pondé permite depreendermos o *lógos* que, como fundação do *éthos*, orienta-se para uma moralização sobrelevada à conotação sensível. Fica em intervalos de valência mitigada, minúscula e mínima, um corpo que se desvela na medida em que apreende o mundo como percepção, à qual entendemos equivaler à *estesia*, de modo afim com o que Greimas (2002: 28) designa "apreensão estética".

No artigo sobre o Facebook, citando um "best-seller acadêmico", *A cultura do narcisismo*, publicado em 1979, de autoria do historiador americano Cristopher Lasch (1932-94), Pondé avalia o que o historiador teria identificado como traço narcísico de nossa era: "carência, adolescência tardia, incapacidade de assumir a paternidade ou maternidade, pavor de envelhecimento, enfim, uma alma ridiculamente infantil num corpo adulto". A citação da voz do *outro*, segundo o estatuto de autoridade, legitima a sanção negativa desencadeada sobre o usuário do Facebook, ator visto como um sujeito não só afeiçoado, mas também submisso à mídia social.

O mecanismo de citação da voz alheia delineia certo pendor do ator da enunciação para reprovar com força intensificada o ator do enunciado, aludido em outro texto, como os "tecnocratas da Anvisa", do artigo "Basta". Aí, ao contestar o suposto comprometimento social ou a suposta boa vontade desses tecnocratas, que passaram a exigir receitas médicas na compra de remédios de tarja vermelha, firma-se o desabafo que invoca, por meio da gíria *na veia*, em *Freud na veia*, a inclinação ao sarcasmo:

> A Anvisa é uma das agências fascistas que querem controlar nossas vidas nos mínimos detalhes, com sua proposta de exigir receita médica para comprar remédios de tarja vermelha. É uma das pragas contemporâneas. Não acredito na boa vontade nem na ciência desses tecnocratas da Anvisa. Acho que eles se masturbam à noite sonhando como vão controlar a vida dos outros em nome da saúde pública.

> Não acredito em motivações ideológicas para nada, apenas em taras sexuais escondidas. Freud na veia... (Pondé, *Folha de S.Paulo*, Ilustrada, 20 ago. 2012, p. E10)

Em afinidade com um *lógos* apodítico, o discurso apresenta o corpo actorial sob o simulacro daquele que "exclui contradições", a fim de firmar no aspecto télico o processamento desse corpo. O viés social da observação sustenta a voz do narrador, a qual dá a conhecer, na primeira coluna citada, o usuário do Facebook na unidade de um sujeito homogeneamente contemplado, ou contemplado "mediante *uma* proposição que diz o que ele é". Aparta-se do *lógos* apodítico qualquer possibilidade de encontro de consciências equipolentes entre o *eu* e o *outro*, o que beiraria a polifonia para o ator e a exotopia na relação *autor/herói*.

Diz Pondé na primeira coluna: "As mídias sociais potencializam o que no humano é repetitivo, banal e angustiante: nossa solidão e falta de afeto." Se considerarmos que o sujeito afeito ao Facebook é aí apresentado como aquele que tem "*pavor* de envelhecimento", bem como "uma alma *ridiculamente* infantil num corpo adulto", podemos localizar, seja no uso do léxico *pavor*, que nomeia uma paixão com impacto maior do que a do medo, seja no uso do advérbio *ridiculamente*, que modula para maior intensidade a derrisão relativa ao atributo *infantil*, uma ascendência do tom da voz acusatória. Temos uma cifra tensiva que, esboçada em tais mecanismos de textualização, regula a intensidade do impacto para o aumento da tensão a partir do simulacro de assunção da responsabilidade daquilo que se diz. A cifra tensiva, ao registrar o aumento de tensão na voz, tal como viabilizada pelo viés judicativo do *lógos*, funda um modo próprio de ser beligerante.

Ainda no artigo "Narcisismo no 'Face'", vemos que, a partir de pesquisa realizada numa universidade americana e discutida no periódico britânico *The Guardian*, o articulista mantém o foco nos "bebês grandes do mundo contemporâneo, que assumem que seus vômitos são significativos o bastante para serem postados no 'Face'", movidos, que são, por um "senso de merecimento de respeito" e por um "desejo de manipulação". Nesse ponto, Pondé incorpora definitivamente a voz do jornal britânico e, desenvolvendo variações do mesmo tema, passa a mirar outro sujeito, o educador que, nos Estados Unidos, no Reino Unido e também no Brasil, apresenta o cuidado de "educar as crianças cada vez mais para a autoestima". O articulista complementa:

> O Facebook é a plataforma ideal para autopromoção delirante e inflação do ego via aceitação de um número gigantesco de "amigos" irreais. O dr. Viv Vignoles, catedrático da Universidade de Sussex, no Reino Unido, afirma que, nos EUA, o narcisismo já era marca da juventude desde os anos 80, muito antes do "Face".

Portanto, a "culpa" não é dele. Ele é apenas uma ferramenta do narcisismo generalizado. Suspeito muito mais dos educadores que resolveram que a autoestima é a principal "matéria" da escola.
A educação não deve ser feita para aumentar nossa autoestima, mas para nos ajudar a enfrentar nossa atormentada humanidade. (*Folha de S.Paulo,* Ilustrada, 16 abr. 2012, p. E10)

Se o ator do enunciado se delineia como o educado para autoestima, para o que contribui a admiração de si próprio, o que o mantém em firme disposição para angariar um "gigantesco número de amigos irreais", temos radicada, como paixão que configura esse *éthos*-Facebook, uma admiração afastada de qualquer discernimento ou de qualquer exame criterioso dos fatos, como faz crer o discurso. Assim se vai confirmando um modo *Pondé* de dizer, que remete a um modo próprio de ser no mundo. Em outro artigo (*Folha de S. Paulo*, Ilustrada, 10 jul. 2012, p. E10), o autor declara-se um infiel. "Não no sentido da infidelidade amorosa, mas religiosa", para o que acrescenta: "Não creio no aquecimento global por causas antropogênicas (trocando miúdos, não acho que nossos carros estejam aquecendo o planeta)." No mesmo artigo, Pondé problematiza o "consenso" acerca do tema, e o faz por meio de figuras orientadas para o tom crítico, como esta, "mercado do apocalipse verde", a qual junta, em paradoxo, duas dimensões semânticas incongruentes: a do mundo dos negócios com traço de venalidade, imediatismo e lucro (mercado) e a das revelações proféticas ameaçadoras, incorporado à visão extraordinária sobre as ameaças que o planeta "verde" sofre (apocalipse verde). A incongruência, por sua vez, sustenta a ironia.[8] A expressão "mercado do apocalipse verde", seguida da lembrança de que o apocalipse "sempre deu dinheiro", prepara a referência feita aos "sábios-profetas-cientistas, mágicos, gurus espirituais, nutricionistas-sacerdotes de alimentação sagrada, mercado de cristais sustentáveis, enfim tudo que há nos fanatismos humanos", para que se apresente, à moda de um desafogo, a alusão aos que participam de manifestações de protesto: "Aliás, que mania mais '*teenager*' essa de tirar a roupa toda hora. Já estão barateando os seios" (§ 7).

Quanto à coesão discursiva e textual, vemos que a figura "mania mais '*teenager*'" já se antecipara na abertura do enunciado, quando Pondé evoca o pai da psicanálise: "Freud estava certíssimo quando dizia que a maturidade é para poucos e viver uma infância retardada é um modo 'seguro' de não enfrentar a vida adulta que é sofrida, incerta, injusta e inviável" (§ 2). O tom usado na alusão feita à "tribo dos sem-roupa", a qual fica "atrapalhando um cuidado mais técnico acerca do futuro do planeta", é retomado em outros enunciados do mesmo articulista, por meio de temas e figuras variados, na diversidade de cada ato de enunciar. Em "O infiel", título desse texto que estamos comentando, Pondé comprova entender o

249

"verdismo" segundo uma "espiritualidade fanática como qualquer outra, regada a comunismo requentado", para o que completa: "o verdismo é uma melancia, verde por fora, vermelho por dentro".

Com o viés do *lógos* que lembra o teor apodítico, firma-se a reminiscência ao gênero epidítico, assim referido por Aristóteles (s.d.: 42) na *Retórica*: "O gênero demonstrativo comporta duas partes: o elogio e a censura". Mas, sob a perspectiva discursiva, a afinidade com esse gênero não é definitiva: diluem-se os limites entre o gênero epidítico ou demonstrativo e aquele destinado a julgar o que aconteceu ou o que poderia ter acontecido, o judiciário, que convoca teses em oposição. A este último, assim alude o filósofo: "Uma ação judiciária comporta a acusação e a defesa: necessariamente os que pleiteiam fazem uma destas duas coisas" (s.d.: 42).

No âmbito dos estudos do discurso, entendemos que um enunciado passa do elogio à defesa e da censura à acusação, variando a modulação do tom da voz, do que não se apartam as modalidades factitivas, que procuram levar o "ouvinte" a fazer algo, que é o que acontece em "O infiel", por meio da modulação aumentativa da intensidade da voz. No excerto a seguir, que faz parte do terceiro entre os quinze parágrafos que compõem a progressão textual de "O infiel", fica demonstrado como o fim próprio à retórica, a persuasão, desenvolvendo-se sobre o *provável*, na acepção daquilo que pode e deve ser provado, junta os meios retóricos, enfatizados por Molinié (1992: 270) como três: *orientar, agradar* e *emocionar*.

> Isso mesmo, repito para que meu pecado conste nos autos: Não creio que o aquecimento global seja causado por emissão de gás carbônico, acho (inclusive tem cientista que afirma isso, os ecocéticos) que o recente aquecimento começou antes dos últimos cem anos, nos quais nosso gás carbônico cresceu, e ciclos de esquentamento e esfriamento sempre ocorreram. (Pondé, *Folha de S.Paulo*, Ilustrada, 16 jul. 2012, p. E10)

Intensifica-se a voz num *crescendum* de impacto a partir do *lógos* judicativo. Em sucessão a tais demonstrações, aparece a metáfora da *melancia* (§ 8), seguida da comparação feita entre os convictos abstêmios do consumo de carne e as autoridades eclesiásticas de nossa história: "A certeza daqueles que não comem carne acerca do pecado dos que comem é mais forte do que a condenação do orgasmo feminino pelas autoridades eclesiásticas mais idiotas que caminharam pela Europa nas Idades Média e Moderna." A certeza de x (dos abstêmios sobre o pecado de comer carne) é mais forte do que a de y (dos mais idiotas entre as autoridades eclesiásticas que condenaram o orgasmo feminino).

Ao preencher, lexical e figurativamente, *x* e *y*, a beligerância do *éthos* exalta-se, para desqualificar com significativo impacto *x* e *y*, e o faz em ascendência tensiva da emoção radicada no ato predicativo de julgamento, procurando cumprir-se na finalidade retórica, que é convencer o leitor. A comparação reprobatória, feita do ator do enunciado, monta uma persuasão de impacto ascendente, enquanto procura sensibilizar o leitor, mas em convocação mitigada do viés estésico do *lógos*, cuja valência permanece fraca mediante o uso da metáfora da melancia, "moeda gasta", própria ao "uso empírico" e não criador da linguagem. Se, segundo Fiorin (2008: 79), criam-se metáforas "para apresentar uma nova maneira, mais viva, de ver as coisas do mundo", concordamos com o fato de que as coisas do mundo se dão a ver de modo mais vivo por meio da ocorrência dessa metáfora. Entretanto, aí, a serviço da persuasão, a metáfora, além de ser pontual, apresenta-se a tal ponto gasta, que tem a pregnância minimizada recrudescidamente para *o nada do nada*. O sensível com Pondé vem no rastro do inteligível, ou seja, no rastro da função judicativa do *lógos*. Enquanto isso, instalam-se, como vetores estilísticos, a hipérbole e a ironia, para que se funde a derrisão como sustento de uma voz propensa a escancarar a polêmica. A derrisão é ambiência patêmica favorável à emergência do desdém.

Citamos, por enquanto, dois enunciados do mesmo gênero e do mesmo autor, na medida em que tais textos contêm a estrutura fundadora de muitos outros, de Pondé, publicados na *Folha*, caderno Ilustrada, tais como: "A paranoia bullying" (18 jun. 2012, p. E 12); "A ciência triste" (25 jun. 2012, p. E10); "Vadi@ ou vadia?" (11 jun. 2012, p. E14); "Bolchevique traveco" (2 jul. 2012, p. E10); "A idiota de Deus" (9 jul. 2012, p. E 10); "A demagogia verde dos salvadores" (15 jun. 2012, p. C15) – este último publicado no caderno Cotidiano do mesmo jornal.

Nos dois artigos anteriormente cotejados, encontramos mecanismos que confirmam, para a enunciação, a paixão da admiração vinda à luz no seu contrário, o desprezo, se voltarmos à perspectiva de Aristóteles, na interpelação que o filósofo faz sobre as paixões e a função exercida por elas no desempenho do orador diante do auditório. As paixões valem, segundo o pensador grego, enquanto subsidiam argumentos retóricos. O filósofo equipara a admiração à emulação, por sua vez vinculada ao mérito. Lembra homens dignos de mérito como "aqueles a quem muitos querem ser semelhantes, ou de quem muitos querem ser conhecidos ou amigos", para falar sobre a emulação, em seguida contraposta ao desprezo: "Desprezam-se os de caráter oposto, porque o desprezo é o contrário da emulação, e o fato de sentir emulação é o contrário de desprezar" (Aristóteles, 2003: 73).

Os textos recortados da mídia acabam por compactuar com o ponto de vista do filósofo grego, desde a composição figurativa, por exemplo, na expressão "verdismo fanático". Os indivíduos arrebanhados por essa "tribo" confirmam, no interior dela, uma admiração mútua que os blinda contra reflexões sobre o conceito de aquecimento global, conforme diz Pondé, que pondera: "'A verdade científica' em jogo é o que menos importa, mesmo porque nenhuma controvérsia científica ao redor do tema pode ser vista como algo diferente da heresia." A admiração apegada à causa defendida obscurece o julgamento criterioso que poderia ser feito sobre o mundo, enquanto arrefece o discernimento crítico diante desse mesmo mundo – assim se tematiza no enunciado o ator que Pondé desaprova, enquanto a ética da convicção afirma-se na voz de vigor intenso do enunciador. Pondé sanciona a admiração que constitui os componentes da "tribo", seja a dos verdes fanáticos, seja a dos manifestantes sem-roupa, ou ainda a dos que atulham os aeroportos aos domingos para contemplar aviões entre chegadas e partidas, tal como se dá a ver em outros enunciados aqui reunidos. A rejeição em relação a essa admiração generalizada nutrida pela "tribo", enquanto projeta um anteparo para o desdém em relação ao sujeito admirativo, remete a outro estudo filosófico sobre as paixões.

Descartes (2005, Artigo 2: 28), em *As paixões da alma*, publicado em 1649, reflete sobre as paixões, evidenciando a dicotomia *corpo/alma*: "não há melhor caminho para chegar ao conhecimento de nossas paixões do que examinar a diferença que existe entre a alma e o corpo, a fim de saber a qual dos dois se deve atribuir cada uma das funções que existem em nós". O filósofo, ao discorrer sobre a admiração, declara-a como uma paixão primitiva, da qual o desprezo seria uma espécie. "Quando o primeiro contato com algum objeto nos surpreende e o consideramos novo ou muito diferente do que conhecíamos antes ou então do que supúnhamos que ele devia ser, isso faz que o admiremos" (2005, Artigo 53: 69). Ao levar adiante seu pensamento, acrescenta: "À admiração une-se a estima ou o desprezo, dependendo de o que admirarmos ser a grandeza de um objeto ou sua insignificância" (2005, Artigo 54: 69).

Entretanto, é no alerta para o excesso da admiração como um ponto negativo e na demonstração de como corrigir tal excesso que o filósofo acaba por sugerir pontos de conexão com a crítica veemente que define o *éthos* beligerante de Pondé. Demonstra, então, que frequentemente "acontece de admirarmos demasiado e nos espantarmos ao perceber coisas que pouco ou nada merecem ser consideradas, e não de admirarmos pouco demais. E isso pode suprimir ou perverter inteiramente o uso da razão" (2005, Artigo 76: 79-80). A essa proposição faz seguir outras em tom de alerta: "Mas para evitar admirar com excesso o único remédio é adquirir o conhecimento de várias coisas e exercitar-se no exame de todas as que possam parecer mais raras e mais estranhas" (2005, Artigo 76: 80); "quando é excessiva e nos faz deter a atenção somente na primeira imagem dos objetos que se apresentaram, sem adquirir outro conhecimento a seu respeito, ela [a admiração] deixa após si um hábito que dispõe a alma a deter-se da mesma forma em todos os outros objetos que se apresentarem, desde que lhe pareçam um mínimo novos" (2005, Artigo 78: 81). Pondé, na perspectiva actorial dada em trânsito entre enunciação e enunciado, apresenta um ponto de vista limítrofe daquele de Descartes sobre a admiração "excessiva", tal como vista no ator social plantado no discurso. Da perspectiva admirativa do ator do enunciado, tal como moralizada pelo articulista, emerge o desdém.

Sob o enunciado "A demagogia verde dos salvadores" (*Folha de S.Paulo*, Ilustrada, 15 jun. 2012, p. C 15), firma-se, pois, como vetor estilístico não a manutenção da isotopia figurativa da infância tardia da "tribo verde" e das outras "tribos", mas o teor da avaliação moralizante da enunciação sobre o ator do enunciado. Se considerarmos que o *lógos* é constitutivamente estésico, porque conotado, afirmamos que temos com Pondé *a estética do desdém*; no caso dos artigos selecionados, o desdém em relação à admiração indiscriminada que caracteriza os componentes das "tribos", encorpados mediante um infantilismo que desanda em comportamentos afins:

> Pessoas que se julgam salvadoras do mundo são basicamente de dois tipos: ou são autoritárias ou são infantis. Na tribo verde existem os dois tipos, e como crianças são naturalmente autoritárias, não há muita saída: as duas características se encontram com frequência na mesma pessoa. Um dos desafios da cultura verde é se livrar desse mau hábito. Até agora, me parece uma tarefa impossível.
> Falemos do infantilismo. É comum ideólogos verdes (que dizem falar em nome da ciência, essa senhora, coitada, tão abusada em nossos dias e que todo mundo diz frequentar seu círculo mais íntimo), falarem coisas absurdas e ninguém percebe seu absurdo. Quer ver um exemplo? Um dos impasses da humanidade é o fato de que sua população cresce e todo mundo quer ser feliz, comer bem e ter uma vida confortável. Todo mundo quer ser "americano" ou "alemão", no sentido de viver altos padrões de qualidade de vida. A questão sempre é: quem paga a conta? Em termos ambientais, de onde virão tais recursos? Como servir a todo mundo sem explorar a natureza? Não dá. Não adianta esquisitos de todos os tipos acharem que seus hábitos de alimentação, praticados em cozinhas orgânicas, salvarão a humanidade. (*Folha de S.Paulo*, Ilustrada, 15 jun. 2012, p. C15)

Os "ideólogos verdes" remetem a muitos outros epítetos que despontam reincidentemente ao longo dos artigos de Pondé, segundo um tom modulado sempre na mesma fase, de intensidade ascendente da desqualificação. Que o diga

253

a afirmação feita por ocasião da renúncia de Bento XVI, sobre o preconceito que os "inteligentinhos" têm contra a Igreja Católica, em que o diminutivo é aumentativo em pejoração: "Hoje em dia, num mundo em que todo o mundo diz que não tem preconceito, o único preconceito aceito pelos inteligentinhos é contra a igreja: opressora, machista, medieval..." (*Folha de S.Paulo*, Ilustrada, 18 fev. 2013, p. E12). A modulação do tom da voz não se transforma, de modo a depararmo-nos com um corpo aspectualmente estático, o que é favorecido pelo uso recorrente de epítetos que concentram os semas pejorativos.

Molinié (1992: 141), após realçar que o epitetismo "consiste em juntar, a um termo caracterizado, geralmente um substantivo, um caracterizador adjetival", realça o fato de que o uso recorrente de epítetos apresenta-se em "frases que desenvolvem um aspecto do tema sobre o qual o locutor quer insistir", o que, segundo o autor, pode contribuir para incitar a atenção. Ao fazer tais afirmações, Molinié (1992: 141) complementa: "O epitetismo é, portanto, um meio de ampliar o discurso". Imprimindo para *amplificação* uma acepção relativa a determinada "inflexão retórica" (1992: 46) praticável em exercícios voltados à "arte da eloquência" (1992: 147), Molinié leva-nos a depreender, a partir da proliferação de epítetos nos textos de Pondé, uma definição da cifra tensiva que modula o tom da voz judicativa, como a que ascende em intensidade e, de modo converso, também em extensidade, ampliado o corpo actorial na tensividade figural. Mas, devido ao modo regularmente irônico de predicar o *outro* referido, o que se alia à triagem promovida por acumulação da pejoração, o tom ampliado da voz enunciativa mantém-se na mesma fase de grande altura, por isso o *éthos* hiperbólico instala-se a partir de um corpo aspectualmente estático.

Se epítetos, tal qual "os esquisitos de todos os tipos" ("A demagogia verde..."), de um lado contribuem para que se tematize em reincidência o ator do enunciado como um sujeito avaliado de modo singular, afirmamos, com apoio em Moura Neves (2000), que estamos diante de um processo exacerbado ou intenso de predicação, entendendo que o próprio epíteto acaba por funcionar como um adjetivo qualificativo. Ao analisar a funcionalidade dos fatos da gramática da língua, Moura Neves, apresenta os adjetivos *qualificadores* ou *qualificativos* como os que "indicam, para o substantivo que acompanham, uma propriedade", ao que acrescenta: "Essa atribuição de uma propriedade constitui um processo de predicação, e, por isso, esses adjetivos podem ser considerados de tipo predicativo" (2000: 185). O epíteto inegavelmente atribui uma propriedade ao sujeito referido anaforicamente e, por meio da proliferação desse recurso, os textos de Pondé firmam indicações para um *éthos* inclinado a predicar de modo "mais subjetivo" o ator do enunciado, para o que voltamos ao pensamento de Moura Neves. A linguista fornece este esclarecimento sobre os adjetivos qualificativos: "Diz-se que esses adjetivos qualificam o substantivo, o que pode implicar uma característica mais, ou menos, subjetiva" (2000: 185). Tendem a predicar o ator de modo mais subjetivo os epítetos que proliferam nesses artigos de opinião.

Em *Pondé*, os epítetos, configurados "em encadeamento isotópico de figuras, correlativo a um tema dado", o que concerne ao conceito de percurso figurativo definido por Greimas e Courtés (2008: 213), apresentam os atores como os "verdes demagógicos", os "intelectuais 'profetas'", os "políticos marqueteiros", que prometem "fazer da vida uma festa de bem-estar e deixar as plantinhas e os animaizinhos em paz". A partir da linearidade da textualização, os epítetos remetem aos papéis temáticos do ator do enunciado, ora articulado à "esquerda", que "é uma praga da qual não nos livramos" ("Bolchevique traveco"), ora lembrado como a "autoridade pública em *bullying*", a qual faz Pondé sentir-se "diante de um inquisidor" ("A paranoia bullying") – todos eles apresentados como os que se acham "representantes do 'bem'".

Pondé mantém indicações de que o ator do enunciado é movido por uma admiração sem espírito crítico. Avaliam-se então negativamente o ator e a paixão interpretada como constitutiva dele, ambos configurados por meio de um excesso não desejável. O ator do enunciado, sujeito assim julgado, acaba por apresentar certa convergência com a admiração sem discernimento problematizada por Descartes. Da relação do ator do enunciado com o ator da enunciação, temos então acionado o desdém, da parte deste último para aquele. Do desencadeamento dessa paixão, provém a ironia e o sarcasmo, para favorecer a discursivização do perfil judicativo do *éthos*, enquanto o *lógos*, na plenitude da função argumentativa, firma-se sob a contundência afeita à ironia.

O ator julgado, actante do enunciado (3ª pessoa gramatical), concretiza-se por meio de papéis temáticos condensados no encadeamento isotópico de figuras. Tal encadeamento beneficia-se de um processo peculiar de predicação, voltado para o uso dos epítetos. Correlato ao corpo desse ator firmam-se procedimentos concernentes à construção do simulacro ou imagem do ator da enunciação: um sujeito que não tem pejo de afrontar o *ele* desdenhado, nem tampouco as práticas "politicamente corretas" que o constituem. Mediante os movimentos sintáticos e semânticos de uma enunciação que se enuncia com corpo, voz e tom de voz, alcançamos, com a totalidade *Pondé*, o *éthos* conotado por meio de um *lógos* que, embebido por valores sociais contraditórios, acaba por abafar a voz do *outro*, no tom mantido em fase de tensão recrudescida, visto esse *outro* na representação feita do ator achincalhado. Fica enrijecido o corpo do *éthos* da convicção, enquanto aspectualmente o ator confirma-se como estático e télico.

Por conseguinte, esse *outro*, ao qual o narrador, como enunciador projetado no interior do enunciado responde, é o sujeito cujo discurso inscreve-se em formações discursivas antagônicas ao posicionamento de Pondé; é o sujeito cujo discurso trata de temas afins aos elaborados nesses artigos jornalísticos, mas de modo divergente, em compatibilidade com outros sistemas de restrições semânticas, que valorizam

255

euforicamente o que Pondé desqualifica. As contradições sociais do signo mantêm-se, pois há ainda outro sujeito no circuito: o leitor instituído por Pondé como coenunciador, aquele cujo corpo emparelha-se ao do ator da enunciação e sente prazer em ler seus artigos; prazer como cumprimento dos meios retóricos assinalados por Molinié, quando destaca, junto à persuasão, os gestos de *orientar, agradar* e *emocionar*.

Por meio de recurso viabilizado pelo gênero, o próprio actante do enunciado, o *ele*, como elemento noticioso, apresenta-se como o ator cuja voz, antípoda a Pondé, é achincalhada. Para isso, o sensível não deixa de entrar de roldão no movimento da persuasão. Entretanto, como relevância para o esquema corporal do estilo, não encontramos um sujeito arrebatado pelo acontecimento tensivo, ou um sujeito discursivizado no limiar da própria percepção. Se se mantém recrudescido o tom da voz do *éthos*, convocando sílabas tensivas fundadas num *mais de mais* e fazendo ascenderem valores de impacto, é para acompanhar um inteligível dilatado e expandido na esgrima da eloquência retórica. Eis um caso em que o sensível adere a um inteligível em relação conversa, mas ambos sob o efeito de um *lógos* judicativo. O *lógos* judicativo, emparelhado aí à estaticidade e à telicidade aspectual, confirma, como princípio de conotação do *éthos*, o efeito de identidade estilística.

Alavancado o inteligível em relação conversa com o sensível, recua o observador sensível no processo de arquitetura de um corpo afetado pelo mundo. Isso acontece, não apesar de valores de impacto convocados, mas por meio deles, já que eles são convocados para modular o ato predicativo de julgamento. Não encontramos, entre os valores de impacto e os de tenuidade, uma correlação inversa, pois aqueles não diminuem proporcionalmente a sua extensão; na correlação conversa, os valores de impacto e os de universo aumentam-se reciprocamente, favorecidos pelo estilo do gênero, artigo de opinião.

O ato de emitir opinião, no caso de Pondé, configura-se, como ética da triagem, na relevância mantida pelos valores de absoluto. Na perspectiva orientada por valores de universo, opostos aos incorporados por Pondé, teríamos um impacto tênue do acento do sentido, como sugere Zilberberg (2011: 91), que lembra serem os valores de universo mais difusos do que aqueles de triagem. Nos artigos de opinião que contemplamos, concentra-se em veemência a voz, enquanto o corpo difunde-se no amplo gesto de moralização.

Os valores de absoluto e de universo, se mantida a relevância da função do observador social, corroboram a aspectualização do ator mediante um regime axiológico que, assumido pela enunciação, tende a atenuar o conotado enquanto estesia, tornando o estésico mitigado. O estésico é noção complementar àquela de percepção. No *Vocabulaire des études sémiotiques et sémiologiques* (Ablali e Ducard, 2009), a noção de estesia aparece realçada em equivalência com a noção de *percepção discursiva*, tal como está em estudo feito por Nicolas Couégnas (2009: 192), que expõe como a mesma estesia é pensada "no quadro epistemológico das paixões". Aí ele destaca a *estesia* vinculada à tensividade fórica, num contínuo tido como "anterior à cisão actancial". Por sua vez, Paolo Fabbri, ao fazer a introdução à obra *Da imperfeição* (Greimas, 2002: 93), faz este comentário: "A. J. Greimas, semioticista e linguista, optou pelo *estésico*, isto é, pelo componente afetivo e sensível da experiência cotidiana."

A definição do estésico contida na afirmação de Fabbri legitima a noção de um *lógos* que, fundamentalmente estésico, distribui-se ao longo de uma escala de oscilações de aumento e de diminuição do acento de sentido, que permeiam os termos complexos. A partir daí, pode-se considerar que a percepção é suscetível de borrar os limites entre o *eu* e o *outro* quanto mais sujeitar-se à afecção resultante de uma invasão forte e tônica desse *outro*. Esses gestos são expectativa criada por um *lógos* conotado na ordem das valências plenas da função poética, a que se vinculam paixões de dominância da sensibilidade, não da moralização. No âmbito desta última, vemos que, para o actante da enunciação concretizar-se temática e figurativamente como ator, firmando um *éthos* no seu perfil judicativo, é relevante o modo como a enunciação se enuncia na avaliação ética do actante do enunciado.

Daí resulta um movimento recíproco de constituição dos papéis temáticos, do ator do enunciado e do ator da enunciação, de cuja confluência provém a definição de distintos estilos. Para isso contribuem mecanismos de textualização, que incluem o uso do léxico e o funcionamento dos fatos da gramática nos discursos. A partir daí ratifica-se, para o estilo de um gênero como o *artigo de opinião*, a possibilidade de definição de um corpo, cuja cifra tensiva expressa uma relação conversa entre valores de impacto e valores de universo, uns aumentados em relação aos outros. Mas, em função do gênero, a expectativa é a manutenção da relevância do inteligível como atividade de julgamento. Para isso contribui o viés judicativo do *lógos*.

Aristóteles (2003: 73), na sua *Retórica das paixões*, tendo em vista "os meios pelos quais surgem e cessam as paixões, fontes de onde se tiram os argumentos retóricos", observa-as como disposições do ouvinte vinculadas ao caráter e às disposições do orador, este que deve parecer ser x ou y para mais bem poder persuadir o auditório. A paixão confirma-se, então, como instrumento retórico. Importa "persuadir e dissuadir, louvar e censurar, acusar e defender-se", diz o filósofo, complementando que "é necessário não só atentar para o discurso, a fim de que ele seja demonstrativo e digno de fé, mas também pôr-se a si próprio e ao juiz em certas disposições" (2003: 3). Desse modo, a retórica, que "tem como fim um julgamento (com efeito julgam-se os conselhos, e o veredicto é um julgamento)" (2003: 3), cobra também, segundo o Estagirita, "que o orador se mostre sob certa aparência e faça supor que se acha em determinadas disposições a respeito dos ouvintes e, além disso, que estes se encontrem em semelhantes disposições a seu respeito" (2003: 3). Tais disposições remetem a um *páthos* atrelado tanto à aparência do orador como ao julgamento feito pelo ouvinte em relação ao orador no processamento das próprias paixões do ouvinte.

Perfilamo-nos a esse princípio, mas não nos restringimos a ele, ao procurar reconhecer a *estética do desdém* na relação *enunciado/enunciação* dos textos de Pondé. Há jogo da verdade, há um parecer atrelado a um ser ou uma veridicção a serviço da persuasão como preocupação definitiva do artigo de opinião. Mas o desdém que aparece na modulação da voz actorial não se prende somente a esse viés, pois a aspectualização actorial supõe que as perspectivas do observador social e do observador sensível estejam em intersecção, passem uma na outra.

A paixão do desdém oferece indicações de sua emergência desde o nível tensivo, para a percepção, e, no interior do percurso gerativo do sentido, desde o nível fundamental, considerada a *quase-presença*, aí, em valência nula de acento do sentido. Para a fundamentação dos papéis temáticos, os quais fazem incidir o enfado do orador sobre o ator do enunciado enfaticamente desaprovado por Pondé, contam os movimentos sintáticos e semânticos do plano do conteúdo dos textos, o que faz a voz tomar corpo. Enquanto isso, para a modulação sensível do tom da voz conta o *lógos* de estesia mitigada, já que priorizado num teor propositivo, subsídio do viés judicativo, este que é fator de reunião daqueles gêneros retóricos referidos por Aristóteles. Como determinado leitor do jornal, o "ouvinte" é disposto nessa coluna mediante a expectativa que o institui como um sujeito suscetível de querer e poder, se não julgar, pelo menos colar-se aos dois vieses do observador que respaldam o julgamento actorial: ou seja, como narratário, observar o ator do enunciado sob o crivo estabelecido na voz do narrador. A perspectiva patêmica passa do narrador para o narratário, preservadas as aberturas de observação próprias ao corpo do leitor como sujeito-no-mundo.

O leitor de Pondé, instituído como feixe de expectativas, é então levado às proximidades das disposições passionais daquele mundo discursivizado, enquanto o orador Pondé esmera a própria escuta, assim afinada em relação às disposições desse ouvinte, que ele, Pondé, quer, deve, pode e sabe persuadir. Por conseguinte, o enunciatário, sujeito posto no circuito do ato de enunciar e sujeito responsivo ao *outro*, fica confirmado como dialógico, sem que pese aqui o encaminhamento dado a uma *performance* subsequente, quer ela se volte para o ato de partilhar valores propostos, quer ela se volte para a rejeição a eles.[9] Em decorrência do estilo autoral, que exacerba a polêmica, solta-se a mola da retórica midiática para que, junto com o *dever ser* e o *dever fazer* do orador, até para ajustar disposições suas com as do ouvinte no âmbito de fazer crer para *formar opinião*, sejamos remetidos ao fortalecimento do teor de um *lógos,* cuja função básica de persuadir mantém a estesia em valência mitigada.

As paixões, concebidas por Aristóteles (2003: 5) como "aqueles sentimentos que, causando mudança nas pessoas, fazem variar seus julgamentos", são ainda examinadas em afirmações como estas: "aquele que ama tem por certo que a pessoa sob julgamento ou não pratica ato injusto ou comete delitos de pouca importância, e aquele que odeia tem por certo o contrário" (2003: 3). A *Retórica das paixões* procura então elucidar sentimentos com vista a orientar o orador para o que deve ser feito, como é o caso da cólera. Tendo realçado contra quem esse sentimento é despertado, em que estado de ânimo ele aflora e as razões para isso, Aristóteles (2003: 15) finaliza:

> É evidente que o orador deveria, por meio de seu discurso, predispor os ouvintes de tal maneira que se encolerizassem, deveria também apresentar seus adversários como culpados por atos ou palavras que provocam cólera e como pessoas de qualidades tais que a promovem.

Enquanto um *éthos* disposto a predispor determinado *páthos*, ou enquanto um *éthos* organizado para inculcar no auditório uma disposição favorável a determinado julgamento, Pondé cumpre-se ao insinuar em seus leitores, se não um desdém, um enfado, ou, pelo menos, certa inquietação que, vinculada à participação social prevista pelo gênero, é "estado de alma" antecipado pelas coerções genéricas. O artigo de opinião é feito para inquietar. Acontece que a totalidade enunciada oferece recursos para que a inquietação desprenda-se de movimentos de derrisão, seja em relação ao "bebê grande", seja em relação às "tribos" ou até em relação aos "inteligentinhos". Segundo o viés do gênero "artigo de opinião", reminiscente do gênero retórico epidítico, demonstrativo, o leitor prepara-se para deixar-se seduzir pela meta retórica do próprio orador.

Estamos voltados para o que Molinié (1992: 271) entende como "de longe o mais eficaz [da retórica]", *agradar*, com as acepções de *seduzir* e *encantar*. Para que a persuasão se realize, ou para que se possa conduzir o auditório segundo a orientação pretendida, é preciso seduzi-lo, complementa Molinié (1992: 271) ao alertar que tal sedução, "voluntária, determinada e calculada", apoia-se "na *ação* e em especial no conjunto de atrativos da *elocução* e do *estilo* em geral". A *ação* ou a *performance*, conforme ressalta o mesmo autor (1992: 35), concerne, no âmbito da retórica clássica, à *voz* (lembrada como pronúncia pelo autor) e ao *gesto* do orador; a elocução por sua vez "diz respeito à seleção e organização das palavras no discurso", o que faz cuidar da clareza, da ênfase e das figuras. Assim, Molinié explicita tópicos da retórica aristotélica, para o que lembra que o conceito de elocução cobriu, "ao longo da história, o sentido de estilo" (1992: 127). Mas, para o estudo do estilo como percepção e corpo, o gesto de agradar é concebido primordialmente no território do sensível: no encantamento suscetível de ser trazido pela estesia do *lógos* e pela conotação do *éthos*, o que viabiliza o *páthos* como componente afetivo do *éthos* e do *lógos*.

Com Pondé, constatamos que um *éthos* performativo vincula-se à *ação* retórica, enquanto empenha-se em persuadir o leitor, para o que depreendemos o vínculo com um *lógos* judicativo e para o que se apresenta o observador social como relevância na aspectualização actorial. Assim, a paixão do desdém permanece a serviço do argumento, o que não deixa de convergir para princípios emanados do pensamento do estagirita. Aristóteles (2003) procura oferecer subsídios ao orador para penetrar as paixões como disposições a ser manipuladas na constituição dos argumentos retóricos. Para chegar a determinadas disposições segundo as quais pessoas se encolerizam, discorre sobre três espécies de desprezo – "o desdém, a difamação e o ultraje" –; "aquele que desdenha despreza, pois desdenhamos tudo o que julgamos desprovidos de valor" (2003: 7). Ao equacionar a sequência segundo a qual "aquele que difama parece desdenhar", acrescenta: "o difamador não supõe que o outro vá prejudicá-lo (neste caso, ele o temeria e não o desprezaria), nem que lhe possa ser útil em algo apreciável, pois cuidaria então de ser seu amigo" (2003: 9). Por sua vez, à conexão entre o ultraje e o desprezo explicitada segundo a formulação de que "também aquele que ultraja despreza", segue esta especificação: "o ultraje consiste em fazer ou dizer coisas que causam vergonha à vítima, não para obter outra vantagem para si mesmo, afora a realização do ato, mas a fim de sentir prazer" (2003: 9).

A ironia intensificada para o sarcasmo avizinha-se de um prazer judicativo. Pondé, ao fazer conexões da "tribo verde" com "a esquerda", que "é uma praga" ("Bolchevique traveco"), dirá na mesma coluna que, "entre matar um fiscal do Ibama e um jacaré", para aquela "tribo" é crime menor matar o fiscal. No encadeamento entre as colunas, ao relacionar a "paranoia *bullying*" com a educação, dirá ainda que, "em breve, a melhor solução para o professor será a indiferença preventiva para com os alunos" ("A paranoia bullying") a fim de evitar denúncia de *bullying* no seu trabalho docente, e assim por diante. No rastro da retórica aristotélica, Pondé confirma, na assimetria de lugares discursivos entre ator da enunciação e ator do enunciado, o lugar de superioridade daquele em relação a este, o que favorece a disposição ao enfado, fortalecida no desdém generalizado para com as práticas avaliadas, para as quais é atribuída a banalização do pensamento. Mais algumas passagens o demonstram:

Bolchevique traveco

A esquerda é uma praga da qual não nos livramos. Egressa da tradição judaico-cristã messiânica, traz consigo a tara do fanatismo daquela. Mas ela tem várias faces.

No Brasil, após a ditadura, a esquerda tinha o absoluto controle da universidade e, por tabela, de muitas das instâncias de razão pública, como escolas de nível médio, mídia, tribunais e escolas de magistratura. Coitadinha dela.

Neste caso, do aparelho jurídico, sente-se o impacto quando vemos a bem-sucedida manobra da esquerda em fazer do Código Penal uma província ridícula do politicamente correto, para quem, como diz a piada, entre matar um fiscal do Ibama e um jacaré, é menos crime matar o fiscal. (*Folha de S.Paulo,* Ilustrada, 2 jul. 2012, p. E.10)

A paranoia bullying

Quando ouço alguma "autoridade pública em bullying", sinto que estou diante de um inquisidor, que, como todos, sempre se acha representante do "bem".
Em breve, a melhor solução para o professor será a indiferença preventiva para com os alunos. Melhor uma aula burocrática e avaliações burocráticas do tipo "múltipla escolha" ou "diga se é falso ou verdadeiro", mesmo nas universidades, porque assim o aluno não poderá acusar o professor de "desumanidade" ao reprová-lo, ou pior, acusá-lo de bullying porque desconsiderou sua "cultura de ignorante", mas que "merece respeito assim como Shakespeare". (*Folha de S.Paulo*, Ilustrada, 18 jun. 2012, p. E12)

A idiota de Deus

Meus leitores sabem o quanto abomino aeroportos. Criei mesmo a expressão "churrasco na laje" para descrever essa sensação de que somos atropelados por uma mistura de música brega e pessoas mal-educadas. Não se trata de preconceito (no sentido banal que a palavra ganhou depois de virar chiclete com banana na boca de todo mundo) porque não acho que as pessoas não sabem se comportar nos aeroportos porque são de classe social ou cor específicas. Trata-se apenas de falta de educação. (*Folha de S.Paulo*, Ilustrada, 9 jul. 2012, p. E10)

Confirmam-se indicações relativas a um sujeito inclinado à assimetria de lugares diante do *outro*. Diante do participante do Facebook ou diante do fiel ao "verdismo", o perfil judicativo do ator destaca-se por meio da aspectualização favorecida pelo observador social. Torna-se relevante o papel temático daquele que denuncia a infância tardia, companheira da admiração sem discernimento. Papéis actoriais da enunciação são fincados na crítica ao estado admirativo "cego", que favorece agremiações ufanistas em que semelhantes amparam-se mutuamente. Junto com a "tribo" dos verdes e dos fanáticos por mídias sociais estão aqueles que "nunca entendem que berros de crianças são apenas berros de crianças e não manifestações sagradas de seus pequenos deuses". Em "A idiota de Deus", Pondé, o viajante, relata:

Voltando de um compromisso profissional fora de São Paulo, me encontrei num aeroporto de uma cidade em que as pessoas ainda têm o hábito de ir aos domingos assistir avião subir e descer. O aeroporto em questão tem mesmo um espaço dedicado à "vista panorâmica" da pista de pouso e decolagem. Que horror.
Só pessoas loucas viajam por vontade própria. As normais o fazem por obrigação. Penso mesmo que em alguns anos aeroportos serão os piores lugares para você ser visto, assim como ser visto algemado numa delegacia de polícia. Uma vergonha. (*Folha de S.Paulo*, Ilustrada, 9 jul. 2012, p. E10)

Longe de supor "que o outro vá prejudicá-lo" como aventou Aristóteles (2003: 9), situação em que o temor cercearia o desprezo e em que aquele lugar de assimetria se desestabilizaria, firma-se entre a ironia e o sarcasmo a beligerância e a convicção do *éthos*. Seguramente, o gênero *artigo de opinião* viabiliza o viés judicativo de um *lógos* favorável a tal *éthos*, enquanto papéis temáticos salientes avivam no mesmo *lógos* as contradições sociais, para silenciá-las, entretanto. Isso acontece devido à tonicidade robustecida do tom mantido em corpo estático. Por isso toma corpo o sujeito discursivo, que *faz crer, faz saber, faz fazer*. A avaliação feita do ator do enunciado suscitada pela crença no demérito em relação a determinadas práticas sociais orienta a paixão do desdém. Desencadeada de modo próprio pela voz autoral, a paixão do desdém modula a voz robustecida de intensidade, enquanto o ator corrobora-se na aspectualização estática: o tom é recorrentemente o mesmo. Em movimento afim, a avaliação escancarada em relação ao ator do enunciado remete ao *télos* em que se radica a totalidade, de modo a legitimar-se a aspectualização actorial também como télica.

Por meio do discurso, confirma-se a voz como posicionamento, enquanto delineia-se o corpo actorial na telicidade e na estaticidade aspectual, fundamentadas no julgamento que, emitido como *ou tudo ou nada*, respalda o teor de uma argumentação que se apresenta no simulacro do sujeito que sabe convictamente aonde quer chegar. Ao pensar que a ironia "consiste em dizer o contrário do que se pensa, mas dando-o a entender" (Massaud, 1999: 295), para o que estabelece um contraste entre a enunciação e o enunciado na construção do sentido, deduzimos que essa figura de linguagem requer alta prontidão da inteligibilidade, o que se ancora na raiz etimológica do termo: *ironia* vem "do grego *eironeía*, dissimulação, interrogação dissimulada", como consta do estudo feito por Massaud Moisés (1999: 294).

Na definição de um estilo, o ator inclina-se a definir-se como aspectualmente télico por meio do uso da ironia, aproximada da antífrase enquanto encerra no enunciado o contrário do que é asseverado na enunciação: "Melhor uma aula burocrática e avaliações burocráticas do tipo 'múltipla escolha' ou 'diga se é falso ou verdadeiro', mesmo nas universidades" – Pondé previne o professor. Enquanto isso, na enunciação, o mundo a que se aspira é contrário desse. Firma-se aspectualmente télico o ator da enunciação mediante o alvo certeiro da ironia, para que a coluna jornalística sob essa assinatura autoral oscile entre a diatribe, o libelo e o panfleto, visto o último segundo a acepção de "pequeno texto satírico, que ataca com violência o governo, as instituições, a religião, um personagem conhecido", como está posto no idioma francês, para o verbete *pamphlet* (*Le Petit Robert*, 2012).[10]

Massaud Moisés (1999: 295) alerta para o fato de que, na progressão da ironia para o sarcasmo, há uma perda dos subterfúgios próprios à ironia. Nesta última, segundo o autor, "escamoteado, o pensamento não se dá a conhecer prontamente", para o que completa: "Quando, porém, o fingimento empalidece e a ideia recôndita se torna direta, acessível à compreensão instantânea do oponente, temos o *sarcasmo*" (1999: 295). Ao lembrar ainda expressões como *bebê grande, churrasco na laje, melancia – verde por fora e vermelha por dentro, é menos crime matar o funcionário do que um jacaré*, as quais, devido ao alto poder de derrisão, descolam-se de cada enunciado em que apareceram para ser mantidas como apelo cômico que sustenta a crítica, vemos, ainda com apoio em Massaud Moisés (1999: 295), que, da ironia, o estilo de Pondé evolui para o sarcasmo. Lá o corpo encontra um lugar de instalação para tonificar-se no sarcasmo. Junto a isso a perspectiva de valores de absoluto fica recrudescida, e as valências intensivas mantêm a modulação da voz num ponto de recrudescimento de impacto da atividade de julgamento predicativo. Mas esses movimentos acontecem porque a própria ironia, enquanto requer uma inteligibilidade alerta a fim de poder promover contrastes entre o dito e o dizer, carrega no seu interior um potencial para fazer o sentido ascender na direção do sarcasmo. Molinié (1992: 180) afirma que a ironia "tira partido da caracterização intensiva do enunciado". No estilo *Pondé* de fazer artigos de opinião, a ironia, sob o acento de intensificação do sarcasmo, subsidia vetores estilísticos.

A partir dos regimes axiológicos organizados conforme valores de absoluto, que visam à exclusividade e oferecem primazia à triagem, Pondé robustece "a ética da convicção" (Fontanille e Zilberberg, 2001: 53) e, com ela, confirma-se o corpo na relevância dos papéis temáticos do ator afeito a moralizar, no sentido de tomar posição ética. Esses papéis, preponderantes em relação aos patêmicos, levam à atonia o processamento da estesia como estado de percepção e "componente afetivo e sensível da experiência cotidiana". Preponderantes, os papéis temáticos aspectualizam o ator com acento na semântica discursiva. Valem para o viés judicativo privilegiado os semas e com eles a aspectualização do espaço tópico nas distintas figurativizações completadas em cada enunciado.

Se, atrelada às desinências verbais de particípio e de gerúndio, podemos dizer que a aspectualização actorial no caso de Pondé apresenta adesão ao particípio (acabado), não ao gerúndio (inacabado), lembramos Zilberberg (2011: 291), que assim se expressa: "se do ponto de vista figurativo os semas são traços e particípios, as valências são sobretudo vetores e gerúndio em devir". O semioticista lembra aí que a valência, diferentemente dos semas, inscreve-se no espaço tensivo. No estilo *Pondé*, enquanto os valores de impacto e os de inteligibilidade judicativa aumentam-se uns aos outros, aqueles cravados nesta, o espaço figural, de acordo com uma perspectiva adere à modulação intensa do tom para tornar mais concentrada a semântica e os movimentos de construção do sentido que ela aciona; em outra perspectiva expande-se o suficiente para que o sujeito-no-mundo seja mais "espaçoso". Assim, tomam corpo paixões judicativas como o desdém. As paixões judicativas, desencadeadas por meio da semântica discursiva e vinculadas prioritariamente a papéis temáticos, fazem valer com forte acento de sentido o contexto moralizante.

A relação estabelecida entre o desdém do ator da enunciação e a admiração do ator do enunciado, ambos os estados vistos na medida em que ressoam no *éthos* do nosso articulista, permite que se contemple aquela como paixão judicativa e esta como paixão moralizada. Entretanto, o desdém, na medida em que embute no tom a relatividade das sílabas tensivas, ainda que seja para julgar o *outro* de modo preciso enquanto impinge-lhe demérito, legitima-se conforme valências que, ao modular o volume da voz, apresentam o corpo encarnado: no caso de Pondé, um corpo inclinado a um desdém com impacto próprio. A paixão judicativa finca raízes no território do sensível.

Se, a esses gestos, atrelarmos as modalidades epistêmicas e as modalidades éticas, orientadas pelo crer como estuda Patte (1986: 142-3), constatamos para Pondé a certeza que o radica no *crer dever ser* juntamente com o *sentimento de competência* que o radica no *crer poder fazer*. Não à toa, conforme a perspectiva dos estudos de retórica anteriormente arrolados, o corpo do articulista apresenta-se como o que pode destilar certo prazer com o que ele próprio diz, o que oferece uma nuance a mais para o desdém. Como simulacro discursivo, o *éthos* de Pondé cumpre-se na certeza vinculada ao empenho ético, para que se efetive a participação do sujeito na vida pública. As noções de empenho ético e de participação social associam-se ao termo *engajamento*, designação feita por Daniel Patte (1986: 142-3) de uma das modalidades éticas.

Patte (1986: 142-3) propõe as modalidades éticas vinculadas a relações elementares: no âmbito do *dever fazer*, está o *engajamento (crer dever fazer)* como um termo S1, que se opõe à *alienação* S2 [*détachement*] – esta é posta segundo um *crer não dever fazer*; na contraditoriedade a tais termos o polo *não-S1* radica a *indiferença* (*não crer dever fazer*), como o termo *não-S2*, isto é, o *interesse* (*não crer não dever fazer*). No âmbito do *poder fazer*, o termo *S1* radica o *sentimento de competência (crer poder fazer)*; S2, a *inaptidão* (*crer não poder fazer*); *não-S1* radica o sentimento de *incompetência* (*não crer poder fazer*); não-S2, *o sentimento de aptidão (não crer não poder fazer)*. Anteriormente às modalidades éticas, o semioticista traça as relações estabelecidas pelas modalidades epistêmicas, que ocorrem "quando um enunciado alético [dever ser] é assumido pelo sujeito" (1986: 142): "é um *credo*, um 'eu creio', um crer que é o resultado de um fazer interpretativo, de um julgamento epistêmico". Por sua vez, no quadrado semiótico, o *crer* que tem por predicado um *dever ser* apresenta-se segundo *a certeza* (S1), resultante do *crer dever ser*; em oposição a ele, está S2, *a improbabilidade* (*crer não dever ser*). Em contraditoriedade a cada um desses termos, encontramos, na relação de negação com S1, o termo *não-S1*, a *incerteza* (*não crer dever ser*); como negação de *S2*, o termo *não-S2*, em que encontramos a *probabilidade* (*não crer não dever ser*).

Para Patte (1986: 143), entre as "modalidades éticas", que aparecem quando um enunciado deôntico é assumido por um sujeito como um *credo*, o que convoca um *dever fazer* ou um *poder fazer*, encontra-se, no encadeamento de um *crer dever fazer*, o *engagement* [compromisso, engajamento], termo definido no dicionário *Le Petit Robert* (2012) como "renúncia a uma posição de mero espectador" ou "o ato de colocar o próprio pensamento a serviço de uma causa". Se, quanto às modalidades epistêmicas, como antessala modal da *certeza*, está a *probabilidade* e, quanto às modalidades éticas, como *antessala* modal do *engajamento*, está o mero *interesse* que, articulado à *probabilidade*, junta ao *não crer não dever fazer* (*interesse*) o *não crer não dever ser* (*probabilidade*), então vemos que os enunciados de Pondé fogem dessa antessala modal.

Os enunciados de Pondé apresentam como vetores de estilo marcas de separação em relação a qualquer dubiedade dos encadeamentos modais. Não se orienta a totalidade para a constituição de um sujeito ao qual apraz parecer ser o que tem mero *interesse* na polêmica. Quanto às modalidades éticas, na consideração de um *crer* que tem como predicado um *poder fazer*, não temos um sujeito afeito ao sentimento de *aptidão* (*não crer não poder fazer*), mas um sujeito inclinado a assumir um sentimento de competência (*crer poder fazer*). Por isso, é construído para o *éthos* de legítimo participante nas questões envolvidas o perfil marcado pelo *engajamento* e pela *certeza*: o sujeito crê *dever criticar* a fim de poder mudar costumes. Ao longo da totalidade, firma-se o simulacro actorial daquele que crê dever *ser* quem desvela contradições sociais subjacentes a práticas que se apresentam homogeneamente "bem resolvidas".

Para o *crer poder fazer* que sustenta o *sentimento de competência* em relação ao próprio dizer, está o estado modal relativo ao *não crer não poder fazer*, sequência da qual decorre a mera *aptidão*. Não é aqui que Pondé instala-se: ele quer para si o simulacro de quem *crê poder* julgar, não de quem *não crê não poder* julgar, o que o lançaria na dimensão modal da *aptidão* e tornaria fraco o tom da voz: essa dimensão modal é regida por uma valência átona, se compararmos com o *crer poder julgar*. As valências permeiam todos os níveis do percurso gerativo.

Podemos considerar cada termo do quadrado semiótico das modalidades éticas, sugerido por Patte, e cotejá-lo como termo complexo, tomando as modalidades éticas sob o crivo dos princípios da tensividade tal como faz Zilberberg (2011: 200). Obtemos uma demonstração de como operam valências médias, logo átonas, e valências extremas, logo tônicas, em incidência sobre as modalidades éticas conforme séries progressiva ou degressiva. Para isso partimos do par de sobrecontrários (S1/S4), entre os quais se encadeiam os subcontrários (S2/S3):

Figura 12 – Valências e modalidades éticas

engajamento crer dever fazer S1 sobrecontrário	*interesse* não crer não dever fazer S2 subcontrário	*indiferença* não crer dever fazer S3 subcontrário	*alienação* crer não dever fazer S4 sobrecontrário
sentimento de competência crer poder fazer S1	*sentimento de aptidão* não crer não poder fazer S2	*sentimento de incompetência* não crer poder fazer S3	*sentimento de inaptidão* crer não poder fazer S4

Fonte: Elaboração nossa a partir de Patte (1986) e Zilberberg (2011).

Se os subcontrários operam com valências médias e mitigadas, diferentemente do que se dá com os sobrecontrários, podemos depreender direções tensivas para as modalidades éticas selecionadas pela totalidade *Pondé*, que elege, num *quantum* de grandeza, a valência maximamente *plena* de grandeza e *nula* de pequenez nos termos: S1, para o *éthos* do ator da enunciação; S4, a valência *nula* de grandeza e *plena* de pequenez, para o ator do enunciado, sujeito alçado ao estatuto de um *anti-éthos*. O ator social incorporado narrativa e discursivamente no interior dos artigos de opinião é avaliado como o que se aliena do conhecimento reflexivo, enquanto se instala no polo do *crer não dever investigar* as verdades supostamente sólidas que o sustentam e enquanto se firma, conforme o olhar enunciativo que o avalia, no polo da *inaptidão* – um cidadão que não consegue ser adulto nas práticas sociais de que faz parte. Instalado não no intervalo entre valências médias ou mitigadas, mas no território das valências plenas, no papel daquele julga, e no território das valências nulas, no papel daquele que é julgado, o estilo permite que se radique a voz em tom ascendente de tonicidade e impacto na realização do próprio julgamento ético.[11]

A paixão do desdém ancora-se nas modalidades epistêmica (*crer dever ser*) e ética (*crer dever fazer* e *crer poder fazer*) em posição de recrudescimento da intensidade da voz do enunciador, sem que esta fique entregue ao *pâtir*, ao sofrer o fenômeno do mundo, para o que lembramos que *pâtir* é verbo cuja etimologia está associada a *suportar*, enquanto remete à família etimológica de *paixão*, da qual não se furta o próprio *páthos*. Como paixão judicativa, o desdém atrela-se ao *éthos*, para o que contribui a relevância do observador social. Entretanto, o ator da enunciação, ao apresentar-se como genuíno participante da história, apresenta o corpo pontualmente entregue a uma paixão posta na ordem do sensível, este com força suficiente para provocar o arrebatamento, o que está contido no segmento que segue, de "A idiota de Deus". O segmento faz valer o epíteto *a idiota* como remissão ao romance e ao personagem *Idiota*, de Dostoievski:

> Estava eu, então, estoicamente suportando os berros das crianças que lá estavam vendo os aviões, com seus pais que nunca entendem que berros de crianças são apenas berros de crianças e não manifestações sagradas de seus pequenos deuses.
> Em meio a isso, bárbaros batendo fotos de si mesmos na frente dos portões de embarque com suas dez malas e funcionárias das empresas aéreas descabeladas justificando o injustificável overbooking.
> De repente paro em frente a um balcão desses cafés, sem saber exatamente o que fazer, já que teria que esperar naquele pequeno pedaço de inferno por duas horas. Então, uma jovem garçonete sorriu pra mim. Com seu uniforme amassado, seu rosto cansado, seu corpo pequeno, ela parecia um anjo caído do céu no corpo de uma pequena e pobre princesa africana.
> O mundo parou. Seu sorriso e sua generosidade suspenderam o mecanismo infernal do lugar. (Pondé, *Folha de S.Paulo*, Ilustrada, 9 jul. 2012, p. E10)

O viés da admiração apresenta-a como paixão não moralizada: uma paixão mais da ordem do *páthos* e menos da ordem do *éthos*, já que o judicativo mantém-se em reserva. Estamos diante de mecanismos que viabilizam menos o *caráter* do ator, de cuja programação aspectual depreende-se a racionalidade dos papéis temáticos dominantes na aspectualização télica: o *télos* que se cumpre na medida em que se busca realizar determinada meta fincada no esquema de moralizações. A dimensão passional que irrompe nessa passagem intervém com ímpeto de um ponto de percepção intensificada ao longo da totalidade. O arrojo do sorriso daquela garçonete precipitado sobre o sujeito que a observa obedece "a uma lógica tensiva, aquela da presença e das tensões que ela [paixão] impõe ao corpo sensível do actante", tomando para nós o que diz Fontanille (2007: 188) em estudo acerca das paixões. A par desse pensamento teórico, podemos considerar que, enquanto se explicitam mecanismos que ofereçam o corpo entregue ao que lhe sobrevém, torna-se possível pensar numa admiração apresentada na ordem do *acontecimento tensivo*, o que converge para o descrito por Zilberberg (2011) na articulação entre intensidade e extensidade.

Ao vincular a paixão a um acontecimento tensivo, diz Fontanille (2007: 188): "o acontecimento não é acabado, ele advém e afeta aquilo que está diante dele, para quem ou em quem ele advém". A nosso ver, a atelicidade e a duração contínua, como categorias aspectuais do corpo, favorecem o aparecimento súbito do acontecimento que afeta o sujeito, enquanto o corpo afetado pelo fenômeno demonstra experimentar "na própria carne" a experiência estésica: "O mundo parou. Seu sorriso e sua generosidade suspenderam o mecanismo infernal do lugar." Se tornarmos ao pensamento de Tatit (2010: 57), constatamos uma "alta densidade de presença" para a garçonete, fenômeno do mundo que, assim percebida, suspende "os fatos da vida, normalmente descontinuados por forças antagonistas". Nesse ambiente tensivo, a paixão da admiração grassa tal como um "vivido" no corpo próprio.

A paixão apresenta-se segundo um viés e outro conforme a convocação feita pelo observador social ou pelo observador sensível, o que reverbera a orientação do próprio *lógos* nos seus dois modos de apresentação: o viés judicativo e o sensível ou estésico. Caso o corpo vincule-se a papéis temáticos dominantes, é suscetível de vir à tona uma paixão judicativa que pende mais para o *éthos* do que para o *páthos*, do que decorre um desdém judicativo. Caso o corpo vincule-se a papéis patêmicos dominantes, é suscetível de emergir uma paixão de um viés estésico, afetivo, como a admiração extática. Esta seguramente faz valer o "*estado de alma*" acompanhado da experiência de um *pâtir* (sofrer). Em "A idiota de Deus", o narrador, diante da garçonete que lhe sorri no ambiente de berros infantis, fortes e sacralizados, deixa-se arrebatar pela figura da *pobre princesa africana* que se impõe por meio de uma ternura intacta:

> Ela me pergunta o que eu quero. Não respondo porque não sabia se queria alguma coisa. Ela então me puxa pela mão e me mostra uma mesa vazia, sem cadeiras, num canto minimamente longe do inferno. Põe-se a limpar a mesa, busca uma cadeira e me dá um cardápio na mão. Volta segundos depois e anota meu pedido.
> Nos minutos que se seguem, enquanto tomo café, acompanho seus movimentos delicados e ágeis, ouvindo, anotando pedidos, limpando mesas. De vez em quando se volta para mim, e repete seu sorriso aberto e generoso. O contraste da cor de sua pele com a cor dos seus dentes produzia uma beleza peculiar. *De onde vem tamanha doçura?* (*Folha de S.Paulo*, Ilustrada, 9 jul. 2012, p. E10)

Ao aprofundar a observação estésica, o uso do discurso indireto livre na frase por nós destacada nesse excerto faz recuar o narrador posto no âmbito do sentimento da competência inabalável. Pondé permite-se uma alteração no padrão judicativo firmado, para que seu corpo ganhe lugar num espaço regido pelo acontecimento sensível. O ator da enunciação passa a "sofrer" o mundo. Obtemos então um "estado de alma" admirativo, acompanhado da percepção concernente ao *pâtir*. A admiração é singularizada conforme o sensível que rege o inteligível. Pondé sucumbe àquilo que advém a ele, ao entregar o próprio corpo à estesia do momento: uma estesia definida como o esboço de um vínculo da percepção com a função estética do próprio *lógos*. Intitulado "A idiota de Deus", o artigo remete a *O Idiota*, personagem (e título) da obra de Dostoievski que torna emblemático o movimento da ateliciade aspectual: o herói dostoievskiano, aí, é idiota e sábio; é miserável, pedinte e simultaneamente rico e príncipe, o que se intersecciona com a *pobre princesa africana*; é ridicularizado e catalisador da convivência respeitosa dos grupos dos quais faz parte por algum tempo.

Pondé, nessa passagem, tinha de manter em segundo plano o afã deliberativo, pois a garçonete gentil e de poucas palavras promove nele a confirmação da regência do inteligível pelo sensível, para que uma admiração da ordem do acontecimento tensivo provocasse em seu corpo modificações estésicas. Decresce em impacto a eficácia persuasiva e a adesão esperada nesse âmbito, da parte do enunciatário. O leitor também passa para a percepção sensível. Não há lugar para a ironia junto ao enunciatário, que salta dos grilhões por ela representados, se remetermos ao que diz Bertrand (2000: 37-8) sobre ela em meio a reflexões sobre a textualização como fato semiótico.

Assim o semioticista trata essa figura:

> Podemos pensar no exemplo da ironia, em que a textualização oculta o avesso do enunciado (dado a entender), inscrevendo tão fortemente o lugar do enunciatário no oco não enunciado do discurso, que este enunciatário é literalmente coagido à assunção e à adesão.

Certamente, a ironia contribui para que se instale sob o controle do *éthos* a paixão judicativa do desdém, enquanto o enunciatário é coagido a aderir à própria figura retórica e ao ponto de vista que ela encerra. Entretanto, na última passagem citada dos textos de Pondé, temos uma paixão segundo a experiência sensível e delineada na ordem do *páthos*, para o que o enunciatário solta-se da coação persuasiva. O enunciatário também passa a entregar-se àquilo que experimenta como experiência estésica. A propósito, Rallo Ditche, Fontanille e Lombardo (2005: 5) lembram: "Aristóteles, na sua *Metafísica*, define o *páthos* como uma qualidade alterável, aquilo que se experimenta, aquilo que se sofre e que produz no sujeito uma modificação."

Se entendermos que a paixão pode ser entornada para o *éthos*, como no caso do desdém, que encerra um sujeito performativo e moralizador, ou pode permanecer no lugar de fundação da estesia, o *páthos*, este não só como disposições criadas no ouvinte com o fim de persuadi-lo, mas na medida em que o sujeito, mais paciente e mais da ordem do *pâtir* (sofrer), suporta o mundo, estando para a primeira circunstância um *lógos* judicativo e, para a segunda, um *lógos* sensível, podemos indagar como ficam os limites entre as três provas retóricas estabelecidas por Aristóteles. Para isso, lembramos que, no capítulo destinado à definição da retórica, ao remeter às provas dependentes da arte de persuadir, o estagirita distingue três espécies delas sob a afirmação de que "umas residem no caráter moral do orador [*éthos*]; outras, nas disposições que se criaram no ouvinte [*páthos*]; outras, no próprio discurso [*lógos*] pelo que ele demonstra ou parece demonstrar" (Aristóteles, s.d.: 34).

Ao fazer isso, o filósofo mantém a definição de limites entre *éthos*, *páthos* e *lógos*, enquanto nós, da estilística discursiva, partimos do *lógos* para depreender o *éthos* e o *páthos*, o que instrumentaliza a interpelação feita da noção de estilo. Entretanto, é na sequência da citação anteriormente feita da mesma *Arte Retórica* (Livro Primeiro, Capítulo II, s.d.), antes de concluir que a retórica é tão somente faculdade de fornecer argumento, não uma ciência, que Aristóteles (s.d.: 34) realça repetidas vezes a função primordial do próprio *lógos* como discurso: "Obtém-se a persuasão por efeito do caráter moral, quando o discurso procede de maneira que deixa a impressão de o orador ser digno de confiança". Ou: "Obtém-se a persuasão nos ouvintes, quando o discurso os leva a sentir uma paixão, porque os juízos que proferimos variam consoante experimentamos aflição ou alegria, amizade ou ódio" (s.d.: 35). Enfim: "é pelo discurso que persuadimos".

O estilo como corpo dá-se a ver por meio da diluição dos limites entre os três elementos envolvidos em qualquer comunicação, o orador, o auditório e o discurso. Assim como o *éthos* e o *páthos* são depreensíveis do *lógos*, para o que se torna relevante a distinção entre um *lógos* judicativo e um *lógos* sensível, o *páthos*, como paixão, está no corpo, seja o do destinatário-ouvinte como disposição do auditório, seja o do destinador-orador como disposição do orador. Isso acontece enquanto se firmam distintas orientações da estesia do *lógos*. Tais movimentos favorecem a aspectualização do ator da enunciação segundo um observador social, o que viabiliza a telicidade actorial, ou um observador sensível, o que pode fazer despontar com maior possibilidade a atelicidade actorial. Mas as funções desempenhadas por essas propriedades aspectuais dependem do nível de totalidade contemplado: estilo de época e estilo autoral, por exemplo.

"Quando é melhor que os ouvintes sintam temor, é preciso pô-los nessa disposição de espírito" (Aristóteles, 2003: 35). Ao priorizar a vocação de persuadir, definidora do *éthos*, e ao discorrer sobre a paixão não apartada de um *lógos* apodítico, comprometido com evidências, o Estagirita compõe a técnica retórica. Mas a insistentemente realçada noção de *disposição de ânimo* acaba por iluminar a acepção que temos levado em conta de um *páthos* como estesia, como componente afetivo e sensível das experiências cotidianas. Na sequência à última citação, encontramos: "Como está claro em que consiste o temor, as coisas a temer e em que estado de ânimo cada um teme, é evidente, a partir disso, o que é a confiança, em que os homens são confiantes e em qual disposição de ânimo a sentem..." (Aristóteles, 2003: 35). Mantemos o vínculo com o veio da retórica clássica quando, na perspectiva de uma estilística discursiva, partimos do discurso, do *lógos*, para obter o *éthos* e para obter o *páthos*, mas preferimos falar, de um lado, em paixão de julgamento assentada na eficácia persuasiva e na adesão calculada e estrategicamente esperada do enunciatário, o que envolve a dimensão da moralização; de outro, em paixão de sensibilidade vinculada ao acontecimento tensivo.

Na totalidade midiática considerada, a admiração sem discernimento foi julgada negativamente, enquanto se vinculava ao ator do enunciado, avaliado num enunciado aqui, em outro lá, em mais outro acolá – ator tematizado e figurativizado ora como um usuário de Facebook, ora como um fanático da "tribo verde" e assim por diante. A admiração, por sua vez, como experiência sensível e sob o viés estésico, irrompeu na brevidade que compete ao *acontecimento extraordinário* que arrebata a percepção. O *outro* aí sobreveio como o que, em intensidade recrudescida, afeta estesicamente o sujeito, enquanto o acontecimento define-se conforme o "correlato objetal do sobrevir" (Zilberberg, 2011: 236).

DA ADMIRAÇÃO

Fora da totalidade discursiva midiática, uma lagartixa pode fazer esboçar-se a admiração em viés próprio no contínuo da aspectualização do corpo:

COMUNICAÇÃO

Pequena lagartixa branca,
ó noiva brusca dos ladrilhos!
sobe à minha mesa, descansa,
debruça-te em meus calmos livros.

[...]

Ó breve deusa do silêncio
que na face da noite corres
como a dor pelo pensamento,
– e sozinha miras e foges.

> Pequena lagartixa – vinda
> para quê? – pousa em mim teus olhos.
> Quero contemplar tua vida,
> a repetição dos teus mortos.
>
> Como os poetas que já cantaram,
> e que já ninguém mais escuta,
> eu sou também a sombra vaga
> de alguma interminável música.
>
> Para em meu coração deserto!
> Deixa que te ame, ó alheia, ó esquiva...
> Sobre a torrente do universo,
> nas pontes frágeis da poesia.
> (Meireles, 1967: 384-5)

A figura da lagartixa no poema de Cecília Meireles remete à problematização da noção de verdade posta no limiar entre veridicção e verossimilhança e remete ainda a outro limiar, que pode estar embutido nesta pergunta: Que lugar o bichinho ocupa entre os níveis enunciativos, sistematizados como um esquema de delegação de vozes para que a pessoa se discursivize? A pergunta é feita em remissão ao fato de que aqueles níveis atentam para a diferença entre actantes da enunciação e actantes do enunciado.[12] Quanto à sintaxe de pessoa, em princípio a lagartixa é definida conforme um narratário convocado ao longo das seis estrofes que compõem o poema na íntegra. Afinal temos a voz do narrador, instância da enunciação enunciada que, delegada pelo enunciador, enceta a conversa com o *outro*. Mas este *outro* não é o leitor, como compete à instância do narratário, e não o é devido à isotopia actorial temático-figurativa que preenche esse lugar actancial. A partir dos rogos da poeta[13], entendemos que, devido à coerção da isotopia actorial (decorrente dos papéis temáticos) exercida sobre os papéis actanciais sintáticos (narrador/narratário), vem à tona a lagartixa a quem são endereçadas as apelações por meio de uma ambiguidade sintático-semântica.

Uma lagartixa que, como o tu convocado, sintaticamente permanece como enunciação enunciada, debreagem de primeiro grau, narratário, apresenta-se semantizada por meio de papéis temáticos não compatíveis com o corpo do leitor. Posta em situação de diálogo encetado com o narrador, passa a exercer uma ambiguidade de papéis: é o destinatário da enunciação, mas não é o narratário-leitor. A lagartixa como ator convocado é um narratário que, afastado dos papéis do leitor instituído pelo poema, mantém-se semanticamente como o bichinho (*ele*), para o qual autor e leitor olham arrebatados.

Por conseguinte, enquanto mecanismos de discursivização da pessoa asseguram a sistematização da enunciação enunciada, sistematização que institui enunciador e narrador, de um lado, narratário e enunciatário, de outro, a lagartixa não se deixa prender por um lugar definido nesse mesmo esquema. Esse é um recurso, entre outros, para que a veridicção permita-se ser movida na direção da verossimilhança, enquanto o conotado, do *lógos* e do *éthos*, é tragado pela tonificação recrudescida do sensível.

A semântica do discurso, acolhedora da bi-isotopia relativa ao animalzinho que é humano, favorece a desestabilização entre as instâncias de pessoa. Para além da verdade que subsume o *ser* e o *parecer* como modalidade veridictória, um princípio de verossimilhança aliado do efeito de estesia subjaz também à textualização compacta, o que afasta definitivamente a cena enunciativa de um *lógos* propositivo. Assegurado no polo da verossimilhança, o *lógos* firma-se potencializado pelo acento sensível, o que acolhe uma lagartixa desalojada do lugar de narratário-leitor, ainda que sintaticamente assim se manifeste.

Na problematização da noção de verdade, suscitada pela figura da lagartixa, encontramos Greimas e Courtés (2008: 531), que afirmam interessar "discursos que produzem um efeito de sentido de 'verdade'", não um discurso verdadeiro, e vinculam a verdade ao fazer persuasivo exercido pelo enunciador com o fim de conseguir a adesão do enunciatário, "o que está condicionado pelo fazer interpretativo" (2008: 531). Nessa formulação, os semioticistas sugerem a importância do universo axiológico que permeia os lugares de enunciador e enunciatário. Na constituição aspectual do ator sob o observador social, temos visto que a verdade, fruto das operações de veridicção vinculadas ao *ser* e ao *parecer*, sustenta de modo relevante a persuasão, relacionada às estratégias argumentativas e ao perfil judicativo do ator da enunciação, orientados, tais movimentos, por modalidades éticas.

O princípio realçado pelos semioticistas, de que contam *discursos que produzem um efeito de "verdade"* e de que não conta *o discurso verdadeiro*, ao afastar-se de uma rigidez racionalista na contemplação da própria verdade, mantém-se nas vizinhanças da fenomenologia, quando esta problematiza o que é a "coisa mesma" tal como explicitado por Moura (2006: 230). Ao destrinchar o pensamento husserliano na questão da "'multiplicidade' dos fenômenos ou noemas, por um lado, e a 'identidade' do objeto que transparece 'através' deles, por outro", para o que realça que, segundo o filósofo das *Ideias para uma fenomenologia pura* (Husserl, 2006), "não existe uma 'intuição simples' que nos daria a 'coisa mesma', 'sem qualquer mediação através dos fenômenos'", Moura (2000: 230) pergunta, ao manter a discussão sobre o pensamento de Husserl: "Assim, por que estamos condenados a nunca ter acesso à 'coisa mesma' e a sempre apreender os objetos 'através' de uma multiplicidade de noemas, fenômenos 'subjetivos' que a cada vez nos apresentam o objeto em um 'como' por princípio variável?". Mantendo proximidades com as questões relativas a um olhar que altera o próprio foco no encontro com um mundo múltiplo, Greimas e Courtés (2008: 534) apresentam outro tipo de efeito de verdade, preso embora à "classe dos discursos persuasivos": uma verdade que, atrelada à veridicção, conforme os semioticistas

> [...] *serve de critério veridictório para avaliar os discursos narrativos de caráter figurativo (e não unicamente os discursos literários)*, com exclusão dos discursos normativos (jurídico, estético, etc.), dos discursos científicos e, mais geralmente, dos discursos com predominância não figurativa e abstrata (discurso filosófico, econômico, etc.).

No trecho destacado por nós fica contida a referência feita pelos semioticistas ao lugar de ancoragem da verossimilhança. Eles cobram então uma redefinição teórica que a situe "como uma variável tipológica no quadro do modelo geral da veridicção discursiva" (2008: 534). A nosso ver, a verossimilhança afasta-se da busca feita pela adesão como interpretação, moldada pela expectativa de concordância ou discordância: essa adesão para a qual como ponto de partida instala-se o viés daquilo que pode e deve ser desvelado como evidência afastada de contradições; ou o viés daquilo que, se não for verdadeiro, pode ser falso. Que o diga a lagartixa do poema, que é réptil no modo da verdade e que é "ídolo de cinza e prata" (também no modo da verdade). Quanto menos familiar à veridicção, a lagartixa mais desliza para a verossimilhança, que acolhe seu corpo metamorfoseado.

Esbarramos no que pensa Vološinov sobre o "discurso da vida" e sobre "o discurso da arte". A partir dos parâmetros oferecidos pelo Círculo de Bakhtin, somos levados a pensar, junto dos "discursos normativos (jurídico, estético, etc.), dos discursos científicos e, mais geralmente, dos discursos com predominância não figurativa e abstrata (discurso filosófico, econômico, etc.)", o "discurso da vida"; do lado oposto, o "discurso da arte" (Vološinov, 1976: 93-116).[14] Aqueles são vistos como vinculados ao que é "claramente não autossuficiente" (1976: 96), já que não pode ser divorciado de uma "situação pragmática extraverbal" e, como diz o autor, firma o que se entende por *enunciado concreto*:

> A característica distintiva dos enunciados concretos consiste precisamente no fato de que eles estabelecem uma miríade de conexões com o contexto extraverbal da vida, e, uma vez separados desse contexto, perdem quase toda a sua significação – uma pessoa ignorante do contexto pragmático imediato não compreenderá estes enunciados. Esse contexto imediato pode ter um escopo maior ou menor. (1976: 101)

Em trabalho anterior, com base em reflexões sobre esse estudo desenvolvido pelo participante do Círculo de Bakhtin e com base em referência feita por Greimas (1983: 108) sobre a "conotação veridictória", demonstramos que, para "distinguir literatura de jornal, temos em mente que há diferentes modos de fazer assentar o relato na veridicção" (Discini, 2009a: 607), ao que tínhamos acrescentado: "Vale romper a dicotomia *fictício/real*. Podemos então pensar numa escala em que, numa ponta, está a veridicção articulada ao grau máximo da força de incidência do escopo ou fiador pragmático; na outra, a veridicção articulada ao grau mínimo dessa força" (2009a: 609-10). Completávamos essas ideias com a afirmação de que no grau mínimo de incidência do escopo ou fiador pragmático "se aloja a veridicção na sua variante, a verossimilhança" (2009a: 610). No âmbito dessas reflexões, para problematizar o intervalo entre veridicção e verossimilhança, esta última mantida em significativa distância de determinados gêneros, buscamos apoio no pensamento de Greimas (1983). Procuramos, então, destacar que o semioticista, nessa obra, ao referir-se a certas manifestações do poético, aponta para uma "voz segunda, outra, que transcende a palavra cotidiana e assume o discurso da verdade" (1983: 107-8). Greimas ressalta a importância da "exploração da materialidade do significante para destacar a verdade do significado", como "um dos modos da conotação veridictória" (1983: 107-8). A materialidade do significante referida por Greimas parece-nos compatível com o traço estésico do *lógos*, o que, em situação de tonicidade forte da estesia e sob coerção significativa da função poética, funda o *lógos* estético.

Se em "Comunicação" existe a coisa-mesma, a lagartixa como "escopo do real", vemo-nos, entretanto, diante do princípio de referencialização (Greimas e Courtés, 2008: 415), por meio do qual se desconsidera um referente dado *a priori*. Então interessa a lagartixa nos seus múltiplos modos de doação à visada do observador, que, na autossuficiência da cena poética, diz respeito a um *lógos* em valência plena de estesia (*lógos* estético) que atrela o corpo do bichinho à verossimilhança. Para a lagartixa, o mundo criado pela *fala falante* favorece o papel temático de um destinatário da comunicação que não está radicado no papel actancial de narratário-leitor. O leitor presumido encontra-se com a poeta, para que ambos, mais do que testemunhas da experiência estética, entreguem-se em fusão de corpos ao arrebatamento que sobrevém da *alheia*, da *esquiva*, da *pequena lagartixa branca*.

Tais mecanismos vão ao encontro da metamorfose que sofre o *tu* convocado, o que reverbera na pessoa que o convoca. Essa metamorfose, que diz respeito ao fato de que a lagartixa não é o narratário-leitor como preveem os mecanismos sintáticos de discursivização da pessoa manifestos, também se configura na relação com o "componente afetivo e sensível da experiência humana", como disse Paolo Fabbri (2002: 93) ao definir o estésico. Assim, mediante a expectativa de depararmo-nos com o leitor tematizado a partir do lugar actancial de segundo nível da hierarquia enunciativa (narratário), acontece a fratura: firma-se a lagartixa tematizada como um destinatário cujo corpo mantém, sem solução de continuidade, par a par, papéis temáticos concernentes ao réptil e componentes sensíveis da experiência humana. Às dubiedades correspondem procedimentos de figurativização que mantêm como pluri-isotópica a lagartixa, ator convocado para a interlocução apenas encetada. Assim se compõe um ator na ordem do travestimento sem que a identidade animal ou a humana se sobreponha uma à outra. O réptil abre-se para diversos percursos figurativos ligados ao tema concernente ao metadiscurso: a poeta acaba por falar do ato de fazer poesia, para o que se assegura na continuidade alegórica estabelecida ao longo do texto.

Bertrand (2009: 163), em estudo sobre a metamorfose, vincula-a ao "discurso sensível". Sugere então que ela põe em cena o "acontecimento 'vivido'". Chega a falar em "alegorismo metamórfico – animal ou não", que "veste, figurativiza ou traveste uma realidade humana para torná-la significante". Para isso, lembra passarinhos e outros animais metamorfoseados na literatura francesa. Alerta, então, para o fato de que não se trata de permutação de identidades humana e animal (ou não animada) copresentes, mas, ao contrário, trata-se de "leitura de uma por meio da intervenção ou mediação de outra". Para isso realça a manutenção do estatuto de integridade de cada uma das identidades, o qual "se mantém rigorosamente preservado" (2009: 163).

No poema, um olhar que acolhe contradições (*é* e *não é*) ampara-se na textualização em que prolifera o uso do vocativo, para chamar a atenção do "leitor" convocado, que é humano e é um pequeno lagarto: este último, tal como designado pelo dicionário incorpora o que diz dele um ramo da zoologia voltado ao estudo dos répteis, a herpetologia. Segundo o discurso científico, o pequeno lagarto é definido como: geralmente noturno; insetívoro e trepador; da família dos geconídeos; encontrado em todo o mundo; de pele delicada, revestida por tubérculos; pálpebras fundidas transformadas numa membrana transparente; superfície ventral dos dedos com lamelas adesivas e cauda capaz de sofrer autotomia. A nossa "noiva brusca dos ladrilhos", a nossa "breve deusa do silêncio", quanto mais fugaz mais desejada, não deixa de ser o réptil trepador. Lê-se o réptil sob a mediação da "noiva brusca" e vice-versa. Para isso, alguns papéis temáticos do lagarto mantêm-se. Desse modo, quanto mais convocada essa personagem, mais ela faz o sensível irromper como um *acontecimento extraordinário*.

A lagartixa pode e sabe andar pelos ladrilhos; pode e sabe subir à mesa da poeta; pode e sabe correr. Ao correr, mira e foge no desempenho dos papéis temáticos relacionados ao pequeno bicho insetívoro e geralmente noturno. Mas corre *na face da noite*. Descansará sobre os calmos livros conforme o que lhe é solicitado e, na comunicação convidada a realizar com a poeta, é parceira instituída na audição conjunta da voz de outros poetas, "que agora não dizem mais nada". Na companhia do pequeno lagarto que é convidado e dos "poetas que já cantaram,/

e que já ninguém mais escuta" está o "eu" lírico entendido como voz enunciativa sob as coerções da estesia. Entre a acepção própria ao ramo da zoologia e o ator interpelado a fim de que pouse os olhos e pare no coração daquele que interpela, emerge o *lógos* segundo graus elevados da conotação sensível. A lagartixa, o *tu* convocado, pode firmar-se segundo papéis patêmicos favorecidos pela isotopia metafórica radicada ao longo de todo o texto, para que se configure no próprio réptil híbrido o acontecimento tensivo.[15] A intersecção metafórica entre correr – no chão, pelas paredes e na "face da noite" – mantém em impacto colossal a presença breve do acontecimento tensivo.

Quanto mais efêmera a presença do destinatário com quem a conversa é encetada, mais se estende em longevidade a duração da percepção que fundamenta a admiração provocada pelo réptil. De tão célere, o bichinho provoca o clamor da poeta cujo olhar quer e deve desacelerar o fenômeno, para o que contribui o uso do imperativo: "Para em meu coração deserto!/ Deixa que te ame, ó alheia, ó esquiva..." Uma admiração peculiarmente acolhedora do objeto admirado orienta o delineamento do corpo lírico segundo a percepção que o sujeito tem do mundo, o que se vincula ao modo como o objeto admirado se oferece à doação.

Como actante-objeto do olhar, a lagartixa desliza para a sílaba tensiva concernente ao *mais do mais* no pressuposto figural, enquanto na superficialidade discursiva destacam-se figuras emparelhadas ao atributo de entidade *alheia*, porque *esquiva*, ou seja, aquela que não se deixa apreender facilmente. A par de tais movimentos, o observador viabiliza o limiar para os actantes que, de um lado, é da instância da enunciação enunciada, o narrador (a poeta), e, de outro, é um destinatário em metamorfose semântica, logo não é o narratário tematizado como leitor. Esses gestos vão ao encontro da admiração constituída pelo contraste entre a duração longeva da percepção, como visada do sujeito sobre o mundo, e a duração efêmera do fenômeno na síntese feita dos seus múltiplos modos de doação.

Em obra organizada por Colas-Blaise e Beyaert-Geslin, Zilberberg (2009: 225-41) fala da maneira segundo a qual uma grandeza instala-se no campo de presença do sujeito, para o que se distinguem o *sobrevir* e o *pervir* (*le survenir* et *le parvenir*): aquele "penetra como por arrombamento no campo de presença e dá lugar à surpresa, ao estupor, à 'admiração' para Descartes, à exclamação para a gramática e a retórica" (2009: 227). O contrário segundo o autor acontece com o *pervir*, que favorece a instalação progressiva e quase insensivelmente notada de uma grandeza no campo de presença, embora aí essa grandeza permaneça como num lugar de direito.

Para um fenômeno eivado pelo impacto do *sobrevir*, tal como a lagartixa, que é posta segundo a intensidade ascendente dos afetos, temos o olhar de um observador inclinado a alongar o breve, a fim de reter perto de si o bicho metamorfoseado em deusa ou a deusa metamorfoseada em bicho. Se alongar o breve é "sintagma implicativo" vinculado à extensidade conforme o mesmo estudo de Zilberberg (2009: 228), e abreviar o breve, "sintagma concessivo", é vinculado à intensidade ascendente, temos no poema, para a visada do sujeito contemplativo, a orientação para a extensidade da observação, e, para o modo como a coisa do mundo doa-se às visadas, temos a orientação para a intensidade e tonicidade da presença.

Sob um metro regular, já que, junto aos versos octossílabos está a textualização, desencadeada por meio de seis quartetos (na íntegra), temos sobrelevado o exercício do pensamento e o ato de contar numericamente, o que fortalece o olhar na ordem da extensidade e, se quisermos lembrar o semissimbolismo tal como estudado pela semiótica, temos a homologação de uma categoria do plano da expressão (a regularidade métrica) a uma categoria do plano do conteúdo (o *pervir* instalado como fim ou *télos* no campo de presença) (Floch, 2009). Mediante o delineamento do ponto aonde se quer chegar (o *télos*), não afastado da mira estabelecida pela observação, outra enumeração, a das coisas do mundo, legitima o viés inteligível do olhar, para que elas se firmem incorporadas conforme o movimento extenso do pervir. Desse modo, o ator firma-se como télico, enquanto também se define como dinâmico mediante as transformações promovidas, que reverberam no seu próprio corpo.

Zilberberg (2009: 229), ao lembrar para a intensidade as "unidades de medida", afirma que "o sentido de um afeto" encontra-se desde o primeiro momento "na intensidade que ele cifra". Realça então para a extensidade as unidades numéricas e complementa: "a extensão de uma significação mira sua longevidade no tempo e sua repartição no espaço" (2009: 229). Estando a intensidade para o *sobrevir*, e a extensidade para o *pervir*, no poema confirma-se o olhar do "eu" lírico orientado pela valência do *pervir* no encontro com o fenômeno-mundo, que aparece como o que sobrevém ao sujeito – a lagartixa, o outro convocado e firmado na ordem de um assomo de intensidade.

Se a lagartixa é assim apresentada nas profundezas tensivas, no nível discursivo ela destaca-se a partir da isotopia da brevidade, que firma, juntamente com o percurso figurativo correspondente, o aspecto cinético para seu corpo actorial, nomeado como a *noiva brusca*, a *breve deusa*, a *alheia*, a *esquiva*, o que convoca semas lexicais que radicam o dinâmico na celeridade. Ao atentarmos para a aspectualização do ator, mecanismos de textualização como o uso do léxico oferecem subsídios para que se entenda como a profundidade figural sustenta a figurativização discursiva. No caso de "Comunicação", definem-se movimentos na ordem da dinamicidade e da telicidade para o ator da enunciação, enquanto o observador, no viés sensível, expõe-se à duração breve do fenômeno *lagartixa*. A dinamicidade pontual latente no léxico materializa o modo como o observador sente (ou "sofre") as potencialidades expressivas do nosso idioma. A admiração resulta em emoção afetante do corpo daquele que admira. Do domínio do sensível provém a visada perceptiva do sujeito firmado como o que recolhe o detalhe, sem o que não se deteria longamente em animalzinho tão breve. Para poder recolher detalhes, esmera-se na tentativa de alongamento da contemplação desenvolvida em torno da *noiva brusca*, da *deusa breve*.

A duração longa da percepção, em contraste com a brevidade do fenômeno, firma-se como sustento tensivo da figurativização materializada na progressão textual por meio ora de um apelo, ora de outro, até despontarem estes versos: "Quero contemplar tua vida,/ a repetição dos teus mortos." Aí, a duração longa da percepção ancora a paixão da admiração em amplitude difusa o suficiente para abranger ambos os universais semânticos encerrados no objeto contemplado, *vida* e *morte*.

A admiração vinda à luz no poema apresenta-se como extática, mediante nuances de paixão da sensibilidade. A admiração compõe-se lá de modo próprio entre o *sobrevir* e o *pervir*, enquanto orienta o corpo autoral para um devir inclinado à valência do *pervir*. Enquanto isso, uma percepção de duração tão longeva e aliada ao espaço dilatado a ponto de permitir que permaneça o foco nos detalhes firma-se como vetor para o estilo autoral. Isso acontece, na medida em que se encontra a visada do observador com a celeridade esquiva da coisa observada, razão pela qual a textualização insiste no uso do vocativo, enquanto peculiarmente incorpora figuras retóricas como a apóstrofe, a alocução e a deprecação.

A apóstrofe, manifestada no sintagma circunscrito ao vocativo inserido a uma frase, está para a alocução e para a deprecação, reunidas as três figuras no movimento de interpelação do *outro*. Alocução e deprecação distinguem-se devido ao fato de a última conter necessariamente um pedido ao *outro*, cujo lugar investe-se de papéis temáticos daquele que deve, pode e sabe ajudar quem o interpela: a deprecação o convoca para que ele queira atender ao apelo feito. Se a alocução, mais geral como diz Molinié (1992: 44), "não está ligada à especificidade de tal ou tal palavra", cremos que, a partir do que diz o estudioso, ela é mais da ordem da sintaxe e menos da semântica, apesar de o mesmo autor relacionar essa figura ao fato de que, no discurso, ela viabiliza o endereçamento explícito da fala do "locutor" para um "interlocutor", seja este último o próprio "locutor", seja um sujeito ausente ou inanimado ou ainda uma entidade.

Por sua vez, ao ressaltar a função ou o lugar que a deprecação, como figura retórica, desempenha no discurso, Molinié (1992: 111-2) destaca a evocação dirigida a "alguma autoridade (poder superior, divindade, personagem ausente, etc.), por meio de uma prece destinada a aliviar algum mal". Em direção afim, o sentido dicionarizado (Houaiss, 2009) de *deprecação* remete a *deprecar* com a noção incluída de pedir alguma coisa de forma submissa e insistente. O exemplo trazido pelo dicionarista citado é "diante do altar, deprecou ajuda (a Deus)". Molinié (1992: 112) chega a falar em sentido de súplica vinculado à deprecação e, ao examinar uma passagem de "*Phèdre* (acte III, scène 2)", afirma: "o monólogo inteiro de Fedra pode ser considerado uma deprecação" (1992: 112).[16] Entendemos que o poema de Cecília Meireles discursiviza a figura retórica da deprecação, mas faz o pedido num tom leve e átono, por isso não a súplica, mas um

279

mero apelo fica configurado. Temos um tom como compete à cifra tensiva do estilo, a qual, sustentada na profundeza figural, modula a deprecação em valência mitigada, o que a mantém em estágio precedente à "prece" referida por Molinié. Enquanto isso, o mal ou a infelicidade também referidos por Molinié como desencadeadores de tal figura modula-se conforme equivalente descendência tensiva. Para intervalos tensivos compatíveis com um menor impacto da voz do "eu" lírico, encaminha-se o estilo autoral enquanto de tais vetores não escapam as funções discursivas desempenhadas pelas figuras retóricas. Essas figuras, de modo peculiar ao devir do corpo no interior da totalidade, são moduladas pela distinta gradação de incidência do acento sensível.

Se ao falarmos em estilo somos lançados na totalidade discursiva que o produz segundo recorrências e segundo a rede interna de interdependências fundadas por meio daquilo que é recorrente, a que não se furtam os elementos constituintes de todos os níveis do percurso gerativo do sentido; se também vamos aos elementos resultantes da função semiótica, isto é, aqueles decorrentes da relação entre o plano da expressão e o plano do conteúdo dos textos; se, ainda, olhamos para um enunciado na lateralidade de relações dele com outros contíguos a ele, não custa olhar para a lateralidade do poema "Comunicação". Para isso, buscamos outros poemas da mesma autora, na tentativa de investigar possíveis desdobramentos do que se esboça como vetor estilístico: o olhar que busca a interpelação feita do *outro*, por exemplo.

O vetor remete a um fato de estilo ou a uma unidade virtual que passa a aguardar nova atualização e nova realização em cada enunciado da totalidade, após ter sido potencializada pelo uso. Buscamos, então, enunciados representativos do movimento de interpelação do *outro*, entre os quais está encerrada a deprecação e, emparelhada a ela, a apóstrofe textualizada por meio do uso do vocativo, bem como a alocução como mecanismo de "avivamento da expressão" no encetamento de um diálogo com o outro, como sugere o estudo feito por Molinié (1992: 44), no qual a pergunta retórica é apontada como "variante interrogativa da alocução" (1992: 178).

Como método para descrição do estilo fica também a possibilidade de depreender como se emparelha o observador à aspectualização do ator, com a atenção dada pelo analista a mecanismos da construção do sentido, entre os quais se inclui o uso discursivo das figuras retóricas. No caso de Cecília Meireles, o exame feito de como o observador medeia a aspectualização do ator remete a um corpo que se configura inclinado a uma temporalidade alongada e a uma espacialidade difusa, marcadas por valências concernentes ao *pervir*, o que fundamenta a cifra tensiva a ser inquirida na própria análise. A cifra tensiva imprimida ao corpo actorial altera a funcionalidade discursiva da figura retórica.

Ao atentarmos para a maneira como se processa a intersecção entre o olhar que observa as coisas do mundo e as coisas observadas, movimentos que se processam em poemas como o que segue logo mais delineiam oscilações que constituem a cifra tensiva. A partir do poema "Passeio", na lateralidade com "Comunicação", podemos discutir em que medida o esquema que sustenta o corpo apresenta-se por meio do uso feito de figuras retóricas como alocução, deprecação, apóstrofe, enquanto se mantém um devir orientado para interpelar o outro: esse outro figurativizado na imbricação da leveza dos detalhes do corpo contemplado com a amplidão do olhar que o contempla entre labirintos de ambiguidade figurativa.

PASSEIO

Quem me leva adormecida
por dentro do campo fresco,
quando as estrelas e os grilos
palpitam ao mesmo tempo?

O céu dorme na montanha,
o mar flutua em si mesmo,
o tempo que vai passando
filtra a sombra nas areias.

Quem me leva adormecida
sobre o perfume das plantas,
quando, no fundo dos rios
a água é nova a cada instante?

Não há palavras nem rostos:
eu mesma não me estou vendo.
Alguém me tirou do corpo,
fez-me nome, unicamente,

[...]

O céu roda para o oeste:
as pontes vão para as águas.
O vento é um silêncio inquieto
com perspectivas de barcos.

Quem me leva adormecida
pelas dunas, pelas nuvens,
com este som inesquecível
do pensamento no escuro?
(Meireles, 1967: 161-2)

A poeta dirige-se a um destinatário, interrogando-o sem expectativa de resposta, o que torna possível "avivar o tema eleito pelo discurso", tomando para nós sugestão de descrição feita por Molinié (1992: 179) na explanação acerca das características da pergunta retórica. Então, a poeta aviva a interpelação sobre o próprio estar no mundo, para o que não são poupadas prosopopeias como "O céu dorme na montanha" ou "as pontes vão para as águas". Enquanto isso decorre da sintaxe da frase a condensação nos procedimentos de textualização por meio do uso do *predicado verbo-nominal*, que subentende o verbo de ligação diante do predicativo do objeto: *Quem me leva adormecida?* [Alguém me leva para algum lugar enquanto estou adormecida.]

Mas é mediante a imprevisibilidade do encadeamento figurativo em expressões como "O vento é um silêncio inquieto/ com perspectivas de barcos", ou "este som inesquecível/ do pensamento no escuro" que a percepção firma-se para além da "perspectiva geométrica ou fotográfica", como diz Merleau-Ponty (2004: 129) ao referir-se à pintura de Cézanne. Em tais passagens do poema dá-se a ver o observador que, ao aspectualizar o corpo actorial conduzindo-o para a dinamicidade, não está longe de fazer o que o filósofo atribui como prerrogativa da pintura de Cézanne: "dar a impressão de uma ordem nascente, de um objeto em via de aparecer, em via de aglomerar-se sob nossos olhos" (2004: 129).

Sob o domínio do *lógos* estético, que privilegia "essa ordem nascente, de um objeto em via de aparecer", o corpo actorial apresenta-se imperfectivo e atélico, já que o *télos* como intencionalidade persuasiva fica diluído no inacabamento do próprio corpo. Sob a orientação do *pervir*, movimento segundo o qual as grandezas acedem ao corpo de presença, recupera-se o *télos* como fim a ser atingido, firmado num ponto distante do *aqui* da observação, e distante o suficiente para que, da relação *tempo-espaço* estabelecida na percepção, configurem-se na dimensão da extensidade os longes e os duradouros – do mundo no corpo; do corpo no mundo – como compete à fusão entre sujeito e objeto maximizada no evento poético.

Certamente ficam desfeitas distinções de sensações como audição e tato, o que incorpora a sinestesia e o que promove a ascendência recrudescida do sensível sobre o inteligível, para que *o mar* apresente-se como o que *flutua em si mesmo* e, o *tempo*, como o que *filtra a sombra nas areias*. Mediante tais recursos, a coisa vivida como "objeto em via de aparecer", mundo percebido, apresenta-se com força de "instantaneidade" e "detonação" (Zilberberg, 2011: 163) para invadir o sujeito até que se configure o "acontecimento extraordinário".

Greimas (2002: 56), ao comentar determinada obra de Julio Cortázar, refere-se à trama como a "história de um grande senhor, homem de negócios e esteta em certas ocasiões, que empreende, de maneira intermitente, a leitura de um livro". Dá então indicações de que existe na obra a discursivização de um objeto percebido em processo de invasão de um corpo – o do sujeito da percepção. O objeto percebido é o mundo criado pela trama novelesca, e o leitor é o corpo que se deixa arrebatar. Para isso, Greimas (2002: 56) destaca frases como estas, extraídas da mesma obra: "deixava-se interessar lentamente pela trama"; "deixando-se levar pelas imagens". Ao introduzir tais notas, Greimas (2002: 56) salienta "duas fases da tomada de possessão deste objeto, ou melhor, do sujeito pelo objeto-mundo imaginário".

São afins a esses os gestos contidos no poema "Passeio", em que encontramos as perguntas retóricas: "Quem me leva adormecida/ por dentro do campo fresco,/ quando as estrelas e os grilos/ palpitam ao mesmo tempo?" À lagartixa metamorfoseada em "Comunicação", segue esse mundo percebido na ordem da coexistência de perspectivas, o que permite juntar estrelas e grilos em palpitação simultânea. Enquanto o inédito figurativo do céu que roda para o oeste e das pontes que vão para as águas consuma a instantaneidade que fratura a rotina, a afirmação de que "o vento é um silêncio inquieto/ com perspectivas de barcos" remata a sinestesia na coexistência de percepções distintas (vento, percepção tátil; silêncio, percepção auditiva; vento, percepção do aéreo; barcos, percepção do líquido). Incorpora-se a própria sinestesia nas vizinhanças do modo como é definida por Massaud Moisés (1999: 478): a "transferência de percepção de um sentido para outro, isto é, a fusão, num só ato perceptivo, de dois sentidos ou mais". Entretanto, mais do que "transferência de percepção de um sentido para outro", a nosso ver deparamo-nos com uma "percepção primordial", para a qual não há distinção entre sentidos.

Cecília Meireles fabula o que diz Merleau-Ponty (1999: 442) ao interpelar o que é o "mundo percebido": "Não tenho uma visão perspectiva, depois uma outra, e entre elas uma ligação de entendimento, mas cada perspectiva passa na outra". Na fabulação poética, o mundo invade o sujeito na continuidade estabelecida como um algoritmo da percepção ao longo de "Comunicação" e "Passeio". Ainda, tal como dado a ver no êxtase da percepção, o corpo de Cecília Meireles apresenta alguma proximidade em relação àquele do leitor de Cortázar, que Greimas (2002: 56) depreende como um "actante cognitivo instalado como testemunha" daquilo que é narrado e "ao mesmo tempo um ator que assume papéis de ordem patêmica e ética", pois "se põe a viver entre as personagens do romance". O leitor de Cortázar segundo Greimas deixa transportar-se para o interior do enunciado. Não é diferente o que acontece com aquele corpo que se deixa levar pelo próprio passeio enquanto pergunta: *Quem me leva adormecida?* A poética de Cecília Meireles aponta para a exploração feita pelo olhar, pelas mãos, pelos ouvidos, pelo paladar, em sincronização estésica e para uma estesia solicitada de modo concentrado, enquanto é regida por valências plenas de conotação.

O céu dorme na montanha: mais do que a diluição de contornos entre o animado e o inanimado (*dormir/céu*) para que se firme a prosopopeia, temos, a partir do uso recorrente da figura, delineado sob as coerções éticas e estéticas do estilo, o olhar remetido a uma percepção que não distingue os compartimentos do mundo, cada qual restrito a um dos sentidos humanos. Por isso, o céu encontra-se com a terra no vivido sensível. O estilo de Cecília Meireles acerca-se do que Merleau-Ponty (2004: 130) nomeia como "percepção primordial":

> Na percepção primordial, as distinções do tato e da visão são desconhecidas. É a ciência do corpo humano que nos ensina, posteriormente, a distinguir nossos sentidos. A coisa vivida não é reconhecida ou construída a partir dos dados dos sentidos, mas se oferece desde o início como o centro de onde estes se irradiam. Nós *vemos* a profundidade, o aveludado, a maciez, a dureza dos objetos – Cézanne dizia mesmo: seu cheiro.

Se, de um lado, o espaço da percepção "se contrai e se reduz ao 'aqui' que fica então, momentaneamente, sem 'alhures' acessível", como lembra Zilberberg (2011: 278) ao demonstrar a força do que sobrevém ao sujeito, o *sobrevir*, enquanto o sujeito é "extraído da esfera familiar de seu *agir* e projetado na estranheza do *sofrer*" (2011: 278), de outro, o *pervir* é restabelecido mediante um advir que, como eixo comum a ambos os movimentos, compreende a protensividade do corpo do ator. Atingimos com o *pervir* o processamento lento de uma percepção que "permite a divisibilidade e progressividade 'às claras'" (2011: 271). A figuratividade discursiva respalda o *pervir* da profundidade tensiva ao trazer à luz, em "Passeio", grandezas ingressantes no campo da percepção de modo tão desacelerado, que permite "vermos" estrelas e grilos em palpitação simultânea; ou o fundo dos rios com a água que é nova a cada instante. Para isso, o olhar faz alongarem-se e difundirem-se em grande extensão os componentes do espaço tópico no percurso figurativo distribuído entre: céu; mar; montanha; pontes; águas; dunas; nuvens. A percepção cifra a figura: tanto a figura discursiva como a figura retórica, de acordo com as maneiras pelas quais ela faz a figura ingressar no campo de presença e ali estabelecer-se.

Considerando a vizinhança entre a deprecação e a apóstrofe, e de ambas, com a alocução, podemos depreender entre elas, como inclinação do estilo autoral, a interpelação feita do *outro*. Desse modo, uma forma considerada estrutura respalda o devir como protensividade do corpo, mais do que o fazem afinidades temático-figurativas em "Comunicação", ponto de partida da análise, e outros poemas. Se em "Passeio" tivemos a pergunta retórica como uma variante da alocução, não custa lembrar este verso emblemático da totalidade, encontrado em uma das cantigas de Cecília Meireles, "Oh! abelha imaginativa!" (1967: 162); ou não custa olhar para este outro poema:

CANTIGA

Bem-te-vi que estás cantando
nos ramos da madrugada,
por muito que tenhas visto,
juro que não viste nada.

Não viste as ondas que vinham
tão desmanchadas na areia,
quase vida, quase morte,
quase corpo de sereia...

[...]

Não viste as letras, que apostam
formar ideias com o vento...
E as mãos da noite quebrando
os talos do pensamento.

Passarinho tolo, tolo,
de olhinhos arregalados...
Bem-te-vi, que nunca viste
como meus olhos fechados...
(Meireles, 1967: 160-1)

 Corrobora-se a orientação para uma textualização tanto condensada quanto equilibrada, para o que contribui a regularidade métrica organizada em versos heptassílabos que, distribuídos em cinco quartetos, sustentam o ritmo poético mantido como vetor relativo ao plano da expressão dos textos encerrados pela totalidade. Mas, para além do ritmo enunciado, está o algoritmo da percepção, seja quanto à figurativização que elege para o olhar um devir afeito a alongar-se nas coisas e bichos miúdos, a fim de contemplá-los admirativamente e até encetar uma interlocução com eles, seja na dinamicidade do corpo actorial. A propósito dos papéis aspectuais do ator, temos uma duplicidade advinda da função ocupada pelo olhar no interior das relações estabelecidas: enquanto o corpo compõe-se como resultante do *lógos* processado sob valência plena da conotação estésica, a visada afasta-se de um *télos*, o corpo define-se como atélico; enquanto o corpo é considerado no interior das relações estabelecidas pela totalidade do estilo *Cecília Meireles*, busca um *télos* para a observação sensível; aí firma-se como télico.

A poeta fala com o bem-te-vi que está "cantando nos ramos da madrugada": da intersecção de papéis funcionais (a poeta fala/o passarinho escuta), base de personificação na prosopopeia, sobreleva-se a ambiência semântica favorável ao surgimento de papéis temáticos imprevisivelmente afins: o passarinho pode e sabe cantar nos ramos das árvores; a madrugada, ela mesma a própria árvore, pode e sabe oferecer ramos para o passarinho cantar no seu interior. Fica reinaugurada a ordem das coexistências das coisas (madrugada e árvore entre outras) juntamente com a ordem das sucessões. A última é expressa em especial no encadeamento discursivo, em que se encerra o elenco de coisas não vistas pelo passarinho, o que aponta para a enumeração daquilo que a poeta vê.

Apresenta-se o corpo do ator da enunciação na tendência de ocupar o ambiente, apreendendo-o por inteiro, o que faz despontarem em coexistência os vários horizontes da situação criada. Por isso, as figuras que concretizam o lugar tópico também são investidas de dinamicidade, para o que ajuda o uso do advérbio "quase", enfatizado por meio da anáfora, em: "Não viste as ondas que vinham/ tão desmanchadas na areia,/ quase vida, quase morte,/ quase corpo de sereia..." As ondas – "quase vida, quase morte,/ quase corpo de sereia..." – constituem a *coisa-onda*, na medida em que elas temporalizam-se num presente que reúne anterioridades e posterioridades da percepção, para que tenhamos a *quase-vida* e a *quase-morte*.

Nessa temporalidade conquistada para existir, a onda metamorfoseia-se no *quase corpo de sereia*. Entre um poema e outro e afastada de uma temporalidade concebida como "uma soma de instantes perfeitos", vai tomando corpo a admiração no estilo de Cecília Meireles. Diz Merleau-Ponty (1999: 446), após aludir ao fato de que o tempo como "uma soma de instantes perfeitos" remete ao mundo e ao tempo cartesianos, não voltados para a percepção: "percebemos que o ser objetivo tem suas raízes nas ambiguidades do tempo", ao que acrescenta:

> Não posso conceber o mundo como uma soma de coisas, nem o tempo como uma soma de "agoras" pontuais, já que cada coisa só pode oferecer-se com suas determinações plenas se as outras coisas recuam para o indefinido dos longínquos, que cada presente só pode oferecer-se em sua realidade excluindo a presença simultânea dos presentes anteriores e posteriores, e já que assim uma soma de coisas ou uma soma de presentes é um não senso. (1999: 446)

Em sobrevoo na direção do viés fenomenológico do pensamento e com base nas indicações oferecidas pelos poemas de Cecília Meireles, podemos depreender, como decorrência do esquema que sustenta o ator, um corpo que se oferece, em tais enunciados, segundo a articulação promovida entre as coisas do mundo e a temporalidade que as sustenta; por serem temporais, isto é, cravados no tempo-espaço da percepção, corpo e mundo mostram-se ambíguos, o que respalda a ambiguidade sintática e semântica: o bem-te-vi é o tu instalado no enunciado, com lugar actancial garantido de narratário, mas tematicamente é alheado do papel temático de leitor. O inacabamento da figura do bem-te-vi remete ao inacabamento do *lógos* estético, tão mais lacunar quanto "indireto".

As nuvens "vão andando/ com marcha e atitude de homem" (estrofe suprimida), enquanto no plano da expressão os versos de sete sílabas, na corporeidade do significante, reproduzem a marcha heroica, para que a função poética seja exercida em valência plena de incidência do sensível sobre o inteligível. Como corpo temporalizado, o bem-te-vi goza da prerrogativa da humanidade no homem: o passarinho não fica preso a um presente sem porvir; seus olhinhos arregalados dilaceram-se entre um passado continuamente retomado e um porvir continuamente antecipado, na percepção que lhe oferece um ambiente composto de metáforas e metonímias: ele é convidado a ver as "letras, que apostam/ formar ideias com o vento.../ E as mãos da noite quebrando/ os talos do pensamento".

Diz Merleau-Ponty (1999: 447): "Um presente sem porvir ou um eterno presente é exatamente a definição da morte, o presente vivo está dilacerado entre um passado que ele retoma e um porvir que projeta." O que acontece com o bem-te-vi acontece com a lagartixa, para que os vários horizontes da situação percebida permaneçam coexistentes, *no*, e *por meio do lógos* estético. Confirma-se ao longo da totalidade um tempo que, ao encerrar em si a ordem da coexistência e a ordem da sucessão das coisas, apresenta-se como duração.

"Passarinho tolo, tolo, de olhinhos arregalados..." Se a deprecação é uma espécie de prece destinada a aliviar alguma infelicidade, como vimos com Molinié, ela não deixa de trazer, junto à protensividade do corpo do "eu" lírico, o investimento semântico do papel de autoridade (poder superior, divindade) para o tu convocado, como insiste o estudo feito sobre a figura retórica por aquele pesquisador. Por sua vez, a imprecação, segundo o mesmo autor (1992: 171), "exprime um voto de desgraça dirigido ao interlocutor", do que se depreende um lugar contrário entre as aspirações daquele que fala e daquele que é interpelado. Certamente o devir estabelecido pelo estilo de Cecília Meireles, se convoca a deprecação, alija-se da imprecação, já pelo tom alto de quem vocifera, suscetível de aparecer a partir do uso da última figura, já pela paixão da admiração que vai tomando o corpo actorial no viés extático.

Em termos de lugar preenchido pelo tu convocado, há uma oposição entre deprecação e imprecação quanto à avaliação ética feita do tu – lá, um lugar de superioridade; cá, de inferioridade. Entre as valências plenas decorrentes da deprecação e da imprecação, a nosso ver instalam-se valências medianas concernentes à alocução e à apóstrofe, estágios constitutivos da deprecação e da imprecação, seja a alocução interrogativa como no caso de "Passeio", seja a assertiva como no caso da cantiga feita ao bem-te-vi.

Quanto às direções tensivas consideradas no interior do estilo autoral, o que leva a depararmo-nos com a modulação do tom da voz, no intervalo correspondente a valências mitigadas de acento instala-se o estilo *Cecília Meireles* de interpelar o outro, enquanto a voz ameniza o estatuto de autoridade moral do sujeito convocado por meio da deprecação. Na rede criada de interdependências dos "estados de alma", qualquer percepção de aperto, base para variações da paixão da angústia, é atenuada, depois minimizada, até que, em minimização recursiva, possa atingir o minúsculo e o ínfimo de acento de sentido. Ao contrário, o corpo solta-se para que o ator estenda-se no encontro com o exercício do próprio poetar.

Nesse soltar-se, a admiração também se metamorfoseia. Olhar para o exercício de fazer poesia, enquanto se fazem os próprios poemas, é movimento que marca o estilo de Cecília Meireles. O corpo mostra-se em processo na discursivização do ato poético. Por meio desse gesto, que aumenta a opacidade do discurso enquanto a linguagem define-se "na obstinada referência a si própria" (Merleau-Ponty, 2004: 72), são convocadas as figuras no seu inacabamento semântico. Entre elas, estão: "as pontes frágeis da poesia" e "os meus olhos fechados", estes que viram as ondas que eram "quase vida, quase morte, quase corpo de sereia...; as letras, que apostam/ formar ideias com o vento...".

Mediante o oxímoro relativo aos *olhos fechados* que *viram* a sucessão de coisas não vistas pelo bem-te-vi, define-se o ritmo do corpo autoral: um ritmo acoplado àquele tempo de duração longa, que junta à ordem das coexistências nas intersecções metafóricas a ordem das sucessões na enumeração. A ordem das coexistências arrasta o corpo para o impacto dos afetos em intensidade ascendente e faz ecoar em si a desestabilização do oxímoro ao longo do poema. A ordem das sucessões recupera o mundo estável e intersubjetivo em intensidade decrescente, na medida em que a extensidade toma seu lugar, alavancada pelos mecanismos de textualização, entre os quais se inclui a métrica regular. Os horizontes simultâneos apreendidos em cada situação discursivizada são percebidos no estilo de Cecília Meireles como um algoritmo de percepção.

A concomitância de horizontes distintos é dada a ver por meio de metáforas que arrastam a percepção para o âmbito da "derrota do esperado", como diz Zilberberg (2011: 180). Diante do bem-te-vi convocado e do mundo que se desdobra conforme movimentos metafóricos, experimentamos, juntamente com a admiração em êxtase, uma aceleração que escapa ao controle nos versos finais, quando ocorre o oxímoro relativo a ver tudo o que foi enumerado com precisão numérica, e ver com os "olhos fechados". Para isso contribuem as coexistências de horizontes. O termo *talo*, no campo da botânica, equivale a algo semelhante ao caule da planta; no entanto, ao bem-te-vi alertado para o que deixou de ser visto, são lembrados os "talos do pensamento", quebrados pelas "mãos da noite: Não viste [...] as mãos da noite quebrando/ os talos do pensamento".

Junto à isotopia das figuras relativas à natureza contemplada e ao corpo posto por inteiro nas intersecções entre os horizontes criados, como uma noite que é corpo com mãos, e mãos que podem quebrar talos, mas talos do pensamento, a sobreposição de metáforas eleva o *lógos* à conotação colossal. Para isso, na perspectiva figural temos indicações de que se condensam percepção e mundo percebido num espaço concentrado e numa duração abreviada a ponto de alavancar o corpo para altos graus de impacto, surrupiando-lhe a extensidade. Assim, oscila, entregue à intensidade do sentir. Mas alonga-se o breve, e a enumeração figurativa do mundo seguramente devolve ao corpo sua extensidade. Nas oscilações que marcam o compasso concernente ao algoritmo da percepção, o impacto é restabelecido e recrudescido mediante a sobreposição de metáforas, o que funda, para o estilo de Cecília Meireles, a "metáfora-acontecimento" (Zilberberg, 2011: 183) como um dos núcleos retóricos da totalidade, fundado no *sobrevir*.

Entretanto, por meio da enumeração, o *sobrevir* cede ao dispositivo valencial do *pervir*, para que se atenue a força na atonia, e o andamento rápido na desaceleração: atonia e desaceleração compatíveis ao exercício do olhar que sob controle organiza sequencialmente o mundo e a si mesmo. O breve, na manutenção do ritmo, volta a ser alongado. Verdadeiramente, não à toa a métrica regular é mantida. O exercício do fazer poético, equilibrado nos procedimentos de textualização, mantém-se na repetição monocórdica de *não viste* isto, *não viste* aquilo. Juntamente com a ordem sequencial preservada, que garante por meio do espaço tópico regradamente dividido a distribuição precisa entre planos e contornos, instala-se a quietude e o prazer da experiência decorrente dessa quietude, desencadeadora de sentimentos incompatíveis com paixões de aperto como a angústia. A admiração, como qualquer paixão, toma corpo próprio no todo do estilo.

No texto de partida, reencontramos a lagartixa, que concentra em si o acontecimento estético: quanto mais célere, tanto mais impregnada da conotação sensível. "Pequena lagartixa branca,/ ó noiva brusca dos ladrilhos!/ sobe à minha mesa, descansa,/ debruça-te em meus calmos livros." Em movimento que parte do figurativo ao figural, notamos que as figuras discursivas, concernentes ao verbo *descansar* e ao atributo *calmo*, compondo o espaço tópico na expressão *em meus calmos livros*, homologam-se, no figural, ao espaço tensivo delineado segundo um sujeito que insiste em refazer-se das "subvalências paroxísticas do andamento e da tonicidade", como diz Zilberberg (2011: 175).

O observador na dimensão da extensidade mantém-se num espaço difuso, compatível com a temporalidade que lhe permite gozar a contemplação contínua

289

feita da companheira da comunicação, amparado já pela semântica discursiva. Essa temporalidade de duração longa, que é a do "pervir", segundo Zilberberg (2011: 286), própria ao sujeito contemplativo é, por outro lado, instigada a abreviar-se, e assim instigada pela própria lagartixa, que cobra o olhar brusco e breve de quem a contempla. No encadeamento sintáxico entre o alongar o breve e abreviar o longo, a lagartixa vai firmando o próprio corpo segundo a temporalidade do *sobrevir* que, de tão breve, vai-se alongando sob o olhar da poeta. O olhar contemplador da poeta, enquanto isso, de tão longo vai-se abreviando sob os instantes de beleza estética deflagrados pela lagartixa. Esses instantes se alojarão em lugar próprio, tal como aparecem figurativizados nos versos finais do poema. Na cadência entre tais oscilações está o ritmo do corpo, criado conforme um algoritmo da percepção.

Da lagartixa, cujo elã precipita o acontecimento estético, dela, "ó breve deusa do silêncio/ que na face da noite corres/ como a dor pelo pensamento,/ – e sozinha miras e foges", depreende-se a metáfora radicada em toda a dimensão do texto, tornando aqui ao estudo de Fiorin (2005: 9) sobre essa figura retórica. Então, em metáfora não restrita a determinado ponto do sintagma textual valida-se, via similitudes entre o réptil e a deusa, o acolhimento de traços semânticos que seriam contraditórios segundo a legalidade da *doxa*, para a qual esse ator ou *é* ou *não é* lagartixa, ou *é* ou *não é* uma entidade. Mas esse ator, que não deixa de ser o pequeno réptil da "fala ordinária", da *fala falada*, para o que mantém o desempenho de papéis temáticos de quem se mexe velozmente pelos ladrilhos, simultaneamente como lagartixa colada à metáfora que subsidia a metamorfose, num *crescendum* de intensidade apresenta-se como o parceiro da poeta: tão mais fortemente desejado quanto mais esquivo. A admiração proveniente desses gestos apresenta-se com "perfume" próprio, enquanto o papel patêmico do sujeito admirativo mostra-se conforme uma *disposição* esboçada nos intervalos entre os poemas como uma "maneira de sentir" (Greimas e Fontanille, 1993: 78) a própria admiração. Afirmam os semioticistas sobre a admiração:

> Tudo se passa como se a intensidade passional [...] neutralizasse o sujeito e o mergulhasse numa camada mais profunda do percurso gerativo, ou ainda, como se a subida para o valor do valor, a partir do objeto propriamente dito, se acompanhasse de intimidade mais estreita com a zona "energética" onde nasceria a paixão. (1993: 24)

A paixão configura-se no processamento do corpo actorial, o que supõe a aspectualização do ator. A paixão está diretamente vinculada à protensividade do corpo. Em "Comunicação", enquanto se firma o pedido de permissão para amar a lagartixa, no rogo por uma "comunicação" efetiva com ela, fica definido o espaço tópico que já se esboçara semanticamente desde os primeiros versos: é o lugar dos *calmos livros*; da *face da noite*, onde corre o bichinho; do *pensamento*, onde corre a dor; dos próprios *olhos* do "eu" lírico, onde a lagartixa pousa os seus; e, na continuidade tópica, é o lugar do *coração deserto*, onde a lagartixa é instigada a parar mais, sempre um pouco mais. Seguem em progressão os apelos, a fim de, na última estrofe, os dois últimos versos discursivizarem no âmbito figurativo a função poética robustecida no figural como experiência sensível:

> Para em meu coração deserto!
> Deixa que te ame, ó alheia, ó esquiva...
> Sobre a torrente do universo,
> nas pontes frágeis da poesia.
> (Meireles, 1967: 385)

A figurativização do espaço tópico preenche semanticamente o *aqui* ("Para [aqui] em meu coração deserto") e o *lá*: "Deixa que te ame, [lá] sobre a torrente do universo,/ nas pontes frágeis da poesia." *Aqui* e *lá* constituem implicitamente "o ponto de referência [...] enunciativo" (Fiorin, 1996: 272). Mas a poeta pede à lagartixa que permita que ela a ame "sobre a torrente do universo,/ nas pontes frágeis da poesia". O advérbio indicativo do espaço, *sobre*, está incluído no que Fiorin (1996: 272) entende como "aspectualização do espaço", o que se vincula, segundo o autor, à "visão de um sujeito observador", enquanto o próprio espaço tópico é definido pelo semioticista como o que tem "um caráter aspectual" (1996: 298). Em continuidade no estudo feito sobre os advérbios e a expressão da espacialidade, Fiorin (1996: 276) assinala, para o *sobre*, uma "visão de orientação vertical" e afirma: "*sobre, por cima (de)* indicam posição superativa de um objeto em relação a um ponto de referência (não é preciso que haja contato entre o objeto e o ponto de referência)". Para isso, o autor ilustra com exemplos que remetem a *uma tela sobre um cavalete*, a *uma ponte sobre um rio* etc.

As *pontes frágeis da poesia* estão em posição superativa em relação ao ponto de referência, o aqui de onde olham para elas, enunciador e enunciatário do poema de Cecília Meireles. A superatividade das pontes da poesia encarna a "patemização do objeto literário", esse objeto configurado como o próprio exercício da criação poética, tomando agora reflexões feitas por Greimas (2002: 60). No estudo feito a partir da prosa novelesca de Cortázar, ao discorrer sobre a "dimensão patêmica, sobre a qual se estabelece a relação de conjunção entre o sujeito e o artefato estético", o semioticista chega a aludir a um "texto no texto", para referir-se à *Continuidad de los parques*, de Julio Cortázar, como "o relato de leitura de um romance". A nosso ver, "a torrente do universo,/" sobre a qual se amarão, "nas pontes frágeis da poesia", a noiva brusca e o "eu" lírico, também é um "texto no texto". Cecília Meireles fala da própria criação poética, o que entendemos estar assinalado ao longo de muitos poemas da mesma autora como um gesto metadiscursivo. Não é gratuita a posição de superioridade da torrente e das pontes, indicadas a partir de um ponto de referência estabelecido, o aqui do enunciador e do enunciatário em "visão de orientação vertical".

A *torrente*, figura cifrada tensivamente como de alto impacto, porque de celeridade acentuada já como lexema, discursivamente realizada como figura tópica, lugar sobre o qual se dará o encontro amoroso, vinculada à dominância da mobilidade sobre a fixidez espacial, é força que irrompe e arrasta e mantém-se como "desastrosa" e "providencial". Para estes últimos atributos, tomamos o que diz Zilberberg (2011: 174). "Deixa que te ame, ó alheia, ó esquiva.../ Sobre a torrente do universo,/ nas pontes frágeis da poesia." A figura tópica, "sobre a torrente do universo", desastrosa como irrupção do imprevisto e como impacto para o observador sensível, alavanca o ator para um alto grau de imperfectividade.[17] Quanto mais imperfectivo, mais encarnado como *éthos* conotado é esse ator, se tornarmos ao pensamento de Zilberberg (2011: 189): "o impacto, termo supremo da série ascendente, se torna garantia da presença". A torrente do universo é também providencial, na medida em que, aludindo figurativamente ao ato no próprio ato, no verso final concretiza o *locus* do encontro amoroso como *as pontes frágeis da poesia*.

Juntando a força da torrente, que também é vista na antecipação do ato amoroso por baixo dos corpos, isto é, juntando a força dela à fragilidade das pontes, estas vistas concomitantemente por cima da torrente, o corpo ascende em imperfectividade. Na continuidade em que fica radicado, legitima-se o corpo afastado de uma "soma de instantes perfeitos", logo não próximo do "mundo e tempo cartesianos", para que o sujeito admirativo e a paixão da admiração confirmem-se na ordem das "ambiguidades do tempo" – da percepção.

A ambiguidade desse tempo está na configuração de um texto que fala, a partir de seu interior, do ato de criar-se a si mesmo; está na aspectualização do espaço, desde o uso daqueles advérbios espaciais, também assinalados por Fiorin (1996: 272) como o que apresenta uma visão concentrativa do observador: "visão concentrativa: marca uma posição que coincide com um lugar considerado como um ponto. Em português, é manifestada pela preposição *em*". A visão concentrativa, na coexistência de pontos de vista convocados para a aspectualização do espaço tópico, está na expressão *nas pontes frágeis da poesia* que, na reciprocidade com a *torrente do universo*, retoma para si o breve alongado e o compacto difundido.

Enquanto isso, a *torrente do universo*, passando a fazer parte da nomeação do ato de poetar, confirma o atributo de *providencial* atribuído por nós à torrente, se atentarmos para o fato de que esse atributo vincula-se à Providência enquanto criação poética: "sábia regência de Deus sobre a criação e, por extensão, o próprio Deus como regente da criação", como está definido no *Le Petit Robert* (2012). O providencial da torrente é a percepção da arte poética que ela convoca como possibilidade de significação estética. Mecanismos figurativos da construção do espaço remetem a uma "semântica da espacialidade" (Fiorin, 1996: 259), que se apresenta cifrada tensivamente a partir da profundidade figural, de modo a obtermos a figura discursiva sob uma clivagem tensiva. Entre um nível e outro, o discursivo e o tensivo, instalam-se as figuras retóricas segundo a funcionalidade própria ao interior de um estilo.

No gesto de metadiscursividade, a *torrente do universo* é figura desastrosa como percepção da invasão abrupta desencadeada no campo de presença e como o que sobrevém intensamente no campo da observação; é também providencial, na medida em que, como *locus* do encontro amoroso entre a poeta e o *outro*, a própria poesia, acaba por definir-se junto às *pontes frágeis da poesia*, a fim de que o corpo pudesse ser *possuído* pela lagartixa, a lira poética. Misturam-se, na ordem do inacabamento, o lugar onde se dará o encontro amoroso, o *outro* a ser possuído e o corpo do "eu" lírico.

Concomitantemente, acentuam-se traços semânticos de instantaneidade ou daquilo que dura pouco no atributo de *frágil* para as pontes, o espaço figurativo, onde deverá ocorrer a junção amorosa que, no desfecho do poema, deflagra-se como o encontro entre a poeta e o ato de poetar. A lagartixa como a própria lira ou a arte poética, musa ou "inspiração", figura beneficiada pela coexistência de horizontes distintos, contribui para o abafamento tanto do perfil judicativo do ator como do viés judicativo do *lógos*. Assim, entre intersecções semânticas e de percepção sensível na profundidade figural fica radicada a metáfora em intervalos de forte incidência do conotado.

No gênero jornalístico, tal qual num poema, não é impeditiva a possibilidade de apresentação da linguagem que fala da própria linguagem. Mas num poema o movimento metadiscursivo permite, como efeito de sentido, o autocentramento e a autossuficência da voz que enuncia, enquanto o enunciado desdobra-se na intangibilidade da palavra. Assim, a metalinguagem pode radicar-se num mundo de experiência sensível, afastado de "um conjunto de objetos ligados por relações de causalidade", tal como nomeado por Merleau-Ponty (1999: 459) para aludir ao que não é o "mundo vago de todas as experiências".

A metáfora, suscetível de ocorrer pontualmente no texto jornalístico, e tendo aí a função persuasiva sobrelevada, enquanto vincula-se ao *lógos* judicativo e ao papel temático de um ator aspectualizado pelo observador social, torna-se átona, de valência mitigada e até nula quanto à tonicidade afetiva e como sentimento regente da inteligibilidade. É diferente o que se dá com a metáfora no poema, situação em que ela pode alcançar a pregnância da valência plena, da tonicidade máxima do *lógos* estético. Em "Comunicação", ao silêncio em que é posta a cotidianidade e o ordinário da *fala falada*, junta-se outro silêncio, desejado e esquivo, concretizado na

293

figura da lagartixa atravessada de deslocamentos da percepção relativa a um réptil, desde os primeiros versos. Ao longo de todo o poema, certamente a lira e o réptil encontram-se com a poeta, até serem borrados de vez os limites, de um lado, entre a lira e o réptil, de outro, entre os corpos que se encontram no ato amoroso, no momento mesmo em que se enuncia o apelo para que se amem: poeta e lagartixa entre a *torrente do universo* e as *pontes frágeis da poesia*.

A lagartixa nomeada segundo os atributos de *noiva brusca*, *breve deusa do silêncio* ou, segundo as funções temáticas, como pequeno lagarto branco que sobe à mesa e se pendura nos livros e, ainda, como aquela a quem se pode amar, embora *alheia e esquiva*, e a quem se pode amar em *pontes frágeis da poesia*, metonimicamente apresenta-se também, desde os primeiros versos, como a própria poesia. Enquanto se vão desfiando as propriedades do réptil, o "acontecimento extraordinário" se sobrepõe a ele na ordem da estesia. Graças à contiguidade ou coexistência entre o *ser* e suas propriedades, vai sendo designado o próprio *ser* da poesia.

Dizemos isso com base em Fiorin (2005: 7), que, ao descrever mecanismos de construção da metonímia, remete a um texto de Murilo Mendes, em que *fome* significa "os miseráveis" ("A fome é sempre analfabeta"). Afirma então o semioticista: "Nós temos uma metonímia, porque uma propriedade do ser designa o próprio ser, pois entre os dois significados [o ser e suas propriedades], há uma relação de coexistência." As propriedades – "noiva brusca", "alheia", "esquiva", ou daquela "vinda/ para quê?" – designam o próprio ser da poesia. Mas no poema a metonímia se metaforiza, para obtermos, "centrada na própria mensagem", como queria Jakobson (1970), a função poética em seus altos graus de coerção, para o que contribui a concomitância dos distintos horizontes da percepção. Como experiência do corpo sensível é vivido o próprio *lógos*. Fala-se *da* e *com* a poesia, enquanto se fala por meio dela. Seguramente, com alguma equivalência com a *fala falante* merleaupontyana toma corpo próprio, no estilo de Cecília Meireles, a paixão da admiração.

Quanto mais esquiva é a criação poética ou a pequena lagartixa branca, mais atento é o olhar do observador para os meandros por onde corre a "noiva brusca dos ladrilhos". O olhar que busca alongar o tempo abreviado pelo elã de um mundo percebido como uma lagartixa inacabada firma um vetor para o estilo. Esse vetor é dado na profundidade tensiva, na correlação entre o intenso (o que sobrevém à poeta como uma torrente) e o extenso (aquilo que a poeta decompõe calmamente para ganhar a inteligibilidade das coisas do mundo). Temos um observador sensível, viabilizador de papéis patêmicos do sujeito pressuposto logicamente à totalidade discursiva e encarnado nela, enquanto, a esse conjunto de poemas, subjaz o efeito de identidade estilística. Para isso contribuem os papéis patêmicos, vistos como não dissociados dos temáticos, aqui postos em posição recessiva.

Os papéis temáticos desempenhados pelo ator da enunciação lançam luz sobre quadros axiológicos eleitos pelo discurso. Como regime axiológico, temos um posicionamento social afeito à triagem de valores, o que fica secundarizado no ambiente poético construído por Cecília Meireles. Uma inclinação para acolher valores de absoluto respalda certo enfado sub-reptício diante do ruído causado pela presença do *outro*, posto como *os conhecidos* e *os outros* (os desconhecidos). É o que se pode verificar nos versos de "Pedido": "Armem a rede entre as estrelas,/ para um descanso secular!/ Os conhecidos – esquecê-los/ E os outros, sem imaginar./ Armem a rede!" (Meireles, 1967: 312). A isotopia semântica favorece aí a triagem axiológica, para que o *outro*, afastado do acolhimento eufórico, o *ele* de quem se fala, tenha continuidade no *outro* convocado pela alocução imperativa (o *tu*), seja afirmativa em *Armem a rede,* seja, ainda no mesmo poema, negativa, em: "Não falem nunca mais daquela/ que oscila, invisível, pelo ar./ Não digam se foi triste ou bela/ sua vocação de cantar! Não falem nela."

Assim aparece o *outro*, seja como aqueles que serão esquecidos ou nem serão imaginados na referencialização que inclui o *ele*, seja como o sujeito definido nos papéis temáticos firmados na relação intersubjetiva desencadeada em "Pedido" nas expressões imperativas. Como um ator que deseja interação ou mistura, é sugerido esse outro, que também é convocado a não falar com quem o interpela para armar a *rede entre estrelas* – num alhures posto em traços de extremo distanciamento – dos outros e do ordinário das relações. Então, tal como interpelado no mesmo poema, é excluído como ato predicativo de julgamento esse *outro*, para o que contribuem figuras clivadas pela triagem, que robustecem a exclusão: o *descanso secular* e a rede armada *entre estrelas*. A mesma inclinação à triagem axiológica permanece em versos como os que encerram o poema "Em voz baixa": "Sempre mais comigo/ vou levando os passos meus,/ até me perder de todo/ no indeterminado Deus" (Meireles, 1967: 190).

Em qualquer texto, as figuras discursivas, na apresentação da clivagem axiológica segundo a ética vinculada aos regimes da triagem e da mistura, remetem ao posicionamento social do sujeito. Esse fato, para a determinação de estilos, tem relevância dependente da concretização do enunciado em esferas de comunicação e em gêneros que nela circulam. A ética da triagem, sob valência nula de acento judicativo, faz-se presente no estilo poético contemplado. Mas o zero não é o vazio absoluto. O princípio da triagem reforça-se em expressões como "Ó breve deusa do silêncio", em que a alocução permite ao sujeito chamar para si a *deusa*, por meio dos atributos daquela que é *breve*, isto é, não se alongará na copresença, e é do silêncio, isto é, não se misturará ao sujeito numa relação ruidosa. O silêncio invocado como algo desejável acompanha a isotopia temática do agastamento em relação ao ruído humano. Compatível a esse agastamento, as figuras dos bichinhos convocados mantêm o "humano ruidoso" e ansiado por comunicar-se como termo negado, numa dêixis disfórica, se pensarmos em relações elementares da significação. Tais relações, que comportam a axiologia do nível fundamental, radicam o ator em seu perfil judicativo, embora não seja este que prevalece para a definição do estilo autoral de Cecília Meireles.

O enfado ou o aborrecimento em relação ao *outro* não evolui, nessa totalidade, para um desdém judicativo. Na ambiência discursiva concernente a esse estilo, a triagem axiológica resulta no percurso temático do afastamento necessário em relação ao *outro*, mas esse percurso ancora-se em impacto afetivo reduzido pelo *exercício* que, relacionado ao *pervir* tensivo, continuamente é posto de modo relevante ao longo da totalidade. Regimes axiológicos de triagem e de mistura emparelham-se, portanto, ao *lógos* conotado estesicamente, que fica compactado como função poética no *lógos* estético. A partir daí, orientações patêmicas seguem um ritmo próprio na encarnação feita de uma paixão como a admiração.

O que vimos com Cecília Meireles certamente se distingue do que acontece nos textos de Pondé, embora o regime de triagem axiológica desponte lá e cá. Com Pondé, a paixão apresenta-se no circuito do viés judicativo. Em seus artigos, vinculado a papéis temáticos dominantes, o desdém radica a aspectualização perfectiva, télica e estática do ator da enunciação. Se os regimes axiológicos da triagem e da mistura orientam o *éthos* no seu perfil judicativo, é a aspectualização do ator, vinculada peculiarmente à relação entre papéis temáticos e patêmicos, que define o estilo como corpo. Esse corpo, em especial trazido à luz por meio de uma totalidade que o cifra segundo a relação entre o sensível e o inteligível, poderá apresentar o próprio sensível em valências mitigadas e nulas, para que o judicativo seja exacerbado na ordem do prioritário ao longo da totalidade. Ou, ao contrário, poderá presenciar o aumento recíproco do sensível e do inteligível. Neste último caso, em que o sensível e o inteligível aumentam-se um ao outro, temos a potencialização de paixões fincadas na dúvida crítica, como o desdém depreendido dos textos de Pondé, o que confere à ética da triagem um estatuto de relevância própria à totalidade. Torna-se aí prioritário o modo como se "axiomatiza" a informação construída e os argumentos postos no debate encetado ao longo das colunas jornalísticas.[18]

Por conseguinte, se certa convergência ética é depreensível da descrição feita de mecanismos da construção do sentido das totalidades relativas aos estilos de Pondé e de Cecília Meireles, na medida em que a ética da triagem toma seu lugar em ambas as totalidades, o que reforça o princípio de que toda estética é uma ética, apenas a partir de uma dessas duas totalidades irrompe como definição do estilo a admiração extática, isto é, posta segundo o êxtase da percepção. Essa admiração, desdobrada por meio da interpelação feita do *outro*, é fundada na profundidade figural, enquanto faz vir à luz um corpo suscetível de ser reconstruído segundo a cifra tensiva que sustenta o sujeito, na medida em que o "estado de alma" mantém sua incidência de impacto sobre o "estado de coisas".

Vinculado a papéis patêmicos dominantes, firma-se, desse modo, o ator Cecília Meireles: conforme uma aspectualização atélica, como experiência da percepção, o que é favorecido pelo *lógos* estético; conforme uma aspectualização télica, na medida em que atenta para o *télos* implícito ao olhar: um olhar que se estende longamente entre as coisas do mundo, para "chegar de um ponto a outro", o que vincula o mesmo corpo ao *pervir* nas profundidades figurais. Diferentemente de Pondé, não há lugar, com Cecília, para um desdém judicativo. Essa paixão encontra meios de discursivização nos textos de Pondé, orientados segundo as funções desempenhadas pelo observador social, para que sejam postas sob acento forte as formações discursivas e para que, na cifra tensiva, o inteligível se recrudesça diante de um sensível que nele se crava.

ENTRE ACONTECIMENTO E ARGUMENTO

Pensar o ator discursivo concernente a um estilo supõe proceder ao exame dos mecanismos discursivos de aspectualização actorial, entre os quais se destacam:

a) os papéis temáticos que, da semântica discursiva, radicam o observador social segundo regimes axiológicos como os de triagem e os de mistura;
b) os papéis patêmicos que, da tensividade figural, radicam o observador sensível segundo uma cifra tensiva, a qual supõe a medida relativa à incidência do sensível sobre o inteligível;
c) a conotação do *lógos* que, como subsídio do perfil judicativo do ator, prioriza paixões radicadas no caráter e na autoridade moral do sujeito;
d) a conotação do *lógos* que, como subsídio do perfil sensível do ator, prioriza paixões radicadas no modo como o sujeito se entrega ao objeto, fenômeno-mundo percebido.

Desse modo, a constituição de certas paixões, cotejáveis segundo a dominância de um viés judicativo ou de um viés sensível do próprio *lógos*, remete ao corpo actorial, posto no discurso segundo um esquema de apropriações perceptivas e valorações axiológicas concernentes ao mundo visado. Enquanto isso, a perfectividade, a duratividade, a dinamicidade e a telicidade, vistas como processo de construção do corpo, confirmam a aspectualização do ator como estilo.

Por conseguinte, o aspecto, categoria tradicionalmente ligada à noção do tempo, firma-se a serviço da descrição do ator. Para isso, no âmbito do observador social é convocada prioritariamente a *performance* enunciativa, equivalente àquilo que Fontanille (1995: 3) nomeia como "atividade enunciativa ou interpretativa", a qual, segundo o autor, "é reconstruível a partir da análise do discurso". No âmbito do observador social, a persuasão e a interpretação, o *fazer-crer* e o *crer verdadeiro*, chamados à discursivização do ator, fazem o *lógos* relevar-se como constituinte da posição veridictória do texto, posição firmada entre o *parecer/não parecer*, esquema dito "de manifestação", e o *ser/não ser*, esquema dito "de imanência" (Greimas e Courtés, 2008: 533). Em determinadas totalidades discursivas, a enunciação concebida como *performance* valida em primazia a "'convenção fiduciária' entre enunciador e enunciatário, a qual determina o estatuto veridictório do texto" como está dito por Fiorin (1996: 35), autor que demonstra tal convenção fundamentada em "procedimentos que determinam o estatuto de verdade ou de mentira do texto" (1996: 35). A depender da situação, a convenção fiduciária, respaldada em totalidades estilísticas, funda o devir actorial segundo o corpo de um sujeito norteado prioritariamente pelo *dever*, que sofre acento tônico de sentido em relação ao *poder – convencer*. Na base está o circuito das modalidades éticas desencadeadas segundo um *crer-dever-fazer* e um *crer-poder-fazer* e respectivos desdobramentos. O simulacro do ator *participante* e *interessado*, de um lado, e, de outro, do *alienado* e *indiferente*, conforme as variações do *crer-dever-fazer*, ou o simulacro do *competente* e *apto*, de um lado, ou do *inapto* e *incompetente*, de outro, conforme as variações do *crer-poder-fazer*, sustentam a aspectualização do ator da enunciação, enquanto é desencadeada a moralização feita do ator do enunciado.

Na totalidade *Pondé*, o simulacro enunciativo exacerba para o enunciador a dêixis eufórica em que se instala o *participante* legítimo da história social e o sujeito seriamente *interessado* nela, enquanto o ator do enunciado, entre a ironia e o sarcasmo sobre ele lançados, é avaliado disforicamente, o que é feito conforme a organização modal que sustenta o perfil do *alienado* e do *inapto* diante das funções sociais a serem desempenhadas. A esses movimentos correspondem ambientes modais: o deôntico (*dever-fazer*) e o alético (*dever-ser*), criados para o actante do enunciado a partir do ponto de vista do enunciador, ou seja, dever fazer isto, dever ser aquilo, com os termos *isto* ou *aquilo* preenchidos discursivamente conforme a relação estabelecida entre papéis temáticos que semantizam o ator do enunciado e o ator da enunciação. A estrutura modal alética (Greimas e Courtés, 2008: 25), para a qual o *dever* sobredetermina e rege o *ser*, supõe articulações que a legitimam como categoria e que são demonstráveis num quadrado semiótico, como enfatizam Greimas e Courtés (2008: 26). Temos, portanto, cada um dos termos do quadrado, juntamente com as respectivas nomeações substantivas, apresentados segundo esta organização: S1, o *dever-ser* correspondente à *necessidade*; S2, o *dever-não-ser* correspondente à *impossibilidade*; não-S2, o *não-dever-não-ser* correspondente à *possibilidade*; não-S1, o *não-dever-ser* correspondente à *contingência* (Greimas e Courtés, 2008: 26). O alético emparelha-se ao deôntico, para que se crie a ambiência modal favorável ao desdém.

A moralização feita do ator do enunciado na totalidade *Pondé* prescreve para o *outro* julgado o simulacro deôntico daquele que *deve fazer x,* ou deve ter um comportamento *x*, a que sucede o simulacro alético daquele que *dever ser x*, antecedido por um *não dever não ser x* – sempre mediante o acento de sentido aumentativo imprimido ao dever. Ao ideal de presença do ator do enunciado, corroborado como *necessidade* (*dever-ser*) e *possibilidade* (*não-dever-não-ser*), combinações tratadas de modo peculiar pelo discurso, corresponde o comportamento *y*, criticado por meio de recursos discursivos instalados entre a ironia, o sarcasmo e a derrisão. O crivo judicativo do observador, ao manter o comportamento *y* sob sanção, aspectualiza o ator do enunciado como o que contraria o *dever-ser* proposto: o sujeito *não-deve-ser* (o que é), o que o ancora na *contingência* do ser; o sujeito *deve-não-ser* (o que é), o que o ancora na *impossibilidade* do ser. *Impossibilidade* e *contingência*, definidas sob a sintaxe modal, validam a sanção negativa desencadeada sobre o ator do enunciado, para que esse sujeito seja aspectualizado em âmbito de valoração disfórica. As aspectualizações do ator da enunciação e do enunciado estão relacionadas no âmbito da moralização discursiva. À *prescrição* que modaliza o olhar do observador judicativo sobre o ator do enunciado corresponde o ideal a ser cumprido por este último como uma *necessidade*. No desencontro entre esses princípios modais, toma corpo o desdém, a partir de uma orientação tímica afeita a valorizar negativamente o posicionamento antípoda.

Atrelados a Greimas e Courtés (2008: 505), vemos confirmada, na raiz da denominação *tímica* para a categoria assim identificada no nível fundamental a indicação etimológica que lembra "o grego *thymós* ('disposição afetiva fundamental')". Essa "disposição afetiva fundamental", corroborada aí como semântica, vincula-se ao *lógos* judicativo e ao perfil respectivo do ator da enunciação. Postulam os mesmos semioticistas (2008: 505) que essa categoria "serve para articular o semantismo diretamente ligado à percepção que o homem tem do seu próprio corpo". Apresentam-na ainda como o que provoca "a valorização positiva e/ou negativa de cada um dos termos da estrutura elementar da significação" (2008: 505). Para a operacionalização da noção discursiva de estilo, consideramos que, por meio de um quadro axiológico de base, firmado nas equivalências da valorização axiológica de valores entre um enunciado e outro de uma totalidade, a timia é apresentada segundo uma inclinação a euforizar *x* e a disforizar *y*, sejam *x* e *y* elementos avaliados, entre os quais se incluem os papéis temáticos do ator do enunciado, posto como o *outro* aludido ou convocado.[19]

A inclinação do ator da enunciação para priorizar a timia articulada à relação *euforia/disforia* faz sobrelevarem-se os gestos de julgamento, positivo ou negativo, logo de moralização. Esse é um fato que apresenta correspondências com gêneros discursivos e esferas de comunicação segundo os quais o enunciado é concretizado. Para totalidades favorecidas pela incorporação do gênero *artigo de opinião*, como a totalidade *Pondé*, vale a "disposição afetiva fundamental" considerada inclinação para validar lugares ocupados pelo ator do enunciado segundo a conotação eufórica ou disfórica da dêixis do quadrado semiótico. Vale aí o viés judicativo prevalente, o qual supõe uma tomada de posição do ator na atividade comunicacional, responsiva ao *outro*. Lembrando o Husserl tardio (1970a: 273) enquanto investiga "a origem das modalidades de julgamento como modos de decisão do ego (posicionamento ativo)", entendemos que, por meio do *lógos* posto a serviço do juízo, o ator da enunciação é suscetível de firmar-se na ordem da convicção, para a qual "'julgar' e 'estar convencido de' são frequentemente expressões equivalentes" (1970a: 273, § 66).

O estilo autoral *Pondé*, na fímbria do estilo do gênero *artigo de opinião*, faz vir à luz as modalidades éticas, as deônticas e as aléticas, que contemplam a relação de moralização entre o ator da enunciação, no papel de avaliador, e o ator do enunciado, no papel de avaliado. Mediante a recorrência dos papéis temáticos que, concernentes à posição de um avaliador feroz, são orientados por tais modalidades, temos a permanência que caracteriza a disposição do corpo. Ou, segundo Greimas e Fontanille (1993: 162), deparamo-nos com uma "recorrência funcional, que assegura a previsibilidade de comportamento". Os semioticistas lembram que "'o caráter' deriva diretamente da recorrência funcional: ele se define sempre como classe, como permanência de um mesmo tipo de respostas temáticas e passionais a situações que variam" (1993: 162). Conforme o que afirmam, entendemos que Pondé remete a um "caráter enquanto estereótipo": os recursos modais e temáticos do ator são circunscritos a um "pequeno número de isotopias e papéis" (1993: 162), que tornam a recorrência funcional produtora de estereótipos de moralização. Mediante essa estereotipia moralizadora inclinada a um tom em ascendência de impacto para a voz, funda-se o *éthos* beligerante, para o que acionamos a coluna intitulada "Os ungidos", em que fica estabelecido o departamento de humanidades, junto às universidades, como "o último lugar onde se deve olhar quando buscarmos líderes". Pondé posiciona-se:

> Pelo amor de Deus, não confie em intelectuais pedindo emprego em órgãos executivos. Não estou enterrando meu próprio time, estou apenas dizendo onde devemos jogar.
> A função do intelectual é ler, escrever, dar aula, orientar pesquisas, participar do debate público, mas não assumir funções executivas porque somos obcecados por nossas visões de mundo, corretas ou não, somos monstruosamente vaidosos e pouco democráticos, pelo contrário, adoramos o poder, e nos achamos superiores moralmente.
> (*Folha de S.Paulo*, Ilustrada, 12 nov. 2012, p. E12)

Greimas e Fontanille (1993: 162) aludem a possíveis "fenômenos de recção", ao discorrer sobre o "temperamento" do ator que, segundo eles, pode ser definido conforme "a dominação de um papel sobre os demais". Eles fazem referência à dinâmica de regência entre papéis temáticos e papéis patêmicos. A nosso ver, mediante o viés judicativo do ator, os papéis temáticos, nas colunas jornalísticas examinadas, são dominantes em relação aos papéis patêmicos, para que se sobressaiam as modalidades deônticas e as aléticas com acento tônico no *dever* como sustento do desdém. Consideradas as oscilações de um sensível atrelado ao inteligível, temos o estilo *Pondé*, em que o *outro* se esvai da relação intersubjetiva e torna-se severamente abatido diante do ímpeto de moralização.

O ator do enunciado, nos papéis desempenhados segundo a rigidez da estereotipia, não só desliza para a posição de objeto de valorações axiológicas, como aí se mantém fixamente, na totalidade dos textos recortados para exame: conforme o modo de processar a moralização, confirma-se o corpo do ator da enunciação simultaneamente como estático nessa totalidade. A moralização realizada no plano do discurso, mas radicada na categoria tímica, encorpa o ator desde a conotação imprimida em uma e em outra dêixis do quadrado semiótico.[20] Aí a foria é concebida atrelada à timia. Entretanto, diante de nova acepção agregada ao conceito de foria pelos estudos semióticos, somos levados a pensar nela segundo um princípio de força de movimento e de atração, tal como sugere Fontanille (1986a: 239): "o 'fórico' seria a categoria dinamizadora e polarizadora" dos distintos níveis do percurso gerativo do sentido. Tatit (2002: 199), ao lembrar que, na raiz etimológica da palavra está a acepção de "força que leva adiante", destaca: "De fato, se tomarmos a foria como uma força que transporta as categorias semânticas, torna-se plausível admitir que estas últimas já surgem conformadas por modulações tensivas."

As distintas acepções da noção de foria assentam as diferenças entre papéis temáticos e patêmicos: para aqueles, a foria, radicada no quadrado semiótico e na conotação tímica, que é eufórica para uma dêixis e disfórica para sua oposta, e que promove a axiologização das relações elementares estabelecidas na construção do sentido; para estes, a foria como base do movimento do afeto, de um elã que cifra tensivamente não só aquelas relações, mas todas as encerradas no percurso gerativo do sentido. A partir disso, pensamos em paixões de *éthos*, firmadas dominantemente em papéis temáticos do ator, como o caso do desdém na totalidade considerada, a qual privilegia o viés judicativo na aspectualização do ator. Nesse circuito é relevante a timia enquanto respalda a axiologização fundamental e a partir daí sustenta: na narratividade, a valoração do objeto de valor como desejável ou repudiável; no nível discursivo, a ideologização dos valores. De outro lado, pensamos também em paixões da sensibilidade como encarnação do próprio *páthos*, o que, ao trazer à luz o sentido

301

em ato e como processo, remete à aspectualização actorial segundo o viés sensível da observação. Aí conta o que diz Landowski ao problematizar a relação entre o sensível e o inteligível, a partir da obra *Da imperfeição,* de Greimas. Landowski (2002: 127) lembra que "ao lado do sentido já 'realizado', base da semiótica tradicional do discurso enunciado", o objeto do qual *Da imperfeição* cuida é "o sentido em ato, tal como o experimentamos – o vivemos – quando emerge dos vínculos diretos que cada um tece com o mundo ao seu redor". O semioticista destaca que importa:

> o modo como nos relacionamos com a própria *presença* dos "objetos", quer se trate, por exemplo, de uma obra de arte, do rosto, do corpo ou do discurso de outro sujeito, de alguns elementos da natureza ou do próprio sentir a nós mesmos aqui, agora, no momento em que, dependendo de nossa própria disposição, o mundo se deixa apreender por nós como uma configuração sensível imediatamente carregada de sentido. (2002: 128)

A admiração extática decorrente do estilo de Cecília Meireles é uma paixão da sensibilidade, para a qual é levada em conta a foria como elemento dinamizador da percepção no fenômeno do encontro *homem/mundo* e como respaldo dos papéis patêmicos. Diz Paolo Fabbri (1986: 165): "À diferença do papel temático, lugar do fazer, o papel patêmico – também convocado a fazer parte do ator – concerne ao ser do sujeito, seu 'estado'." Assim, propomos paixões radicadas em papéis temáticos e paixões radicadas em papéis patêmicos; para aquelas, a orientação tímica e as modalizações correspondentes que prenunciam o aspecto actorial no viés judicativo; para estas, a orientação fórica atrelada às modulações tensivas, que prenunciam o aspecto actorial no viés sensível. Diz Franscesco Marsciani (1986: 162-3): "o conceito de paixão vai ao encontro daquele de ator. A paixão torna-se um dos elementos que contribuem para a individuação actorial, capaz de oferecer denominações para os papéis temáticos reconhecíveis (exemplo: 'o avaro', 'o colérico', 'o indiferente', etc.)". A nosso ver, se a "individuação actorial" supõe paixões radicadas em papéis temáticos, para o que fica privilegiado o observador social na aspectualização actorial, assim se constitui apenas um dos dois perfis do *éthos*.

No âmbito do observador sensível, convocamos o que Fontanille (1995: 6) chama de "sujeito do sentir", não trazido à luz no seu perfil ativo e interpretativo, este para o qual a foria levada em conta é polarizada entre o positivo, a euforia, e o negativo, a disforia. Para o observador sensível cabe a acepção da noção de foria vinculada à "energia" do sensível na relação com o inteligível, tal como apresentada a partir do exame feito das "tensões elementares" próprias ao sujeito da percepção, como sugere o estudo feito por Fontanille (1995: 7): "A foria caracteriza um estado não polarizado do sentir, aquele em que o corpo próprio, no momento em que se instaura a existência semiótica, é suscetível de acolher puros efeitos tensivos." Fontanille (1995: 7) deduz, para a foria, o efeito relativo às "variações de relação de força no espaço tensivo, onde ele [o corpo] está submerso".

A noção de foria como o "momento em que se instaura a existência semiótica" emparelha-se tanto à aspectualização do ator, como à apreensão estésica que o sujeito desenvolve em relação ao mundo, o que convoca o conceito relativo a um *lógos* conotado em escala de gradação da estesia. Vejamos como Fontanille (1995: 7) desenvolve o raciocínio a respeito da emergência do corpo *que sente*:

> se meu corpo toca outro corpo, diria Merleau-Ponty, ele se sente como corpo próprio, mas simultaneamente ele põe [*il pose*] o outro corpo; em segundo lugar, por menor que seja o contato sentido como recíproco, este corpo outro se torna aquele de um "outro ele-mesmo", e desse simples contato sensível nascem dois intersujeitos; ao contrário, se o contato não é sentido como recíproco, o corpo outro se tornará um objeto.

Fontanille (1995: 7) firma nesse estudo a própria noção de foria como um *continuum* de energia advinda de um lugar que, visto como "aquém de toda semiótica cognitiva", permite que se contemple a própria foria como tensividade fórica. Fica ressaltado pelo semioticista ainda que, no âmbito da tensividade fórica, "a visada do sujeito sobre o espaço tensivo desenha uma primeira orientação: com a *protensividade* põe-se a questão da intencionalidade minimal" (1995: 7). Fontanille lembra nesse momento dois Greimas: aquele da semiótica narrativa, para quem a intencionalidade é considerada *a posteriori* na transformação de estados, a qual revela necessariamente uma lacuna, uma *falta* inicial a compensar; de outro lado, o Greimas da semiótica estética, para o qual a intencionalidade orienta-se segundo a *imperfeição* do ser. Aí Fontanille (1995: 8), ao ressaltar uma intencionalidade concernente à visada que se fundamenta numa falta generalizada e fundadora, complementa: "Como no pensamento de Husserl, a intencionalidade está ligada à incompletude e à desilusão, isto é, a um desacordo [*décalage*] sensível entre a manifestação oferecida e aquela que era esperada."

Tal exposição feita pelo semioticista vai ao encontro da concepção de estilo como um corpo que, aspectualizado sob dois perfis, emerge como sujeito da percepção, a partir de um discurso traçado por meio de um *lógos* mensurável na escala da estesia. É possível também depreender de tais referências uma alusão indireta à ruptura desencadeada pela função estética em relação à fala cotidiana e institucionalizada. Segundo o *lógos* estético, e no interior da totalidade em que ele é privilegiado (o discurso literário, por exemplo), mecanismos da construção do sentido dos textos oferecem meios para que tenhamos, como prioridade discursiva, o delineamento do corpo conforme o que *está sendo posto* (imperfectivo); mas, num outro plano da totalidade, isto é, na comparação entre dois estilos literários, ainda aqui como exemplo, podem configurar-se dois corpos, dois estilos: um corpo imperfectivo, apresentado como o que *está sendo posto*; um corpo perfectivo, que se apresenta como o que *foi posto* (perfectivo). A identidade de um depende da relação de diferença estabelecida com o outro.

As esferas de comunicação e os gêneros que nelas circulam preparam o encontro delas com estilos autorais. Instalado em lugar de valência mitigada e nula da função da estesia, um ator da enunciação priorizado segundo a moralização do mundo e o modo recorrente de moralizar o *outro* é radicado no nível narrativo por meio de um "algoritmo de transformação", que segundo o pensamento de Greimas e Courtés (2008: 27) corresponde a "uma sequência ordenada de operações que permitem passar do estado inicial ao estado final de uma narrativa fechada". O "algoritmo de transformação" repousa nos movimentos modais que subsidiam a aspectualização do ator. De acordo com o ideal implícito à totalidade *Pondé*, na crítica desenvolvida sobre o ator do enunciado, é fincado no próprio enunciado um ator que viabiliza na narrativa um algoritmo de transformação, que segue o tratamento vinculado a cada termo modal: o sujeito, como o ator que sofre a moralização, parte da *necessidade* de ser *x* (*dever-ser x*); nega tal necessidade e passa a definir-se segundo a *contingência* de seu ser (*não-dever-ser y*). Instalado como *contingente*, logo precário, afirma-se, por implicação, no perfil daquele que *deve não ser* o que é (*y*).[21] Assim, a sintaxe modal corrobora um *éthos* subsidiado na narratividade pelo *dever* e no discurso pelos gestos de melhoração e pejoração.

Na dimensão estética, com o recuo e atonia dos semas melhorativo e pejorativo, no lugar da aspectualização do ator da enunciação por meio da moralização, esta calcada em modalidades dispostas segundo determinado "algoritmo de transformação", temos estabelecido outro algoritmo: o algoritmo da percepção, decorrente das alternâncias das oscilações tensivas. Com Cecília Meireles, sob a concentração de estesia movida pelo *lógos* estético, apresenta-se o corpo que *está sendo posto* no modo de perceber ("sofrer"/ *pâtir*) o mundo: o corpo do sujeito que sente, como fenômeno-mundo, o *outro* convocado, seja uma lagartixa, seja um bem-te-vi, recrudescidos ambos em elã ou energia suficiente para que se confirmem no corpo de um "intersujeito".

Desses gestos não escapam as funções desempenhadas pelas figuras retóricas no interior dos discursos. A respeito dessas funções, consideramos duas: a de *figura-argumento* e a de *figura-acontecimento*. Uma *prosopopeia-argumento*, por exemplo, torna-se passível de ser reconhecida numa *fábula* de La Fontaine, em compatibilidade com a expectativa criada pelo estilo do gênero. O *éthos* de justa medida da fábula, pautado por prescrições e interdições na manipulação enunciativa, compactua não só com a *doxa* e a lógica implicativa, mas também com um ator aspectualizado segundo a telicidade, no acento imprimido ao dever na sequência *dever-fazer-crer*, emparelhada a um *dever-ser* compatível com a moralização proposta. Nessa conjuntura modal, os bichos pensantes e falantes da fábula, com competências e *performances* próprias ao sujeito humano, com papéis temáticos também assim delineados, confirmam-se na constituição da *prosopopeia-argumento*, para que se cumpra a persuasão com ares de ensinamento. É afastado daí o lugar para onde se encaminham a lagartixa e o bem-te-vi dos poemas de Cecília Meireles; ou o lugar para onde se encaminham a montanha, a palmeira e o céu deserto convocados a responder ao "eu" lírico como no poema que segue:

SERENATA

Dize-me tu, montanha dura,
onde nenhum rebanho pasce,
de que lado na terra escura
brilha o nácar de sua face.

Dize-me tu, palmeira fina,
onde nenhum pássaro canta,
em que caverna submarina
seu silêncio em corais descansa.

[...]
(Meireles, 1967: 375)

Acompanhada pela apóstrofe, constituinte da alocução, a prosopopeia faz-se presente aí, como nos outros poemas vistos da mesma autora, na medida em que, para a interpelação feita do *outro*, seres inanimados são trazidos à luz. Sugere Fontanier (1977: 404) que a prosopopeia, ao pôr em cena discursiva seres inanimados, "faz com eles ajam, com que falem, respondam" de modo a serem tomados por confidentes, testemunhas e fiadores.

A apóstrofe, enquanto ato de um sujeito dirigir-se a *outro*, introduzindo a alocução como diálogo encetado, no poema concretiza-se na repetição anafórica, ou seja, na retomada três vezes do imperativo *Dize-me*, registrado no começo de cada um dos versos que abre cada uma das três estrofes para convocar à resposta: a montanha dura (primeira estrofe); a palmeira fina (segunda estrofe); o céu deserto (terceira estrofe suprimida). Se, de acordo com o que diz Fontanier (1977: 329), é possível detectar na repetição "uma expressão mais forte e mais enérgica da paixão", deduzimos que a repetição, juntamente com a apóstrofe cria, por conta de um aumento de força e energia, condições para que uma figura retórica, que é nuclear nos poemas considerados, a prosopopeia, defina-se segundo o acento tônico do sensível, o que a torna uma *prosopopeia-acontecimento*, já que encadeada entre o arroubo e a admiração extática a que se abandona o corpo.

O valor semântico da figura retórica, considerado na intersecção com a valência ou o acento de sentido, permite que tal figura manifeste-se ajustada a tensões do sensível. Como *figura-acontecimento*, a prosopopeia, no elã antecipado pelo uso recorrente da apóstrofe, *põe* com energia o corpo do *outro*, o que se confirma na reciprocidade de força estabelecida também em relação à repetição anafórica. O efeito de sentido de um *continuum*, tal como o som da melodia que se ouviu e que se continua ouvindo, está na percepção que se tem da figura retórica, enquanto o corpo do estilo se processa em ato.

No poema "Serenata", mediante o gesto de fazer perguntas à montanha, à palmeira e ao céu deserto, validam-se "seres inanimados" instituídos como sujeitos dotados de *poderes* e *saberes* que os preparam para uma *performance* de sujeito "animado". Ou, par a par com o que sugere Bertrand (2009), mantemo-nos imersos na metamorfose. Se, ainda segundo Fontanier (1977: 370), a exclamação como figura retórica expressa a ruptura em relação ao discurso ordinário, para que o sujeito deixe-se entregar "aos elãs impetuosos de um sentimento vivo e súbito da alma", temos na exclamação final do poema o recrudescimento recursivo do sensível no ambiente criado para a funcionalidade das figuras retóricas na composição de um estilo.

Esse ambiente oferece meios de depreensão de uma possessão do objeto (mundo visado) em relação ao "eu" lírico (sujeito que percebe o mundo), fato antecedido pelo ímpeto tensivo, promotor da subjetivização do próprio objeto. Lembramos com Greimas (2002: 30) que há uma "subjetivização da gota d'água operada por Michel Tournier". Para isso, o *lógos* manifesta-se em condição de tonicidade máxima da estesia, enquanto as perspectivas da percepção são postas em coexistência. A imperfectividade do corpo prepara seu aspecto cinético e atélico enquanto experimentação sensível; télico, enquanto traçado segundo o ponto-fim, que faz enumerar as grandezas do mundo segundo o exercício do *pervir*.

"Dize-me se tudo é feito de acabar-se!" Podemos considerar que a exclamação final está antecipada por interrogações indiretas, elencadas ao longo de todo o texto, para, no último verso, recrudescer o "elã impetuoso de um sentimento vivo", que é o sentido decorrente do uso da própria exclamação, como lembra Fontanier (1977: 370). Sobre esse tópico, lembra o autor que "a exclamação parece confundir-se algumas vezes com a interrogação" (1997: 370). Depreendemos do poema a interrogação indireta, que acaba por configurar-se com características de pergunta retórica: Ó montanha dura; ó palmeira fina; ó céu deserto... – dize-me, tu: – "De que lado...?"; "Em que caverna...?"; "A vida é...?"; 'A dor é...?"

Fontanier (1977: 368) lembra que a interrogação retórica não pode ser pensada simplesmente como recurso para expressar dúvida e provocar resposta, mas na função desempenhada por ela de exercer "a máxima persuasão" e de "desafiar aquele com quem se fala", posto em situação de recusar a pergunta ou de responder a ela. A montanha, a palmeira, o céu, de "Serenata", em situação análoga à assinalada por Fontanier, é o sujeito recrudescido pela apreensão estésica, firmada sob a coerção de alto impacto da função poética. Completa Fontanier (1977: 368), ao cotejar a interrogação retórica com a *ordinária*: "Não devemos confundi-la com a interrogação propriamente dita, com aquela interrogação da dúvida, da ignorância ou da curiosidade, por meio da qual procuramos alguma informação ou procuramos nos assegurar de alguma coisa." Mediante distintas valências (plena, mitigada, nula) do acento do sensível, as figuras retóricas impregnam-se mutuamente junto ao devir do corpo actorial. O condicionamento recíproco entre a anáfora, a pergunta retórica, a alocução e a prosopopeia favorece a função desempenhada por esta última, que, na totalidade dos poemas contemplados, firma-se, ela própria, como um "acontecimento extraordinário".

Após realçar que não necessariamente quem interroga, no âmbito da figura retórica, o faz para obter uma resposta, o autor declara: "A interrogação é própria para exprimir a comoção violenta, o rancor, a indignação, a angústia, a dor, entre os movimentos da alma" (1977: 370). Fontanier (1977: 370) finaliza, lembrando que "nos servimos da pergunta retórica para tergiversar, para provar, para descrever, para acusar, para ofender, para excitar, para encorajar, para dissuadir, enfim para mil outros usos". Em se tratando do perfil sensível do *éthos*, entre esses movimentos, consideramos *excitar*, no gesto de reciprocidade implícito à atração *sujeito/mundo*: excito o mundo, que me excita. Esse gesto é compatível com o processamento do corpo em ambiente de impregnação sensível das figuras retóricas.

As perguntas indiretas postas em sequência no poema "Serenata", ao assumir a função de perguntas retóricas, não se voltam, pois, a uma persuasão comprometida com o ponto de vista do sujeito para fazer o *outro* crer em algo e levá-lo a fazer algo, em sentido próximo a "formar opinião"; ou simplesmente levá-lo a dar alguma informação supostamente pretendida, fosse o *outro* a montanha, a palmeira, o céu. Se tivesse sido definida a direção persuasiva para obter uma informação, teríamos a manifestação, no poema, da função-argumento para as figuras retóricas.

Afasta-se do pragmatismo da função-argumento a figura retórica empregada nesse poema, em que a sintaxe, tornada labiríntica na textualização, junta-se ao paralelismo efetuado por meio da posposição regular do determinante ao nome determinado: a *montanha dura*, a *palmeira fina* e o *céu deserto* – sequência que, pela própria natureza paralelística, comprova a gradação crescente do sentimento. Na sequência, a cada atributo correspondem semas funcionais, base do papel temático daquele que *não pode responder* – a montanha é dura, o céu é deserto. A montanha, além de ser *dura*, é lugar "onde nenhum rebanho pasce"; a palmeira além de ser fina é lugar "onde nenhum pássaro canta". Nenhum rebanho, nenhum pássaro (para responder às perguntas feitas): no vácuo de preenchimento da função de agente, vácuo manifestado na figurativização recorrente das negativas contidas em *nenhum*, firmam-se indicações de que não há condição para que haja resposta às perguntas, o que justifica a circularidade delas.

Fica sem resposta aquilo que se pergunta: de que lado, na terra escura, brilha o nácar (o tom de madrepérola) da face do rebanho, que não pasce; em que caverna submarina, entre corais, descansa o silêncio do pássaro, que não canta. Por fim, impregnado pela precedente alusão à impossibilidade de saber alguma resposta, está o questionamento em enumeração cadenciada: "dize-me tu se é muito tarde,/ se a vida é longe e a dor é perto/ se tudo é feito de acabar-se!".

A pergunta retórica constitui-se, portanto, com a função de viabilizar o vivido como "vivamente comovido", tomando para nós sugestão feita por Zilberberg (2011: 188) ao investigar a "centralidade do acontecimento". Ou, tal qual faz o mesmo semioticista (2011: 187), lembramos o Merleau-Ponty de *A prosa do mundo* (2002: 147), para afirmar que, em "Serenata", confirma-se o que foi construído nos outros poemas: o mistério de uma linguagem "obsedada por si própria", à qual "é dado, como que por acréscimo, abrir-nos a uma significação". A interrogação e a exclamação, não valores em si, mas como vetores do estilo de Cecília Meireles, firmam-se na reciprocidade dos movimentos que encarnam o estilo, os quais incorporam a função de acontecimento para as figuras retóricas.

As distintas funções discursivas da figura retórica partem do pensamento de Zilberberg (2011: 186) que, ao chamar a atenção para o fato de que "o ponto de vista tensivo atribui a regência do sentido ao afeto", alude à *metáfora-acontecimento* posta em relação com a *metáfora-argumento*. Sugere o autor que a última é acolhida por um discurso que privilegia o cálculo e a premeditação, enquanto a primeira vincula-se "ao sobrevir e à concessão que a enforma em discurso" (2011: 187). Nessa direção, o semioticista realça a "dimensão retórica, de *exclamação*, do acontecimento, ou ainda a dimensão existencial, de *acontecimento*, da retórica" (2011: 187). Entendemos que as esferas de comunicação e o estilo dos gêneros, ao encontro dos quais vai o estilo autoral em conformidade com a aspectualização do corpo, favorecem o funcionamento das figuras retóricas, ora como figura-argumento, ora como figura-acontecimento.

"De que lado na terra escura/ brilha o nácar de sua face." "Em que caverna submarina / seu silêncio em corais descansa." A intrincada textualização nos procedimentos de coesão textual aponta para um corpo que se detém diante do objeto contemplado, até para que possa ser identificado o referente recuperado na anaforização, junto aos procedimentos de progressão textual. Em expectativa criada por um aligeiramento do olhar, própria a uma linguagem direta, tecida com menos lacunas ou silêncios, o uso esperado para o possessivo (sua face, seu silêncio) é o de segunda pessoa do discurso: *tua face*, face da montanha com quem se conversa; *teu silêncio*, silêncio da palmeira, com quem o diálogo é encetado. Mas a face é a do rebanho, o que explica o uso da terceira pessoa gramatical, *sua face*; o silêncio é o dos pássaros. O uso feito do pronome possessivo é recurso que impulsiona a "fascinação do objeto" ou a fascinação exercida pelo objeto, trazendo para nossos fins o que diz Greimas (2002: 35), para que se confirme a "apreensão estética", como diz o mesmo autor. Por meio dos labirintos do dizer, confirma-se a aspectualidade de um corpo imperfectivo, cinético e atélico. Com essa inclinação, emparelha-se a um gesto de concessão na discursivização do mundo. Se atentarmos para o que diz Zilberberg (2011: 167),

> a aspectualidade não foge à alternância *implicação vs. concessão*. A aspectualidade doxal é implicativa e coloca a perfectividade como o esperado legal da imperfectividade, enquanto a aspectualidade paradoxal, de natureza concessiva, procura remontar da perfectividade para a imperfectividade.

Nos poemas examinados, enquanto se apresenta submergido na dimensão da tensividade fórica, o sujeito do estilo "põe" a ver emblematicamente o *outro*, réptil, passarinho, montanha, céu, entre outros, na inquietação de um corpo-a-corpo relativo à arte de poetar. Assim, a alocução e a apóstrofe, no desempenho da função peculiar à totalidade, firmam-se não como recurso fortalecedor de argumentos voltados a dever fazer o leitor crer em algo, com vista a atingir determinado fim estabelecido pelo posicionamento judicativo do enunciador, mas como componentes retóricos regidos pelo afeto, logo cotejados na arquitetura figural das figuras retóricas.[22]

A partir das modalidades relevantes para a aspectualização actorial segundo um *lógos* judicativo como o *dever-fazer* e o *dever-ser* constantes do caso *Pondé*, somos transpostos com Cecília Meireles a um campo de presença em que as modulações se sobressaem às modalizações para que se configure um corpo em que o inteligível se mostra regido pelo sensível. Instaladas na profundidade figural, as modulações, entendidas como aliadas às valências que regulam a percepção, confirmam a tensão própria ao algoritmo que sustenta o corpo. Delineado na relação entre os graus de impacto do que sobrevém ao sujeito (o *sobrevir*, eixo da intensidade) e a demarcação ou limites, segundo os quais o mundo inteligível sustenta-se (o *pervir*, eixo da extensidade), apresenta-se o *éthos* no seu perfil sensível. As modulações, ao discursivizar o encontro *homem/mundo* conforme a percepção, realizam-se segundo valências de *atenuação* e *minimização* num ritmo descendente; segundo valências de *restabelecimento* e *recrudescimento*, num ritmo ascendente. A correlação entre os termos atualiza a direção tensiva tomada pelo estilo, a qual respalda o algoritmo da percepção.

Pensando no verbo *escandir* na acepção de contar sílabas mais breves ou mais longas para a medida métrica de um verso, temos, para o corpo, uma presença que é escandida nos intervalos entre o *sobrevir* e o *pervir*: aquele, relativo ao *acontecimento extraordinário*, convoca a brevidade do fenômeno; este, apropriado à divisibilidade e à progressividade postas "às claras", como diz Zilberberg (2011: 271), convoca um olhar desacelerador do próprio fenômeno. Com Cecília Meireles, o alongamento temporal inerente ao *pervir* vai consolidando, pouco a pouco, o estilo autoral projetado nos vetores cravados num único poema.

No corpo a corpo com os poemas de Cecília Meireles, deparamo-nos, por fim, com uma direção que inverte a concentração espacial em expansão, para que, de modo desacelerado, possamos sentir o mundo em perspectivas que passam uma na outra. Por isso temos, na percepção, como horizonte do recém-sido e como horizonte de antecipações, ambos que dilaceram a *quase-presença* de cada agora do ato de enunciar, o estabelecimento de alternâncias que constituem um ritmo. Esse ritmo acaba por imprimir ao corpo a fisionomia de um *pervir* regido peculiarmente pelos afetos (o *sobrevir*).

Entre a percepção desenvolvida em relação ao *outro* que arrebata e o exercício da decomposição a ser feita do mesmo arrebatamento, oscila o corpo para a preponderância do exercício de decomposição. O estilo de Cecília Meireles é inclinado a tomar corpo na oscilação dirigida ao *pervir*, para que a admiração extática, ao ocupar lugar próprio no algoritmo estabelecido pela totalidade, expresse a experiência de existir, mas num mundo inteligivelmente decomposto. Daí irrompe o aspecto télico. Em esfera e gênero discursivos distintos, *Pondé*, definido sob a relevância das modalidades éticas, é radicado na profundidade figural em modulações tensivas também orientadas segundo um *pervir*, mas cuja inclinação é para a meta persuasiva estabelecida pelo discurso. Esse mecanismo confirma a aspectualização actorial segundo um observador social, ambiente aspectual propício para a manifestação do sujeito télico segundo um *lógos* judicativo.

O ambiente semântico da totalidade *Pondé* favorece a discursivização da figura retórica com função de argumento, seja levada em conta a totalidade jornalística, seja levada em conta a totalidade genérica, *artigo de opinião*. Par a par com isso, está o viés do estilo que prepara a discursivização de paixões de *éthos*. Da totalidade *Pondé,* cujo ambiente semântico prioriza a relação avaliativa feita do corpo do *outro*, depreende-se, como elemento organizador do estilo, uma paixão de *éthos*: o desdém.

Na dimensão semântica priorizada por esse estilo, vem à luz a foria bipartida em euforia e disforia. Para o aspecto do ator prevalece a perspectiva da falta que, equivalente à insuficiência, emparelha-se ao excesso, a fim de que ambos os extremos sejam mantidos como disfóricos na moralização do ator do enunciado. O comportamento desse ator, depreendido como um sujeito admirativo, e avaliado como aquele que apresenta falta de discernimento numa equivalência da falta à insuficiência disfórica, ou avaliado como atabalhoadamente excessivo e também disfórico, faz pairar, sob a moralização, o ideal de justa medida. Enquanto fica privilegiada a função utilitária da linguagem, a aspectualização do ator da enunciação segundo o observador social remete a ideais ditados culturalmente.[23] Fica validada a aspectualização do ator do enunciado, sujeito julgado sob a perspectiva estabelecida entre o excesso e a falta, cujo meio-termo é a justa medida.

Fiorin (1989: 348), ao tratar de "um caso de aspectualização do ator", refere-se a comportamentos sociais como práticas significantes, logo analisáveis do ponto de vista semiótico. Leva então em conta o *dever* que, entre prescrições (*dever-fazer*) e interdições (*dever-não fazer*), modaliza o sujeito na vida em sociedade. Lembra que a aspectualização, incidente sobre as categorias enunciativas de tempo, espaço e pessoa, mostra a qualidade da *performance* no que diz respeito ao ator, o que firma a própria noção de aspecto como "ponto de vista, que revela a presença implícita de um actante observador" (Fiorin, 1989: 349). Ao salientar que "os pontos de vista sobre cada ação são sociais" (1989: 350), logo não individuais, acrescenta o autor: "Quem determina a 'qualidade' de uma realização é um observador" (1989: 350). A partir daí, o semioticista pondera sobre a lógica da gradualidade respaldada pela avaliação negativa ou disfórica feita do excesso e da insuficiência, enquanto a neutralidade (justa medida) eufórica "preside à aspectualização dos comportamentos sociais" (1989: 350). Entre casos de aspectualizações actoriais tidas como adequadas por determinadas formações sociais em que se assentam regras de etiqueta, o autor cita o aperto de mão, que "não deve ser feito nem com força nem com a mão amolecida, não deve ser demorado nem rápido, não deve ser feito com brusquidão nem com reticência, nem com a ponta dos dedos nem com as duas mãos" (1989: 351). Lembra ainda que o léxico impregna-se de tal valoração, para o que lista exemplos como *avarento* (excesso) e *perdulário* (insuficiência), avaliados disforicamente, enquanto *econômico* (justa medida) é avaliado como eufórico. Completa o autor:

> Na medida em que essa visão de mundo é um ponto de vista de um observador social a respeito de um ator, é um aspecto. O aspecto actorial determina as "qualidades" da realização, que são prescritas ou interditas conforme o investimento axiológico social que recebem. (1989: 354)

Temos pensado, para a noção de estilo como *éthos*, e para o *éthos* como ator da enunciação pressuposto logicamente a uma totalidade de enunciados, bem como aí encarnado por meio de papéis temáticos e de papéis patêmicos, num observador considerado segundo a função que desempenha na aspectualização do ator, apresentado ou no seu perfil judicativo ou no seu perfil sensível, conforme a dominância de um sobre outro. No perfil moralizador, o ator da enunciação imprime direções axiológicas aos valores do nível fundamental, orienta a constituição do valor para o objeto do nível narrativo, radica o tratamento ideológico imprimido aos temas e às figuras. No âmbito da totalidade, esses gestos, vinculados ao observador social, aspectualizam o ator da enunciação, na medida em que se moraliza o ator do enunciado. Por meio dessa moralização, emerge o ator do enunciado também como aspecto. A aspectualização do ator do enunciado advém do modo de discursivizar esse mesmo ator, o que não exclui a avaliação feita da "qualidade" da sua *performance*.

A esses movimentos vinculam-se condições de emergência de paixões de moralização ou de *éthos*, bem como se vincula a função discursiva da figura retórica. Juntamente com o favorecimento de paixões de *éthos* como o desdém, a totalidade *Pondé*, já pelo estilo do gênero, demonstrou beneficiar a função de figura-argumento para as figuras retóricas. Do outro lado, a figura-acontecimento está compatibilizada com a admiração extática examinada nos poemas de Cecília Meireles, paixão da sensibilidade, não afeita ao julgamento moral nem passível de ser avaliada como excessiva conforme pretendia Descartes. Com o estilo de Cecília Meireles, temos, na profundidade figural, um *pervir* que, vinculado à experiência da percepção, define-se como exercício e cálculo efetuados pela mesma percepção. Esse exercício, feito com vista a atingir determinado fim e viabilizado por meio do desempenho da função actancial de um observador sensível, favorece a aspectualização actorial de um sujeito definido como télico no interior de uma totalidade movida pelo *lógos* estético. Nessa configuração aspectual, cujo território de geração de sentido é o nível tensivo, fica potencializada uma paixão da sensibilidade como a admiração extática, enquanto fica favorecida a função de acontecimento para a figura retórica.

O *pervir* que, segundo Zilberberg (2011: 271), é correlato ao *sobrevir*, para que se constitua "uma das duas maneiras pelas quais uma grandeza tem acesso ao campo de presença e pode aí se estabelecer", apresenta fisionomia própria, decorrente não só de sua relação com o *sobrevir*, mas da relação estabelecida com o processamento aspectual do corpo. Na mesma fonte (Zilberberg, 2011: 271), o autor ressalta as variações tensivas entendidas por nós como gestos definidores da percepção: o andamento, a temporalidade e o número. Para o andamento do *sobrevir*, o autor faz corresponder a celeridade, afeita à instantaneidade da duração e à indivisibilidade do espaço, enquanto, em termos de número de coisas percebidas, percebe-se tudo *em uma só vez*. De outro lado, para o *pervir*, na relação estabelecida com o *sobrevir* e, segundo nosso entendimento, também na configuração de movimentos definidores da percepção, Zilberberg apresenta: para o andamento, a lentidão; para a temporalidade, a duratividade e a progressividade; para a percepção do número das coisas do mundo, uma percepção que se dá *em tantas vezes*.

Esses princípios estabelecidos por Zilberberg possibilitam que se pense em distintas fisionomias do *pervir*, para que ele confirme-se articulado ao exercício da percepção. Se, para a percepção, uma grandeza ingressa no campo de presença e ali se estabelece, podendo apresentar-se como alguma coisa desconcertante e inesperada, temos um ambiente favorável a um tumulto no encontro entre o *eu* o *outro,* o *eu* e *a coisa-do-mundo.* O tumulto, segundo Zilberberg (2011: 277), não tem razões facilmente explicáveis, dado que o esclarecimento supõe o exercício de uma inteligibilidade alerta, o que o semioticista associa à *doxa*. Por meio daqueles recursos, confirma-se a prevalência do *sobrevir* com a "veemência afetiva" e com "o ardor das subvalências de andamento e tonicidade por ele ativadas: a aceleração 'delirante' e a saturação tônica" (2011: 277). Zilberberg (2011: 277) realça que tal aceleração "delirante" e tal saturação tônica "não compõem uma 'soma', mas sim um 'produto' que as multiplica". Mas correlato ao *sobrevir* está o movimento da percepção relativo ao *pervir*, apresentado mediante distintas visadas, o que lhe confere diferentes fisionomias na composição do corpo.

A fisionomia tensiva do *pervir* orienta estilos calcados numa aspectualização actorial que privilegia, de um lado, o *logos* estético, em valência plena de conotação sensível e em coerção máxima da função poética, ambiente favorável a que tome corpo o ator, pela mediação do observador sensível; de outro, o *lógos* em valência mitigada ou nula de estesia, ambiente propício à incorporação do ator por meio do observador social. Em ambos os casos, o *pervir* mantém-se como o que cuida do movimento de "chegar ao fim", o que o retém junto à propriedade aspectual da telicidade. Em ambos os casos, o *pervir* dá conta da lentidão, da duratividade, da progressividade e do mundo percebido *em várias vezes,* isto é, mantidos os contornos da coisa-do-mundo.

No estilo de Cecília Meireles, na medida em que se decompõe a percepção, segundo a qual o fenômeno, mundo trazido à luz, é dado como produto de uma aceleração "delirante" e de uma "saturação tônica", o *pervir*, como movimento do corpo que percebe, faz ressurgir as coisas do mundo na progressão e na ordem numérica, o que chama para si a sintaxe de alongar o breve; ou as faz ressurgir *em tantas vezes,* como partes somadas umas às outras. Tais mecanismos, vinculados a um *lógos* conotado de modo próprio e ao viés sensível da observação, confirmam-se como constituintes da profundidade figural do estilo de Cecília Meireles. Esse estilo, que faz encorpar-se o *outro* contemplado e convocado por meio de recorrentes figuras metamorfoseadas de bichos, aciona a paixão daquele que os contempla conforme uma admiração que se torna peculiarmente extática. Ao arrebatamento provocado pelo encontro *eu-lírico/ objeto contemplado*, o que confirma a percepção afetiva como produto da aceleração e da tonicidade, corresponde a admiração extática processada ao longo da totalidade. Essa admiração, entretanto, na ordem das oscilações de percepção, acaba por difundir-se no espaço e alongar-se na duração que contempla simultaneamente o mundo em sua extensão e número. Nesses meandros, delineia-se a delicadeza do olhar, que sustenta a semantização figurativa mediante procedimentos de textualização, entre os quais se destacam recursos linguísticos acionados pelo uso estilístico, como o sufixo diminutivo em "O cavalinho branco", para que se decomponha aquilo que sobrevém ao observador sensível como um acontecimento extraordinário:

O CAVALINHO BRANCO

À tarde, o cavalinho branco
está muito cansado:

mas há um pedacinho do campo
onde é sempre feriado.

[...]

Seu relincho estremece as raízes
e ele ensina aos ventos

a alegria de sentir livres
seus movimentos.

Trabalhou todo o dia tanto!
desde a madrugada!

Descansa entre as flores, cavalinho branco,
de crina dourada!
(Meireles, 1967: 800)

Entre várias acepções do verbo *parvenir* que, da língua francesa foi traduzido por *pervir*, o dicionário *Le Petit Robert* (2012) destaca aquela voltada ao ato de chegar a determinado ponto e aquela concernente à propagação de algo tanto através do espaço como através do tempo. Para a propagação no tempo apresenta este exemplo: "Seu nome chegou até nossa época, até nós" ["*Son nom est parvenu jusqu'à nous*"]. O dicionarista destaca ainda a acepção de atingir determinado resultado, de alcançar objetivos propostos. Como gesto tensivo, compreendemos que o *pervir* instala-se de dois modos e segundo distintas funções no processamento do corpo como estilo: conforme a meta persuasiva e conforme a experiência da percepção. A esse fato alia-se a articulação feita das figuras retóricas, em figura-argumento e figura-acontecimento:

Figura 13 – O *pervir* e a figura retórica

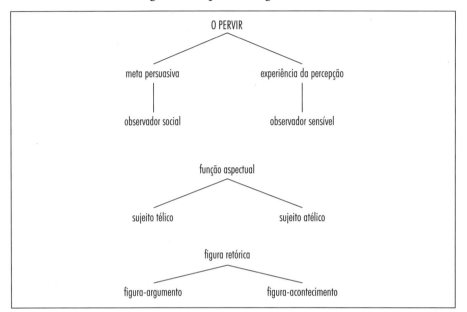

Fonte: Elaboração nossa a partir de Zilberberg (2011).

A proposição relativa às duas fisionomias tensivas do *pervir* mantém-nos emparelhados a Zilberberg (2011: 183), quando, partindo de Aristóteles e de Fontanier, de um lado, e de Breton e Bachelard, de outro, o autor propõe chamar de *metáfora-argumento* aquela que, "'secretamente' implicativa, entimêmica, motivada", distingue-se da outra, a *metáfora-acontecimento*. O semioticista apresenta a *metáfora-argumento* calcada na analogia e como a que tem na semelhança um fiador, para o que ressalta a mesma metáfora na sua feição "conclusiva e resultativa" (2011: 183). Além disso, apresenta-a como a que "preserva o que é 'de direito', a *doxa*, enquanto a *metáfora-acontecimento* projeta o 'fato', o impacto acima do direito" (2011: 184). Ao chamar esta última de "imagem moderna" e ao concebê-la como "circunstancial e ocasional", destaca que ela "tem por modelo o acontecimento, o inesperado, a 'novidade'" (2011: 183). O semioticista lembra ainda que a metáfora diz respeito à "tensão discursiva primordial" (2011: 185) entre a lógica da implicação (*x, logo y*) e a da concessão (*embora x, y*), ou entre "regra e acontecimento" (2011: 185). Tais formulações reverberam na fundamentação de um *éthos* conotado, em que se coadunam dois perfis, o judicativo e o sensível, na medida em que, na sobreposição alternativa de um sobre outro, podemos identificar o atrelamento do primeiro à lógica da implicação, e do segundo, à lógica da concessão, a depender do nível da totalidade contemplado: estilo de autor e "de época" para uma totalidade literária, por exemplo. Confirmam-se relevantes, no interior de uma totalidade, indicações de dominâncias, tendências, inclinações para um perfil e outro, o que permite pensar em ascendência da lógica implicativa e descendência da lógica concessiva e vice-versa para a definição de estilos. Na busca pela definição do corpo como estilo, vige o princípio de que o estilo é fato diferencial. Portanto, identificar ascendências e descendências relativas a tais lógicas no interior de uma totalidade supõe também examiná-las segundo a relação entre um estilo e outro.

Como dois termos correlatos, logo complexos, são vistos um estilo e outro, ou um estilo posto em cotejo com outro. Ao movimento de ascendência concessiva característico de um pode corresponder o movimento de descendência implicativa de outro. É o que acreditamos ter acontecido com os poemas de Cecília Meireles e com os artigos de opinião de Luiz Felipe Pondé, o que evidenciou os extremos de uma escala de conotação do *lógos* e do *éthos*. Com o colunista, o argumento, a persuasão, as estruturas axiologizadas para marcar posição e arbítrio sobre o mundo, toma lugar um *lógos* de valência mitigada de estesia, o que corresponde ao "uso empírico da linguagem já elaborada"; com a poeta, *lógos* e *éthos* conotaram-se conforme o exercício do corpo ao perceber o mundo, o que confirma uma linguagem que "diz peremptoriamente quando renuncia a dizer a própria coisa" (Merleau-Ponty, 2004: 73).

Notas

[1] Segundo critério adotado, omitimos a sigla relativa às fontes consultadas pelo autor.
[2] Procurando esclarecer o conceito husserliano de fenômeno, Moran e Cohen (2012: 252), estudiosos da filosofia, afirmam que o que Husserl revelou no termo "fenômeno" é "uma configuração intencional na qual as 'coisas mesmas' manifestam-se para nós em relação com as muitas maneiras segundo as quais nós nos apresentamos a elas".
[3] Se Greimas e Courtés (2008: 45) distinguem, "do ponto de vista da produção do discurso", o sujeito da enunciação, "actante implícito logicamente pressuposto pelo enunciado, do ator da enunciação", salientando que, para o último caso, o ator será "'Baudelaire', enquanto se define pela totalidade de seus discursos", reforçamos que o Baudelaire definido pela totalidade de seus discursos semanticamente se concretiza como ator em cada parte do todo, ou seja, em cada enunciado pertencente à totalidade estilística.
[4] Falamos da performance enunciativa, remetendo ao ato de enunciar encerrado na narratividade que sustenta a enunciação. Na aspectualização actorial, essa performance não importa só como ato, mas também como *passagem ao ato* de um sujeito cognitivamente competente. Entendemos que Greimas (1983: 160) nos ampara nessas afirmações. Ao verificar o estudo sobre a "construção de um objeto de valor" (1983: 161), uma receita de sopa, valor tido como descritivo, porque "consumível", pensamos no próprio enunciado como o objeto construído pela enunciação, do qual ela mesma decorre. Por sua vez, Greimas e Courtés (2008: 363) fazem referência a uma *performance* caracterizada pela "produção de valores descritivos (a preparação da 'soupe ao pistou', por exemplo)". Guardadas as especificidades semânticas de *consumível*, não somos impedidos de supor, no âmbito do cognitivo, o atributo de "valor consumível" para o enunciado. No mesmo trabalho da dupla, os valores descritivos são elencados entre "objetos consumíveis e entesouráveis, prazeres e 'estados de alma', etc." (2008: 527).
[5] Castilho (1968: 56), ao realçar que aspectualmente verbos figuram uma ação-ponto (télicos), ou uma ação-linha (atélicos), corrobora a importância aspectual do semantema do verbo e destaca a telicidade do verbo *concordar*, para o que demonstra: "'*Acabou de concordar* conosco' = aspecto perfectivo pontual, pois *concordar* é télico", diferentemente de "'*acabei de estudar* a lição = aspecto imperfectivo terminativo, pois *estudar* é atélico" (1968: 58).
[6] Essa tradução foi gentilmente feita, a pedido para este trabalho, pelo prof. Ivã Carlos Lopes, do Departamento de Linguística da Faculdade de Filosofia, Letras e Ciências Humanas da Universidade de São Paulo.
[7] Para o termo *intencionalidade,* acreditamos ser possível contemplar certa convergência entre distintos quadros do pensamento: de um lado, a acepção husserliana, isto é, *intencionalidade* enquanto direções das visadas do

sujeito no encontro com os fenômenos, tal qual se apresentam as coisas do mundo, em suas múltiplas possibilidades de doação; de outro, a *intencionalidade* discursiva que, aproximada à "competência modal" (Greimas e Courtés, 2008: 267), está vinculada ao *devir* ou ao vir a ser orientado para o corpo actorial.

[8] Para a identificação do paradoxo, encontramos apoio em estudo feito por Molinié (1992: 241), que apresenta dois casos de realização dessa figura retórica: um voltado para "determinações paradoxais" processadas na profundeza do sentido, o que firma a "figura macroestrutural", responsável por um "efeito de longo alcance"; outro, voltado para "o choque de duas proposições", como no exemplo: "aquele que quer salvar sua vida a perderá".

[9] Pondé distingue-se como colunista que desencadeia significativo número de cartas do leitor, favoráveis ou contrárias às proposições veiculadas pelos seus textos.

[10] No mesmo dicionário, para *diatribe*, temos a noção de crítica amarga, violenta, frequentemente em tom injurioso; para *libelo*, a noção de texto curto, de característica satírica e difamatória; para a *sátira*, a noção de censura, ataque aos vícios, aos ridículos dos sujeitos contemporâneos.

[11] Patte (1986: 143) alude ao julgamento ético, vinculando-o às estruturas modais éticas. "Quando o sujeito faz um julgamento, que se chamará *julgamento ético*, sobre os enunciados deônticos [dever fazer], novas estruturas modais aparecem: trata-se de estruturas modais éticas, em que o crer sobredetermina os enunciados deônticos." A partir daí, o semioticista chama a atenção para as estruturas modais éticas, em que o crer sobredetermina o dever fazer, e em que o crer sobredetermina o poder fazer.

[12] Para a distinção entre níveis enunciativos, tomamos como apoio o esquema que Fiorin (1996: 69) apresenta recuperado de estudo feito por Barros (2002: 75).

[13] Usamos *poeta* na referência a Cecília Meireles em proximidade do que ela mesma o faz: "Eu canto porque o instante existe/ e a minha vida está completa./ Não sou alegre nem sou triste:/ sou poeta" (Meireles, 1967: 103).

[14] Para este trabalho, foi utilizada a tradução feita para uso didático por Carlos Alberto Faraco e Cristovão Tezza.

[15] Tatit (2010: 45-70), em estudo relativo a um conto de Guimarães Rosa, "As margens da Alegria", oferece subsídios para nossa análise. O semioticista aí descreve a "aparição epifânica" (2010: 55) de um peru para o menino que o avista como uma "verdade extraordinária" precipitada diante do sujeito. A ave é apontada por Tatit como "objeto (ou acontecimento)" (2010: 56).

[16] Molinié (1992: 111), ao descrever mecanismos de construção da deprecação, alude a uma necessária e brusca interrupção, que um "personagem" faria no próprio discurso, para interpelar os poderes superiores convocados. O traço de brusquidão, entretanto, não foi levado em conta para o exame feito da deprecação no poema de Cecília Meireles, o que fica autorizado pela mesma fonte, em que o monólogo inteiro de Fedra é visto como uma deprecação.

[17] No plano englobante da definição do corpo como aspecto, partimos do princípio de uma imperfectividade ou inacabamento necessários. No plano englobado do processamento do corpo em situação e em ato, a categoria *imperfectividade/perfectividade* é considerada, para que o corpo defina-se, de um lado, como acentuadamente inacabado e, de outro, como acabado.

[18] Verbo "axiomatizar" foi usado por Fontanille (1986b: 77), quando o autor, ao discorrer sobre o que é epistemologia de uma ciência, parte da constatação de que importa, para isso, o modo como essa epistemologia "axiomatiza e constrói o saber".

[19] O outro pode estar instalado explicitamente como enunciação enunciada, por meio de um narrador que participa da história narrada. Nesse caso, num gênero confessional como um diário íntimo, pode haver sanção ética para o narrador instituído como aquele que diz *eu*. Entretanto, aí a moralização não se configura necessariamente como aquele estranhamento estésico que, estabelecido entre duas consciências inacabadas (ator da enunciação e ator do enunciado), e vindo do fato de o *eu* ser um *outro*, cada qual na imperfeição e na busca do acabamento estésico no outro, aproxima a relação *autor/herói* de uma *exotopia* (Bakhtin, 1997b).

[20] Greimas e Courtés (2008: 505) usam o verbo *conotar* para definir o papel da timia nas transformações das relações elementares da significação.

[21] Para esses movimentos relativos à estrutura modal alética, mantemo-nos atrelados ao pensamento de Greimas e Courtés (2008: 26).

[22] A partir de Fontanille (1995: 7), podemos também atentar para o estilo enquanto processamento das três categorias que ele propõe para a estesia: "uma estesia *reflexiva*, que funda a relação entre o sujeito e seu corpo próprio; uma estesia *transitiva*, que funda a relação entre o sujeito e o objeto; e uma estesia *recíproca*, que funda a relação intersubjetiva".

[23] Se já se firma como tradição atribuir a função estética aos textos literários e a função utilitária aos textos feitos para informar, prescrever, ordenar, entre outras, que gozam de forte acento na persuasão factitiva (falar para fazer-fazer), preferimos pensar na correlação entre ambas as funções postas, cada qual, como dois extremos de uma linha de correlações, cuja constante é a estesia. Desse modo, podemos obter o lugar ocupado nessa linha pelo estilo autoral, no cotejo entre coerções da esfera comunicacional e do gênero discursivo.

DO ESTILO "DE ÉPOCA"

A HONRA E O MÉRITO

A partir da mesma esfera, como a relativa à obra de arte, a aspectualização actorial pode ser pensada como ponto de partida para a descrição de um estilo "de época". Da relação examinada entre dois textos devem vir às claras mecanismos imanentes de construção do sentido, que corroboram uma identidade radicada concomitantemente em textos verbais e em textos visuais, o que faculta a análise do estilo "de época" por meio do cotejo entre um poema e uma pintura. Confirmar-se-á, desse modo, o princípio de que a relação estabelecida entre dois termos determina a identidade de cada um deles, bem como o nível de totalidade a ser contemplado. A análise do estilo articula-se no nível de totalidade priorizado, o que deve trazer à luz este fato: componentes da aspectualização actorial, definidos como relevantes na constituição de um corpo (como o midiático, posto no cotejo com a literatura), podem reaparecer no interior da esfera das artes com função renovada. É o caso do observador social, que pode reaparecer, na esfera das artes, com um acento de sentido próprio, diante do observador sensível. Desse modo, sob o *lógos* estético, contemplado na materialidade sígnica "que fala" e, ao "falar", cria novos mundos, pode ser demonstrado que é suscetível de ocorrer, como actante mediador da aspectualização, o observador social com função acentuada, o que reverbera no viés sensível da observação. Disso poderá resultar, para a voz, um tom peculiar, o que confina com os papéis aspectuais incorporados no delineamento do corpo.

Podem, então, ser pensados um poema e um quadro em conformidade com um enunciado único que se funda nos textos reunidos para que se interpele uma totalidade estilística. Esses textos contemplados, cada qual, na pressuposição recíproca entre o plano do conteúdo e o plano da expressão, serão vistos na sua organização formal, enquanto, na permeabilidade entre ambos os planos, serão levados em conta mecanismos de textualização. Considerado um enunciado único,

319

o estilo é examinado conforme um sistema de signos, enquanto se concebe o signo na extensão variável que encerra desde a unidade mínima de sentido como o morfema, até um enunciado que contém, como abstração do corpo actorial, uma totalidade.

A noção de um enunciado único que, como abstração, é respaldo para a unidade concernente à totalidade estilística é validada nas proximidades da noção fenomenológica de *epoché* ou redução, trazida por Husserl, quando o autor, ao apontar para Napoleão como o vencedor de Iena e o vencido de Waterloo, confirma Napoleão como o "X idêntico e vazio de seus múltiplos predicados", como ressalta Moura (2009: 43). O historiador da filosofia sugere que esse "vazio" concerne à redução fenomenológica ou *epoché*. *Não tenho*, portanto, um Napoleão em si, mas um *objeto Napoleão*, que é síntese dos seus modos de doação *para mim*.

Entendemos que há alguma vizinhança entre essa redução fenomenológica com o que se dá com a unidade vista como o enunciado de estilo, que respalda a totalidade estilística: o analista terá, diante de si, um *objeto autor*, que é a síntese dos modos de doação oferecidos no interior dos textos cotejados como constituintes de um estilo, o que não alija o texto de sua função semiótica. Além disso, no plano do conteúdo, as coisas-do-mundo, discursivizadas segundo uma substância do conteúdo na acepção hjelmsleviana, configuram-se como objeto-coisa-do-mundo, síntese dos modos de doação delas para o sujeito discursivo, o que vai ao encontro do sistema de aspirações sociais que as atravessa, concretizado em discursos que polemizam entre si. Nas profundidades figurais, as coisas-do-mundo, discursivizadas segundo a correlação entre a intensidade e a extensidade, também se apresentam como objeto-coisa-do-mundo, síntese dos modos de doação delas para a percepção, o que vai ao encontro de outro crivo – aquele oferecido pelas oscilações do afeto, registradas numa cifra tensiva, esta que é a representação-síntese da orientação, do devir do corpo no viés sensível de observação do mundo.

A função semiótica, exercida conforme a pressuposição recíproca entre os planos da expressão e do conteúdo, e entendida por Hjelmslev (2003: 54) como solidariedade, é assim apresentada pelo linguista dinamarquês: "A função semiótica é, em si mesma, uma solidariedade: expressão e conteúdo são solidários e um pressupõe necessariamente o outro." O linguista detalha que parece ser "mais adequado utilizar a palavra *signo* para designar a unidade constituída pela forma do conteúdo e pela forma da expressão e estabelecida pela solidariedade que denominamos função semiótica"(2003: 62), fazendo seguir a esta, outra formulação: "Todo signo, todo sistema de signo, toda língua enfim, abriga em si uma forma da expressão e uma forma do conteúdo" (2003: 63). A partir do que diz Hjelmslev, compreendemos a existência de um enunciado único que sustenta o estilo "de época". Esse enunciado oferece a possibilidade de depreensão de uma forma da expressão e de uma forma do conteúdo relativas a um conjunto de textos materializados segundo substâncias diversas, como a verbal e a visual.

Ao problematizar a noção de estilo "de época", lembramos a estética neoclássica, para o que acionamos mecanismos da construção do sentido subjacentes a poemas de Tomás Antônio Gonzaga (que nasceu no Porto, 1744, e morreu em Moçambique, 1810) e a um quadro de Davi (que nasceu em Paris, 1748, e morreu em Bruxelas, 1825): referimo-nos a liras extraídas de *Marília de Dirceu* (1792) emparelhadas à pintura *O juramento dos Horácios* (1784).

Na medida em que oferecem indícios da aspectualização actorial, mecanismos discursivos tornam passível de manifestação a figura retórica na função de *figura-argumento* ou na função de *figura-acontecimento*; para aquela, a lógica implicativa; para esta, a lógica concessiva. A função desempenhada pela figura retórica é causa e consequência da orientação seguida pela totalidade, ou da orientação imprimida à protensividade do corpo, de modo a firmarem-se, segundo tais funções, vetores estilísticos. Tais vetores, sintáxicos e semânticos, definem a aspectualização actorial enquanto são definidos por ela: no nível tensivo, eles projetam o *páthos* como organização afetiva do ator; no nível discursivo, eles concretizam o *éthos* como moralização ou julgamento ético; naquele, são oferecidas indicações de como o sujeito sofre ou suporta afetivamente os fenômenos; neste, são oferecidas indicações de como a moralização é assumida pelo ator da enunciação. O *páthos* assim considerado é pressuposto ao *éthos*. Partindo do princípio de que uma perspectiva passa na outra, reafirmamos ser possível pensar no *páthos* do *éthos*, o que é elucidado por meio do exame feito do corpo como arquitetura da significação, do que se sobrelevam os dois perfis do próprio *éthos*: o social e o sensível.

Com Tomás Antônio Gonzaga, poeta da literatura brasileira do século XVIII, encontramos Dirceu, o pastor árcade que se dirige à *gentil Pastora* no idílio bucólico projetado em *Marília de Dirceu*. Na primeira das liras que essa obra reúne, apresenta-se simetricamente, no entremeio das sete estrofes, o refrão: "Graças, Marília bela, Graças à minha Estrela!" No ponto mediano da progressão da primeira lira, após o autorretrato desenhado, o "vaqueiro" Dirceu dá a ver a figura de Marília por meio da descrição feita nos seis primeiros versos da quarta estrofe:

> Os teus olhos espalham a luz divina,
> A quem a luz do Sol em vão se atreve:
> Papoula, ou rosa delicada, e fina,
> Te cobre as faces, que são da cor de neve.
> Os teus cabelos são uns fios d'ouro;
> Teu lindo corpo bálsamo vapora.
> Ah! não, não fez o Céu, gentil Pastora,
> Para glória de Amor igual tesouro.
>   Graças, Marília bela,
>   Graças à minha Estrela!
> (Gonzaga, 1964: 28)

321

À linearidade da figurativização discursiva, em que são reunidos os atributos da jovem, é emparelhada a organização relativa ao arranjo dos versos, condizente com uma textualização marcada pelas pausas imprimidas no final de cada um deles. A figura de Marília mostra-se com tal simetria, que os olhos, as faces, o cabelo e, por fim, o corpo apresenta-se com nitidez suficiente para que obtenhamos, em vista frontal, o ator descrito. Como procedimento de discursivização, o tipo textual aí privilegiado, a descrição, favorece a compartimentação do olhar que observa, enquanto o espaço tensivo, do qual emerge Marília, é dado na ordem da desaceleração das tensões. O espaço envolvido pela visada do observador e o modo como se lança para o mundo essa visada não se inclinam a movimentos bruscos da percepção. Afastar-se de tais movimentos é compatível com o mecanismo discursivo da descrição, esse tipo textual que não supõe transformação de um estado em outro. A descrição, ao apartar-se de qualquer evolução temporal dos acontecimentos entre um antes e um depois, a partir do agora, ou, como sugerem Platão e Fiorin (1996: 242), ao não comportar "uma progressão de uma situação anterior para uma posterior", subsidia a propriedade aspectual do ator, esboçado na lira gonzaguiana como estático. Ao alertar para essa temporalidade discursiva, organizada não segundo a progressão entre anterioridades e posterioridades, os autores definem o que é a descrição:

> Insistimos no fato de que a característica fundamental de um texto descritivo é a inexistência de progressão temporal. Tudo o que é descrito é considerado como simultâneo, não podendo, portanto, um enunciado ser considerado anterior ou posterior ao outro. Podem-se apresentar numa descrição até mesmo ações ou movimentos, desde que eles sejam sempre simultâneos, não indicando uma progressão de uma situação anterior para uma posterior. Para transformar uma descrição numa narração, bastaria introduzir um enunciado que indicasse a passagem de um estado anterior a um posterior. (1996: 242)

Os olhos, as faces e o corpo de Marília são apresentados segundo a sucessão das visadas do observador, naquele momento que, como um agora extenso, não se apresenta contraído entre retenções e protensões temporais. Projetam-se contornos precisos de um corpo aspectualmente determinado como estático. Por sua vez, a observação oferecida do corpo da jovem remete à concomitância ao *agora* do ato de enunciar, no privilégio concedido ao uso do presente verbal: *espalham; se atreve; cobre; são* (duas ocorrências para este verbo); *vapora* – o que tende a confirmar a sobreposição do estado ao movimento. Marília é isto (não *aquilo*); e encerra um "presente de continuidade" ou um "presente durativo", conforme propõe Fiorin (1996: 149). A duração dos eventos que decorrem dos atributos de Marília é discursivizada como mais longa do que o momento da enunciação, em que são contados os dotes da beleza pastoril. É uma duração apresentada como tão longa, que beira um estado imutável, o que permite que se pense num *sempre* concebido como duração contínua (mas não ilimitada), como momento implícito de referência na constituição do corpo.[1] Podemos preencher as lacunas que seguem, por meio do uso dos advérbios *continuamente* ou *sempre*: "Os teus olhos [...] espalham luz divina; Papoula [...] te cobre as faces; os teus cabelos são [...] uns fios de ouro; teu lindo corpo [...] bálsamo vapora". A tais recursos da discursivização relaciona-se a orientação imprimida na profundidade figural pela desaceleração da percepção, a qual favorece, na estabilidade da cena, a duração longa tanto para os dotes de Marília, quanto para o olhar que a contempla.

"Não caça momentos fugazes, nem prefere a notação rara e pitoresca do que só acontece uma vez. O que procura construir é a linha média da sua vida moral, num traçado seguro, equidistante do inexprimível e das exigências da clareza" – assim Antonio Candido (1969: 123) refere-se a Gonzaga. Segundo a convenção pastoril do Arcadismo, Dirceu, o Pastor, descreve Doroteia, a gentil Pastora, esta uma presença biograficamente importante na vida do poeta, tal como considerada pelos estudiosos que enfatizam o fato de uma moça muito jovem ter sido noiva do quarentão ouvidor de Vila Rica, vindo de Portugal para o Brasil.

A fortuna crítica costuma realçar o "realismo" do estilo de Gonzaga, como acontece no estudo intitulado "Naturalidade e individualismo de Gonzaga", em que Candido (1969: 122) comenta o lugar ocupado pelo poeta na formação da literatura brasileira:

> Superando a todos os contemporâneos brasileiros e portugueses no verso gracioso, não é, porém, nisto que fundamenta a sua preeminência. Esta deriva principalmente do realismo e do individualismo, com que elabora, em termos de poesia, um sentimento da vida e uma afirmação de si mesmo.

O conceito de individualismo aludido por Candido (1969: 123) é retomado pelo crítico na afirmação feita sobre Gonzaga, como o autor que se permite a "expressão do seu eu: todo pautado pelo decoro neoclássico e não obstante muito individual e revelador". O mesmo conceito também está no que diz do poeta, o literato: "na maioria dos poemas de envergadura, em que o espírito e o coração alçam voo largo, Marília, não obstante invocada a toda hora, aparece, quando muito, como pretexto, ou pelo menos ocasião dos versos" (1969: 125). A tal formulação sucede a referência de que "a sua grande mensagem é construída em torno dele próprio; não apenas da sua paixão, que entra muitas vezes como ponto de partida e ingrediente, mas da sua personalidade total" (1969: 125).

Sem excluir da atenção dada ao estilo o vínculo biográfico ou a história de vida de Gonzaga, Candido (1969: 126) ressalta, da segunda parte das liras, aquela que reúne as chamadas liras da prisão, a dignidade mantida à revelia das adversidades: "Nem um momento de desmoralização ou renúncia; sempre a certeza da sua valia, a confiança nas próprias forças". A partir daí, o literato denuncia a suposta inautenticidade da terceira parte das Liras: "Um dos melhores critérios para constatarmos a inautenticidade da falsa III Parte é precisamente o desalento e a lamúria que a envolvem, tão em contraste com a fibra dos demais poemas" (1969: 126). Ficamos restritos, como critério, às duas primeiras partes das Liras, para interpelarmos o estilo de nosso árcade, na medida em que as tendências apontadas por Candido podem apresentar-se, no discurso, segundo vetores do próprio estilo. A tais tendências certamente subjaz o ambiente afetivo ou o *páthos* que atravessa o sujeito como disposição do corpo *que sente*.

Cremos que a paixão da honra vinculada ao mérito permeia as liras reunidas na Parte I e na Parte II, para que o *éthos* heroico possa emergir, não num viés beligerante, mas a partir do "equilíbrio verdadeiramente neoclássico entre o *eu* e a palavra", como diz Candido (1969: 123), e a partir da afirmação corroborada da "própria dignidade e valia" (1969: 124). Entretanto, mantemo-nos intrigados com aquele *realismo/naturalismo* referido, que acreditamos estar articulado, por complementaridade de princípios, ao chamado estilo linear da pintura, no que diz respeito ao efeito de coincidência entre "objeto e aparência". Nas artes plásticas, Wölfflin (2000: 34), ao fazer distinção entre o estilo linear como prerrogativa do clássico, e o pictórico como prerrogativa do barroco, afirma: "É sabido que dentre as vistas possíveis de um edifício, a vista frontal é a menos pictórica: aqui [na vista frontal] objeto e aparência coincidem perfeitamente."

Trazendo o pensamento desse crítico de arte para a perspectiva concernente aos estudos do discurso, entendemos que Marília, tal como descrita, confirma-se como ator posto em "vista frontal", o que vai ao encontro dos princípios do estilo linear na pintura; enquanto isso, ela afirma-se como ator posto sob uma percepção que privilegia o estado das coisas, para o que se mantém recessivo aquilo que muda ou se transforma, o *devenir*, segundo Zilberberg (1992: 104). Ao ter o corpo delineado na solenidade de uma contemplação que filtra as vicissitudes do ser precário ou daquilo que é "pitoresco", no estado de duração contínua, Marília constitui um dos meios de organização daquele *realismo/naturalismo* anteriormente citado, o qual perpassa a composição do corpo, tanto do *tu* convocado, como do *eu* que faz as convocações.

Juntamente com isso, mostra-se o mundo de *luz divina*, de *rosa delicada* e *papoula*, lugar de instalação do *eu* e do *tu*. A contemplação duradoura, estendida entre a leveza das flores, domina o que se transforma. Enquanto as linhas do fenômeno percebido são mantidas, e o mundo é desenhado segundo a estabilidade dos contornos, fica projetada a singularidade de um *realismo/naturalismo*. Esses movimentos acolhem a imagem do enunciador assegurado na própria dignidade e valia. Como narrador explícito, o ator, cujo corpo é esboçado segundo o ideal de mérito que inevitavelmente se cumpre conforme as graças do destino, é também confirmado de acordo com uma apresentação em "vista frontal". Eis a quinta estrofe da Lira I, que oferece, entre figuras de enchente e de gado morto, o papel temático do vaqueiro e do lavrador que pastoreia seu gado, lavra sua terra, mas que pode sofrer grandes perdas, o que constitui condições para que se manifestem antecipações trágicas e, com elas, a possibilidade de instalação de paixões de angústia como o medo:

> Leve-me a sementeira muito embora
> O rio sobre os campos levantado:
> Acabe, acabe a peste matadora,
> Sem deixar uma rês, o nédio gado.
> Já destes bens, Marília, não preciso:
> Nem me cega a paixão, que o mundo arrasta;
> Para viver feliz, Marília, basta
> Que os olhos movas, e me dês um riso.
>   Graças, Marília bela,
>   Graças à minha Estrela!
> (Gonzaga, 1964: 28)

As paixões de angústia não são compatíveis com a protensividade apresentada do corpo ao longo das estrofes da lira. Apenso ao ideal de mérito, esse corpo não se inclina ao polo cinético da aspectualização, o que impede ao agora da percepção a experiência do dilaceramento – diante das protensões que, como antecipações trágicas, favoreceriam a angústia. O ideal de mérito permeia a emergência de uma paixão compatível com ele, que é a honra. Esse ideal encontra, nos recursos linguísticos da textualização, meios da própria confirmação. É o que se dá com a incorporação das construções concessivas, como a iniciada por "Leve-me a sementeira muito embora/ O rio sobre os campos levantado [...]", o que acolhe paráfrases como estas: Muito embora o rio transbordado sobre os campos possa levar consigo meu plantio... Ou: Embora o rio transbordado me prive de minha sementeira... "Já destes bens, Marília, não preciso:/ Nem me cega a paixão, que o mundo arrasta..." Ou ainda, ensaiando um resumo parafrástico sob um esquema lógico das relações entre as orações, teríamos: Embora aconteçam eventuais perdas materiais (**p**), eu me mantenho firme (**q**), pois não preciso dos bens perdidos. Moura Neves (2000: 865), em estudo feito sobre a construção concessiva segundo uma gramática de usos do português, alerta que "numa construção concessiva, o fato (ou a noção) expresso na oração principal é asseverado, a despeito da proposição contida na oração concessiva":

325

Numa construção concessiva, vista a partir do esquema lógico, pode-se chamar **p** à oração concessiva e **q** à principal. Trata-se de uma construção concessiva quando **p** não constitui razão suficiente para **não-q**:

"embora **p**, **q**" => "**p** verdadeiro e **q** independente da verdade de **p**"

Em outras palavras, pode-se dizer que, apesar de o fato (ou o evento) expresso em **p** constituir uma condição suficiente para a não realização do fato (ou evento) expresso em **q**, **q** se realiza; e, nesse sentido, se pode dizer que a afirmação de **q** independe do que quer que esteja afirmado em **p**. (2000: 865)

A textualização da lira, ao privilegiar nessa estrofe a construção frasal concessiva, realça, com maior acento de sentido, a figurativização contida na oração principal. Isso contribui para a definição dos papéis temáticos do ator que supera adversidades. Ou: apesar de o transbordamento do rio constituir condição suficiente para a insegurança daquele lavrador prestes a colher a sementeira, ele pode e sabe permanecer invulnerável. Sob a perspectiva dos estudos feitos acerca da "gramática de uso", pode-se dizer que a afirmação da segurança de Dirceu independe do que quer que esteja afirmado na oração concessiva.

Como vetor do processamento do corpo actorial, o uso feito da construção concessiva vai ao encontro de um corpo avesso à mutabilidade, para que se firme o *éthos* da firmeza moral segundo o *páthos* do mérito e da honra. Tal inclinação afina-se com a lógica implicativa, privilegiada pelo discurso como fim último na constituição do ator. Não à toa, seguem, aos primeiros versos, que expressam a construção concessiva, estes outros, que materializam a relação causa/efeito: "[...] Já destes bens, Marília, não preciso:/ Nem me cega a paixão, que o mundo arrasta." Ou: Não importam eventuais perdas materiais, pois não preciso dos bens desse tipo.

Rallo Ditche (2005: 114), ao apontar para nuances da noção de herói vinculada à honra, realça um viés dessa paixão, articulado a "uma reputação sem falha, protegida do amor ao dinheiro". Antes disso, porém, a estudiosa faz sugestão sobre a importância da noção de pertencimento do sujeito honrado a um ideal, noção esta que pode vincular-se, conforme indicações feitas pela autora, a figuras de *pátria* e *nação*, o que impele a variações da própria honra.

> Depois que nos ferir a mão da Morte,
> Ou seja neste monte, ou noutra serra,
> Nossos corpos terão, terão a sorte
> De consumir os dois a mesma terra.

> Na campa, rodeada de ciprestes,
> Lerão estas palavras os Pastores:
> "Quem quiser ser feliz nos seus amores",
> "Siga os exemplos que nos deram estes".[2]
> (Gonzaga, 1964: 28)

Nessa estrofe, a sétima e última da Lira I, a eventualidade das coisas do mundo e a finitude inerente a elas são discursivizadas num sistema de posterioridade temporal que se desloca dos tempos enunciativos, cravados na linha de concomitância direta com o agora do ato de enunciar (Fiorin, 1996: 148), tal como dispostos nas estrofes de abertura da lira. A partir da não concomitância enunciva, firma-se um "subsistema organizado em torno de um momento de referência futuro" (1996: 160): *Depois que nos ferir a mão da morte...* Depois disso, os pastores: *terão a sorte de...*; *lerão estas palavras*. Os seis primeiros versos da estrofe, mantidos em equilíbrio temporal, são desencadeados, portanto, a partir daquele único marco referencial futuro, o que prenuncia, na discursivização da categoria do tempo, a aspectualização do ator como um corpo não orientado para mutações, logo não orientado para o ímpeto cobrado pela dinamicidade.

Sobre o valor do futuro, afirma Fiorin (1996 162):

> A posterioridade em relação a um momento de referência futuro é indicada pelo futuro do presente simples, que será, nesse caso, um futuro do futuro. [...] A ulterioridade de um em relação a outro será marcada, implícita ou explicitamente, pela palavra *depois* ou por um parassinônimo.

Por conseguinte, o marco referencial futuro ("Depois que nos ferir a mão da Morte"), como desencadeador de um subsistema de posterioridade temporal, articulado por sua vez em não concomitância com o momento de enunciação, sempre implícito, ao prender em si a sucessão organizada de eventos futuros, acaba por confirmar o ator não afeito à transformacionalidade. Nessa direção aspectual do corpo, entra o emprego da figura da Morte, grafada em letra maiúscula como compete ao estatuto árcade conferido a ela. A figura metonímica, *mão da Morte*, na ordem da implicação (a mão da Morte implica a Morte), mantém o mundo percebido sob a ordenação das coisas, o que se anuncia na ulterioridade temporal sistematizada na última estrofe. Em relação ao momento futuro, em que *nos ferirá a mão da morte*, permanecem intocados *nossos corpos*, já que, em estado de graça solene, eles "terão a sorte/ De consumir os dois a mesma terra".

A certeza tanto da superação da finitude, como da vitória diante da deflagração dos embates da vida, entre os quais está a morte, permeia os versos de ambas as estrofes contempladas, para o que se mantém uma heroicização peculiar a esse *éthos*.

Com ela, um bem-estar passa a ser indicação da protensividade do corpo, sugerido em contato com uma das acepções da noção clássica de herói. Rallo Ditche (2005: 114), ao referir-se aos "ares modernos do herói", ligando tais "ares" à figura de Napoleão, sugere as qualidades excepcionais que compõem o ator heroico, ressaltando que "ele vive na iminência da morte e da necessidade de agir" (2005: 115).

Mas a valia de Dirceu não depende de uma "necessidade de agir", ou de uma *performance* gloriosa a ser narrada; nem cabe a ele apresentar o mundo e a si mesmo nas progressões ou transformações cobradas por uma ambiência épica, que convoca ações gloriosas. O *dever ser* vitorioso, que se cumpre como aliado do *dever ser* virtuoso, não compactua aí com as vicissitudes de um corpo fragilizado, enquanto exposto a ameaças, sejam elas as da iminência da morte. Segundo vetores estilísticos, nessas duas estrofes apresenta-se um corpo discursivizado na ordem de uma inteligibilidade firmemente estabelecida, aliada do princípio legitimador da perenidade da existência. Sai favorecido o efeito de harmonia.[3]

Após realçar que "para o estilo clássico o termo dominante é o estado e o termo recessivo o devir", isto é, o vir-a-ser, a transformacionalidade (o *devenir*), Zilberberg (1992: 104) sugere que "podemos integrar essa estrutura ao espaço cognitivo"; assinala então que podemos entender que o "bem-estar, se não a felicidade do observador na presença de uma obra clássica consiste em 'apreender', depois em 'contemplar' um devir através de um estado". Pensando no observador como categoria vinculada ao ator, cremos que o "bem-estar" referido constitui o olhar que caracteriza o *éthos* gonzaguiano, enquanto se organizam condições para que venha à tona o mérito como paixão vinculada à honra. Esse bem-estar ressalta o papel de um observador que aspectualiza o ator por meio da estaticidade, na medida em que se processa a percepção que privilegia o estado diante daquilo que se transforma.

As estrofes que seguem, extraídas da Lira XIII, também se voltam à percepção do devir através de um estado, em possível retomada do *carpe diem* horaciano. Para isso, deixam transparecer outros vetores que apontam para a heroicização peculiar do ator:

LIRA XIII

Ah! enquanto os Destinos impiedosos
Não voltam contra nós a face irada,
Façamos, sim façamos, doce amada,
Os nossos dias mais ditosos.
 Um coração, que frouxo
A grata posse de seu bem difere,
A si, Marília, a si próprio rouba,
 E a si próprio fere.

> Ornemos nossas testas com as flores;
> E façamos de feno um brando leito,
> Prendamo-nos, Marília, em laço estreito,
> Gozemos do prazer de sãos Amores.
>   Sobre as nossas cabeças,
> Sem que o possam deter, o tempo corre;
> E para nós o tempo, que se passa,
>   Também, Marília, morre.
> (Gonzaga, 1964: 47-8)

A atitude de fixar o que muda no imutável converge para o que diz Rallo Ditche (2005: 115) sobre uma das acepções da noção de herói: "aquele que põe em ordem a natureza"; um sujeito que, segundo a autora, fica par a par com aquele que "é dotado da *virtus* absoluta, isto é, da coragem e do livre exercício da vontade", disposições estas que se manifestam vinculadas, nas estrofes de Gonzaga, ao enfrentamento com o *fatum*: destino; fado; fatalidade; tempo fixado pelo destino; morte – acepções reunidas para o termo no dicionário da língua latina (Faria et al., 1962). Tal enfrentamento supõe o exercício de saber e poder fruir o momento presente, visto como o que nos pertence por inteiro, sem fendas que permitam a passagem, no mesmo presente, do recém-sido e do porvir.

Se, a partir das liras, elevam-se os méritos do ator, enquanto desenvolve a interpelação feita a Marília, juntamente com esse percurso de interpelação do *outro*, fica radicada a coragem para manter, na fixidez da percepção que contempla de modo longevo o agora, aquilo que, "Sobre as nossas cabeças,/ Sem que o possam deter," corre. Supomos convergir para aí um encaminhamento do chamado realismo e naturalismo de Gonzaga, na medida em que, na própria voz e tom, o discurso privilegia a visão linear, que concerne à apreensão dos objetos "em suas contingências fixas", como diz Wölfflin (2000: 28). Essa fixidez é elemento de comparação usado pelo historiador e crítico da arte, ao problematizar "o tipo de percepção que serve de base às artes plásticas no decorrer dos séculos" (2000: 17). Trazendo para exame em especial "a arte (clássica) do *Cinquecento* e a arte (barroca) do *Seicento*" (2000: 17), Wölfflin (2000: 28) acrescenta: "O estilo linear é um estilo da discriminação visualizada plasticamente. O contorno nítido e firme dos corpos suscita no espectador uma sensação de segurança tão forte, que ele acredita poder tocá-los com os dedos."

À referência feita por Wölfflin às artes plásticas, não escapa o texto manifestado verbalmente. Se atentarmos para a lira de abertura da obra *Marília de Dirceu*, poderemos depreender o olhar de um observador não alheado das direções assinaladas pelo esteta. Wölfflin (2000: 36), ao expor o que é o contrário do clássico e linear, fala em "olhos pictóricos" e, após lembrar que é comum entender o pictórico como o que dá impressão de movimento mesmo estando em repouso, acrescenta: "a noção de movimento também pertence à essência da visão pictórica: os olhos pictóricos apreendem tudo como algo vibrante, e não permitem que nada se cristalize em linhas e superfícies determinadas". Pela negação feita do seu oposto, que é "a essência da visão pictórica", podemos entender o dito realismo e naturalismo de Gonzaga. O teor descritivo, sustentado pelo olhar que privilegia a percepção do imutável no mutável, mantém-se na autoimagem desenhada a seguir, que reúne os versos de abertura da primeira das liras:[4]

LIRA I

Eu, Marília, não sou algum vaqueiro,
Que viva de guardar alheio gado;
De tosco trato, d'expressões grosseiro,
Dos frios gelos e dos sóis queimado.
Tenho próprio casal, e nele assisto;
Dá-me vinho, legume, fruta, azeite;
Das brancas ovelhinhas tiro o leite,
E mais as finas lãs, de que me visto.
    Graças, Marília bela,
    Graças à minha Estrela!

Eu vi o meu semblante numa fonte,
Dos anos inda não está cortado:
Os Pastores, que habitam este monte,
Respeitam o poder do meu cajado:
Com tal destreza toco a sanfoninha,
Que inveja até me tem o próprio Alceste:
Ao som dela concerto a voz celeste;
Nem canto letra que não seja minha.
    Graças, Marília bela,
    Graças à minha Estrela!

Mas tendo tantos dotes da ventura,
Só apreço lhes dou, gentil Pastora,
Depois que o teu afeto me segura,
Que queres do que tenho ser senhora.
É bom, minha Marília, é bom ser dono

De um rebanho, que cubra monte, e prado;
Porém, gentil Pastora, o teu agrado
Vale mais q'um rebanho, e mais q'um trono.
   Graças, Marília bela,
   Graças à minha Estrela!
(Gonzaga, 1964: 27)

No excerto, em que cada estrofe reúne 8 alexandrinos, somando 24 deles, temos uma significativa marcação de pausa por meio da pontuação usada no final dos versos, o que garante os contornos precisos da cena bucólica. O uso da vírgula (9 ocorrências) e do ponto e vírgula (5 ocorrências), além do uso dos dois-pontos (3 ocorrências) e do ponto simples (5 ocorrências), certifica o ritmo marcado pela constância das pausas, ora mais breves (vírgula), ora mais longas (ponto e vírgula, dois-pontos e ponto-final). Ao separar unidades do texto e, por meio das pausas, torná-lo mais claro, tais sinais gráficos desempenham uma função que, concernente à materialidade textual, aponta para a pressuposição recíproca entre plano da expressão e plano do conteúdo, fato do qual desponta o devir, emparelhado à noção de protensividade do corpo.

A vinculação do devir a uma protensividade concerne à orientação imprimida à foria, como massa fórica articulada segundo a oscilação entre equilíbrios e desequilíbrios tensivos, o que é detalhado por Anne Beyaert-Geslin. A semioticista, após destacar que a noção de protensividade, homologada ao devir, "representa o desequilíbrio favorável à cisão da massa fórica que permite a emergência do sujeito", realça que o mesmo devir, como orientação, "dá acesso às precondições da significação" (2009: 243). Na análise do estilo de Gonzaga, a protensividade, por meio das indicações oferecidas no enunciado como marcas deixadas pela enunciação ao enunciar-se, impele à configuração do ator como um corpo esboçado segundo a busca da clareza e da precisão dos próprios contornos. A isso se junta certa inclinação didática para uma voz que compartimenta as coisas a fim de elucidá-las.

Quanto ao uso do ponto e vírgula, temos, aí, a função de separar "várias partes distintas de um período, que se equilibram em valor e importância", segundo o gramático Rocha Lima (2001: 463). Ao equilíbrio marcado por pausas mais longas do que aquela assinalada pelo uso da vírgula, corresponde a aspectualização do ator ou o modo segundo o qual o estilo toma corpo de acordo com um algoritmo da percepção. A formação desse corpo também não ficará indiferente à pausa longa promovida pelo uso dos dois-pontos que, concentrado na segunda estrofe, introduz esclarecimentos e explicações entre um segmento e outro da mesma estrofe, como nas passagens entre estes versos, ora agrupados em três segmentos: a) versos 7, 8, 9 e 10; b) versos 11 e 12; c) versos 13 e 14. De tais segmentos, cujas margens se

331

mantêm delineadas, emerge o verso 10 com estatuto de nuclearidade na progressão de todo o texto, a qual, por sua vez, reverbera na nuclearidade temática do discurso.

> Eu vi o meu semblante numa fonte, (v. 7)
> Dos anos inda não está cortado: (v. 8)   Segmento a
> Os Pastores, que habitam este monte, (v. 9)
> Respeitam o poder do meu cajado: (v. 10)
>
> Com tal destreza toco a sanfoninha, (v. 11)   Segmento b
> Que inveja até me tem o próprio Alceste: (v. 12)
>
> Ao som dela concerto a voz celeste; (v. 13)   Segmento c
> Nem canto letra que não seja minha. (v. 14)

O verso "Respeitam o poder do meu cajado" (v. 10) é âncora discursiva não só da segunda estrofe, mas também de todo o texto, pois define o lugar do sujeito que, ao interpelar Marília, compõe-se temática e figurativamente em papéis compatíveis com a inclinação heroica, em princípio entendido o herói como aquele que defende "a honra de seu nome" ou a honra relativa à sua "dignidade de ser humano", como lembra Rallo Ditche (2005: 101), ao estudar a paixão da honra. Assim, no segmento *a*, os dois-pontos que marcam o final do verso 10 têm, na coesão textual, função catafórica, na medida em que introduzem uma das causas do respeito devotado ao pastor: o talento artístico (v. 11 e 12). Mas a função catafórica dos dois-pontos está também no final do oitavo verso, enquanto se entende que aí é introduzida uma justificativa daquela reverência expressa no verso 10: "Eu vi o meu semblante numa fonte, (v. 7)/ Dos anos inda não está cortado: (v. 8)/ Os Pastores, que habitam este monte, (v. 9)/ Respeitam o poder do meu cajado:/ (v. 10)".

O respeito expresso no verso 10, posto na relação com os versos 7, 8 e 9, pode então ser lido também como o efeito de uma causa: já que não estou decrépito, os pastores respeitam o poder do meu cajado. Assim, em relação de causa e efeito, explicita-se o sentimento de deferência em relação ao poder do cajado, para o que contribui o uso da pontuação. O sujeito não está velho, como quer o ideal de justa medida clássica; mantém a autoridade pastoril, como querem os modelos arcádicos, para que, no segmento *b*, o mesmo respeito torne-se efeito de outra causa: a destreza com que o Pastor "toca a sanfoninha".

"Com tal destreza toco a sanfoninha, (v. 11)/ Que inveja até me tem o próprio Alceste: (v. 12)." A partir da última ocorrência dos dois-pontos, é esclarecido o motivo por que o próprio Alceste inveja o talento do Pastor Dirceu, que, na estrofe subsequente, se autodeclara com "tantos dotes da ventura": ao som da sanfoninha ele pode e sabe concertar a voz celeste. Por fim, com o último verso, antecedente do refrão, um desdobramento do possível alvo da inveja sentida por Alceste retoma a causa do mérito implícito ao verso 10: "Nem canto letra que não seja minha (v. 14)." Essa outra razão para que os pastores respeitem o poder do cajado passa então a ser agregada à primeira, com auxílio da conjunção coordenativa aditiva *nem*. Meu semblante inda não está cortado, nem canto letra que não seja minha; logo os pastores me respeitam. O gosto por desfrutar o respeito que o outro tem por mim, articulado à inclinação que eu tenho de iluminar meus méritos, são movimentos da voz do ator da enunciação enunciada, os quais radicam uma argumentação cerimoniosa, com estratégias determinadas pelo fim que as orienta, o que prepara o corpo aspectualmente télico.

Voltando à compartimentação relativa à progressão textual, vimos que, ao final da segunda estrofe, fica corroborado o segmento *c* como o bloco que volta a oferecer esclarecimentos sobre o respeito devido ao cajado, somando os motivos apresentados para isso desde a primeira estrofe. "Respeitam o poder do meu cajado: (v. 10)", pois: não vivo de guardar alheio gado; não estou decrépito; sou talentoso a ponto de despertar a inveja do "próprio Alceste"; *não canto letra que não seja minha*. Por conseguinte, os dois-pontos que marcam o final do verso 10 contribuem para que a pausa aí promovida seja mediadora entre as partes do texto na relação de causa e efeito priorizada ao longo de toda sua extensão. A propósito do emprego de tais sinais gráficos, o gramático citado (Rocha Lima, 2001: 465) chama a atenção para o uso necessário deles "antes de uma explicação ou esclarecimento".

Por conta da pressuposição recíproca entre o plano da expressão e o plano do conteúdo, entendemos que, à pontuação assim marcada no plano da expressão, corresponde, no plano do conteúdo e, mais propriamente, na tensividade figural, a dominância da lógica implicativa sobre a lógica concessiva, para que se aspectualize o ator da enunciação como um sujeito perfectivo e télico, além de estático. Não fica alheia a isso outra justaposição entre segmentos textuais, a qual sugere nova nuclearização semântica, expressa em blocos simétricos (quatro a quatro versos) ao longo das três estrofes anteriormente citadas da primeira lira:

a) primeira estrofe – bloco 1 (versos 1 a 4), o *antiéthos* aludido; bloco 2 (versos 5 a 8), o *éthos* autonomeado;

b) segunda estrofe – bloco 1 (versos 9 a 12), o poder do cajado; bloco 2 (versos 13 a 16), o dom da arte e novamente o poder do cajado;

c) terceira estrofe – bloco 1 (versos 17 a 20), a convocação feita a Marília; bloco 2 (versos 21 a 24), as reflexões anexadas à convocação feita.

A visada da percepção projeta-se no encontro com um mundo cujas formas se distinguem umas das outras na linearidade que as sustenta segundo a contemplação desacelerada. Não à toa, apenas na última estrofe, na passagem entre os versos 21 e

22, e entre os versos 23 e 24, acontece o *enjambement*: "É bom, minha Marília, é bom ser <u>dono (v. 21) De um rebanho</u>, que cubra monte, e prado (v. 22); Porém, gentil Pastora, <u>o teu agrado (v. 23) Vale</u> mais q'um rebanho, e mais q'um trono (v. 24)." Aquele equilíbrio entre as partes da textualização, anunciado pelas marcas imprimidas por uma pontuação como o ponto e vírgula, mantém-se, enquanto a lógica do "*se... então*", própria ao silogismo, faz robustecer o corpo segundo o regime da implicação. O mundo e o sujeito que está nele são dados na ordem da previsibilidade, o que favorece o *éthos* heroico que cria o efeito de controle mantido sobre esse mundo.

Assim, à regularidade de cada estrofe, composta de oito decassílabos seguidos de um dístico relativo ao refrão, agrega-se a regularidade das rimas, dispostas segundo a bipartição semântica da própria estrofe; para a primeira parte, a rima cruzada; para a segunda, a rima intercalada, o que assegura o paralelismo rímico no interior de cada estrofe e entre elas (*a b a b e d d c; a b a b c d d c; a b a b c d d c*). Linhas regulares, claramente delimitadoras do mundo percebido como materialidade linguística no plano da expressão e nos mecanismos de textualização, são homologadas a um conteúdo que se organiza segundo blocos temáticos e figurativos. Esses blocos, articulados à precisão da progressão textual, mantêm o olhar afeito a tatear as margens.

Na estrofe de abertura da Lira I, a primeira parte contém a lítotes que encerra a alusão ao *antiéthos* e, ao chamar a atenção para o que o sujeito não é, realça o segmento subsequente, com a ordenação precisa e até numérica dos dotes louváveis na autoproclamação cumprida. A preferência pela justaposição dos termos, que encontra expressão favorável no recurso da parataxe sobrelevado ao uso da hipotaxe, permite ao poeta descrever os bens que a vida lhe oferece, entre os quais estão aqueles vindos de sua pequena propriedade. "Dá-me vinho, legume, fruta, azeite;/ Das brancas ovelhinhas tiro o leite,/ E mais as finas lãs, de que me visto."

Na progressão do enaltecimento dos próprios méritos conforme a isotopia figurativa pastoril e como querem os cânones arcádicos, temos, para o vaqueiro que pastoreia não alheio gado, e cuja definição pauta-se pela fineza de trato e expressões, volteios da voz que corroboram a fineza de modos. Para isso, mostra-se afeito não só ao uso da lítotes. Ao referir-se à velhice como fator de enrugamento da pele, o poeta fala dos anos acumulados; ao referir-se a si mesmo como pastor respeitado, fala do cajado que o legitima diante dos outros. Na contiguidade ou coexistência dos termos aproximados (a *velhice/os anos que se acumulam; o cajado/ o pastor*), fica discursivizada a metonímia, que acaba por absorver como pontual a metáfora dos anos que "cortam" a pele em rugas.

Encerrado assim o primeiro bloco da segunda estrofe, a pontuação do último verso, registrada pelos dois-pontos, introduz, em conjunto nos versos subsequentes, a expansão dos méritos cantados, os quais reforçam a causa do respeito devotado ao poder do "cajado" como o próprio dom de poetar. Para isso, mantém-se a incorporação feita de papéis temáticos compatíveis a modelos arcádicos como "tocar a sanfoninha" e, mediante remissão a Alceste, que teria sido o árcade Cláudio Manoel da Costa como alude Candido (1969) e M. Lapa (1944), tais papéis se prolongam por meio da lítotes que encerra o segundo bloco da segunda estrofe, ao exaltar o próprio talento artístico: "Nem canto letra que não seja minha."

"Mas tendo tantos dotes de ventura, [...]." Na preservação da linearidade, fica privilegiada a coesão textual por meio de dois recursos: a expressão "tantos dotes da ventura", segundo a qual a terceira estrofe retoma anaforicamente os louvores já proclamados; o conector *mas*, responsável pela concatenação entre dois novos blocos formados, um, pela primeira e segunda estrofes, outro, pela terceira. Os "dotes da ventura" passam a ter valor somente se Marília concordar em casar-se com o Pastor, ou "Depois que o teu afeto me segura, (v. 19)/ Que queres do que tenho ser senhora (v. 20)", conforme demanda feita, de um lado, por meio do eufemismo que atenua o pedido; de outro, por meio da alusão eufórica ao traço duradouro da união entre pares. Mediante a expressão das negativas, afirma-se o que é negado por meio da lítotes: "não sou algum vaqueiro/ que viva de guardar alheio gado" [tenho meu próprio gado para pastorear]; "Eu vi o meu semblante numa fonte,/ Dos anos inda não está cortado" [ainda sou jovem]. Esses movimentos retóricos remetem à "arte de parecer atenuar pela expressão, um pensamento que se quer manter em toda sua força", como diz Fontanier (1977: 133) ao definir a lítotes. Desse modo vemos confirmada a inclinação eufemística no pedido de casamento feito nos versos 19 e 20.

Prossegue Fontanier (1977: 133), ao discorrer sobre a lítotes: "Dizemos menos do que pensamos; mas sabemos bem que não seremos tomados ao pé da letra; e que faremos entender mais do que dizemos. É por modéstia, por deferência e respeito, ou até por artifício, que empregamos essa figura." Assim, se, no lugar de afirmar sob evidências alguma ideia, foi negada a ideia contrária com vista a dar mais peso à asserção ocultada, tal como prevê a lítotes ainda segundo Fontanier, e se a alusão segundo o mesmo autor (1977: 125) "consiste em fazer sentir o elo de uma coisa que se diz com outra que não se diz", o que faz despertar a ideia que se pretende validar a partir dessa mesma relação, como sugere o mesmo autor, temos confirmado um corpo avesso a impactos: um corpo orientado, na tensividade figural, a operar com valências médias na regulagem da incidência do sensível sobre o inteligível.

Ao lembrarmos estudo feito por Zilberberg (2011: 200), em que o autor explicita a gradação intervalar entre minúsculo, pequeno, grande, colossal, fica realçada a força ou a energia maior para abrir o hermético (colossalmente fechado) do que para abrir o simplesmente fechado. Quando salienta para o primeiro e quarto termos (S1 e S4) o estatuto de sobrecontrários e, para o segundo e terceiro (S2 e S3), o estatuto de subcontrários, intervalo este último em que se dão as "valências mitigadas", Zilberberg (2011: 201) leva-nos a pensar que as valências mitigadas compactuam com a arquitetura do corpo neoclássico, o que tem indicações nos procedimentos discursivos examinados, bem como na seleção de figuras "diretoras". Certamente, mediante a inclinação a incorporar a lítotes, a alusão e a metonímia como figuras prevalentes sobre outras, um vetor do estilo autoral neoclássico é constituído nos excertos gonzaguianos. Assim a identidade estilística, vinculada ao modo de fazer vir à luz a figura retórica, projeta, como tendência do estilo do árcade brasileiro, a escolha daquela sequência como "figuras diretoras" da protensividade do corpo, conforme sugere Zilberberg (2011: 205), ao destacar a hipotipose como figura não gratuitamente predominante na obra de Proust.

"Depois que o teu afeto me segura, (v. 19)/ Que queres do que tenho ser senhora (v. 20)." Entre insinuações dá-se o pedido de casamento, o que mantém o equilíbrio das sutilezas que orientam o corpo como presença inclinada a afastar-se de impactos, a aliar-se à atonia do tom da voz. Para insinuar é preciso raciocinar, calcular, o que suscita estados de alma que se apartam da insegurança, do medo e do temível. Temos uma calma que, enquanto preservação das valências mitigadas do afeto, contempla o mundo e as coisas-do-mundo com a distância necessária em relação a qualquer paixão que ascenda em impacto do próprio sentir. São determinantes aí os papéis temáticos daquele que: pastoreia o próprio gado; vive bem; desfruta do respeito dos outros pastores e, diante das demonstrações do próprio mérito, sabe o que quer, deve e pode fazer: pedir Marília em casamento. Um sujeito da atividade ou da *performance* argumentativa fica cravado no espaço da percepção, radicado nas profundidades figurais, como presença que, orientada pela razão, define-se conforme a duração lenta do corpo que percebe e do mundo percebido. Para isso, a própria percepção, regida pelo andamento das tensões, deixa ver o mundo segundo um espaço que se parcela em "planos sucessivos" (Zilberberg, 1992: 46) mantidos na precisão de seus contornos.

Tais gestos favorecem a emergência da paixão que, em Gonzaga, inclina-se à relevância do papel temático, o que a orienta a definir-se como paixão de *éthos*. Temos o mérito que, traçado juntamente com a meta persuasiva dominante, faz o corpo apresentar-se segundo o viés de um observador social, ainda que instalado de acordo com as funções de criação de mundo desempenhadas pelo *lógos* estético. O mérito em aliança com a honra e com o heroísmo, embora esboçados todos sob os cânones figurativos pastoris, *põe* à luz o corpo relativo a um ator aliado à longevidade das coisas do mundo, na temporalização acoplada ao espaço figural. Tais gestos se sobressaem de uma ambiência patêmica pautada pela coragem e pela autoconfiança. Desse modo, temos a organização de uma sintaxe passional compatível com o "espírito", que é também o corpo da totalidade: coragem; autoconfiança; mérito;

heroísmo; serenidade, do que resulta a serenidade do heroísmo e do mérito. Não contrariamos o que diz Zilberberg (2011: 205), quando afirma a identidade de uma grandeza a partir das alianças contraídas ou rejeitadas no conjunto de relações organizadas: "a identidade de uma grandeza, assim como nas famílias, não passa de uma soma de alianças, às vezes contraídas, às vezes rejeitadas".

Presentificada a noção de honra como dignidade do caráter e como dignidade vinda da própria lucidez e, ainda, conforme o "respeito por si próprio", segundo sugestão feita por Rallo Ditche (2005: 101), despontam indícios de um tom glorioso na voz que enuncia, ligando, ao destino daquele Pastor, a exaltação não só da felicidade amorosa, mas também do próprio lugar de garantia e segurança ocupado no mundo, o que corrobora a serenidade heroica. Para o lugar ocupado pelo sujeito, distante da *paixão, que o mundo arrasta*, é trazida a *Marília bela*, retomada na simetria de um refrão que a emparelha fonologicamente à própria *Estrela*.

Marília, idealização do alvo da conquista amorosa, torna-se sujeito subtraído da intersubjetividade como corpo próprio, para que se confirme o papel temático do galanteador bem-sucedido, que faz cumprir-se o galanteio no próprio ato de galantear. Não há lugar para a insegurança em relação ao aval a ser obtido da mulher. Então o narrador, na posição daquele que interpela a gentil Pastora, se busca a confirmação do afeto que ela lhe dedica, o faz como artifício argumentativo, pois a resposta afirmativa paira nas entrelinhas desde o início da primeira lira, conforme se depreende do tom inabalável da voz na autoproclamação dos dotes e venturas. Lembrando o herói clássico, tal qual dado na *Ilíada*, de Homero, diz Rallo Ditche (2005: 102): "Ao herói, basta existir para que ele funcione como um modelo para os outros", ao que a autora acrescenta: "o herói é já um herói, antes mesmo de realizar um ato heroico, ele possui uma 'qualidade imanente'". Para a configuração de um corpo não incompatível com este assinalado pela semioticista, embora definido a partir do lírico, não do épico, desponta a funcionalidade das figuras retóricas apontadas. O conjunto de procedimentos de actorialização faz o ator permanecer no âmbito da telicidade e da perfectividade aspectuais.

Como enunciação enunciada é discursivizado o sujeito, cuja competência para convencer a amada não cobra muito empenho emocional. Enquanto o Pastor pode e sabe convencer a amada para que ela o acolha, dando ares de quem se realiza no próprio ato de fazer a corte, tamanho o controle que tem da situação, na imanência figural seu corpo mantém-se cravado em valências mitigadas do afeto. Não há necessidade de esforço significativo para que se realize a *performance* de conquista. Entre um corpo empenhado em "fechar o que está escancarado" ou "fechar o que está simplesmente aberto", o corpo gonzaguiano firma-se junto ao segundo, em valência mitigada de elã e energia. Compatível com tais movimentos, orienta-se o ator conforme um "estilo implicativo".

337

Ao salientar que "a retórica pertence de direito ao campo semiótico", Zilberberg (2011: 222) discorre sobre o "estilo implicativo", que, na "conformidade com a doxa", apresenta como "estrutura elementar" o "foco nos subcontrários", o que supõe a "atonização" da própria presença, a qual é dada "segundo o exercício". Esse exercício, correspondente ao *pervir*, como temos visto, sustenta a orientação aspectual amparada num olhar afeito a trazer à luz o previsto e esperado. É a *espera do esperado* que promove, segundo Zilberberg, a "identidade do foco e da apreensão", o que faz o estilo implicativo apartar-se da percepção da surpresa. Daí se aproxima o estilo neoclássico.

No prosseguimento do raciocínio zilberberguiano (2011: 223), são salientados: como sobrecontrários os termos *hermético* e *escancarado* (S1 e S4), vistos em conformidade com valências plenas, condizentes com a tonicidade; junto a eles, os termos *fechado* e *aberto* (S2 e S3), em conformidade com valências mitigadas, condizentes com a atonia. O autor realça os subcontrários, *fechado e aberto*, como pertencentes a uma "morfologia estável", após o que destaca a possibilidade de novas oposições internas entre as grandezas que compõem a escala *hermético, fechado, aberto, escancarado*, nomeada como *direção*. Entre as oposições está aquela que diz respeito ao subcontrário *fechado* e ao sobrecontrário *hermético*, para o que é lembrado que "a denegação do hermético exige um gasto suplementar de energia" (2011: 223), maior do que a denegação do fechado. Em outras palavras do mesmo autor, abrir o hermético supõe mais energia, *energeia* ou tonicidade, mais força do que a requerida para abrir o fechado. É equivalente o que ocorre com fechar o aberto ou o escancarado: "o aberto se apresenta como o que se pode fechar, e o escancarado é aquilo que não se pode fechar" (2011: 223).

O semioticista encerra essas reflexões enfatizando a diferença entre a implicação e a concessão. Para isso, lembra que "a implicação produzirá os sintagmas motivados: fechar o aberto e abrir o fechado, pois que o aberto é fechável ou re-fechável e o fechado, abrível" (2011: 223), enquanto, para o caso da concessão, lembra que "os sintagmas aferentes são respectivamente: abrir o hermético (ou seja, abrir o que não se pode abrir) e fechar o escancarado (isto é, fechar o que não se pode fechar)". A concessão viabiliza o acontecimento tensivo, como explica o autor: "A discursivização da concessão opõe o não realizável e a realização advinda: embora esse dispositivo seja hermético, eu o abro!, e embora esse dispositivo esteja escancarado, eu o fecho" (2011: 224). Diferentemente, a implicação é "da ordem enfadonha da regra", afastada da "ordem tonificante do acontecimento" (2011: 224).

A distinção entre diferentes funções da figura retórica, como figura-argumento e figura-acontecimento, na dependência das relações estabelecidas na arquitetura do corpo, remete à conexão, daquela, com a implicação; desta, com a concessão;

isso, a contar a partir da protensividade do corpo criada ao longo da totalidade. Essas orientações estão par a par com o modo como são cifradas as paixões.

Para o tom que desponta das liras examinadas conforme os vetores aí depreendidos, valem as condições de emergência da honra, esta que, sem ser beligerante, não deixa de atrelar-se a um embate, embora de uma conquista amorosa já garantida pelo lugar de autoridade pastoril. Certamente não é preciso tanto elã, tanta energia, para haver-se em tais cenas de idílio bucólico. Ficamos com a energia emocional mitigada, de "fechar o que está aberto, não escancarado" na organização da protensividade do corpo. Uma honra mais em estado de mérito concerne aos dons e graças de que goza o pastor dos próprios rebanhos, como compete aos cânones arcádicos. Seria incompatível com o empenho concessivo ("abrir o hermético, fechar o escancarado") o mérito a ser partilhado com Marília, este que supõe gozar do deleite da cena bucólica na contemplação feita do mundo, tal como visto nos jogos de luta que jogam os pastores na penúltima estrofe da primeira lira:[5]

> Irás a divertir-te na floresta,
> Sustentada, Marília, no meu braço;
> Ali descansarei a quente sesta,
> Dormindo um leve sono em teu regaço.
> Enquanto a luta jogam os Pastores,
> E emparelhados correm nas campinas,
> Toucarei teus cabelos de boninas,
> Nos troncos gravarei os teus louvores.
>   Graças, Marília bela,
>   Graças à minha Estrela!
> (Gonzaga, 1964: 28)

"Quem quiser ser feliz nos seus amores,/ Siga os exemplos, que nos deram estes." Assim se encerra a Lira I de *Marília de Dirceu*. A exemplaridade no âmbito da realização amorosa, tanto explicitamente nomeada ("Siga os exemplos") como figurativizada ao longo das liras segundo a perspectiva de um mundo idealizado em harmonia de composição, ou de uma natureza tratada de modo equilibrado, vai ao encontro do modelo de cidadão romano virtuoso pintado no quadro de David, *O juramento dos Horácios* (1784).

Figura 14 – *O juramento dos Horácios*

Fonte: Jacques-Louis David, *O juramento dos Horácios*, 1784, óleo sobre tela, 330 x 425 cm; Paris, Musée du Louvre.

O tema do quadro está radicado na figura dos três soldados da Roma Antiga, os Horácios, que juram defender a pátria contra os inimigos. Schwarcz (2008: 88) lembra que David, depois de ter permanecido algum tempo em Roma, teria retornado a essa cidade "em 1784, para trabalhar n'*O juramento dos Horácios*". Alude então à "reação do pintor à *Comédie Française*, que em 1782 encenara o *Horácio de Corneille*" (2008: 88). Segundo a autora, a partir da obra de Corneille, David, para pintar o quadro, teria fixado seu interesse no último ato da peça:

> E o último ato da peça foi o que causou maior impressão em David, especialmente o discurso do velho Horácio ao povo, quando defendia seu filho acusado. Mas David tratou de mudar a cena em sua tela: dispôs apenas poucas figuras – claras e bem definidas – e por meio delas procurou demonstrar que um retrato de virtude e patriotismo desses só poderia ser encontrado em Roma; não em Paris. (2008: 88)

Por sua vez, Argan (2010: 252), que ressaltará, para o estilo de David, o processamento de uma "história-dever", para a qual haveria somente duas dimensões, "o instante do acontecer e a não temporalidade de seu não passar, seu estar presente para sempre, seu gravar sobre a consciência como uma responsabilidade a ser carregada", ao referir-se ao quadro e ao realce dado nele à relação *família-pátria* como conflito entre sentimento e dever, remonta a sua gênese e afirma:

Baseando-se no texto de Corneille, [David] pensara num primeiro momento representar o velho Horácio em ato de implorar ao povo romano a graça para o filho supérstite, culpado de ter matado a irmã que chorava a morte do amado. Depois mudou e, sem um suporte literário sério, inventou o tema do juramento, que lhe permitiria encerrar numa síntese visual os três momentos conceituais: a escolha resoluta do dever-morte pelos três irmãos, a hesitação superada do pai-pátria, a *pietas* das mulheres, motivo de uma tragédia ulterior. (Argan, 2010: 251)

Argan (2010: 251) ainda destaca "o ritmo ternário" da composição: "o juramento, o tormento superado do pai, o choro das mulheres pressagas" e – antes de salientar as cores das roupas femininas, que "se desdobram em variações harmoniosas sobre o marrom e o branco" e "que cedem à maciez dos sentimentos", em contraste estabelecido com o metálico dos trajes masculinos, contraste ainda mais forte em relação ao vermelho "estridente" do manto paterno – reafirma o "grave ritmo ternário" do quadro:

Três movimentos de massas, enfim: o passo decidido dos que juram e o gesto concorde das mãos estendidas, o ângulo agudo do passo do pai ainda relutante, a pirâmide um pouco recuada das mulheres em pranto, como se já estivessem envoltas na penumbra do pórtico. (2010: 251)

Se Schwarcz destaca o princípio de que David teria buscado o tema na moral da Roma republicana, a fim de denunciar a situação decadente da França monárquica contemporânea a ele, Argan (2010: 251) realça "o sacrifício da vida, o trágico" que, não dependente "do êxito da ação, era dado a priori" na cena pintada, e, conforme entendemos, um êxito dado *a priori* em relação à *performance* exigida pela guerra à qual se entregavam os Horácios por meio do juramento e no próprio ato de jurar. Daí decorre o "imperativo moral" ressaltado pelo crítico de arte como linha condutora do tema.

A partir desse quadro dito "de história", elaborado para falar do "dever moral" e da "iminência de uma nova história", revolucionária, conforme Argan (2010: 251), interessa investigar como sentimentos de honra e de mérito passam a orientar o "dever moral", juntamente com a convocação feita às virtudes cívicas. Schwarcz (2008: 88), ao comentar como David punha a arte a serviço do Estado, explica a relação do passado, em que se ancora a virtude cívica do cidadão romano, com o presente, em que estaria a estrutura de privilégios própria à corte de Luís XVI, tempo em que o quadro foi criado. Como movimento interdiscursivo, teríamos aí ocasião para investigar a possibilidade de uma "imitação" e até de uma "captação" discursiva e textual, que envolveria a retomada de determinado texto-fonte pelo quadro de David. A retomada, que poderia então ser não só interdiscursiva, mas também intertextual, isto é, suscetível de ser descrita no cotejo entre a materialidade de determinado texto-fonte e o quadro de David, poderia confirmar-se na medida em que temas e figuras do texto-fonte, relativos à história romana e ressemantizados no quadro de David, permitissem ouvir, em paralelo, a voz da história romana na enunciação e no enunciado d'*O juramento dos Horácios*. Mas não é para o lugar da intertextualidade que nos leva o quadro, por isso não é esse o intento analítico ora estabelecido. Interessa o quadro de David, tal como se apresenta, não na medida em que assinalaria a presença de outro enunciado no seu interior. Não procuramos indicação, nesse "quadro de história", da mobilidade necessária a uma retomada intertextual, fosse ela uma estilização. *O juramento dos Horácios* basta-se, desse modo, como cena da Roma Antiga, apartada dos inacabamentos próprios à configuração da intertextualidade. Passa então a contar, como acento de sentido, o agora do ato de enunciar, que faz o ator (enunciador/enunciatário) tomar corpo no tempo e espaço da Roma Antiga, por meio de recursos próprios ao quadro "de história", o que inclui o *lógos* estético, que favorece a experiência da percepção.

Diz Schwarcz (2008: 88) a respeito d'*O juramento dos Horácios*:

> O passado iluminava e criticava o momento presente, assim como anunciava o futuro, obrigatoriamente distinto da situação da corte de Luís XVI. Os exemplos de sacrifício e de virtude cívica apontavam criticamente para a estrutura de privilégios contemporânea, e a mensagem era clara: só se conseguia a verdadeira nobreza com circunstâncias de grande sofrimento. O neoclassicismo de David tornava-se aos poucos, e mesmo sem o artista saber, o estilo da França revolucionária.

O ponto de vista constrói o objeto, conforme prediz Saussure. No pensamento de Schwarcz, temos o ponto de vista de uma crítica de viés historicista. Para nós, firmados na tradição semiótica, segundo a qual o texto vale por aquilo que diz e pelo modo de dizer o que diz, não conta a relação com o passado, a Roma Antiga, como justificativa do presente da criação de David, o que corroboraria a distinção entre um referente externo apriorístico ao processo de geração do sentido, e o que é desenvolvido no interior do próprio quadro. Preferimos pensar no passado do "quadro de história" como semântica discursiva, logo efeito de sentido concretizado por meio das figuras e temas que acabam por encarnar o corpo actorial, já que dos temas emergirão papéis temáticos, das figuras emergirão papéis figurativos e, par a par com esses gestos discursivos, do nível tensivo se sobrelevarão papéis patêmicos,

342

para que um mundo novo seja secretado nesse texto visual tecido por meio de um *lógos* estético. Preferimos ainda pensar, a partir de Argan (2010: 251), no ato enunciativo que, construído no enunciado como "imperativo moral", discursiviza o sacrifício da vida, que não depende do êxito da ação, como sugeriu o mesmo crítico, que completa: "A tragédia era a condição humana da revolução iminente."[6]

A ação é aliada de um corpo em movimento. Dela, alheia-se o corpo depreensível desse discurso pictórico, desde as relações temporais estabelecidas, que subsumem o processo de figurativização de tal "quadro de história", como o denomina Argan (2010: 251).[7] À sistematização temporal coaduna-se a figurativização e a tematização, para que tenhamos o corpo neoclássico no seu momento de expressão. *Era na Roma Antiga...* – prendamo-nos ou não a essa formulação, que remete a um marco temporal implícito em *O juramento dos Horácios,* ela surge e ressurge, na conformação de um tempo de então, devido à intersecção sintático-semântica que ocorre no "quadro de história" para a discursivização do tempo.

Em *O juramento dos Horácios*, a discursivização da categoria de tempo impregna-se semanticamente dos tempos da Roma Antiga.[8] Para isso concretiza-se, cravado no enunciado, o momento em que ocorre aquele juramento, posto em relação de concomitância com um momento de referência condensado nas figuras dos idos tempos de Roma. O momento de referência pretérito (*Era a Roma Antiga...*) apresenta-se marcado, no enunciado, por meio da figurativização do espaço, com a arquitetura romana. Cumming (1998: 70), ao descrever o quadro, assinala que podemos identificar, a partir do "cenário" "típico da arquitetura romana", a "austera coluna dórica, caracterizada pela ausência de pedestal e pelo capitel retilíneo". O historiador das artes assinala que essa coluna era "considerada de caráter masculino e militar" (1998: 70). O momento de referência pretérito está também semanticamente posto no enunciado, por meio do que Cumming chama "perfis de pedra": "As cabeças dos três Horácios estão posicionadas de modo a sugerir os baixos-relevos talhados em pedra, encontrados na escultura e na arquitetura da Roma antiga" (1998: 70).

Para que se defina o gênero "quadro de história", o tempo de então, ou seja, não o tempo concomitante ao agora do ato de enunciar, é dado ainda em relação a outras figuras como as togas, "fielmente copiadas de exemplos romanos conhecidos, assim como os capacetes e as espadas" (1998: 70). Mantém-se verdadeiramente como um eco a formulação verbal relativa a um marco temporal implícito, na definição das propriedades figurativas de um "quadro de história": *Era a Roma Antiga...* Diz Cumming (1998: 70) que "até o nariz dos homens tem a forma conhecida como 'nariz romano'".

O ponto de referência pretérito, em que fica cravada a Roma Antiga, está ainda na própria tematização voltada à premência de uma defesa heroica da pátria contra os inimigos, num Estado que tinha de defender-se para firmar-se. Pela discursivização semantizada da categoria de tempo nesse "quadro de história", estamos, portanto, diante de um presente do passado. Nesse presente, e em relação ao conjunto de pontos figurativos de referência pretérita, dá-se o juramento dos Horácios. A partir desse presente, ainda, aspectualiza-se o corpo actorial, não afeito a movimentar-se, para o que é respaldado pela estaticidade da cena narrada. Tudo se passa na concomitância com o momento de referência pretérito. Para lá é arrebatada a percepção, enquanto o *agora* do próprio ato fica no silêncio. Assim é definido o corpo, do ator da enunciação e do ator do enunciado, encarnados ambos nessa anterioridade que a assinatura em latim legitima como o tempo da Roma Antiga. A partir da ambientação semântica pictórica, sobressai a referência contida na assinatura de David, tal como destacada por Cumming (1998: 70): "escrita em latim, ela diz: 'Criado em Roma por David em 1784'" – "*L. David faciebat Roma Anno* MDCCLXXXIV". Sobre a indicação do ano de 1784, valem, como acento de sentido, os algarismos romanos, registro numérico conotado do sentido de um tempo de então, a que fica jungido o espírito da Roma Antiga, o qual toma corpo mediante o uso da língua latina.

Na volta ao tempo de então e na fixação nesse tempo, configura-se o sentimento neoclássico de honra, que faz o ator tomar corpo próprio no quadro de David. Enquanto isso, a atividade de um actante avaliador se sobressai do conjunto enunciado, para que julgamentos próprios a um observador social moralizem comportamentos de civilidade e de patriotismo como necessários e indispensáveis na constituição do *éthos*. Um "imperativo moral" calcado no ato de fazer justiça em prol da pátria, vincula, àquilo que deve ser feito, valorações que o confirmam como o que é necessário e indispensável. Sai tonificado o sentido do *dever*, modalização fundadora da entrega de si à causa da nação, o que se depreende do percurso narrativo do pai e dos três filhos. O ângulo do corpo do pai, ligeiramente inclinado para trás, realça, como traço relativo a um recém-sido, a hesitação, e firma-se como um *quase-contrário* ao ímpeto guerreiro dos filhos. Esses índices de uma "linguagem corporal", como diz Cumming (1998: 70), legitimam no quadro a "sequência fulminante" dos corpos perfilados em juramento. As mulheres em bloco contrastante à parte hesitam temerosas.[9]

Um fazer judicativo, que parte do narrador implícito e orienta-se por meio do observador social tonificado no interior do *lógos* estético, recai sobre a disposição e sobre a competência do sujeito avaliado, os Horácios, antes mesmo da realização da *performance* guerreira. Afinal, na cena romana retratada, esta que interessa enquanto *vivida* na Roma Antiga como compete ao *lógos* estético, o juramento efetiva – no gesto, responsável e assumido, de promessa de entrega de si no confronto com o outro – a própria ação guerreira. "A República romana estava em guerra, e a disputa devia ser resolvida por um combate mortal entre três irmãos romanos, os Horácios, e três irmãos inimigos, os Curiácios" (Cumming, 1998: 70).

A realização da ação guerreira por meio do ato de jurar acontece à revelia de dores pessoais, familiares, seja quem for o outro – adversários desconhecidos ou com laços de parentesco com os Horácios, os Curiácios, como expõe Cumming (1998: 70).[10] Configura-se o mérito dos guerreiros na realização da ação trazida à luz pelo ato de jurar. Se considerarmos que é feita uma alusão histórica, para que se configure o "quadro de história", temos de aceitá-la corporificada no presente do passado, um presente deslocado para a anterioridade em relação ao ato de pintar o quadro e lá fixado pela percepção. O gênero "quadro de história" arquiteta, como efeito de sentido próprio a ele, a possibilidade de deslocamento do agora do ato de enunciar para um presente do passado, o que é favorecido pelos procedimentos plásticos de tematização e de figurativização. O corpo actorial (enunciador e enunciatário), mais do que transportado ao tempo de então, é lá cravado, para que a cena do juramento funcione como emissária do mundo concretizado pelo "quadro de história". Do tempo da Roma Antiga, emergem os Horácios, atores que não se intimidam, porque não temem.

Discorrendo sobre a constituição do estado de ânimo do temeroso, Aristóteles define-o com a disposição daquele que sabe que pode sofrer algum mal, para o que o Estagirita chega à disposição de ânimo contrária: a confiança, que remete à esperança de que "os meios de salvação estão próximos" e à suposição de que "os temíveis ou não existem, ou estão distantes" (Aristóteles, 2003: 35). "O que inspira confiança é o distanciamento do temível" (2003: 35). A partir do que diz Aristóteles, pode-se pensar num *páthos* do *éthos* – de David e, se remontarmos ao nosso poeta árcade, de Gonzaga – como distanciamento emocional suficiente em relação ao que é temível, para que se projete o corpo não intimidado.

Marcada a especificidade do quadro, em que o ator da enunciação e o do enunciado ficam fundidos pela percepção cravada no tempo de então, constatamos que, com Gonzaga e David, temos um ator cujos papéis temáticos vinculados ao discurso, das liras e do quadro, fundam o sujeito na superação da própria vulnerabilidade e finitude. Isso é passível de ocorrer em situação de enfrentamento com fatalidades e perdas, manifestadas nas liras e no quadro. O pertencimento do corpo à pátria, esta que cobra a defesa de si, como quer David ao oferecer a cena de exemplaridade dos Horácios, vai ao encontro de um ator que, ao não hesitar em defender Roma, permite-se colocar num lugar em que o temível é posto ao largo. É equivalente o que acontece com Gonzaga, que se mantém imperturbável na certeza da própria valia, ainda que as ameaças o rondem.

Ao distanciamento do temível reúne-se um olhar que contempla o que é permanente naquilo que muda. Diz Wölfflin (2000: 37): "A grande oposição entre o estilo linear e o pictórico corresponde a interesses fundamentalmente diferentes em relação ao mundo. O primeiro traz a figura sólida; o segundo, a aparência alternante." Em relação ao poema e ao quadro, entendemos que a distância do temível beneficia determinada cifra tensiva na modulação do corpo. Na profundidade figural, tal cifra registra que o inteligível recrudesce, arrastando consigo o sensível na percepção de mundo com direção imprimida por um *télos*. O recrudescimento do inteligível desponta como elemento definidor da percepção, para que se determine, no âmbito do *lógos* estético, um ator aspectualizado segundo a tonificação do observador social, já que a meta persuasiva, prevalecente, mantém-se acoplada a uma finalidade ética. Junto a esses movimentos fica ancorado um estado de serenidade que, no contexto da estética neoclássica, é porta de entrada para um mundo privilegiado conforme a justa medida, esta que supõe não só a exclusão do excesso e da falta, mas também a exclusão dos termos que clamam por valências plenas. A justa medida é de valência mitigada.

No perfil sensível, o *éthos* neoclássico, como se dá a ver no poema e no quadro, confirma-se, portanto, segundo uma disposição ou um estado de ânimo para colocar-se em distanciamento do temível, como lembra o Estagirita. Aristóteles (2003: 37) destaca, entre as disposições em que se encontram os confiantes, o fato de os homens "disporem de proteção" – "Graças, Marília bela,/ Graças a minha Estrela!" – e complementa: "também confiam os que têm meios de proteção graças à sua experiência". *O juramento dos Horácios* não deixa de reunir indicações sobre o que é a experiência de amor à pátria, para que, na enunciação, seja na instância *narrador/narratário*, seja na instância debreada no enunciado na figura dos Horácios, o ator seja definido como o cidadão confiante nos valores relativos à ideia de Nação. Assim se apresenta a chamada pintura "de Estado".

Conforme o ponto de vista histórico da crítica, David pretenderia corrigir os vícios da Nação, a pátria francesa, o que teria justificado o quadro. Para a perspectiva discursiva, resta examinar o quadro que, enquanto *fala falante*, cria um mundo por meio de atores com corpo próprio, como o são os Horácios, cuja coragem exemplar protege-os das próprias vulnerabilidades no enfrentamento com a morte iminente. As vicissitudes e dores da morte, mais do que pressupostas ao tema bélico, encarnam-se no ângulo ligeiramente inclinado do corpo do pai e, em relação de contrariedade com a retilineidade dos corpos guerreiros, encarnam-se principalmente nas curvas sob as quais se traçam os corpos femininos e até os das crianças, ocultas sob o manto negro da mulher ao fundo. Em meio a enlevos patrióticos, define-se a voz de David como resistente a qualquer molejo próprio ao corpo que se dobra – seja diante do temível, seja como hesitação ou recuo diante da responsabilidade assumida pelo destino da Nação. Dessa voz despontam contradições próprias à polêmica interdiscursiva, representadas num "quadro de história". Coube às mulheres: as mãos "inertes e passivas"; as "curvas suaves, em contraste com as linhas fortes e retilíneas que descrevem o grupo masculino" – conforme o que diz Cumming (1998: 71), que detalha: "A mulher de branco é Sabina, irmã dos Curiácios e esposa de um dos Horácios. Ela se apoia em sua cunhada Camila, que está noiva de um dos Curiácios. Camila estava destinada a ser morta pelo próprio irmão, por lamentar a morte de seu noivo."

Se, no quadro, o "retrato de virtude e de patriotismo" (Schwarcz, 2008: 88) traz à luz alguma *performance*, é tão somente aquela decorrente do ato ilocutório, o ato de jurar, o que aumenta o mérito como valor intrínseco daqueles que juram: somente ao dizer, fazem as coisas acontecerem. Assim se cumpre o sujeito do "dever moral". Cada um dos irmãos Horácios afirma gestualmente: "Eu juro" – diante do pai, que faz isso do mesmo modo. A partir do presente do passado instituído na temporalidade e a partir da enunciação debreada em segundo grau para os actantes do enunciado que gestualmente declaram "Eu juro", temos uma convergência de compromisso e de percepção diante do dever moral, gestos que unem os atores do enunciado e da enunciação. O juramento vem de um corpo que o assume, enquanto faz-ser a cena convocada como compromisso acolhido na enunciação. Desponta o estilo de David no limiar com o estilo do gênero "quadro de história", enquanto, na ordem do sensível, certamente "Eu juro" está dito no enunciado e na enunciação. Isso é possível por meio de uma *fala falante* que secreta o novo no gênero "quadro de história".

> Ora, *je jure* é uma forma de valor singular, por colocar sobre aquele que se enuncia *eu* a realidade de um juramento. Essa enunciação é um *cumprimento*: "jurar" consiste precisamente na enunciação *eu juro*, pela qual o *Ego* está preso. A enunciação *je jure* é o próprio ato que me compromete, não a descrição do ato que eu cumpro. Dizendo *je promets, je garantis,* prometo e garanto efetivamente. As consequências (sociais, jurídicas, etc.) do meu juramento, da minha promessa se desenrolam a partir da instância do discurso que contém *je jure, je promets*. A enunciação identifica-se com o próprio ato. Essa condição, porém, não se dá no sentido do verbo: é a "subjetividade" do discurso que a torna possível. Pode ver-se a diferença substituindo-se *je jure* por *il jure*. (Benveniste, 1995: 292)

Em *O juramento dos Horácios,* o olhar judicativo do observador social, não voltado para o sucesso da *performance* bélica, firma, na enunciação, papéis éticos que recobrem papéis deônticos (dever-fazer), reformulados devido à função desempenhada na constituição da paixão da honra e do mérito, aquela desdobramento deste. A honra e o mérito são paixões viabilizadas segundo uma configuração passional intersubjetiva, na medida em que emparelham os atores – da enunciação e do enunciado – não apenas segundo um dever-fazer, que respalda os papéis deônticos, mas também (e antes disso), segundo um crer-dever-fazer (sentimento de compromisso) e um crer-poder-fazer (sentimento de competência), visto o crer na sobredeterminação promovida em relação ao próprio enunciado deôntico (dever-fazer). O "julgamento ético", conforme estudo de Patte (1986: 143), orienta a sintaxe modal que respalda a aspectualização do ator, orientado, no quadro, na direção aspectual da perfectividade e da telicidade.

Os papéis aspectuais referidos extraem sua identidade a partir da função desempenhada junto a uma moralização adensada: enquanto a triagem exclui o "corpo mole" ou alternante de hesitação, os semas melhorativos, relativos ao corpo contrário a esse, adensam-se a tal ponto, que o atributo louvável da coragem passa a apresentar-se como virtude, na sequência *coragem/mérito/honra*. Para tornar-se virtude, a paixão apresenta uma tonificação da modalidade do *dever* na constituição do termo modal *dever-ser*. Aquela sequência patêmica, concentrada sob o acento do *dever*, no *dever-ser* corajoso, digno de mérito e honrado, passa a funcionar a partir de um lugar de valência plena de conotação e de tonicidade da percepção. Assim, a paixão valida-se processada como virtude. A partir da mesma modalidade alética (*deve ser*), mas assentado em outro termo modal, o *dever não* ser é equivalente à virtude, o que acontece com o vício e o sema pejorativo correspondente, a depender dos discursos.

Para contemplar os atores do quadro, confirmamos o princípio relativo a uma aspectualização actorial como movimento que perpassa todos os níveis do percurso gerativo. Subjacente à figurativização promovida na tela, na modalização narrativa que constrói a competência actancial, recuperam-se valores axiológicos para que se privilegiem contornos de um perfil actorial que sustenta paixões de *éthos*. Aquém do nível fundamental, no nível tensivo, privilegiam-se, por sua vez, gestos que imprimem acentos de sentido para todo o processamento da arquitetura da significação. Para isso, confirmamos também o princípio de uma intersubjetividade na relação entre atores do enunciado e da enunciação no âmbito das paixões. Greimas e Fontanille (1993: 150) dizem: "não há paixão solitária. Toda configuração passional seria intersubjetiva, compreendendo pelo menos dois sujeitos: o sujeito apaixonado e o sujeito que assume a moralização".

A moralização positiva para o corpo que se mantém distante do temível, por isso delineado segundo a confiança que o respalda para atitudes compatíveis com um *éthos* heroico, está nas liras gonzaguianas e está no quadro, com a diferença de que, neste, o dever modula-se segundo os papéis temáticos do defensor da pátria. A moralização, vinculada aos papéis éticos, está na enunciação, com reverberação na construção do ator do enunciado. Par a par com esses movimentos, o sujeito apaixonado, instalado na enunciação e no enunciado, define-se na medida em que, cravado na profundidade figural, deixa-se registrar por meio de cifra tensiva própria, na relação entre um ator e outro do estilo neoclássico, do que se sobrelevam distinções relativas ao corpo autoral.

Define-se, a partir do quadro, um estilo processado, ainda como vetor, segundo um comprometimento com a honra, o que encerra a nobre percepção de si sob a visada que privilegia a relação do ator social com a Nação. Nessa relação paira "o dever moral". A cena d'*O juramento dos Horácios* promove a honra como um sentimento vivido na enunciação a partir das indicações oferecidas no enunciado, as quais encerram a orientação de julgamento moral e de experiência da percepção, aquele norteador desta, como simulacro do estilo neoclássico. Disso resulta a luz lançada nas paixões de honra e de mérito por Gonzaga e por David.

Os papéis patêmicos, como formulação actancial das modulações tensivas, e os papéis temáticos, como formulação actancial dos temas voltados aos atos predicativos de julgamento, no estilo neoclássico desempenham função própria. Os papéis patêmicos relativos aos atores do enunciado, no quadro e nos poemas, sem que importe, para os últimos, o fato de que aí encontramos um narrador que participa da história narrada ("Eu, Marília..."), estão atrativamente reunidos aos papéis do ator da enunciação. Quanto ao quadro, essa atratividade não se choca com as deduções feitas a partir de uma análise histórica, como a de Schwarcz (2008), a qual acaba por sugerir a honra como o que deveria ser cobrado da corte de Luís XVI, do regime monárquico francês e, por extensão, do cidadão francês da época de David.

De nossa parte, consideramos o contemplador do quadro como um enunciatário instituído pelo texto. Também consideramos, instituído pelo quadro, o próprio enunciador, o *éthos* discursivo. Então, no quadro, enunciador e enunciatário, actantes da enunciação enunciada, narrador e narratário implícitos, apresentam-se expostos, ao longo do processamento do corpo actorial, à emulação desencadeada em referência ao ator do enunciado – nós (eu e tu) em relação a ele, os Horácios: uma emulação "em que S2 [o cidadão romano representado na bravura dos Horácios] é de súbito posto como referência de S1 [enunciador e enunciatário do quadro]", conforme o que dizem Greimas e Fontanille (1993: 209). Tomamos o que dizem os semioticistas em estudo sobre este "estado de alma", a emulação.

A emulação vincula-se ao mérito. Greimas e Fontanille (1993: 209), ao problematizar o ciúme, cujo objeto "é avaliado como sujeito merecedor, tanto ou mais que o ciumento", falam do mérito do "rival", cujo papel, no quadro, restringir-se-ia ao inimigo comum – o outro que teríamos de combater. Mas isso tem valência nula de impacto na configuração do soldado romano em situação de juramento. Acentua-se, no quadro, a presença cujo mérito é exemplar, na grandiosidade do ato de jurar pela pátria, enquanto se instiga a emulação na definição do corpo heroico. Aí deixa de contar efetivamente o papel do rival ou de um antissujeito, para que os Horácios se confirmem como atores formulados actancialmente a partir da emulação cívica. Greimas e Fontanille (1993: 209) ainda sugerem que a emulação, diferentemente do que ocorre

349

com o ciúme, apresenta, para o "rival", "a figura do destinador delegado, que designa por seu exemplo apenas o resultado por atingir, e o percurso por seguir para aí chegar".

Com algum deslocamento do que dizem os semioticistas, entendemos que, em *O juramento dos Horácios*, há indicações de que se firma, por meio da emulação, a comparação das competências (ator do enunciado, os Horácios, e ator da enunciação, autor e observador do quadro). Para isso é considerada, como ponto a ser visado pela percepção, a competência dos soldados, definida conforme um objeto altamente: desejável (*querer-ser*); indispensável (*dever-ser*); possível (*poder-ser*); inevitável (*não-poder-não-ser*), tal como prevê Greimas (1983: 99). A competência dos soldados é determinada como "referência e exemplo por seguir, por identificação positiva e atrativa", como sugerem Greimas e Fontanille (1993: 210). A identificação, positiva e atrativa, está no mérito e na honra não só julgados exemplares, mas também vividos por meio da experiência da percepção. Essa experiência é favorecida pelo *lógos* estético e pela função poética da linguagem exercida em coerção plena de suas forças, mas de modo peculiar, como pede a protensividade do corpo neoclássico.

No quadro, por meio do acento conferido ao observador social, embora sob as coerções do *lógos* estético, fica validado, segundo o narrador implícito, o julgamento feito do ator do enunciado. Por meio do julgamento ético feito da cena narrada d'*O juramento dos Horácios*, também se legitima a paixão da honra, acolhida pelos atores, do enunciado e da enunciação, e radicada nos valores correspondentes a ela, trazidos à luz de modo equivalente para a enunciação e para o enunciado. Enquanto isso, na espacialização discursiva, em que se ancora a narratividade, confirma-se o templo de colunas dóricas, despojado de detalhes, a que se junta a figurativização das vestes para que a semântica discursiva firme o que é o tempo de *então*, mais vivido como experiência sensível e menos articulado como alusão histórica.

Os soldados romanos, para isso, firmam-se seguros no papel aspectual do ator estático, enquanto o presente, que é concomitante aos tempos da Roma Antiga, tem nesses tempos um momento de referência de longa duração, mais longa do que o ato de enunciar o quadro e mais longa do que o ato de jurar dos Horácios. À duração contínua e longa dos tempos da Roma Antiga, como se depreende da própria solenidade e solidez das figuras, corresponde um "presente de continuidade", tal como concebido por Fiorin (1996: 149). Passa então a ser considerada de valência nula, ou posta em atonia máxima, uma presença enunciativa vista como articulação conceitual efetuada pelo labor de uma estilização de estilo, o que vincularia a contemporaneidade da França de David à cena narrada da história de Roma. Passa também a ser de somenos importância um exterior visto como apriorístico ao quadro, e que estaria vinculado aos maus costumes da França dos tempos de David, denunciados por meio da pintura. É desfeita a dicotomia *exterior/interior*, devido ao olhar analítico que privilegia a protensividade do corpo, traçada pelo *lógos* estético na configuração do estilo neoclássico.

Mas despontam como historicizados aqueles corpos movidos pelo *lógos* estético, enquanto a ética da triagem, neles concentrada, configura-se, ainda que sem explicitação, como não afeita ao que concerne à frouxidão de caráter, ao afrouxamento da mistura de aspirações. Valem para eles os ideais da pátria não diluídos com dores pessoais, como as das perdas familiares. Para estas, ficam delineadas as "curvas suaves" das figuras femininas, não à toa apartadas com precisão topológica do lugar ocupado na tela pelos homens. Por conseguinte, a triagem põe-se atrativamente entre atores do enunciado e da enunciação.

A Roma acolhida nas figuras compatíveis ao despojamento neoclássico supõe a negação de um termo contrário, seja este a Paris de Luís XVI com sua "estrutura de privilégios", como quer a historiadora Schwarcz (2008), seja qualquer ética de mistura, que faça curvar o corpo, como impõe a perspectiva discursiva do quadro. À cena narrada subjaz o termo contrário negado, isto é, o que seria mistura de atitudes, aliada à frouxidão do caráter. Tudo o que seria visto como supérfluo é excluído como negação do contrário, gesto que se concretiza nas figuras da própria arquitetura romana. Há uma meta a ser rigorosamente observada pelos Horácios. O *pervir* como percurso a ser cumprido orienta-se também por meio da meta persuasiva oferecida pelo viés social da observação, o que adensa a função do ator aspectualmente télico, e o que prepara o território para a figura retórica no papel de figura-argumento.

Fiorin (2005: 7), ao perguntar por que a metáfora e a metonímia são criadas, afirma: "No caso da metáfora, é para apresentar uma maneira nova, mais viva, de ver as coisas do mundo, dando preferência a certos traços semânticos geralmente deixados de lado." Prossegue o semioticista e, ao referir-se à segunda figura, diz que aí o objetivo é "mostrar a essência das coisas, isto é, aquilo que é percebido como fundamental num objeto, num acontecimento, etc." (2005: 7). A essas formulações são seguidas outras, como a relativa ao fato de que a metáfora e a metonímia "não são apenas processos da linguagem verbal" (2005: 12), mas também podem ocorrer na pintura, entre outras manifestações discursivas. Fiorin ilustra a metonímia, lembrando Agatha Christie e os dois detetives criados por ela, Poirot e Miss Marple. Destaca então os distintos métodos de investigação. Refere-se ao método de Poirot como metonímico: "a partir de um índice dado (parte), ele reconstrói o crime, por meio de uma série de implicações" (2005: 12). Quanto a Miss Marple, Fiorin diz que seu método investigativo é metafórico, pois "ela percebe analogias entre o crime investigado por ela e um outro já ocorrido" (2005: 12). O semioticista, ao exemplificar a ocorrência da metonímia, lembra que o ícone *garfo e faca*, em placa posta à beira de uma rodovia, indica que há restaurante por perto, mas,

351

anteriormente a isso e no mesmo estudo, realça, como mecanismo principal da conotação metonímica, a junção entre dois significados, enquanto entre eles há uma "relação de contiguidade, de coexistência, de interdependência" (2005: 12).

A nosso ver, o quadro de David é metonímico, na medida em que as espadas reluzentes, centrais na percepção que se tem do todo, indicam o uso a ser feito delas na guerra; além disso, o braço caído da moça no canto direito implica o desfecho trágico pressagiado por ela. Se o procedimento da metonímia é a implicação (*x, logo y*), fica corroborada a lógica implicativa no quadro, de modo afim com as liras, o que sustenta um *pervir* que, recrudescido diante do *sobrevir*, e segurando consigo a protensividade, vai ao encontro da telicidade como propriedade aspectual do ator. Vincula-se a tal inclinação aspectual o uso da metonímia como *figura-argumento*: um recurso para que se atinja o fim traçado pelo princípio do "dever moral". Não é diferente a função desempenhada pela metonímia que se refere à *velhice* como os *anos* que cortam um rosto, ou em que os anos que cortam o rosto implicam a velhice, pois a meta persuasiva lá também se sobrepõe aos gestos de um corpo afetado pelo mundo. A função de figura-argumento é vetor do estilo neoclássico.

Falávamos na definição de um termo como negação de seu contrário, o que remonta à definição negativa do signo, entendido como valor (Saussure, 1970). No quadro (e de modo afim com o que acontece nas liras), a mistura, como termo negado, supõe o corpo excluído. Sob o ângulo da triagem, é adensado conotativamente o sema pejorativo, na medida em que o discurso cumpre-se no propósito de afastamento de um corpo contingente, visto como o que *pode não ser* heroico. Greimas e Courtés (2008: 97), ao falar da contingência como "estrutura modal que, do ponto de vista de sua definição sintática, corresponde ao predicado modal *não dever*, que rege o enunciado de estado *ser*", completam: "Termo de lógica, *contingência* é semioticamente ambíguo, porque denomina também a estrutura modal de *poder não ser*".

No mundo dado a ver pelo quadro, o corpo excluído pela triagem ética é contingente, enquanto *pode não ser* heroico. Nesse circuito modal está a figura da mulher de luto, porque de vestes escuras: seu dorso vergado sobre as crianças recebe incidência átona de acento (de sentido e de luz) sobre si, o que valida, na composição figurativa, a intensificação do sema pejorativo em relação ao corpo que se dobra pela dor. Homologa-se a diagonalidade das linhas do plano da expressão à moralização adensada, do corpo enunciado, segundo a triagem. O contrário dá-se para os corpos privilegiados segundo a retilineidade do olhar. Os semas melhorativo e pejorativo, concentrados em cada um dos grupos humanos perfilados no quadro, confirmam a coragem como virtude e o desfalecimento moral como vício, o que faz vingar o "imperativo moral", que sustenta a protensividade do corpo nesse "quadro de história", no qual costuma ser pensada uma alusão a um momento de vitalidade guerreira da Roma Antiga. A perspectiva voltada a uma alusão histórica, entendida aqui como pautada no diálogo interdiscursivo, é mais assimilável do que o interesse por investigações de "imitação" e "captação" de cenas do texto *Horácio*, de Corneille, encenado pela *Comédie Française* dois anos antes da aparição d'*O juramento dos Horácios*.

Fontanier (1977: 125) afirma: "A alusão chama-se *histórica*, quando ela diz respeito à História, e *mitológica*, quando ela diz respeito à Fábula." O estudioso ainda pergunta sobre a alusão: "Não a podemos chamar *moral*, se ela estiver relacionada com costumes, usos e opiniões; e *verbal*, se ela consistir apenas num jogo de palavras?" (1977: 125). A partir daí, poderíamos legitimar no quadro uma alusão histórica e moral. Mas, entendendo que todo gesto de discursivização é verbal e é moral, resta-nos, a partir da contribuição de Fontanier, problematizar a suposta alusão histórica levada a cabo no quadro de David, como um movimento discursivo, por meio do qual se confere um traço de moralização positiva à cena narrada, enquanto se institui um ideal de presença.

Esse movimento compactua-se com a identificação atrativa estabelecida como possibilidade de percepção que permeia a criação do quadro, enquanto vincula os actantes da enunciação enunciada (narrador e narratário implícitos) aos Horácios, actantes do enunciado, protótipos da paixão da honra. Isso se dá a ver pela envergadura heroica do corpo forjado na dimensão patêmica que suscita a honra, o que diz respeito às paixões encadeadas a ela, como a autoconfiança e a coragem. Assim, não atentamos para uma suposta convocação feita do "momento histórico", o que compactuaria com uma crítica social que teria sido desencadeada por David, sujeito visto assim como biografado: a crítica à monarquia francesa, num momento em que a história da França estava prestes a sofrer mudanças radicais provocadas pela revolução.

A alusão histórica, no quadro, vale, portanto, como efeito de sentido e, assim considerada, apresenta-se em atonia de valências, se a enxergarmos desencadeada a partir do presente do ato aludir.[11] Apresenta-se, de outro lado, em recrudescimento, com valência plena de acento do sentido na figura dos Horácios, se a enxergarmos no presente de *então*. Em ambos os casos, a alusão sobrevive como instrumento ou meio para a definição do "dever moral", o que a fundamenta como figura-argumento. Enquanto isso, o ator da enunciação define-se primordialmente no desempenho de papéis éticos. Greimas e Fontanille (1993: 151), ao ligar a função do observador social aos papéis desempenhados pelo ator, afirmam: "O observador social só tem, pois, acesso direto a papéis éticos, que recobrem, conforme o caso, papéis epistêmicos, papéis veridictórios, papéis deônticos, reformulados, na maioria das vezes, como papéis patêmicos."

Entendemos que, enquanto na enunciação o estilo neoclássico apresenta um corpo radicado num dever-fazer e, antes disso, num crer-dever-fazer e num crer-poder-fazer, o papel patêmico, em consonância com o acento de sentido imprimido ao julgamento ético, traça como orientação passional dominante a honra, por sua vez vinculada à coragem, ao mérito e à emulação. Enquanto a coragem fica como condição de manifestação dos outros "estados de alma", isto é, emulação, mérito e honra, firmam-se, todos esses "estados de alma" por meio de um viés moralizador. As paixões, aí, subsidiam o perfil judicativo do ator, aspectualizado conforme a telicidade de seus papéis.

A honra, ligada à prevalência da moralização sobre a sensibilização, afirma-se na relação com o perfil judicativo do *éthos*, para o que fica acionando o ator como o responsável pelo próprio posicionamento no mundo. Respeitadas as coerções exercidas pela esfera discursiva e, nas artes, as coerções exercidas pelo estilo "de época", a prevalência da moralização sobre a sensibilização vincula-a ao acento de sentido imprimido no *pervir*. Assim se orienta o corpo como modo de reagir ao impacto do mundo percebido. Tanto as liras como o quadro oferecem indicações da ocorrência desses gestos discursivos. O estilo neoclássico confirma os indícios de que o observador sensível vê o "devir", como transformação ou *performance* narrativa, por meio do *estado* ou da atenção dada à competência do sujeito. Uma estética voltada à construção da competência do sujeito, não interessada, portanto, na realização de provas, é compatível com a textualização que acolhe significativamente o tipo textual descritivo, avesso à transformação narrativa, que supõe passarmos de uma situação a outra – seja no texto verbal, seja no texto visual.

As liras gonzaguianas, se incluem alguma transformação temporal, mostrando a passagem de um antes a um depois a partir do agora, fazem-no pontualmente. No grosso dos poemas, encontramos o gesto de deter-se no *agora* prolongado o suficiente para que a textualização goze dos benefícios de descrições expandidas, diante da extrema condensação das transformações da narratividade. A condensação fica manifestada por meio de exíguos segmentos textuais narrativos. Na descrição da cena do juramento, também tudo acontece num momento mesmo, o presente do passado, ou seja: o acontecimento (o juramento) acontece concomitantemente ao marco referencial pretérito, tal como tornado implícito: *Era uma vez na Roma Antiga*.

A partir daí, o ato relativo ao juramento traga o presente do ato de enunciar (pintar), o agora de David, para que o presente do passado, encarnado pela percepção, torne a cena pertencente à Roma Antiga uma experiência do pensamento. Sob o *lógos* estético, encarna-se o ator e criam-se mundos. Considerado sob o impacto do *lógos* estético, o observador sofre alternância de funções. Ao observador social e à meta persuasiva que lhe é própria, prevalentes no neoclássico, o viés sensível se sobrepõe, enquanto é tonificado pelo arroubo da cena vivida. Aí o corpo define-se mediante o inacabamento próprio à estesia, e inacabamento não se encadeia com a telicidade. Mas, no âmbito da aspectualização actorial, o sujeito mantém-se télico, enquanto a figura retórica mantém-se na função de *figura-argumento*.

Quanto à discursivização da categoria de tempo, lembramos que os tempos que indicam concomitância, ou em relação a um *agora* do ato de enunciar, ou em relação a um marco referencial pretérito instalado no enunciado, favorecem a descrição. No segundo caso, vale a ocorrência sequencial do pretérito imperfeito do indicativo, a qual reúne episódios em simultaneidade de acontecimento, passíveis de serem considerados a partir da aceitação da fala como gesto: "Era uma vez na Roma Antiga... Naquele dia, diante do pai, os Horácios juravam; os braços e as mãos estendidos no gesto decisivo iam ao encontro das três espadas reluzentes... Perfilados, o soldado do meio abraçava com força a cintura do irmão... Então, pai e filhos disseram: 'Eu juro'". Teríamos, no quadro, uma concomitância ao momento de *então*, aquele da Roma Antiga, a partir do qual se daria a fala dos atores por meio dos gestos do corpo: "Eu juro." Mas não é o que acontece, já que enunciação e enunciado se presentificam no "Eu juro" da percepção, deixam-se arrebatar pelo "sentido *em ato*, tal como o experimentamos – o vivemos", como realça Landowski (2002: 127) ao comentar *Da imperfeição*, de Greimas.

A partir do ato de jurar, tudo acontece, pois, como ato ilocutório, obtém-se um efeito direto dizendo (Austin, 1970). Para isso, no quadro, a partir da concomitância ao marco referencial pretérito, logo enunciva, desponta outra, a enunciativa, firmada no presente do "Eu juro". Juramos com a instância de voz delegada aos interlocutores. Assim, o *agora* enunciativo, o *agora* do juramento pronunciado por meio da linguagem visual, e pronunciado sob a modulação de uma valência plena, faz sobrepor-se, como corpo, a anterioridade da Roma Antiga ao momento da enunciação correspondente à criação do quadro e marcado na data que acompanha a assinatura, que tem minimizada sua função dêitica.[12]

Lembrando as liras cotejadas com o quadro, vemos que a competência priorizada diante de uma *performance* obliterada na discursivização do percurso do sujeito, seja este discursivizado como o pastor das liras, actante da enunciação enunciada, seja este discursivizado como os Horácios, actante do enunciado, relaciona-se – tal competência assim "iluminada" – com o epíteto "arte do presente" atribuído para o neoclássico, se pensarmos no presente de continuidade que sustenta a voz da lira e sustenta, também como duração longa, o presente do passado, em que se ancora o juramento feito pelos Horácios. Aspectualmente, o presente do enunciado neoclássico é durativo contínuo, enquanto as paixões encarnadas por essa estética, ao subsidiarem a formulação dos papéis patêmicos, juntamente com o corpo revestem-se de perfectividade e de telicidade.

A paixão vincula-se à protensividade do corpo actorial, extraindo daí suas propriedades. Desse modo, temos falado da honra e do mérito neoclássicos. A coragem, radicada na totalidade neoclássica como condição de emergência da honra e do mérito, é uma coragem neoclássica, logo, com ares que a aproximam da protensividade do corpo clássico. Por isso a coragem neoclássica remete ao que

Aristóteles pensa dessa paixão. A coragem neoclássica oferece, nas liras de Gonzaga e no quadro de David, indicações para ser vista como a "verdadeira coragem", tal como concebida por Aristóteles, em *Ética a Nicômaco* (2009).

A "verdadeira coragem" para Aristóteles não é a dos animais selvagens que "são encorajados pela dor e atacam porque estão feridos ou amedrontados – uma vez que se estivessem numa floresta não atacariam" (Aristóteles, 2009: 108). Completa o filósofo:

> Portanto, não devem ser considerados corajosos por se lançarem contra o perigo quando acicatados pela dor e a irritação e cegos diante dos perigos que os esperam, posto que nessa avaliação até mesmo os asnos se tornariam corajosos quando famintos, pois golpe algum os fará parar de pastar. (E os adúlteros também são induzidos a executar coisas arrojadas devido à lascívia.) (2009: 109).

Para Aristóteles (2009: 109), a verdadeira coragem vem "reforçada por escolha e propósito deliberados", o que, a nosso ver, faz limite com a relação *estilo/corpo* no âmbito neoclássico. Temos aí o viés de uma observação, que é mediação necessária na constituição do corpo. Tal viés favorece a dominância do ato predicativo de julgamento sobre o território do sensível, a percepção. Esse território, cujo agora (temporalização presente do sujeito que percebe e do objeto percebido) é dilacerado entre deslocamentos provocados por retenções e protensões, passa a ter valência mitigada de acento do sentido na totalidade neoclássica, o que subsidia o corpo aspectualmente estático e télico. Quanto a este último papel aspectual, vemos que, para fundar-se na coragem, tendo imprimido nela a conotação de uma paixão "reforçada por escolha e propósito deliberados", conforme diz Aristóteles, o estilo neoclássico encolhe o "agora impressional" para fazer valer justamente o "propósito deliberado", visto como finalidade ética. Por isso a coragem, a honra e o mérito, na totalidade neoclássica, são entendidos como "estados de alma" do ator da enunciação, ou paixões de *éthos*, definidas segundo a inteligibilidade dominante no circuito de um *lógos* estético.

Prossegue Aristóteles (2009: 109) na descrição da "verdadeira coragem":

> E seres humanos também sofrem dor quando irados e extraem prazer da vingança. Mas aqueles que pugnam por esses motivos, ainda que lutadores valiosos, não são corajosos, pois o motivo de sua autoconfiança não é a honra, como também não é orientado pela razão, brotando, sim, do sentimento. Entretanto, não há dúvida de que mostram alguma afinidade com a verdadeira coragem.

Aristóteles, não preocupado com a paixão enquanto disposição a ser identificada num auditório pelo orador na "arte de persuasão", mas enquanto *thümos* (*páthos*), recoloca o próprio *páthos* no lugar de "princípio vital, alma", acepção esta colhida de nota do próprio tradutor da obra citada, a partir da frase aristotélica: "A paixão é também reconhecida como coragem" (2009: 108).[13] O Estagirita prossegue na descrição da "verdadeira coragem", chamando atenção para o que não é esse sentimento, como o "estado de alma" dos "indivíduos sanguíneos":

> Tampouco é a ousadia dos indivíduos sanguíneos idêntica à coragem. Os sanguíneos são confiantes diante do perigo porque se sagraram vencedores sobre muitos inimigos antes. Assemelham-se aos corajosos porque tanto uns como outros são autoconfiantes, mas enquanto os corajosos são autoconfiantes pelas razões já explicitadas, os sanguíneos o são porque pensam ser mais fortes do que o inimigo e muito dificilmente suscetíveis de sofrerem algum mal. (Ousadia similar é apresentada por aqueles que se embriagam, pois isso os torna sanguíneos transitoriamente.) (Aristoteles, 2009: 109)

Tomas Antônio Gonzaga parece responder a essas postulações aristotélicas sobre a coragem, na lira que segue reproduzida, a XXIV, pertencente à segunda parte da sua obra, aquela que teria sido feita na prisão. Os versos, que deflagram aqui a beligerância de um herói que está a "brigar co'as feras" no "cerco dos Romanos", reapresentam peculiarmente o corpo do ator:[14]

LIRA XXIV

Eu vou, Marília, vou brigar co'as feras!
Uma soltaram, eu lhe sinto os passos;
aqui, aqui a espero
nestes despidos braços.
É um malhado tigre; a mim já corre,
ao peito o aperto, estalham-lhe as costelas,
desfalece, cai, urra, treme e morre.

Vem agora um leão: sacode a grenha,
com faminta paixão a mim se lança;
venha embora, que o pulso
ainda não se cansa.

Oprimo-lhe a garganta, a língua estira,
o corpo lhe fraqueia, os olhos incham,
açoita o chão convulso, arqueja e expira.

Mas que vejo, Marília! Tu te assustas?
Entendes que os destinos, inumanos,
expõem a minha vida
no cerco dos Romanos?
Com ursos e com onças eu não luto:
luto c'o bravo monstro, que me acusa,
que os tigres, e leões mais fero e bruto.

Embora contra mim, raivoso, esgrima
da vil calúnia a cortadora espada,
uma alma, qual eu tenho,
não receia a nada.
Eu hei-de, sim, punir-lhe a insolência,
pisar-lhe o negro colo, abrir-lhe o peito
co'as armas invencíveis da inocência.

Ah! quando imaginar que vingativo
mando que desça ao Tártaro[15] profundo,
hei-de com a mão honrada
erguer-lhe o corpo imundo.
Eu então lhe direi: – Infame, indino,
obras como costuma o vil humano;
faço o que faz um coração divino.
(Gonzaga, 1944: 124-5)

Na discursivização do tempo, apresenta-se, nas quatro primeiras estrofes dessa lira, o subsistema relativo ao momento de referência presente, o presente da interpelação feita a Marília. A partir daí, é traçada a posterioridade temporal, manifestada no futuro de abertura da lira: "Eu vou, Marília, vou brigar co'as feras!" – em interpelação intensificada tanto pela repetição do verbo como pela exclamação. Segue, sob o escopo dos tempos enunciativos, o pretérito ("soltaram uma fera") como anterioridade em relação ao presente do ato de enunciar, a partir do qual se manifesta a sequência presentificada da luta. Nesta, desponta o malhado tigre, visto como o animal: que espero; que corre a mim; que aperto, e de quem estalo as costelas; animal que, por fim, desfalece, cai, urra, treme, morre (primeira estrofe). A essa gradação crescente, segundo a qual se dispõem figuras em ascendência de impacto, fica legitimada a intensidade da presentificação da cena, para que mais viva se torne a emoção provocada pelo embate.

A gradação recorre com a chegada do leão (segunda estrofe), animal que sacode a grenha e se lança sobre o poeta; animal cuja garganta o poeta oprime e cuja língua estira; animal, ainda, cujo corpo, diante do poeta, fraqueia; fera, por fim, da qual: os olhos incham, o corpo açoita o chão, arqueja e expira. Na progressão ascendente, com o último suspiro do inimigo, confirma-se a vitória do lutador no presente do relato, coincidente com o presente da luta narrada, o que permite aos movimentos acercarem-se de uma comoção. Mas, a cada fase da gradação, enquanto o empenho da luta cresce, o perigo oferecido pela fera decresce no compasso regular do confronto. Não se apartam de um corpo que tem "afinidade com a verdadeira coragem", como diz Aristóteles (2009: 109), ou de um corpo que apresenta "uma disposição estável da coragem", como diz o Estagirita (2009: 109), esses movimentos que, a partir da sistematização do tempo e da sequência das figuras em gradação, visam à expansão da percepção da luta na descrição feita, de modo precisamente compartimentado, dos acontecimentos nela envolvidos. Marília parece reagir:

> Mas que vejo, Marília! Tu te assustas?
> Entendes que os destinos, inumanos,
> expõem a minha vida
> no cerco dos Romanos?

Lembramos a mulher de branco, Sabina, esposa de um dos Horácios; lembramos também Camila, irmã de um dos Horácios, ou simplesmente lembramos as mulheres do quadro de David e arriscamos algumas perguntas: homologar-se-iam as "curvas suaves" daquelas mulheres do quadro a essa Marília que aparece repentinamente assustada com as antecipações trágicas presentificadas por Gonzaga? Estaria aí uma moralização do corpo feminino desenvolvida pela estética neoclássica? Seja como for, o susto de Marília tem a duração de uma irrupção momentânea, tal como foram marcadas num espaço restrito do quadro as "curvas suaves" das mulheres.

"Eu vou, Marília, vou brigar co'as feras! (v. 1); Mas que vejo, Marília? Tu te assustas?" (v. 15). A interpelação feita de modo desdobrado a Marília corrobora o momento de referência presente: o agora da interpelação. Os verbos no presente, *vejo, assustas, entendes, expõem, não luto, me acusa, é* (este, elíptico), da terceira estrofe, coadunam-se aos verbos da estrofe subsequente, para que se mantenha a perspectiva temporal dos tempos enunciativos, diretamente vinculados ao presente da enunciação.

Gonzaga, afeito a não diluir as margens, para o que privilegia os contornos precisos do mundo percebido, do seu corpo mesmo como corpo-no-mundo, valida a divisão regrada da lira em duas partes quanto à perspectiva temporal: para as quatro primeiras estrofes, o subsistema do presente; para a última, o subsistema do futuro. Também é precisa a separação entre as duas primeiras estrofes e o restante da lira, quanto aos papéis temáticos do ator. Nas duas primeiras, o combatente no corpo a corpo com as feras é constituído segundo a formulação actancial feita a partir do percurso do enfrentamento com elas, tão mais violento, quanto mais o denodo do herói é comprovado como ousadia e bravura diante do perigo mortal.

No verso 15, mediante a segunda interpelação feita a Marília ("Mas que vejo, Marília? Tu te assustas?"), temos a introdução da variação dos papéis temáticos do guerreiro, variação mantida até o fim da lira: deparamo-nos então com o caluniado que, conforme um procedimento nobre e valoroso, de distinção e brio, pune a insolência do caluniador. Aí o poeta não está mais diante do tigre e leão postos nas duas primeiras estrofes que, assim, passam a configurar-se, naquelas primeiras estrofes, como caluniadores, mas em segredo: os animais selvagens eram o monstro caluniador, mas não pareciam. São meneios veridictórios, que supõem, na conjuntura da lira, a previsão e o cálculo para o dizer, como um *télos* que governa o próprio dizer. Então, ao impacto da cena das duas primeiras estrofes, no conjunto da lira, corresponde o restabelecimento e a confirmação de um corpo afinado mais com a meta persuasiva, do que com a experiência da percepção.

O susto de Marília, tal como dado a perceber, apresenta-se por meio de um presente pontual, ou seja, um acontecimento que ocorre naquele momento mesmo, em que a interpelação é formulada, o que reúne, na dúvida retórica, três perguntas: "Mas que vejo? Tu te assustas?/ Entendes que os destinos, inumanos,/ expõem minha vida/ no cerco dos Romanos?" – sendo a última delas o testemunho de que o poeta pode prever a resposta de Marília. São perguntas que abrem espaço para o autorreconhecimento impregnado do mérito heroico, tal como expresso nestas formulações: Com ursos não luto. "Luto c'o bravo monstro, que me acusa." *Luto* – o uso desse presente verbal, que sucede ao que se apresenta pontualmente nas três perguntas feitas a Marília, agora, na progressão textual, tem valor distinto do primeiro "luto" implícito aos gestos de enfrentamento com o tigre e o leão, já que passa a encerrar propriedades relativas à "verdadeira coragem" do ator.

Os atributos do herói (o lutador) assim discursivizados não poderiam ser pontuais. Alcançam então o estatuto de um presente de continuidade, ou de duração contínua. "Luto [desde o dia em que fui desafiado para isso, ao deparar-me com o tigre o leão] c'o bravo monstro, que me acusa,/ [que é] mais fero e bruto" que aqueles animais. O acontecimento relativo à luta do herói tinha de ser trazido à luz por meio de um presente com valor de algo que perdura – um presente de continuidade. Em paráfrase, teríamos: *A luta prolonga-se, Marília, desde o dia em que fui desafiado, até este momento, em que me dirijo a ti.*[16] Confirma-se como de "disposição estável de coragem" o corpo de Gonzaga, tanto por meio do valor imprimido aos tempos verbais, como pelo modo de conotar as figuras retóricas.

Se, nas duas primeiras estrofes pululam metonímias, como *os despidos braços que esperam...*, ou como *o pulso que não se cansa*, as três últimas têm como núcleo a metáfora: *luto c'o bravo monstro*. A partir dessa metáfora, em que a intersecção calcada no sema comum entre os dois termos (caluniador e monstro) corrobora a violência e a selvageria sofridas, somos remetidos, logo em seguida, à comparação, "monstro, mais fero e bruto que os tigres e leões", por meio da qual fica reconhecido o caluniador em grau intensificado de violência e selvageria. Entretanto, a metáfora, *meu inimigo é um monstro*, devido às evidências, previsibilidades e não ineditismo da intersecção semântica, não chega a investir-se de energia suficiente para promover um arrebatamento sensível. Permanece na ordem da valência mitigada do conotado, essa metáfora, também devido à simultaneidade de ocorrência com a própria comparação, na qual ganha acento o *dever ser* (e *parecer*), um denodado combatente do mal.

Por sua vez, o caluniador/monstro sofre acento moralizador e, com isso, o impacto de sua presença perde gradativamente o elã da sensibilidade. Confirma-se a força do "dever moral". Vetores estilísticos vão conformando Gonzaga segundo um corpo que, mais do que suportar as dores no embate com o caluniador, enfrenta-as tão bravamente, a ponto de, na última estrofe, ao firmar-se a antítese entre o *vil humano* e o *coração divino*, o último termo acerca-se do ponto-final no narrado: o *coração divino*, como a definitiva metonímia da lira, torna o atributo que ela encerra também definitivo.

> Eu então lhe direi: – Infame, indino,
> obras como costuma o vil humano;
> faço o que faz um coração divino.

O corpo define-se na autoconfiança e na celebração de si, o que é meta persuasiva estabelecida desde o primeiro verso, "Eu vou, Marília, vou brigar co'as feras". Firma-se na ordem da persuasão argumentativa o uso das figuras do malhado tigre, de quem o poeta estala as costelas, e do leão, que com faminta paixão se lança sobre o poeta – ressemantizados, os animais, como metáfora do caluniador. Entretanto, deparamo-nos com uma metáfora-argumento, compatível, aí, com o ator aspectualizado como télico no âmbito da nobreza de sentimentos. A "mão honrada" precisa fazer justiça. Referindo-se à "verdadeira coragem", lembra Aristóteles (2009: 110-1) que o indivíduo dotado desse sentimento suportará os sofrimentos, "porque é nobre assim agir ou porque é vil não agir assim".

A Lira XXIV, encerrada naquela parte das liras tida como criada por Gonzaga na prisão, faz-nos tornar ao comentário feito por Candido (1969: 126): "São impressionantes a firmeza e a sabedoria reveladas nas liras da prisão. Nem um momento de desmoralização e renúncia; sempre a certeza da sua valia, a confiança nas próprias forças." Se recuperarmos, também nessa lira, o que diz Aristóteles sobre a "verdadeira coragem" – "alguém que se mantém imperturbável diante de terrores e se comporta corretamente em relação a eles é corajoso num sentido mais pleno que alguém que o faz em situações que inspiram confiança" (2009: 110); e, ainda, se for firmado o respaldo histórico-biográfico, ou seja, a participação de Gonzaga como inconfidente na história do Brasil, confirma-se uma alusão histórica e moral criada pelo *lógos* estético.

Essa alusão evolui para a denúncia contra o *monstro que esgrima (ou faz vibrar) a cortadora espada da vil calúnia sobre mim* – calúnia, então, concernente a denúncias e delações que cercaram o Gonzaga que efetivamente participou da Inconfidência Mineira e foi perseguido e punido por isso. Enquanto o monstro caluniador passa a ser nomeado como raivoso, uma alma que *não se receia a nada* o enfrenta. Essa alma, tão intrépida quanto afinada com a inteligibilidade do mundo, certamente se deixa entrever nas inversões sintáticas, cuja elucidação cobra outro esgrima, o do apuro da racionalidade.

No âmbito da textualização da lira, encontramos trinta e cinco versos organizados por meio de cinco estrofes, as quais regularmente fazem seguir, a dois decassílabos, dois hexassílabos e mais três decassílabos, somando cada uma delas sete versos. Firma-se a simetria de uma textualização compatível com a arte neoclássica, de cujo teor desponta a técnica métrica como instrumento daquela mesma racionalidade. Que o diga o olhar calculado, depreendido da arquitetura neoclássica, que discursiviza espacialmente a cena d'*O juramento dos Horácios*: um espaço simetricamente apresentado, entre outros recursos, por meio dos "três arcos dóricos" correspondentes "aos três grupos de figuras", como lembra Cumming (1998: 71). Na lira, o cálculo da espacialidade tanto está para a textualização metricamente regular, quanto para a organização discursiva que faz seguir, às duas primeiras estrofes (vistas como uma primeira parte), as estrofes 3, 4 e 5 (vistas como uma segunda parte), antecedida, esta segunda parte, pelo conector *mas*: "Mas que vejo, Marília! Tu te assustas?" Essa segunda parte despontada do conjunto da lira apresenta a reação de inconteste coragem, pois mostra o verdadeiro inimigo, o *infame, indino, que obra como costuma o vil humano*.

Se, na primeira parte (duas primeiras estrofes), éramos levados das feras ao monstro humano, na segunda (terceira, quarta e quinta estrofes), somos levados do monstro humano às feras, por meio da intersecção do sema da selvageria (para as feras e para o caluniador) na constituição da metáfora. Mas, diante do uso da metáfora, que toma por inteiro a lira, não nos é oferecido um mundo de movimentação célere, de arroubo do sobrevir, como é suscetível de acontecer em situação de impregnação contínua da metáfora.

A aspectualização actorial mediada pela observação social mantém, para a metáfora, a função de *figura-argumento*. A inteligibilidade privilegiada pela técnica métrica e a decomposição do mundo promovida pelo olhar que o apresenta em séries sucessivas formam um todo que desacelera a própria metáfora, confirmada na função de *figura-argumento*. Assim, ao sensível que poderia ser exacerbado pela metáfora, sobrelevam-se inversões e supressões sintáticas, que privilegiam elipses, hipérbatos, elementos convocadores de um corpo atento aos torneios da sintaxe. O inteligível recupera seu lugar de dominância, para que a "fisionomia do pervir" (Zilberberg, 2011: 271), definida na relação com o que sobrevém em impacto, defina-se vinculada à meta persuasiva, ao observador social, na aspectualização actorial.

A partir daí, fica corroborado um corpo que sabe e pode "chegar de um ponto a outro", chegar a determinado fim ou *télos* estabelecido desde o início, conforme aciona, para a observação feita do mundo, o *parvenir* (*pervir*) (Zilberberg, 2011: 271). O fim é convencer o outro. No narrado, o impacto – da decisão de brigar com as feras; da fera que soltaram e da qual *sinto os passos*; dos despidos braços diante do malhado tigre e diante do leão que sacode a grenha com faminta paixão – sofre variações valenciais que passam a ser registradas em determinada cifra tensiva. Essa cifra acusa um declínio da força do *sobrevir* e um robustecimento da previsibilidade e do cálculo inerentes ao *pervir*. Com a lentidão perceptiva, que traz às claras a divisibilidade e progressividade do mundo percebido, o corpo, de tão lento, tal como o orienta o observador sensível, aspectualiza-se como estático. O sensível decresce, para dar lugar ao inteligível robustecido nos procedimentos ligados a inversões e elipses.

Em paráfrase, retomamos alguns versos que demonstram esses mecanismos: a) "Luto c'o bravo monstro, que me acusa,/ que os tigres, e leões mais fero e bruto" – Luto com o bravo monstro, que me acusa, e que é mais fero e bruto que os tigres e leões; b) "Embora contra mim, raivoso, esgrima/ da vil calúnia a cortadora espada..." – Embora contra mim, raivoso, esse monstro faça vibrar, com intenção belicosa, a cortadora espada da vil calúnia... O corpo neoclássico, de acordo com um ator cuja honra vincula-se ao mérito, apresenta esses dois sentimentos correlacionados à coragem e, esta, coadunada à autoconfiança.

A protensividade então se apresenta pautada por estados não compatíveis com a "coragem do embriagado"; ou com a coragem daqueles que "pensam ser mais fortes do que o inimigo e muito dificilmente suscetíveis de sofrerem algum mal", como diz Aristóteles (2009: 109). Seguindo de perto a perspectiva aristotélica no estudo feito da "verdadeira coragem", ou seja, um "estado de alma" "orientado pela razão" (2009: 109), confirma-se o corpo que não se apresenta como "sanguíneo", para compor-se como corajoso. A honra neoclássica não se orientaria verdadeiramente para um corpo "sanguíneo". Mantém-se, tal honra, por meio de valência mitigada de acento do sensível sobre o inteligível, enquanto a racionalidade operante define o estilo. A paixão está vinculada ao estilo, e dele advêm suas propriedades.

O corpo neoclássico favorece a compartimentação do mundo, como está expresso na última lira citada, da qual se depreendem novas partes, agora dispostas conforme a sistematização discursiva do tempo: a primeira parte, com as estrofes 1, 2, 3, 4; a segunda, com a estrofe 5. A última, concentrada na quinta estrofe, organiza-se em torno do momento de referência futuro, "Ah! quando imaginar que vingativo..." Esse recurso permite que seja validado definitivamente o herói de mérito, dotado de um "coração divino", o que o faz sobrepor-se ao "vil humano". Rodrigues Lapa, autor das notas e do prefácio à edição portuguesa de *Marília de Dirceu* (Gonzaga, 1944), faz um comentário sobre estes últimos versos: "Ah! quando imaginar que vingativo/ mando que desça ao Tártaro profundo,/ hei-de com a mão honrada/ erguer-lhe o corpo imundo." Eis a exposição feita por Lapa (com inserções nossas): "Ah" quando [ele, o monstro] imaginar, por vingativo mando, que [eu desça] ao Tártaro profundo, "hei-de, com a mão honrada/ erguer-lhe o corpo imundo. Eu então lhe direi..." Na discursivização do tempo ao longo da lira, a distinção precisa entre o subsistema enunciativo (primeira parte) e o subsistema enuncivo de futuro (segunda parte) confirma o olhar desacelerado que compartimenta com rigor o mundo percebido: rigor suficiente para cuidar da divisibilidade e da progressão discursivas, ambas mantidas "às claras", o que se aparta de um presente dilacerado por retenções e protensões.

O subsistema da posterioridade, segundo Fiorin (1996: 160), supõe uma estrutura em que se encadeiam três tempos: o presente do futuro (concomitância em relação ao momento de referência futuro); o futuro anterior, que está em relação de não concomitância e de anterioridade com o momento de referência futuro; o futuro do futuro, que está em relação de posterioridade (não concomitância) com o momento de referência futuro. Na quinta estrofe da lira, a partir do marco temporal futuro, introduzido por meio da oração subordinada adverbial temporal, "Ah! quando imaginar...", deparamo-nos com outro futuro, "hei-de [...] erguer-lhe o corpo imundo", seguido de outro: "Eu então lhe direi:...". Reconhecendo que *quando imaginar...* é expressão que contém verbo flexionado no futuro do presente do subjuntivo, introduzido por uma conjunção, deduzimos que *hei-de [...] erguer-lhe o corpo imundo* está em concomitância em relação àquele momento de referência futuro, ou seja: estamos diante de um presente do futuro. É equivalente o que se dá com "Eu então lhe direi..." A organização temporal que sustenta a última estrofe segura consigo e não deixa transbordar a posterioridade assim sistematizada. A divisibilidade e a progressividade feitas "às claras" viabilizam a conotação do *éthos* por meio de uma moralização que transforma em virtude as paixões da honra e do mérito.

Marília de Dirceu teve sua primeira edição em Lisboa, em 1792.[17] David pintou seu quadro em Roma, entre 1784-1785. Estamos no trânsito neoclássico entre a Europa e o Brasil e sob a égide de práticas artísticas concernentes à ação reguladora da Academia, tanto em literatura como em pintura. Para a literatura, Soares Amora (1968: 313), tendo afirmado que o nosso Setecentismo se caracterizou, como o europeu, por um movimento geral de regresso às fontes do Classicismo e pela sobrevalorização de tais cânones, passa a realçar a tendência em imitar escritores e tendências do Classicismo greco-latino e também do Classicismo moderno, para o que cita, entre outros: Homero, Virgílio, Horácio, Camões. Lembra que se defendia então "um novo ideal de vida simples, na intimidade com a Natureza", o que punha "em alta estima o bucolismo, que autenticamente viveram os pastores da Arcádia, da velha Grécia" (1968: 313). A partir daí o estudioso (1968) refere-se à primeira definição imprimida a essa tendência pela *Arcádia Romana* (1690), cujo raio de ação, segundo o autor, estendeu-se a Portugal com a *Arcádia Lusitana* (Lisboa, 1756-1776), encontrando ancoradouro nas *Obras*, de Cláudio Manoel da Costa, árcade que escrevia sob o pseudônimo pastoril de Glauceste Satúrnio (1768).

Se, na literatura, a Arcádia Romana teve características de reação aos exageros barrocos, conforme o comprovam outros estudos sobre a estética neoclássica, como o trabalho crítico desenvolvido por Castello (1969); se a normatização acadêmica na literatura remete necessariamente ao bucolismo como solução figurativa e temática do discurso, fazendo do poeta um "pintor de situações", como sugere Dutra (1968: 326) em estudo emparelhado àquele de Amora; se expedientes de tal poética são recorrentes nas *Liras* gonzaguianas, em figuras como as das ovelhas, do gado, da sanfoninha que o pastor tocava, entre outras do universo pastoril; se Gonzaga incorporou de modo próprio "o tempo do *justo-meio*, da *aurea mediocritas*", como ressalta o mesmo estudo de Dutra (1968: 327), mantendo-se, o poeta, dentro das limitações da escola, enquanto desenvolvia representações de um "idílio tranquilo" (1968: 328), de cujos desgostos emergem ares "convencionais", compatíveis com a "imagística arcádica" (1968: 329) – a nós interessa interpelar como, a partir do discurso e da profundidade figural, pode ser delineado um *éthos* com perfil próprio: um corpo *que fala*, com voz e tom singulares, que remetem a um *éthos* único no cotejo de uma obra literária com uma pintura.

O neoclassicismo na pintura também teria sido dobrado aos modelos ditados pela Academia. Entretanto, nas artes visuais, segundo estudos críticos (Schwarcz, 2008), tal viés fez com que esse estilo se impusesse como arte de Estado, ou seja, se tornasse, segundo Schwarcz (2008), uma arte que faz o elogio da nação (2008). Ao discorrer sobre a incorporação desse tema pela arte neoclássica, a autora lembra três fases históricas distintas na vida da Academia: "um período hegemônico; o declínio na primeira metade do século XVIII – durante a Revolução – e um curto momento de reformas sob a influência do Iluminismo" (2008: 67). A autora ressalta a Academia como instituição comprometida tanto em ditar regras para a produção artística como em normatizar relações entre pintores e seus discípulos, entre pintores e a corte, em especial no regime monárquico francês. A curiosidade é relembrada: o quadro *O juramento dos Horácios*, anos antes da Revolução Francesa, tinha sido encomendo de Luís XVI a David, então pintor acadêmico, o que significava ser "pintor do rei", seja para cumprir obrigações de encomendas reais, seja para desfrutar dos prestígios de tal condição. Segundo o estudo de Schwarcz (2008: 70), o ponto comum dos ideais acadêmicos estava na "rejeição à frivolidade do rococó" e no investimento feito "num modelo de arte conectado às virtudes do Estado, mas modelado pela exaltação dos exemplos greco-romanos".

Para uma estilística discursiva, interessaria investigar a relação do neoclássico com o barroco como diálogo interdiscursivo. Interessaria, ainda, investigar por que o neoclássico não é o clássico, na medida em que aquele traz em si a responsividade a este, sendo a recíproca verdadeira, ou seja, o clássico também responde ao estilo que o sucede. É um ponto de vista analítico que desestabiliza a linearidade ou a linha de tempo na interpelação a ser feita do estilo "de época". No interior do neoclássico, por exemplo, vemos que, à regularidade marcada na materialidade dos textos (regularidade métrica, na substância verbal; regularidade de formas, de volumes e de distribuição topológica, no visual) homologa-se a atonia da presença, como impacto diminuído da percepção. A esse gesto vincula-se o andamento desacelerado do olhar que, ao perceber o mundo, rege um espaço que vem "às claras" em difusão suficiente, para que a divisibilidade e a progressividade das coisas percebidas ordenem o próprio mundo. Par a par com esses movimentos, que cobram uma razão alerta, toma corpo o ator como sujeito que se cumpre na dimensão do "dever moral", o que supõe uma posição ética, que moraliza a honra e o mérito como vetores patêmicos desse estilo.

Os cânones arcádicos, na literatura, funcionam como recurso de figurativização discursiva. Na profundidade figural, confirma-se o corpo desacelerado, o qual viabiliza a figura retórica que, com função de argumento, é incorporada segundo um *pervir* sobressalente ao *sobrevir*. A premeditação, o cálculo e o planejamento do dizer e do dito, sobrepostos ao ímpeto e ao arroubo sensível, são realizados, entretanto, no plano do *lógos* sensível: da *fala falante*, que secreta novos mundos como experiência do pensamento, seja na pintura, seja nos poemas. Na descrição do estilo neoclássico, evidencia-se o fato de que, em se tratando de distintos vieses de observação (observador social e observador sensível), uma perspectiva passa na outra, enquanto o *éthos* conota-se e toma corpo próprio.

As propriedades aspectuais do ator são processadas de modo equivalente no quadro e nas liras, o que se emparelha com as funções desempenhadas pelas figuras retóricas, discursivizadas com inclinação para o estatuto de *figura-argumento* e a lógica implicativa correspondente. Mantém-se, em valência mitigada de acento, a *figura-acontecimento* e a lógica concessiva correspondente.

Diferentes aspectualizações actoriais podem então ser depreendidas como ponto de partida para a distinção entre estilos "de época", na medida em que se apresenta prevalente determinado devir sobre outro, determinada protensividade sobre outra, como orientação do corpo. Desse modo, toma lugar uma análise apartada de tendências da crítica, aparentemente legitimadoras da submissão do texto a dimensões exteriores a ele. Uma dessas dimensões firma-se na perspectiva que prioriza a linearidade cronológica e sequencial, suscetível de enrijecer-se a tal ponto que, para entender um estilo, muitas vezes é proposto, como prescrição, o conhecimento prévio do estilo anterior a ele na linha do tempo. Assim, sob a estrita relação *causa/efeito*, posta como suficiente para a distinção entre estilos, acontece de firmarem-se princípios segundo os quais o primeiro está para o segundo, como a causa está para o efeito.

Mediante tais tendências, a linha do tempo, confirmadora da noção de uma evolução pautada pelo florescimento, decadência e renovação dos estilos, procura fixar, como algo acabado, identidades estilísticas. Tal atitude não raro expõe também, como fatores apriorísticos, elencos fixos de temas condizentes com determinado estilo, respeitado o princípio segundo o qual um estilo apresenta-se como proposição do novo, diante do desgastado. Para tal disposição, parece interessar não só o exame feito da sequência linear e causal entre um estilo e outro, mas também a noção do contexto como envelope do texto, o que significa entender a época como contexto sócio-histórico no qual "se insere" o texto. Pensando no estilo como *éthos*, e no *éthos* como ator da enunciação aspectualizado, buscamos nos textos possíveis recursos que indicam a orientação semântica e axiológica, bem como a orientação tensiva, incorporadas pelo ator da enunciação. Entre tais recursos está o emprego da figura retórica, seja com função de argumento, seja com função de acontecimento. A função discursiva desempenhada pela figura retórica pode configurar-se como um dos vetores estilísticos de uma totalidade.

Transportados para o âmbito da literatura e das artes plásticas, homologadas ambas à *fala falante* merleaupontyana, somos arrastados pela "torção secreta" própria ao estilo neoclássico, graças à qual o *éthos* conota-se relevantemente por meio do *lógos* estético. Com base em formulações do mesmo filósofo, acrescentamos que os signos, no interior de um estilo, "me arrastam como um turbilhão para um outro sentido que vou encontrar" (Merleau-Ponty, 2002: 33). O "outro sentido", porém, sob tal perspectiva, entendemos não ser um conotado concebido como o segundo sentido, superposto ao primeiro, o denotado. O "outro sentido", ele mesmo o primeiro, já que advindo da percepção que, no estilo, funda a totalidade, remete àquilo que cada um de nós desconhece como experiência sensível do próprio *lógos*, e que nos é oferecido a viver na relação com a obra de arte. Ao discorrer sobre a leitura que faz o encontro *leitor/obra* "pegar fogo", relata o filósofo:

> Assim, ponho-me a ler preguiçosamente, contribuo apenas com algum pensamento – e de repente algumas palavras me despertam, o fogo pega, meus pensamentos flamejam, não há mais nada no livro que me deixe indiferente, o fogo se alimenta de tudo que a leitura

367

lança nele. Recebo e dou no mesmo gesto. Dei meu conhecimento da língua, contribuí com o que eu sabia sobre o sentido dessas palavras, dessas formas, dessa sintaxe. [...] Mas o livro não me interessaria tanto se me falasse apenas do que conheço. De tudo que trazia ele serviu-se para atrair-me para mais além. (2002: 33)

Nesse "mais além" entendemos estar o corpo, sujeito a reconhecimento também como um estilo "de época", cuja voz, tal como a de cada autor, "acaba por induzir em mim seu pensamento", como ainda diz Merleau-Ponty (2002: 34), que assim prossegue: "Palavras comuns, episódios já conhecidos – um duelo, uma cena de ciúme – que inicialmente me remetiam ao mundo de todos, funcionam de repente como emissários do mundo de Stendhal".

A partir de tais formulações, cremos poder confirmar que a figura retórica desempenha função própria nos vários níveis da totalidade estilística em que se encerra: será a "emissária" do estilo de um gênero, ou do estilo autoral, ou do estilo "de época" e, antes de tudo, testemunhará a conjuntura discursiva que propicia a emergência de todos eles: a esfera de comunicação. O desempenho da função de *figura-argumento* num texto literário e numa pintura certamente será distinto daquele relativo a tal figura se encontrada no âmbito da *fala falada*, território de outras esferas da comunicação, como a jornalística. A "linguagem de depois", a "linguagem falada", podemos pensá-la como a que comporta as valências mitigadas e nulas relativas aos graus de incidência do sensível na conotação do *lógos*, do que resulta a especificidade da função de figura-argumento, num artigo jornalístico (*fala falada*) e numa pintura ou poemas neoclássicos (*fala falante*).

Merleau-Ponty (2002: 32-3), firmando para o conceito de "sentido" a acepção concernente à percepção, ou seja, o sentido como experiência sensível do pensamento, expõe a diferença entre a *fala falada* e a *fala falante*, designadas como duas linguagens:

> Digamos que haja duas linguagens: a linguagem de depois, a que é adquirida e que desaparece diante do sentido do qual se tornou portadora, e a que se faz no momento da expressão, que vai justamente fazer-me passar dos signos ao sentido – a linguagem falada e a linguagem falante. Uma vez que li *o* livro, ele existe claramente como um indivíduo único e irrecusável para além das letras e das páginas, é a partir dele que reencontro os detalhes de que necessito, e pode-se mesmo dizer que, ao longo da leitura, é sempre a partir do todo, como este podia me aparecer no ponto onde eu estava, que eu compreendia cada frase, cada cadência narrativa, cada suspensão dos acontecimentos, tanto assim que eu, leitor, posso ter a impressão de ter criado o livro de ponta a ponta.

Notas

1. A noção de extensão (maior ou menor) de um momento implícito de referência para a constituição do sentido na discursivização do tempo é desenvolvida por Fiorin (1996: 151).
2. As transcrições feitas da pontuação reproduzem a edição consultada da obra de Tomás Antônio Gonzaga, mas acrescentamos aspas para fechar o penúltimo verso.
3. Sobre o efeito de harmonia, próprio ao estilo clássico e retomado no neoclássico, notamos que ele vem com o preenchimento semântico e estésico do que é harmonia clássica em pintura e outras artes.
4. *Marília de Dirceu* contém três partes. A segunda, que foi escrita na prisão, conforme a fortuna crítica, diz respeito ao fato de que nosso poeta, como inconfidente, sofreu essa punição antes de ter sido exilado; à terceira parte é imputada a falsidade autoral.
5. A última estrofe, que se abre por meio do verso *Depois que nos ferir a mão da Morte,* foi citada anteriormente.
6. Tanto Argan como Schwarcz, nas alusões feitas à iminência de uma revolução, referem-se à Revolução Francesa, na qual o rei Luís XVI, que encomendara o quadro a David, foi morto, o que contou com o voto favorável do próprio David. Argan (2010: 244) diz que não houve aí incoerência da parte de David: "Como deputado da Convenção [David] votou pela condenação à morte do rei, para o qual pintara *O juramento dos Horácios* [...]: o gesto era coerente com aquelas pinturas". A essa afirmação do crítico de arte sucede outra, que define o "gesto" de David como "o dever sem sombra de paixão" (2010: 24); um dever "por si mesmo trágico", "heroísmo à parte" – acrescenta (2010: 24).
7. Nossas considerações sobre o quadro não se detêm, por critério adotado, nos recursos eidéticos, cromáticos e topológicos da materialidade textual, recursos dos quais a semiótica do visual cuida com esmero.
8. A designação *Roma Antiga* diz respeito aos primórdios da história de Roma.
9. Diz Argan (2010: 251) sobre o quadro: "A sequência fulminante é aberta, à esquerda, pelo desvio repentino da lança do primeiro guerreiro e fechada, à direita, pelo braço caído da moça que morrerá: um sinal de morte que David tomou da *Deposição de Cristo* de Caravaggio e que voltaria arrepiante, em primeiríssimo plano, no *Marat assassinado.*"
10. Detalhes narrativos do quadro, tal como vistos por Robert Cumming (1998: 70), historiador da arte, são assim apresentados: "David mostra o momento dramático em que os Horácios juram diante do pai sua lealdade ao Estado, afirmando que estão prontos a morrer pela pátria. Mas a história apresenta um difícil dilema moral, pois um dos irmãos Horácios é casado com uma irmã dos Curiácios, e uma irmã dos Horácios está noiva de um dos irmãos dos Curiácios. Eles irão escolher o autossacrifício e a lealdade à República, acima dos laços familiares e das emoções pessoais".
11. "A alusão chama-se histórica, quando remete à História" (Fontanier, 1977: 125).
12. Reafirmamos que a cena poderia ainda ser examinada enquanto, sob a hipótese de remeter a uma estilização de um texto de base, cobraria um exame da obra citada de Corneille, pelos críticos Schwarcz (2008) e Argan (2010), mas não foi esse nosso intento analítico.
13. Ao referir-se ao emprego feito, no ato de tradução, da palavra *paixão,* o tradutor da obra de *Ética a Nicômaco* diz que o termo equivalente a *paixão* no grego, isto é, *thümos* é "de rico teor conceitual e de dificílima tradução para os idiomas modernos. Entre outras coisas, significa genericamente *sopro, princípio vital, alma* – é a sede da vida, da inteligência e dos sentimentos e paixões e, assim correlatamente, significa *coração.* Menos genericamente, significa desejo e vontade. Por extensão, denota especificamente manifestações passionais da alma e do coração, como a ira e a cólera" (Aristóteles, 2009: 108, nota 85).
14. A obra *Marília de Dirceu* apresenta alterações entre a edição lisboeta (1944) e a edição brasileira (1964), ambas aqui utilizadas. A Lira XXIV foi reproduzida da edição portuguesa (em que a indicação numérica para a identificação do poema é Lira 24), devido a soluções mais precisas encontradas nessa edição para mecanismos de textualização e devido a discrepâncias vistas como relevantes no sentido das palavras, entre uma edição e outra. Como exemplo, temos o fato de que ao "cerco dos Romanos", da edição portuguesa, corresponde "circo dos Romanos" na edição brasileira. Pareceu-nos, neste momento, mais apropriada a primeira versão.
15. Em nota de M. Rodrigues Lapa, "Tártaro era o lugar dos Infernos para onde iam os maus sofrer os seus tormentos" (Gonzaga, 1944: 125).
16. Para a operacionalização da noção de um presente de continuidade, tivemos apoio nas formulações feitas por Fiorin (1996: 149-50).
17. Tomás Antônio Gonzaga veio para o Brasil em 1782. Aqui exerceu o cargo de ouvidor em Vila Rica, cidade onde noivou com D. Maria Doroteia Joaquina de Seixas, a Marília de suas liras. Envolvido na Inconfidência, foi condenado à prisão e ao degredo em Moçambique, onde morre, conforme consta de estudos reunidos por Afrânio Coutinho (1968).

CONCLUSÕES

Na perspectiva de uma estilística discursiva, o estilo é pensado como corpo de um sujeito discursivo, o ator da enunciação, contemplado no interior de cada enunciado como decorrente dos mecanismos de geração do sentido, e contemplado ao longo de uma totalidade de enunciados, como recorrência e sistematização de procedimentos que encerram: a) a sintaxe e a semântica dos níveis fundamental, narrativo e discursivo do percurso gerativo; b) a cifra tensiva, concernente às oscilações da percepção, tal como processada na correlação entre o sensível e o inteligível, o que se apresenta ancorado num nível tensivo, pressuposto ao percurso gerativo do sentido e, enquanto elã ou energia, propulsor das modulações que afetam o corpo concretizado como estilo.

Conforme a assimilação feita da herança oferecida pela retórica clássica, o corpo é visto como constituinte de um *éthos* vinculado a um *lógos* e a um *páthos*. O *lógos*, concebido como "palavra" ou discurso de onde provém o *éthos* e o *páthos*, apresenta-se segundo distintas funções na constituição do próprio *éthos*, a depender da situação da comunicação. Um viés moralizante e um viés sensibilizante do *lógos* oferecem respaldo para que o ator, como configuração discursiva do *éthos*, apresente-se no processamento ou na arquitetura do próprio corpo, o que faz vir à tona sua aspectualização.

O ator como aspecto conta com duas distintas funções desempenhadas por um observador, actante delegado pelo enunciador e conjugado ao narrador, enquanto, segundo distintas instâncias, a pessoa é discursivizada. No desempenho de uma dessas funções, o observador, como ponto de vista, medeia a semantização dos papéis actanciais cravados na narratividade da enunciação, o que se vincula à formulação actancial feita a partir dos temas e do tratamento ético oferecido a eles, base dos papéis temáticos do ator da enunciação e orientação tomada por seu corpo numa de suas duas dimensões. O ator da enunciação, como "produtor" do enunciado, é afeito a julgar, mediante semas melhorativos ou pejorativos inscritos nas relações semânticas estabelecidas no interior do próprio enunciado, comportamentos observáveis dos atores que aí circulam. Entrecruzam-se a narratividade da enunciação e a narratividade do enunciado, enquanto a organização do corpo actorial, lá e cá, apresenta-se correlata uma a outra, já que o sujeito instalado no discurso aparece como um processo ou um desenvolvimento em marcha, o que traz à luz as fases de sua constituição como corpo. Simulacros.

A presença relativa a um corpo actorial aspectualizado é considerada sempre uma *quase-presença*, pois o corpo do ator da enunciação é contemplado enquanto se constrói a si, tanto nos movimentos de geração do sentido internos a um enunciado, quanto no fluxo do sentido como significação e do sentido como vivido da percepção, fluxo reconhecido nas bordas de um enunciado e outro, o que traz à luz o estilo em curso. No interior de um enunciado e no intervalo entre um enunciado e outro de uma totalidade compõe-se o estilo que, como "carne" discursiva, apresenta-se conforme uma *quase-presença* de valência plena. Como "carne" discursiva, a *quase-presença* manifesta-se realizada, enquanto se define como: a) uma unidade textual que o leitor tem à mão no ato de leitura e na leitura em ato, o que faz vir à tona vetores de estilo fincados num único enunciado; b) um ponto de tonicidade máxima de uma *dêixis da presença* que, pensada em relação com uma *dêixis da ausência*, radica, naquela, o nível discursivo e o nível narrativo do percurso gerativo, enquanto, nesta, fica radicado o nível fundamental, base do percurso gerativo, e o nível tensivo, pressuposto a todos os níveis do mesmo percurso gerativo.

Seja no plano da totalidade, seja no âmbito interno ao enunciado, o viés social da observação semantiza a pessoa discursiva, para que se confirme o corpo como "carne" do discurso, o que legitima o estilo como estrutura aberta – estrutura, como rede interna de dependências; aberta, como eventicidade e contingência discursivas. Em momento algum o corpo deixa de ser considerado responsivo ao interdiscurso. Se o narrador é actante cravado no nível discursivo de determinado enunciado, compete ao observador o lugar de trânsito: no interior do enunciado, entre os níveis do percurso gerativo; entre um enunciado e outro, no fluir do processo, que preserva, como constância, a memória dos atos predicativos de julgamento por meio de um princípio unificador da semantização do corpo.

No desempenho de sua outra função, deparamo-nos com o corpo como percepção: o observador então acompanha uma presença de valência mitigada que, como *quase-presença* "afundada" no nível tensivo, radica o ator como devir sensível. É átona, essa presença, pois cotejada com aquela do nível discursivo. Como memória involuntária e como percepção, essa *quase-presença* retém o recém-sido num agora que se prolonga

372

atravessado por protensões, enquanto novamente se firma o corpo como estrutura aberta: estrutura, pois não são caóticos ou aleatórios os movimentos do corpo no território do sensível; aberta, devido à eventicidade e à contingência inerentes ao encontro *homem que percebe/mundo percebido*, do que resulta o sujeito-no-mundo.

A partir do exame feito desses movimentos, é passível de depreensão uma unidade-síntese que, virtualizada como unidade de abstração, será reatualizada para realizar-se. Na unidade virtual ampara-se o enunciado de estilo, que valida o corpo como esquema moral e como algoritmo da percepção, o que preserva a unidade que, subjacente a qualquer um dos níveis da totalidade, garante a unidade do próprio estilo.

Aspectualizado, o ator dá-se a ver segundo os dois perfis da observação que medeiam a definição do seu corpo. Esses dois perfis supõem o desdobramento das funções do observador, actante que, implícito aos mecanismos relativos à hierarquia enunciativa no âmbito da discursivização da pessoa, confirma-se apenso às funções desempenhadas pelo narrador: este, que se mantém circunscrito a cada enunciado; aquele, que opera no intervalo entre um enunciado e outro da totalidade, bem como entre um nível e outro do percurso gerativo. Na configuração do corpo actorial em suas fases de processamento ou em seu aspecto, cada nível do percurso é visto tão somente como lugar de passagem.

O observador garante o processamento do corpo entre um enunciado e outro, conforme um princípio moralizador, ou conforme uma regularidade rítmica, cujo compasso é marcado na alternância entre impactos de afeto sofridos pelo corpo que percebe o mundo, e cálculos, premeditações do mesmo corpo, no exercício da inteligibilidade, que supõe gestos de tentativa de evolução para determinado fim, enquanto lá, no lado do impacto sofrido, corre-se o risco de rapto ou de sequestro feito pelo sensível em relação ao inteligível. Esses gestos da percepção, ancorados no nível tensivo, fundam interpretações e avaliações do mundo, consumadas no nível discursivo, de modo a confirmar-se a perspectiva de avaliação ética e a perspectiva da percepção sensível como não excludentes, mas mutuamente dependentes: uma passa na outra, para que varie o acento de sentido imprimido a um viés ou outro da observação, na definição de um estilo. O observador garante o que permeia um enunciado e outro, de modo a obtermos, num único enunciado, condições para depreender o *éthos* de um estilo como corpo moral e sensível. Essas condições estão projetadas nos vetores estilísticos, que são decorrentes dos mecanismos relativos: ao plano do conteúdo; ao plano da expressão; ao que se processa como linearização do discurso e concerne à textualização.

O observador social cuida da aspectualização do ator no perfil judicativo. O observador sensível cuida da aspectualização do ator no perfil do sujeito afetado por aquilo que lhe sobrevém no encontro com as coisas-do-mundo. A partir daí, configuram-se paixões de *éthos*, com inclinação moralizante, e paixões de *páthos*, com inclinação sensibilizante. As primeiras trazem à luz o corpo agente, na função de promover atos judicativos. As segundas trazem à luz o corpo dilacerado temporalmente, apresentado por meio de uma temporalidade que, como duração contínua, mostra-se por intermédio de um agora atravessado por perspectivizações correspondentes a retenções e protensões, o que dá a ver a protensividade do próprio corpo no contínuo plantado no nível tensivo.

Nesse nível, que está aquém do percurso gerativo do sentido e que permeia todos os níveis do mesmo percurso, instala-se a presença que, como *quase-presença* validada sob valência mitigada, se comparada com a *quase-presença* concernente à realização discursiva, faz delinearem-se os papéis patêmicos, vinculados a um *páthos* de concepção alargada, em relação ao *páthos* dos Livros I de II da *Retórica*, de Aristóteles. Falamos de um *páthos* que, não circunscrito às expectativas de paixões a serem despertadas em determinado auditório, que deve ser convencido para um fim, é o próprio *pâtir* ("sofrer"), enquanto processo de acolhimento receptivo e passivo que o sujeito desenvolve em relação às coisas do mundo, o que supõe as emoções advindas do encontro delas com o corpo assim exposto.

Os papéis patêmicos promovem o acento do sensível imprimido nos papéis temáticos, para que se definam diferentes tons de voz do próprio *éthos*, enquanto se processam paixões. A paixão somente se configura no processamento do corpo actorial como uma maneira peculiar de sentir o mundo. A paixão é condicionada à aspectualização do ator. Assim, temos o desdém vindo de um artigo de opinião, na voz de determinado colunista; a admiração vinda de poemas, na voz de determinado "eu" lírico. A paixão vincula-se necessariamente ao corpo do ator discursivo e ao modo de aspectualização desse corpo.

Além disso, a paixão, na sintagmática de "estados de alma" que ela encerra, apresenta-se na relação de reciprocidade entre tais estados, o que altera a propriedade de cada um deles. É o que ocorre com o estilo dito "de época". Uma honra neoclássica é vista como decorrente da sintagmatização dos estados de *coragem/autoconfiança/mérito/honra*, cada um deles responsivos ao único enunciado de estilo, relativo ao corpo neoclássico, corpo que junta para si enunciados materializados plástica e verbalmente num único esquema de moralizações e num único algoritmo de percepção.

Esses movimentos mantêm-se vinculados à aspectualização do corpo actorial, a qual se confirma como proveniente: a) da definição dos papéis temáticos, que sustentam o corpo na semantização discursiva; b) da definição dos papéis patêmicos, que sustentam o corpo nas profundidades figurais, homologadas no nível tensivo. Em ambos os casos, a aspectualização manifesta-se pautada por propriedades aspectuais que, tal como incorporadas a partir dos estudos sobre aspecto como processo linguístico, delineiam-se segundo as categorias relativas à: perfectividade; duração; dinamicidade; telicidade.

As propriedades aspectuais, válidas como papéis concernentes à construção do corpo, não interessam como dados prévios ao discurso. Conforme o evento discursivo, distintas funções serão convocadas para essas propriedades, assim como varia o acento de sentido imprimido ao olhar do observador social em relação ao observador sensível e deste em relação àquele, a depender das condições de discursivização do corpo, entre as quais se inclui o grau de impacto da estesia na conotação do *lógos*.

O corpo, assim considerado, concerne a um *éthos* conotado, o qual supõe um *lógos* que, necessariamente conotado, remete à "torção" moral e sensível nele imprimida ao longo de uma totalidade. A "torção" moral diz respeito à tomada de posição do sujeito-no-mundo, o que constrói no interior do enunciado a polêmica interdiscursiva e o que confirma o ator como responsável pelo lugar ocupado e como responsivo ao outro. A "torção" sensível diz respeito a uma inclinação a manter-se em lugar próprio, entre tensões provocadas por um afeto direcionado ora por atenuações e minimizações do impacto da visada sensível sobre o mundo, ora por restabelecimentos e recrudescimentos do impacto da mesma visada, na correlação com o tempo-espaço das coisas percebidas.

O circuito da percepção leva em conta também a conotação estésica do *lógos* que, gradualmente delineada segundo "grandezas" do conotado, remete ao *lógos* estético, em que se imprimem valências plenas de acento do sensível sobre o inteligível. A essa fase da conotação do *lógos* corresponde a tonicidade máxima da função poética da linguagem. No circuito da conotação estésica do *lógos* aparecem mecanismos relativos à instalação de um lugar de *ek-stase*, de estar desalojado de si na busca do acabamento estético do outro e no outro, para que, em valência plena de estesia, deem-se a ver relações exotópicas entre "autor e herói" como um dos vetores de estilo de gênero e de autor. Esse lugar de *ek-stase*, de estar fora de, já se prenuncia na temporalização da percepção e das coisas percebidas, enquanto o corpo apresenta-se instalado na passagem entre um presente e outro: o presente do passado, que afetivamente se mantém como retenção; o presente do futuro, que afetivamente se mantém como protensão, vinculados ambos ao presente da percepção, considerado o que permanece na continuidade entre essas retenções e protensões. Diferentes modos de assim permanecer remeterão a distintos estilos: a permanência pode ser dinâmica ou estática, para o que são convocadas as propriedades aspectuais.

No âmbito das valências mitigadas e nulas de conotação, em que a estesia do *lógos* estende-se entre atenuações e minimizações do que é colossalmente conotado, encontram-se eventos discursivos relativos a situações de comunicação que convocam uma fala institucionalizada, não criativa, enquanto compete às artes o *lógos* estético. Disso decorrem distintas funções desempenhadas pelas figuras retóricas, como *figura-argumento* e *figura-acontecimento*. As primeiras são vinculadas ao perfil judicativo proeminente na aspectualização actorial; as segundas vinculam-se ao perfil sensível, o que se atrela a paixões de sensibilização. Mas as constâncias dos gestos na definição das funções discursivas da figura retórica não são consideradas apriorísticas. Elas dependem do acontecimento discursivo, o que supõe as pressões exercidas pelas esferas de comunicação e pelo estilo dos gêneros, e o que supõe o encaminhamento dado à protensividade do corpo autoral como um devir que sempre surpreende, já que atrelado ao efeito de individualidade.

As funções discursivas das figuras retóricas dependem do modo como o todo de um estilo rege as partes, sejam essas partes vistas como cada um dos enunciados componentes da totalidade, sejam elas vistas como cada um dos níveis que ancoram os movimentos internos a cada enunciado no processamento do corpo actorial. É equivalente a isso o que acontece com a funcionalidade discursiva das unidades da língua, sobre as quais lança luzes a textualização feita do discurso.

Todos esses gestos, relativos a uma fala conotada, fazem o ator tomar corpo a partir de um sistema de remissão do dado ao não dado, o que permite ao próprio corpo fundar-se num esquema de avaliações, respaldado por formações discursivas, e num algoritmo da percepção, suscetível de ser registrado na cifra tensiva, a qual remete ao modo como é processada a percepção em cada enunciado e na totalidade deles. Esses movimentos definem o estilo na medida em que são levadas em conta as interdependências estabelecidas entre esferas de comunicação e estilo dos gêneros, limiares nos quais transita o estilo autoral e o estilo "de época".

BIBLIOGRAFIA

ABBAGNANO, N. *Dicionário de Filosofia*. Trad. Alfredo Bosi. 3. ed. São Paulo: Martins Fontes, 1998.
ABLALI, D.; DUCARD, D. (dirs.). *Vocabulaire des études sémiotiques et sémiologiques*. Paris/Besançon: Honoré Champion Éditeur/Presses Universitaires de Franche-Comté, 2009.
ALVES, C. *Poesias completas*. 2. ed. São Paulo: Saraiva, 1960.
AMORA, A. S. A literatura do setecentos. In: COUTINHO, A. *A literatura do Brasil*. 2. ed. Rio de Janeiro: Editorial Sul Americana, 1968, v. 1, pp. 313-19.
ANDRADE, M. Atrás da catedral de Ruão. In: ANDRADE, M. *Contos novos*. 16. ed. Belo Horizonte/ Rio de Janeiro: Villa Rica, 1996, pp. 43-56.
ARGAN, G. C. *A arte moderna na Europa*: de Hogarth a Picasso. Trad. Lorenzo Mammì. São Paulo: Companhia das Letras, 2010.
ARISTÓTELES. *Retórica das paixões*. Trad. Isis Borges B. da Fonseca. São Paulo: Martins Fontes, 2003, Livro II.
_____. *Ética a Nicômaco*. Trad. Edson Bini. 3. ed. São Paulo: Edipro, 2009.
_____. *Arte Retórica e Arte Poética*. Trad. Jean Voilquin e Jean Capelle. Rio de Janeiro: Ediouro, s.d.
AUSTIN, J. L. *Quand dire c'est faire*. Paris: Seuil, 1970.
AUTHIER-REVUZ, J. Hétérogéneité montrée et hétérogéneité constitutive: élements pour une approche de l'autre dans le discours. *DRLAV*, 26. Paris: Centre de Recherche de l'Université de Paris, VIII, 1982, pp. 91-151.
BAKHTIN, M. *Problemas da poética de Dostoiévski*. Trad. Paulo Bezerra. Rio de Janeiro: Forense Universitária, 1981.
_____ (VOLOCHINOV). *Marxismo e filosofia da linguagem*: problemas fundamentais do método sociológico na ciência da linguagem. Trad. Michel Lahud e Yara Frateschi Vieira. São Paulo: Hucitec, 1988a.
_____. *Questões de literatura e de estética*: a teoria do romance. Trad. Aurora Fornoni Bernardini et al. São Paulo: Hucitec, 1988b.
_____. *Toward a Philosophy of the Act*. Trad. e notas Vadim Liapunov. Austin: University of Texas Press, 1993.
_____. *Hacia una filosofía del acto ético*: de los borradores y otros escritos. Trad. e notas Tatiana Bubnova. Barcelona/San Juan: Anthropos/EDUPR, 1997a.
_____. *Estética da criação verbal*. Trad. Maria Ermantina Galvão G. Pereira. 2. ed. São Paulo: Martins Fontes, 1997b.
BANDEIRA, M. *Poesia completa e prosa*. Rio de Janeiro: Nova Aguilar, 1996.
BARROS, D. L. P. de. La coherence textuelle. In: PARRET, H.; RUPRECHT, H. G. (orgs.). *Exigenceset perspectives de la sémiotique*. *Recueil d'hommages pour A. J. Greimas*. Amsterdam/Philadelphia: John Benjamins, 1985, pp. 273-81.
_____. *Teoria do discurso*: fundamentos semióticos. 3. ed. São Paulo: Humanitas, 2002.
BARTHES, R. A retórica antiga. In: COHEN, J. et al. *Pesquisas de retórica*. Trad. Leda Pinto Mafra Iruzun. Petrópolis: Vozes, 1975, pp. 147-221.
BASTIDE, F. Aspectualisation. In: GREIMAS, A. J.; COURTÉS, J. *Sémiotique. Dictionnaire raisonné de la théorie du langage*. Paris: Hachette, 1986, t. 2, pp. 19-20.
BENVENISTE, E. *Problemas de linguística geral I*. Trad. Maria da Glória Novak e Maria Luisa Neri. 4. ed. Campinas: Pontes, 1995.

BERTRAND, D. "Enthymème et textualisation". In: BORDRON, J. F.; FONTANILLE, J. "Sémiotique du discours et tensions rhétoriques". *Langages.* Paris: Larousse, n. 137, Mars 2000, pp. 29-45.

_____. La provocation figurative de la métamorphose. In: COLAS-BLAISE, M.; BEYAERT-GESLIN, A. (dirs.). *Le sens de la métamorphose.* Limoges: Pulim, 2009, pp. 161-73.

BEYAERT-GESLIN, A. Protensivité/devenir. In: ABLALI, D.; DUCARD, D. (dirs.). *Vocabulaire des études sémiotiques et sémiologiques.* Paris/Besançon: Honoré Champion Éditeur/Presses Universitaires de Franche-Comté, 2009, pp. 243-44.

BORBA, F. S. *Pequeno vocabulário de linguística moderna.* São Paulo: Edusp, 1971. [Iniciação científica, v. 31].

BRØNDAL, V. *Les parties du discours. Partes orationes. Études sur les catégories linguistiques.* Trad. Pierre Naert. Copenhague: Einar Munsgaard, 1948, pp. 76-84.

_____. Omnis et totus. *Actes Sémiotiques – Documents VIII,* 72. Paris: Groupe de Recherches Sémio-linguistiques. École des Hautes Études em Sciences Sociales, 1986, pp. 11-8.

CANDIDO, Antonio. *Formação da literatura brasileira:* momentos decisivos. 3. ed. São Paulo: Livraria Martins, 1969, v. 1.

CASTELLO, J. A. *Manifestações literárias da era colonial.* 3. ed. São Paulo: Cultrix, 1969, v. 1.

CASTILHO, A. T. *Introdução ao estudo do aspecto verbal na língua portuguesa.* São Paulo. 1968. Tese (doutorado) – Universidade de São Paulo.

_____. Aspecto verbal no português falado. In: ABAURRE, M. B.; RODRIGUES, A. C. S. (orgs.). *Gramática do português falado* – novos estudos descritivos. Campinas/São Paulo: Editora da Unicamp/Fapesp, 2002, v. VIII, pp. 83-121.

COUTINHO, A. (dir.). *A literatura no Brasil.* 2. ed. Rio de Janeiro: Editorial Sul Americana, 1968.

CHAUÍ, M. *Convite à filosofia.* 6. ed. São Paulo: Ática, 1997.

COHEN, J. Teoria da figura. In: COHEN, J. et al. *Pesquisas de retórica.* Trad. Leda Pinto Mafra Iruzun. Petrópolis: Vozes, 1975, pp. 7-40.

COMRIE, B. *Aspect:* an Introduction to the Study of the Verbal Aspect and Related Problems. Cambridge/New York/Melbourne: Cambridge University Press, 1998.

COUÉGNAS, N. Esthésie/perception discursive (sémiotique de l'École de Paris – sémiotique Tensive). In: ABLALI, D.; DUCARD, D. (dirs.). *Vocabulaire des etudes sémiotiques et sémiologiques.* Paris/Besançon: Honoré Champion Éditeur/Presses Universitaires de Franche-Comté, 2009, pp. 192-93.

COURTÉS, J. Thématique. (Rôle thématique.) In: GREIMAS, A. J.; COURTÉS, J. *Sémiotique. Dictionnaire raisonné de la théorie du langage.* Paris: Hachette, 1986, t. 2, p. 237.

CUMMING, R. *Para entender a arte:* os mais importantes quadros do mundo analisados e minuciosamente explicados. Trad. Isa Mara Lando. São Paulo: Ática, 1998.

DESCARTES, R. *As paixões da alma.* Trad. Rosemary Costhek Abílio. 2. ed. São Paulo: Martins Fontes, 2005.

DISCINI, N. *Intertextualidade e conto maravilhoso.* São Paulo: Humanitas, 2002.

_____. "Semiótica: da imanência à transcendência (questões sobre o estilo)". In: *Alfa: Revista de Linguística.* Unesp, v. 53, 2009a, pp. 595-617.

_____. *O estilo nos textos.* 2. ed. São Paulo: Contexto, 2009b.

_____. "Para o estilo de um gênero". *Bakhtiniana. Revista de Estudos do Discurso,* v. 7, n. 2, 2012, pp. 75-94. Disponível em: <http://revistas.pucsp.br/index.php/bakhtiniana/article/view/9934/9327>. Acesso em: 14 mar. 2013.

_____. Política e poética em José de Alencar. In: BUENO, A. M.; FULANETI, O. Nadai, de (orgs.). *Linguagem e política:* estratégias, valores, interações e paixões. São Paulo: Contexto, 2013, v. 2, pp. 13-42.

DRUMMOND DE ANDRADE, C. de. *Poesia completa e prosa.* Rio de Janeiro: Companhia José Aguilar, 1973.

DUBOIS, J. et al. *Retórica geral.* Trad. Carlos Felipe Moisés, Duílio Colombini e Elenir de Barros. São Paulo: Cultrix, 1974.

DUTRA, W. O arcadismo na poesia lírica, épica e satírica. In: COUTINHO, A. *A literatura do Brasil.* 2. ed. Rio de Janeiro: Sul Americana, 1968, v. 1, pp. 319-62.

FABBRI, P. Pathémique (rôle). In: GREIMAS, A. J.; COURTÉS, J. *Sémiotique. Dictionnaire raisonné de la théorie du langage.* Paris: Hachette, 1986, t. 2, p. 165.

_____. Introdução. In: GREIMAS, A. J. *Da imperfeição.* Trad. Ana Claudia de Oliveira. São Paulo: Hacker, 2002, pp. 95-111.

FARIA, E. et al. (org.). *Dicionário escolar latino-português.* Rio de Janeiro: MEC, 1962.

FIORIN, J. L. A lógica da neutralidade: um caso de aspectualização do ator. In: *Estudos Linguísticos.* XVIII *Anais de Seminários do GEL.* Lorena: Prefeitura Municipal de Lorena/Grupo de Estudos Linguísticos do Estado de São Paulo, 1989, pp. 348-54.

_____. *As astúcias da enunciação*: as categorias de pessoa, espaço e tempo. São Paulo: Ática, 1996.
_____. De gustibus non est disputandum? Para uma definição semiótica do gosto. In: LANDOWSKI, E.; FIORIN, J. L. (eds.). *O gosto da gente, o gosto das coisas*: abordagem semiótica. São Paulo: Educ, 1997, pp. 13-28.
_____. Métaphore et métonymie: deux processus de construction du discours. In: GRASSIN, J. M. (org.). *The International Dictionary of Literary Terms*. Limoges: Association Internationale de Literature Comparée, 2005, v. 1, pp. 1-23. Disponível em: <http://www.fish.unilim.fr/ditl/METONYMIE.htm>. Acesso em: 28 ago. 2012.
_____. Interdiscursividade e intertextualidade. In: BRAIT, B. (org.). *Bakhtin*: outros conceitos-chave. São Paulo: Contexto, 2006, pp. 161-94.
_____. *Em busca do sentido*: estudos discursivos. São Paulo: Contexto, 2008.
FLOCH, J. M. Semiótica plástica e linguagem publicitária: análise de um anúncio da campanha de lançamento do cigarro "News". Trad. José Luiz Fiorin. In: OLIVEIRA, A. C.; TEIXEIRA, L. (orgs.) *Linguagens na comunicação*: desenvolvimentos de semiótica sincrética. São Paulo: Estação das Letras e Cores, 2009, pp. 145-67.
FONTANIER, P. *Les figures du discours*. Paris: Flammarion, 1977.
FONTANILLE, J. Thymique. In: GREIMAS, A. J.; COURTÉS, J. *Sémiotique. Dictionnaire raisonné de la théorie du langage*. Paris: Hachette, 1986a, t. 2, pp. 238-39.
_____. Aspectualisateur. In: GREIMAS, A. J.; COURTÉS, J. *Sémiotique. Dictionnaire raisonné de la théorie du langage*. Paris: Hachette, 1986b, t. 2, p. 19.
_____. *Sémiotique du visible*. Paris: Presses Universitaires de France, 1995.
_____. *Semiótica do discurso*. Trad. Jean Cristtus Portela. São Paulo: Contexto, 2007.
_____; RALLO DITCHE, E. Introduction. In: RALLO DITCHE, E.; FONTANILLE, J.; LOMBARDO, P. *Dictionnaire des passions littéraires*. Paris: Belin, 2005, pp. 5-15.
_____; ZILBERBERG, C. *Tensão e significação*. Trad. Ivã Carlos Lopes, Luiz Tatit e Waldir Beividas. São Paulo: Discurso/Humanitas/FFLCH/USP, 2001.
FULANETI, Oriana N.; BUENO, Alexandre Marcelo (orgs.). *Linguagem e política*: estratégias, valores, interações e paixões. São Paulo: Contexto, 2013.
GONZAGA, T. A. *Marília de Dirceu e mais poesias*. Lisboa: Livraria Sá da Costa, 1944.
_____. *Marília de Dirceu*. São Paulo: Melhoramentos, 1964.
GREIMAS, A. J. *Semiótica e Ciências Sociais*. Trad. Álvaro Lorencini e Sandra Nitrini. São Paulo: Cultrix, 1981.
_____. *Du sens II. Essais sémiotiques*. Paris: Éditions du Seuil, 1983.
_____. *Da imperfeição*. Trad. Ana Claudia de Oliveira. São Paulo: Hacker, 2002.
_____; COURTÉS, J. *Sémiotique. Dictionnaire raisonné de la théorie du langage*. Paris: Hachette, 1986, t. 2.
_____; _____. *Dicionário de semiótica*. Trad. Alceu Dias Lima et al. São Paulo: Contexto, 2008.
_____; FONTANILLE, J. *Semiótica das paixões. Dos estados de coisas aos estados de alma*. Trad. Maria José Rodrigues Coracini. São Paulo: Ática, 1993.
_____; LANDOWSKI, E. Análise semiótica de um discurso jurídico: a lei comercial sobre as sociedades. In: GREIMAS, A. J. *Semiótica e Ciências Sociais*. Trad. Álvaro Lorencini e Sandra Nitrini. São Paulo: Cultrix, 1981, pp. 69-113.
HEIDEGGER, M. *Basic Concepts of Aristotelian Philosophy*. Trad. Robert D. Mecalf e Mark B. Tanzer. Blommington, Indianopolis: Indiana University Press, 2009.
_____. *Ser e tempo*. Trad. rev. Marcia Sá Cavalcante Schuback. 5. ed. Petrópolis/Bragança Paulista: Vozes/Editora Universitária São Francisco, 2011.
HJELMSLEV, Louis. *Ensaios linguísticos*. Trad. Antônio de Pádua Danesi. São Paulo: Perspectiva, 1991.
_____. *Prolegômenos a uma teoria da linguagem*. 2. ed. Trad. J. Teixeira Coelho Neto. São Paulo: Perspectiva, 2003.
HOUAISS, A. *Dicionário Houaiss da língua portuguesa*. Rio de Janeiro: Objetiva, 2009.
HUSSERL, E. *The Crisis of European Sciences and Transcendental Phenomenology*. Trad. David Carr. Evanston: Northwestern University Press, 1970a.
_____. *Expérience et jugement*. Trad. do alemão por Denise Souche-Dagues. Paris: Presses Universitaires de France, 1970b.
_____. *La crise des sciences européennes et la phénoménologie transcendantale*. Trad. do alemão por Gérard Granel. Paris: Éditions Gallimard, 1976.
_____. *Experience and Judgement*. Trad. James S. Churchill e Karl Ameriks. 4. ed. Evanston: Northwestern University Press, 1997.
_____. *Ideias para uma fenomenologia pura e para uma filosofia fenomenológica*: introdução geral à fenomenologia pura. Trad. Márcio Suzuki. 2. ed. Aparecida: Ideias e Letras, 2006.

_____. *Leçons pour une phénoménologie de la conscience intime du temps*. Trad. do alemão por Henri Dussort. 6. ed. Paris: Presses Universitaires de France, 2007.
_____. *Lições para uma fenomenologia da consciência interna do tempo*. Trad. Pedro M. S. Alves. Lisboa: INCM, s.d.(a).
_____. *Meditações cartesianas*: introdução à fenomenologia. Trad. Maria Gorete Lopes e Sousa. Porto: RÉS-Editora, s.d.(b).
ILARI, R. *Introdução à semântica*: brincando com a gramática. 5. ed. São Paulo: Contexto, 2004.
JACQUEMET, M. Tension. In: GREIMAS, A. J.; COURTÉS, J. *Sémiotique. Dictionnaire raisonné de la théorie du langage*. Paris: Hachette, 1986, t. 2, pp. 235-6.
JAKOBSON, R. *Linguística e comunicação*. Trad. Isidoro Blikstein e José Paulo Paes. São Paulo: Cultrix, 1970.
KERBRAT-ORECHIONI, C. *L'énonciation*: de la subjectivité dans le langage. Paris: Armand Colin, 1980.
LANDOWSKI, E. O livro de que se fala. In: GREIMAS, A. J. *Da imperfeição*. Trad. Ana Claudia de Oliveira. São Paulo: Hacker, 2002, pp. 125-50.
LAPA, M. R. Prefácio e notas. In: GONZAGA, T. A. *Marília de Dirceu e mais poesias*. 2. ed. Lisboa: Livraria Sá da Costa, 1944.
MAINGUENEAU, D. *Novas tendências em análise do discurso*. Trad. Freda Indursky. Campinas: Pontes/Editora da Universidade Estadual de Campinas, 1989.
_____. *Éthos*: cenografia e incorporação. In: AMOSSY, R. (org.). *Imagens de si no discurso*: a construção do éthos. Trad. Sírio Possenti. São Paulo: Contexto, 2005a, pp. 69-92.
_____. *Gênese dos discursos*. Trad. Sírio Possenti. São Paulo: Criar, 2005b.
_____. *Cenas da enunciação*. Trad. Maria Cecília Pérez de Sousa-e-Silva et al. São Paulo: Criar, 2006. [Organizado por Sírio Possenti e Maria Cecília Pérez de Souza-e-Silva].
_____. A propósito do *éthos*. In: MOTTA, Ana Raquel; SALGADO, Luciana Salazar (orgs.). Éthos discursivo. Trad. Luciana Salazar Salgado. São Paulo: Contexto, 2008, pp. 10-29.
MARSCIANI, F. Passion. In: GREIMAS, A. J.; COURTÉS, J. *Sémiotique. Dictionnaire raisonné de la théorie du langage*. Paris: Hachette, 1986, t. 2, pp. 162-3.
MASSAUD, M. *Dicionário de termos literários*. São Paulo: Cultrix, 1999.
MATTOSO CÂMARA JR., J. *Dicionário de filologia e gramática referente à língua portuguesa*. 4. ed. São Paulo/Rio de Janeiro/Fortaleza: J. Ozon Editor, 1968.
_____. *Princípios de linguística geral*. 4. ed. Rio de Janeiro: Livraria Acadêmica, 1970.
MAZALEYRAT, J.; MOLINIÉ, G. *Vocabulaire de la stylistique*. Paris: Presses Universitaires de France, 1989.
MEIRELES, C. *Obra completa*. Rio de Janeiro: Cia. José Aguilar, 1967.
MERLEAU-PONTY, M. *Signos*. Trad. Maria Ermantina Galvão Gomes Pereira. São Paulo: Martins Fontes, 1991.
_____. *Fenomenologia da percepção*. Trad. Carlos Alberto Ribeiro de Moura. São Paulo: Martins Fontes, 1999.
_____. *A prosa do mundo*. Trad. Paulo Neves. São Paulo: Cosac Naify, 2002.
_____. *O olho e o espírito*. Trad. Paulo Neves e Maria Ermantina Galvão Gomes Pereira. São Paulo: Cosac Naify, 2004.
_____. *O visível e o invisível*. Trad. José Artur Gianotti e Armando Mora d'Oliveira. 4. ed. São Paulo: Perspectiva, 2009.
MEYER, M. Prefácio e Notas. In: ARISTÓTELES. *Retórica das paixões*. Trad. Isis Borges B. da Fonseca. São Paulo: Martins Fontes, 2003. Livro II.
MOLINIÉ, G. *Dictionnaire de rhétorique*. Paris: Le Livre de Poche, 1992.
MORAN, D.; COHEN, J. *The Husserl Dictionary*. London/New York: Continuum, 2012.
MOURA, C. A. Ribeiro de. "Sensibilidade e entendimento na fenomenologia". In: *Manuscrito*. Campinas: Centro de Lógica, Epistemologia e História da Ciência (CLE/Unicamp), v. 2, n. 23, 2000, pp. 207-50.
_____. *Racionalidade e crise*: estudos de história da filosofia moderna e contemporânea. São Paulo: Discurso/Editora da UFPR, 2001.
_____. "Husserl: significação e fenômeno". *Dois pontos*, Curitiba. São Carlos, v. 3, n. 1, 2006, pp. 37-61.
_____. "O nascimento do conceito husserliano de 'fenômeno'". *Phainomenon*, Lisboa, n. 18-19, 2009, pp. 41-52.
_____. Temporalidade e expressão. Roteiro de aula relativa à disciplina História da Filosofia Contemporânea III (FLF0443). *Arte e filosofia*: Merleau-Ponty em três atos. Universidade de São Paulo, 2011.
MOURA NEVES, M. H. *Gramática de usos do português*. São Paulo: Editora da Unesp, 2000.
PATTE, D. Modalité. In: GREIMAS, A. J.; COURTÉS, J. *Sémiotique. Dictionnaire raisonné de la théorie du langage*. Paris: Hachette, 1986, t. 2, pp. 141-44.
PLATÃO, F.; FIORIN, J. L. *Lições de texto*: leitura e redação. São Paulo: Ática, 1996.
RALLO DITCHE, E. Honneur, gloire et heroïsme. In: _____; FONTANILLE, J.; LOMBARDO, P. *Dictionnaire des passions littéraires*. Paris: Belin, 2005, pp. 101-22.

_____; FONTANILLE, J.; LOMBARDO, P. *Dictionnaire des passions littéraires*. Paris: Belin, 2005.

RASTIER, F. Le problem du style pour la sémantique du texte. In: MOLINIÉ, G.; CAHNÉ, P. (dirs.). *Qu'est-ce que le style? Actes du Colloque International*. Paris: Presses Universitaires de France, 1994, pp. 263-82.

ROBERT, P. *Le Petit Robert. Dictionnaire alphabetique et analogique de la langue française*. Paris: Dictionnaire Le Robert, 2012. CD-ROM. [Version numérique. Texte remanié et amplifié sous la direction de Josette Rey – Debove et Alan Rey].

ROCHA LIMA, C. H. *Gramática normativa da língua portuguesa*. 40. ed. Rio de Janeiro: José Olympio, 2001.

SAUSSURE, F. *Curso de linguística geral*. Trad. Antônio Chelini, José Paulo Paes e Izidoro Blikstein. 2. ed. São Paulo: Cultrix, 1970.

SCHWARCZ, L. M. *O sol do Brasil*: Nicolas-Antoine Taunay e as desventuras dos artistas franceses na corte de d. João. São Paulo: Companhia das Letras, 2008.

SCHER, A. P. *As construções com o verbo leve "dar" e nominalizações em –ada no português do Brasil*. Campinas, 2004. Tese (doutorado) – Unicamp, 2004.

SOBRAL, A. Ato/atividade e evento. In: BRAIT, B. (org.). *Bakhtin*: conceitos-chave. São Paulo: Contexto, 2005, pp. 11-36.

TATIT, L. *Musicando a semiótica*: ensaios. São Paulo: Annablume, 1998.

_____. Abordagem do texto. In: FIORIN, J. L. (org.). *Introdução à linguística*. São Paulo: Contexto, 2002, v. I, pp. 187-209.

_____. *Semiótica à luz de Guimarães Rosa*. São Paulo: Ateliê, 2010.

VALÉRY, P. *Cahiers*. t. 1, Paris: Gallimard/La Pléiade, 1973.

VOLOŠINOV, V. N. Appendix I: Discourse in Life and Discourse in Art (Concerning Sociological Poetics). In: _____. *Freudianism. A Marxist Critique*. Trad. I. R. Titunik. New York/ London: Academic Press, 1976, pp. 93-116.

VOLOSHINOV, V. N. (BAKHTIN, M. M.). *Discurso na vida e discurso na arte:* sobre poética sociológica. Trad. C. A. Faraco e C. Tezza. Disponível em: <http://www.fflch.usp.br/dl/noticias/downloads/curso_bakhtin2008_profa.%20macristina_sampaio/artigo_volosh_bakhtin_discurso_vida_arte.pdf>. Acesso em: 4 jul. 2012. [Tradução para uso didático].

WEBSTER'S, N. L. D. *New Concise Webster's Dictionary*. New York: Modern Publishing, 1988.

WÖLFFLIN, H. *Conceitos fundamentais da história da arte*: o problema da evolução dos estilos na arte mais recente. Trad. João Azenha Jr. 4. ed. São Paulo: Martins Fontes, 2000.

ZILBERBERG, C. Aspectualisation. In: GREIMAS, A. J.; COURTÉS, J. *Sémiotique. Dictionnaire raisonné de la théorie du langage*. Paris: Hachette, 1986a, t. 2, pp. 23-4.

_____. Spatialisation. In: GREIMAS, A. J.; COURTÉS, J. *Sémiotique. Dictionnaire raisonné de la théorie du langage*. Paris: Hachette, 1986b, t. 2, pp. 208-10.

_____. Présence de Wölfflin. *Nouveaux actes sémiotiques*. Limoges: Pulim, 1992, v. 23-4.

_____. *Razão e poética do sentido*. Trad. Ivã Carlos Lopes, Luiz Tatit e Waldir Beividas. São Paulo: Edusp, 2006.

_____. Des styles sémiotiques aux styles picturaux. In: COLAS-BLAISE, M.; BEYAERT-GESLIN, A. (dirs.). *Le sens de la métamorphose*. Limoges: Pulim, 2009, pp. 225-41.

_____. *Elementos de semiótica tensiva*. Trad. Ivã Carlos Lopes, Luiz Tatit e Waldir Beividas. São Paulo: Ateliê, 2011.

A AUTORA

Norma Discini é mestre e doutora em Linguística pela Universidade de São Paulo. Fez pós-doutorado na Universidade Paris VIII (França). Fez livre-docência em Teoria e Análise do Texto na Universidade de São Paulo. Além de artigos em revistas especializadas, publicou diversas obras, como *A comunicação nos textos* e *O estilo nos textos*; publicou também capítulos em livros, como *Bakhtin: outros conceitos-chave*; *Ethos discursivo*; *Linguagem e política: estratégias, valores, interações e paixões*; *Linguística? Que é isso?*, todos pela Editora Contexto.

GRÁFICA PAYM
Tel. [11] 4392-3344
paym@graficapaym.com.br